抽丝剥茧学物理竞赛

王 震 编著

- ▶ 热学
- ▶ 电磁学
- ▶ 近代物理学

下册

中国科学技术大学出版社

内 容 简 介

本套书是作者在多年物理竞赛辅导工作的基础上,根据《全国中学生物理竞赛内容提要》的要求和历年物理竞赛试题的特点编著而成的,是少数包含数学基础(初等数学、矢量、微积分与微分方程)的物理竞赛用书.本套书分为上、下两册,上册为力学、光学、数学分册,下册为热学、电磁学、近代物理学分册.本套书有两个特点:一是友好度高,讲解细致、讨论充分,部分内容附有视频讲解二维码,便于教师讲授或学生自学;二是实用性强,既有基础类题目,也有与复赛接轨的难度较大的题目,学习后能有较大的收获.

本套书适合备考物理竞赛的学生学习,也可供参加强基计划物理类考试的学生参考使用.

图书在版编目(CIP)数据

抽丝剥茧学物理竞赛. 下册/王震编著. —合肥:中国科学技术大学出版社,2024.2(2024.11重印)
ISBN 978-7-312-05864-6

Ⅰ. 抽… Ⅱ. 王… Ⅲ. 中学物理课—教学参考资料 Ⅳ. G634.73

中国国家版本馆 CIP 数据核字(2024)第 014740 号

抽丝剥茧学物理竞赛:下册
CHOUSI-BOJIAN XUE WULI JINGSAI：XIACE

出版	中国科学技术大学出版社
	安徽省合肥市金寨路96号,230026
	http://press.ustc.edu.cn
	https://zgkxjsdxcbs.tmall.com
印刷	安徽省瑞隆印务有限公司
发行	中国科学技术大学出版社
开本	787 mm×1092 mm 1/16
印张	26.25
字数	602 千
版次	2024 年 2 月第 1 版
印次	2024 年 11 月第 2 次印刷
定价	80.00 元

前　　言

市面上有很多优秀的物理竞赛教材,我从这些教材中汲取了非常多的营养,但也经常遇到知识讲解和讨论不足需要多方查阅的情况、知识中没讲却在题目中考查的情况等,这些教材感觉需要有人来引领.我一直期盼能有这样一本书:一方面要"友好",让学生能看懂,不需要广泛查阅资料;另一方面要"实用",学习后能有较大的收获.我想学生尤其是没有专业教练的学生,以及讲授竞赛刚起步且非竞赛出身的教练应该也想要这样的书,这让我有了动笔写作的念头.2019 年我开始写作本套书.历经四年,终于成书并付梓.

本套书的写作遵循了初心.

对学生友好:讲解细致,逻辑性强,不天降结论和理论,在竞赛范围内能推导的推导,由实验得到的指出,需要讨论的充分讨论,以求学生能深入理解所学知识;理论部分穿插对应的例题和练习,边学边练,以求学生能得到充分的练习;章末习题的求解不会考查未讲过的知识,即使有的难度较大也是对能力的考查;有必要的地方附有视频讲解的二维码(可用安卓系统设备扫码观看或在中国科学技术大学出版社官网(http://press.ustc.edu.cn)"下载专区"中观看).

实用性强:内容全面,覆盖预赛、复赛、决赛理论内容;上册附录为相关数学知识(初等数学、矢量运算、微积分与微分方程),方便理解和查阅,且微积分与微分方程部分简明易懂,设置了适量的例题;既有基础知识理解类、方法基础应用类的题目,以使学生能打下牢固的基础,也有能与复赛接轨的难度较大、综合性较强的题目,以使学生获得较深的知识而用于实战.

本套书略去了高中物理知识,所以在学习本套书前请先学习相应部分的高中知识.例题和练习均提供了详解,章末习题只提供了答案而没有详解,以避免形成依赖,培养学生独立解题的能力;例题、练习、章末习题基本是对应的,所以在做章末习题遇到困难时可回顾相应题号附近的例题、练习题和知识,若仍不能解决可团队交流讨论,没有团队讨论条件的自学者在确实无法解决时可用搜题软件或上网查询求教等.

建议搭配相应的大学普通物理教材,一方面可以查阅相关资料,充实本套书不足之处;另一方面可在竞赛内容基础上适当拓展知识面.还可以搭配其他物理竞赛题集来加强练习.

本套书不只适用于物理竞赛的学习和备考,因知识讲解的细致性和基础题目的设置,也适用于强基物理的学习和查阅.

感谢慕亚楠、肖址敏、郑琦、刘福林老师在百忙中阅读了初稿并提出了宝贵的意见和建议,感谢慕亚楠老师对本套书的肯定并向中国科学技术大学出版社推荐出版,感谢"慕理书屋"微信群中为我答疑解惑的蔡丞韻等全国各地的教练和教授,感谢编辑加入视频二维码的建议使本套书友好度进一步提高,感谢同事们集思广益取出了契合本套书特点的书名,感谢中国科学技术大学出版社对本套书出版的大力支持.

由于作者水平有限,书中难免出现错漏之处,如有发现敬请批评指正.

王 震

2023 年 10 月于重庆

目 录

前言 ⋯⋯⋯⋯⋯⋯⋯⋯⋯⋯⋯⋯⋯⋯⋯⋯⋯⋯⋯⋯⋯⋯⋯⋯⋯⋯⋯⋯⋯⋯⋯⋯⋯⋯⋯⋯ i

第 8 章 热学 ⋯⋯⋯⋯⋯⋯⋯⋯⋯⋯⋯⋯⋯⋯⋯⋯⋯⋯⋯⋯⋯⋯⋯⋯⋯⋯⋯⋯ 1

8.1 分子动理论　理想气体 ⋯⋯⋯⋯⋯⋯⋯⋯⋯⋯⋯⋯⋯⋯⋯⋯⋯⋯⋯⋯ 1
8.1.1 气体的压强、温度的本质 ⋯⋯⋯⋯⋯⋯⋯⋯⋯⋯⋯⋯⋯⋯⋯⋯⋯ 1
8.1.2 麦克斯韦速度分布律 ⋯⋯⋯⋯⋯⋯⋯⋯⋯⋯⋯⋯⋯⋯⋯⋯⋯⋯⋯ 4
8.1.3 自由度　能均分定理 ⋯⋯⋯⋯⋯⋯⋯⋯⋯⋯⋯⋯⋯⋯⋯⋯⋯⋯⋯ 8
8.1.4 理想气体 ⋯⋯⋯⋯⋯⋯⋯⋯⋯⋯⋯⋯⋯⋯⋯⋯⋯⋯⋯⋯⋯⋯⋯⋯ 9

8.2 热力学定律 ⋯⋯⋯⋯⋯⋯⋯⋯⋯⋯⋯⋯⋯⋯⋯⋯⋯⋯⋯⋯⋯⋯⋯⋯⋯ 14
8.2.1 热力学第一定律 ⋯⋯⋯⋯⋯⋯⋯⋯⋯⋯⋯⋯⋯⋯⋯⋯⋯⋯⋯⋯⋯ 14
8.2.2 热力学第一定律在理想气体中的应用 ⋯⋯⋯⋯⋯⋯⋯⋯⋯⋯⋯ 15
8.2.3 循环过程　热机　制冷机 ⋯⋯⋯⋯⋯⋯⋯⋯⋯⋯⋯⋯⋯⋯⋯⋯ 22
8.2.4 热力学第二定律　可逆与不可逆　卡诺定理　熵增原理 ⋯⋯⋯ 26

8.3 固体　液体　物态变化　热传递 ⋯⋯⋯⋯⋯⋯⋯⋯⋯⋯⋯⋯⋯⋯⋯ 32
8.3.1 固体 ⋯⋯⋯⋯⋯⋯⋯⋯⋯⋯⋯⋯⋯⋯⋯⋯⋯⋯⋯⋯⋯⋯⋯⋯⋯⋯ 32
8.3.2 液体 ⋯⋯⋯⋯⋯⋯⋯⋯⋯⋯⋯⋯⋯⋯⋯⋯⋯⋯⋯⋯⋯⋯⋯⋯⋯⋯ 33
8.3.3 物体的热膨胀 ⋯⋯⋯⋯⋯⋯⋯⋯⋯⋯⋯⋯⋯⋯⋯⋯⋯⋯⋯⋯⋯⋯ 37
8.3.4 物态变化 ⋯⋯⋯⋯⋯⋯⋯⋯⋯⋯⋯⋯⋯⋯⋯⋯⋯⋯⋯⋯⋯⋯⋯⋯ 38
8.3.5 热传递 ⋯⋯⋯⋯⋯⋯⋯⋯⋯⋯⋯⋯⋯⋯⋯⋯⋯⋯⋯⋯⋯⋯⋯⋯⋯ 42

第 8 章习题 ⋯⋯⋯⋯⋯⋯⋯⋯⋯⋯⋯⋯⋯⋯⋯⋯⋯⋯⋯⋯⋯⋯⋯⋯⋯⋯⋯ 47

第 8 章练习详解及习题答案 ⋯⋯⋯⋯⋯⋯⋯⋯⋯⋯⋯⋯⋯⋯⋯⋯⋯⋯⋯ 50

第 9 章 静电场 ⋯⋯⋯⋯⋯⋯⋯⋯⋯⋯⋯⋯⋯⋯⋯⋯⋯⋯⋯⋯⋯⋯⋯⋯⋯ 64

9.1 电荷　库仑定律 ⋯⋯⋯⋯⋯⋯⋯⋯⋯⋯⋯⋯⋯⋯⋯⋯⋯⋯⋯⋯⋯⋯ 64

9.2 电场强度　静电场的高斯定理 ⋯⋯⋯⋯⋯⋯⋯⋯⋯⋯⋯⋯⋯⋯⋯⋯ 66
9.2.1 电场强度　场强叠加原理 ⋯⋯⋯⋯⋯⋯⋯⋯⋯⋯⋯⋯⋯⋯⋯⋯ 66
9.2.2 电偶极子的电场 ⋯⋯⋯⋯⋯⋯⋯⋯⋯⋯⋯⋯⋯⋯⋯⋯⋯⋯⋯⋯⋯ 69

9.2.3 电通量 静电场的高斯定理 ······ 70

9.3 电势能 电势 ······ 76

    9.3.1 静电场的环路定理 ······ 77

    9.3.2 电势能 ······ 77

    9.3.3 电势 电势差 ······ 79

    9.3.4 电势叠加原理 ······ 81

    9.3.5 电场强度与电势梯度 ······ 83

9.4 静电场唯一性定理 ······ 84

9.5 静电场中的导体 ······ 85

    9.5.1 导体的静电平衡 静电屏蔽 ······ 85

    9.5.2 静电镜像法 ······ 90

9.6 电容 电容器 ······ 97

9.7 静电场中的电介质 ······ 102

    9.7.1 电介质的极化 电极化强度 P ······ 102

    9.7.2 退极化场 极化率 ······ 103

    9.7.3 电位移 有电介质时的高斯定理 ······ 107

    9.7.4 有电介质时的环路定理 ······ 109

    9.7.5 电场的边值关系 ······ 109

    9.7.6 电介质中静电场的求解 ······ 112

9.8 静电能 ······ 116

    9.8.1 静电能 自能与互能 ······ 116

    9.8.2 几种系统的静电能 ······ 117

    9.8.3 电场能 ······ 122

    9.8.4 利用静电能求静电力 ······ 123

第 9 章习题 ······ 125

第 9 章练习详解及习题答案 ······ 130

第 10 章 稳恒电流 物质导电性 ······ 150

10.1 恒定电流场 ······ 150

    10.1.1 电流密度矢量 ······ 150

    10.1.2 稳恒条件 ······ 150

    10.1.3 电源和电动势 ······ 151

10.1.4 欧姆定律　焦耳定律 ········· 152

   10.1.5 两种导体分界面上的边界条件 ········· 156

10.2 直流电路 ········· 157

   10.2.1 电阻 ········· 157

   10.2.2 含源电路欧姆定律 ········· 158

   10.2.3 基尔霍夫方程组 ········· 160

   10.2.4 等效电源定理 ········· 160

   10.2.5 叠加定理 ········· 162

10.3 电桥　补偿电路 ········· 163

   10.3.1 电桥 ········· 163

   10.3.2 补偿电路 ········· 164

10.4 电阻网络 ········· 165

   10.4.1 电流分布法 ········· 166

   10.4.2 Y-△等效代换 ········· 166

   10.4.3 对称性简化 ········· 168

   10.4.4 引入恒流源利用叠加定理 ········· 170

   10.4.5 极限法 ········· 174

10.5 电容网络　混合网络 ········· 174

   10.5.1 电容网络 ········· 174

   10.5.2 混合网络 ········· 177

10.6 物质导电性 ········· 178

   10.6.1 金属中的电流 ········· 178

   10.6.2 液体中的电流 ········· 180

   10.6.3 气体、真空中的电流 ········· 180

   10.6.4 半导体导电 ········· 183

   10.6.5 超导现象 ········· 185

第 10 章习题 ········· 185

第 10 章练习详解及习题答案 ········· 189

第 11 章　稳恒磁场 ········· 198

11.1 磁感应强度　毕奥-萨伐尔定律 ········· 198

   11.1.1 磁感应强度 B 的叠加原理 ········· 198

  11.1.2 毕奥-萨伐尔定律 ·· 199

 11.2 磁场的高斯定理和安培环路定理 ··· 202

  11.2.1 磁通量 磁通叠加原理 ·· 202

  11.2.2 磁场高斯定理 ·· 203

  11.2.3 磁场安培环路定理 ·· 204

 11.3 安培力 载流线圈的磁矩 ··· 207

  11.3.1 安培力 ·· 207

  11.3.2 载流线圈的磁矩 ·· 209

 11.4 带电粒子在电磁场中的运动 ··· 212

  11.4.1 洛伦兹力 ·· 212

  11.4.2 带电粒子在匀强磁场中的运动 ·· 212

  11.4.3 带电粒子在非均匀磁场中的运动 ·· 214

  11.4.4 带电体的旋轮线运动 ··· 217

  11.4.5 简说正则动量、正则角动量守恒 ·· 223

  11.4.6 其他运动 霍尔效应 ·· 228

 11.5 相对低速运动的两惯性系间的电磁场变换 ··· 228

 第 11 章习题 ·· 230

 第 11 章练习详解及习题答案 ·· 233

第 12 章 电磁感应

 12.1 电磁感应定律 ·· 244

  12.1.1 电磁感应现象 ·· 244

  12.1.2 楞次定律 ·· 244

  12.1.3 法拉第电磁感应定律 ··· 244

 12.2 动生电动势 ··· 246

  12.2.1 动生电动势的表达式 ··· 246

  12.2.2 动生电动势的求解 ·· 247

  12.2.3 电动机与反电动势 ·· 248

  12.2.4 综合应用 ·· 250

 12.3 感生电动势 感生电场 ··· 255

  12.3.1 感生电动势的表达式与感生电场 ·· 255

  12.3.2 圆柱区域平行于轴的均匀磁场发生变化时的感生电场 ··············· 256

12.3.3　导体中电势差、电流的求解 ································· 261

12.3.4　其他感生电场 ··· 264

12.3.5　迅速撤去磁场过程 ··· 265

12.4　两种电动势兼有情况　感生、动生相对性 ························· 266

12.4.1　两种电动势兼有情况 ··· 266

12.4.2　感生、动生相对性 ··· 266

12.5　自感现象 ··· 268

12.5.1　自感电动势 ··· 268

12.5.2　自感磁能　磁场能量密度 ·· 272

12.6　互感现象 ··· 275

12.6.1　互感电动势 ··· 275

12.6.2　两线圈的串并联 ··· 279

12.6.3　互感磁能 ·· 282

12.6.4　变压器 ··· 282

第 12 章习题 ·· 283

第 12 章练习详解及习题答案 ··· 288

第 13 章　暂态过程　交流电　电磁振荡和电磁波 ·················· 305

13.1　暂态过程 ··· 305

13.1.1　*LR* 电路的暂态过程 ··· 305

13.1.2　*RC* 电路的暂态过程 ··· 306

13.1.3　*LRC* 电路的暂态过程 ·· 307

13.2　交流电 ··· 308

13.2.1　简谐交流电 ··· 309

13.2.2　简谐交流电中的元件 ··· 309

13.2.3　矢量图解法 ··· 310

13.2.4　复数法 ··· 314

13.2.5　交流电的功率 ·· 321

13.2.6　整流和滤波 ··· 323

13.2.7　三相交流电 ··· 326

13.3　电磁振荡 ··· 329

13.3.1　无阻尼自由振荡 ··· 329

13.3.2 阻尼振荡 受迫振荡 谐振电路 ····· 335
13.4 电磁波 ····· 339
第 13 章习题 ····· 340
第 13 章练习详解及习题答案 ····· 343

第 14 章 近代物理学 ····· 353
14.1 狭义相对论 ····· 353
14.1.1 爱因斯坦假设与洛伦兹变换 ····· 353
14.1.2 相对论时空观 ····· 357
14.1.3 相对论速度变换 ····· 364
14.1.4 狭义相对论中的质量、能量和动量 ····· 367
14.1.5 光的多普勒效应 ····· 373
14.2 光的本性 ····· 376
14.3 原子结构 ····· 379
14.4 原子核 ····· 382
14.5 粒子 ····· 384
14.5.1 物质波 德布罗意关系 ····· 384
14.5.2 不确定性原理 ····· 386
第 14 章习题 ····· 388
第 14 章练习详解及习题答案 ····· 391

附录 全国中学生物理竞赛内容提要 ····· 403

参考文献 ····· 407

第 8 章

热　学

8.1　分子动理论　理想气体

8.1.1　气体的压强、温度的本质

这里略去分子动理论的具体内容.

1. 理想气体

理想气体是一种理想化模型,理想气体满足:
(1) 气体分子都是质点;
(2) 分子间除碰撞外无相互作用力;
(3) 分子间及分子与器壁间的碰撞均为弹性碰撞.

2. 理想气体压强

理想气体压强与气体分子微观运动有什么关系? 我们先给出结论,再作推导. 理想气体压强为

$$p = \frac{1}{3} n m_0 \overline{v^2}$$

其中 n 为分子数密度,即单位体积内的分子数; m_0 为每个分子的质量; $\overline{v^2}$ 为分子速度平方的平均值.

非相对论情形下,理想气体压强为

$$p = \frac{2}{3} n \overline{\varepsilon_k}$$

其中 $\overline{\varepsilon_k}$ 为分子平均平动动能,

$$\overline{\varepsilon_k} = \frac{1}{2} m_0 \overline{v^2}$$

推导:在器壁上取一面积元 ΔS,其法向取为 x 方向,对速度为 $\boldsymbol{v}_i$(需 $v_{ix} > 0$)的分子,即将在 Δt 时间内撞击器壁 ΔS 的粒子现在处于一个柱体内,如图 8-1 所示,有

$$\Delta V = \Delta S \cdot v_{ix} \Delta t$$

设 $\boldsymbol{v}_i$ 的粒子数密度为 $n_i^{(+)}$,则粒子数

$$N_i = n_i^{(+)} \Delta V$$

对器壁的冲量为

$$I_i = N_i 2 m_0 v_{ix}$$

所有可撞击器壁的粒子的总冲量为

$$I = \sum I_i = \sum n_i^{(+)} 2 m_0 v_{ix}^2 \Delta S \Delta t$$

粒子运动各向同性,则 $-\boldsymbol{v}_i$ 粒子数密度与 $\boldsymbol{v}_i$ 相同,令

$$n_i = 2 n_i^{(+)}$$

则

$$I = \sum n_i m_0 v_{ix}^2 \Delta S \Delta t$$

而

$$\sum n_i v_{ix}^2 = \sum n_i \cdot \frac{\sum n_i v_{ix}^2}{\sum n_i}$$

其中 $\dfrac{\sum n_i v_{ix}^2}{\sum n_i}$ 为 v_{ix}^2 的平均值,记为 $\overline{v_x^2}$,则

$$I = n m_0 \overline{v_x^2} \Delta S \Delta t$$

粒子速度

$$v_i^2 = v_{ix}^2 + v_{iy}^2 + v_{iz}^2$$

又粒子速度各向同性,故

$$\overline{v_x^2} = \overline{v_y^2} = \overline{v_z^2} = \frac{1}{3} \overline{v^2}$$

则

$$I = \frac{1}{3} n m_0 \overline{v^2} \Delta S \Delta t$$

故压强

$$p = \frac{I/\Delta t}{\Delta S} = \frac{1}{3} n m_0 \overline{v^2}$$

非相对论情形下

$$\overline{\varepsilon_k} = \frac{1}{2} m_0 \overline{v^2}$$

则

$$p = \frac{2}{3} n \overline{\varepsilon_\text{k}}$$

3. 温度的本质

气体的温度是气体分子平均平动动能的量度,非相对论情形下关系为

$$\overline{\varepsilon_\text{k}} = \frac{3}{2} kT$$

其中 k 为玻尔兹曼常量,它的值及与理想气体常数 R 的关系为

$$k = \frac{R}{N_\text{A}} = 1.38 \times 10^{-23} \text{ J/K}$$

其中 N_A 为阿伏伽德罗常量,$N_\text{A} = 6.02 \times 10^{23} \text{ mol}^{-1}$,$R = 8.31 \text{ J/(mol·K)}$.

推导:m_0 为分子质量,M 为摩尔质量,ν 为物质的量,R 为理想气体常数,k 为玻尔兹曼常量,n 为分子数密度,N 为分子个数,理想气体状态方程

$$pV = \nu RT = \frac{N}{N_\text{A}} k N_\text{A} T$$

则

$$p = \frac{NkT}{V} = nkT$$

又非相对论情形下

$$p = \frac{2}{3} n \overline{\varepsilon_\text{k}}$$

故

$$\overline{\varepsilon_\text{k}} = \frac{3}{2} kT$$

> **练习 8-1** 容器里盛有温度为 T 的气体,且分子数密度相等,试问下面哪一种情况下,气体对器壁产生的压强大?
> (1) 壁的温度比气体的温度低;
> (2) 壁的温度比气体的温度高.

例 8-1 如图 8-2 所示,质量为 m 的弹性小球(可看作质点)在两个相互平行的弹性壁之间以速度 v(与两壁垂直)来回弹跳,两壁间的距离为 x. 设小球与两壁的碰撞是弹性的,重力、阻力的影响均可忽略.

(1) 试求每个壁受到的平均力;
(2) 若令左壁以恒定速度 $V(V \ll v)$ 缓慢地向右推移,试求左壁移动微小距离 Δx 后小球速度的改变量 Δv.

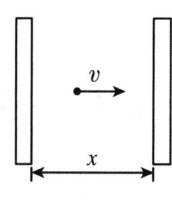

图 8-2

解 (1) 碰撞某一壁的时间间隔

$$\Delta t = \frac{2x}{v}$$

由动量定理得

$$\overline{F}\Delta t = 2mv$$

故

$$\overline{F} = \frac{mv^2}{x}$$

(2) 与左壁第 i 次碰撞前设小球速度为 v_i,则

$$v_i + V = v_{i+1} - V \Rightarrow v_{i+1} - v_i = 2V$$

左壁移动 Δx 用时

$$t = \frac{\Delta x}{V}$$

与左壁碰撞次数为

$$n \approx \frac{t}{\Delta t} = \frac{\Delta x}{2x}\frac{v}{V}$$

故速度改变量

$$\Delta v = n \cdot 2V = \frac{\Delta x}{x}v$$

> **练习 8-2** 在一柱形容器内,有大量相同的小球沿着容器长度方向做往返运动.小球可视为质点,小球之间以及小球与容器端面(与其长度方向垂直)之间做弹性碰撞,小球的速率以及向前还是向后运动都是无规则的.可引入"温度"T 的概念,它是由小球的平均动能 $\bar{\varepsilon}$ 定义的,$\bar{\varepsilon} = kT/2$,式中 k 是玻尔兹曼常量.今在容器的一端安装平面弹性活塞,并使活塞缓慢地沿容器长度方向向内推进,运动的小球因与活塞做弹性正碰增加了动能,从而使系统的"温度"升高.上述模型实际上就是单原子分子理想气体一维热运动绝热压缩的微观模型.试导出在活塞缓慢推进过程中,"温度"T 与体积 V 的关系式(此即单原子分子理想气体的一维绝热过程方程).设重力、引力、各种阻力均可忽略.

8.1.2 麦克斯韦速度分布律

推导过程中会用到高斯积分公式:

$$\int_0^{+\infty} x^2 e^{-ax^2} dx = \frac{\sqrt{\pi}}{4a^{\frac{3}{2}}}, \quad \int_0^{+\infty} e^{-ax^2} dx = \frac{\sqrt{\pi}}{2a^{\frac{1}{2}}}, \quad \int_0^{+\infty} x^4 e^{-ax^2} dx = \frac{3\sqrt{\pi}}{8a^{\frac{5}{2}}}$$

1. 麦克斯韦速度分布律

建立空间直角坐标系，准静态理想气体分子速度在 x 方向的分量为 v_x，取值范围为 $(-\infty, +\infty)$，若 $v_x \to v_x + \mathrm{d}v_x$ 的概率设为 $P_x(v_x \to v_x + \mathrm{d}v_x)$，有

$$P_x(v_x \to v_x + \mathrm{d}v_x) = f_x(v_x)\mathrm{d}v_x$$

其中 $f_x(v_x)$ 称为概率密度，f_x-v_x 图像围成的面积为粒子在这一速度范围内的概率。y, z 方向同理。速度 $\boldsymbol{v}$ 在 $v_x \to v_x + \mathrm{d}v_x, v_y \to v_y + \mathrm{d}v_y, v_z \to v_z + \mathrm{d}v_z$ 范围的概率一定正比于 $\mathrm{d}v_x \mathrm{d}v_y \mathrm{d}v_z$，故概率

$$P(v_x \to v_x + \mathrm{d}v_x, v_y \to v_y + \mathrm{d}v_y, v_z \to v_z + \mathrm{d}v_z) = g(v_x, v_y, v_z)\mathrm{d}v_x \mathrm{d}v_y \mathrm{d}v_z$$

$g(v_x, v_y, v_z)$ 也是概率密度，注意 $f_i(i = x, y, z)$ 的单位为 $\mathrm{m}^{-1}\mathrm{s}$，$g$ 的单位为 $\mathrm{m}^{-3}\mathrm{s}^3$。分子在三个方向上的运动是等价的，故

$$f_x = f_y = f_z = f$$

之后均用 f 表示；分子在三个方向上的运动是独立的、互不影响的，故

$$P(v_x \to v_x + \mathrm{d}v_x, v_y \to v_y + \mathrm{d}v_y, v_z \to v_z + \mathrm{d}v_z)$$
$$= P_x(v_x \to v_x + \mathrm{d}v_x) \cdot P_y(v_y \to v_y + \mathrm{d}v_y)$$
$$\cdot P_z(v_z \to v_z + \mathrm{d}v_z)$$

则

$$g(\boldsymbol{v}) = g(v_x, v_y, v_z) = f(v_x)f(v_y)f(v_z)$$

概率密度

分子运动各向同性，随机运动，建立速度空间，如图 8-3 所示，将各分子速率作于此坐标系中，则分子速率在 $v \to v + \mathrm{d}v$ 的球壳内概率密度是相等的，而与 $\boldsymbol{v}$ 方向无关，即速率相同的不同速度，其概率密度是相等的，故

$$g(\boldsymbol{v}) = g(v_x, v_y, v_z) = g(v)$$

其中

$$v^2 = v_x^2 + v_y^2 + v_z^2$$

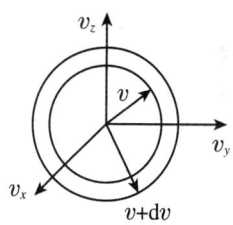

图 8-3

由以上三个式子，可猜测速度分布函数为

$$f(v_i) = A\mathrm{e}^{-Cv_i^2}, \quad i = x, y, z, \quad v_i \in (-\infty, +\infty)$$

则

$$g(v) = A\mathrm{e}^{-Cv_x^2} \cdot A\mathrm{e}^{-Cv_y^2} \cdot A\mathrm{e}^{-Cv_z^2} = A^3\mathrm{e}^{-C(v_x^2 + v_y^2 + v_z^2)} = A^3\mathrm{e}^{-Cv^2}$$

其中 $A > 0, C > 0$，之所以取负号，是为了满足归一化条件，即总概率为 1。

下面求解函数：由归一化条件得

$$1 = \int_{-\infty}^{+\infty} f(v_x)\mathrm{d}v_x = 2\int_0^{+\infty} f(v_x)\mathrm{d}v_x = 2\int_0^{+\infty} A\mathrm{e}^{-Cv_x^2}\mathrm{d}v_x = 2A \cdot \frac{1}{2}\sqrt{\frac{\pi}{C}}$$

x 方向平均平动动能为

$$\frac{1}{2}kT = \frac{1}{2}m_0\overline{v_x^2} = \int_{-\infty}^{+\infty}\frac{1}{2}m_0 v_x^2 f(v_x)\mathrm{d}v_x = 2\int_0^{+\infty}\frac{1}{2}m_0 v_x^2 A\mathrm{e}^{-Cv_x^2}\mathrm{d}v_x = m_0 A\frac{\sqrt{\pi}}{4C^{\frac{3}{2}}}$$

联立解得

$$C = \frac{m_0}{2kT}, \quad A = \left(\frac{m_0}{2\pi kT}\right)^{\frac{1}{2}}$$

故

$$f(v_i) = \left(\frac{m_0}{2\pi kT}\right)^{\frac{1}{2}}\mathrm{e}^{-\frac{m_0 v_i^2}{2kT}}, \quad i = x, y, z, \quad g(v) = g(v_x, v_y, v_z) = \left(\frac{m_0}{2\pi kT}\right)^{\frac{3}{2}}\mathrm{e}^{-\frac{m_0 v^2}{2kT}}$$

此即为麦克斯韦速度分布律表达式.

2. 麦克斯韦速率分布律

各个方向粒子速率在 $v \to v + \mathrm{d}v$ 区间的概率为

$$P(v) = g(v)4\pi v^2 \mathrm{d}v$$

故得到麦克斯韦速率分布律为

$$f(v) = 4\pi v^2 g(v) = 4\pi v^2 \left(\frac{m_0}{2\pi kT}\right)^{\frac{3}{2}}\mathrm{e}^{-\frac{m_0 v^2}{2kT}}$$

也可以直接推导速率分布律,猜测分布函数为

$$f(v_i) = A\mathrm{e}^{-Cv_i^2}, \quad i = x, y, z, \quad g(v) = A^3\mathrm{e}^{-Cv^2}$$

各个方向粒子速率在 $v \to v + \mathrm{d}v$ 区间的概率为

$$P(v) = f(v)\mathrm{d}v = g(v)4\pi v^2 \mathrm{d}v$$

则

$$f(v) = 4\pi v^2 A^3 \mathrm{e}^{-Cv^2}$$

归一化条件

$$\int_0^{+\infty} f(v)\mathrm{d}v = 1$$

分子平均平动动能

$$\frac{3}{2}kT = \frac{1}{2}m_0\overline{v^2} = \int_0^{+\infty}\frac{1}{2}m_0 v^2 f(v)\mathrm{d}v$$

联立即可推得麦克斯韦速率分布律.

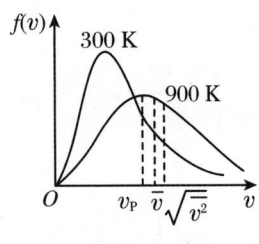

图 8-4

图 8-4 所示为不同温度下的概率密度与速率关系图像,概率密度描述的是在速率 v 附近单位速率区间内分子数占总分子数的比例;对单个分子来说,它表示分子速率在 v 附近单位速率区间的概率,即

$$f(v) = \frac{\mathrm{d}N}{N\mathrm{d}v}$$

由概率密度公式可推导出平均速率、方均根速率和最概然速率.

平均速率
$$\bar{v} = \int_0^{+\infty} v f(v) \mathrm{d}v = \sqrt{\frac{8kT}{\pi m_0}} = \sqrt{\frac{8RT}{\pi M}}$$

其中 m_0 为分子质量，M 为摩尔质量．

推导：令 $b = m_0/(2kT)$，则

$$\bar{v} = \int_0^{+\infty} 4\sqrt{\frac{b^3}{\pi}} v^3 \mathrm{e}^{-bv^2} \mathrm{d}v = 4\sqrt{\frac{b^3}{\pi}} \int_0^{+\infty} \frac{v^3}{-2bv} \mathrm{d}\mathrm{e}^{-bv^2} = 4\sqrt{\frac{b^3}{\pi}} \frac{1}{-2b} \int_0^{+\infty} v^2 \mathrm{d}\mathrm{e}^{-bv^2}$$

$$= -2\sqrt{\frac{b}{\pi}} \left(v^2 \mathrm{e}^{-bv^2} \Big|_0^{+\infty} - \int_0^{+\infty} \mathrm{e}^{-bv^2} \mathrm{d}v^2 \right) = -2\sqrt{\frac{b}{\pi}} \left(-\frac{1}{b} \right)$$

$$= 2\sqrt{\frac{1}{\pi b}} = \sqrt{\frac{8kT}{\pi m_0}} = \sqrt{\frac{8RT}{\pi M}}$$

方均根速率即有效值

$$\sqrt{\overline{v^2}} = \sqrt{\frac{3kT}{m_0}} = \sqrt{\frac{3RT}{M}}$$

推导：

$$\overline{v^2} = \int_0^{+\infty} v^2 f(v) \mathrm{d}v = 4\sqrt{\frac{b^3}{\pi}} \int_0^{+\infty} v^4 \mathrm{e}^{-bv^2} \mathrm{d}v = -4\sqrt{\frac{b^3}{\pi}} \frac{3}{8b^{\frac{5}{2}}} \sqrt{\pi} = \frac{3kT}{m_0}$$

必然与平均平动动能一致，因为 $f(v)$ 的推导中就应用了平均平动动能公式．

最概然速率（最可几速率，分子在这一速率时出现的概率最大）

$$v_P = \sqrt{\frac{2kT}{m_0}} = \sqrt{\frac{2RT}{M}}$$

推导：

$$f'(v_P) = 0$$

故

$$2 v_P \mathrm{e}^{-\frac{m_0 v_P^2}{2kT}} - v_P^2 \mathrm{e}^{-\frac{m_0 v_P^2}{2kT}} \cdot \frac{m_0 v_P}{kT} = 0$$

则

$$v_P = \sqrt{\frac{2kT}{m_0}} = \sqrt{\frac{2RT}{M}}$$

例 8-2 理想气体处于平衡态，其分子平动动能表示为 E，分子最概然平动动能表示为 E_P，与 E_P 相应的平动速率表示为 v_0，试求 v_0 与最概然速率 v_P 的比值．

解 与速率区间对应的动能区间的概率是相同的，故

$$f(v)\mathrm{d}v = f(E)\mathrm{d}E$$

又

$$E = \frac{1}{2} m v^2$$

则

$$dE = mv dv = \sqrt{2mE} dv$$

与

$$f(v) = 4\pi v^2 \left(\frac{m}{2\pi kT}\right)^{\frac{3}{2}} e^{-\frac{mv^2}{2kT}}$$

联立得动能概率密度

$$f(E) = \frac{8\pi}{m\sqrt{2m}} \left(\frac{m}{2\pi kT}\right)^{\frac{3}{2}} \sqrt{E} e^{-\frac{E}{kT}}$$

最概然平动动能满足

$$\frac{df(E)}{dE} = 0$$

故

$$\frac{d(\sqrt{E} e^{-\frac{E}{kT}})}{dE} = 0$$

即

$$\frac{1}{2\sqrt{E}} - \frac{\sqrt{E}}{kT} = 0$$

式中 E 即为 E_P，解得

$$E_P = \frac{1}{2} kT$$

又

$$E_P = \frac{1}{2} m v_0^2$$

则

$$v_0 = \sqrt{\frac{kT}{m}}$$

因为

$$v_P = \sqrt{\frac{2kT}{m}}$$

所以

$$\frac{v_0}{v_P} = \frac{1}{\sqrt{2}}$$

8.1.3 自由度 能均分定理

1. 自由度

前面讨论分子热运动时，只考虑分子的平动，实际上除单原子分子外，一般分子运动还有转动和振动,故引入自由度的概念.

决定一个物体的位置所需的独立坐标数,称为物体的自由度,用"i"表示.

将原子看作质点,单原子气体分子有3个自由度,$i=3$;多原子分子,若其分子间距离不变,称为"刚性分子",双原子刚性气体分子有5个自由度,$i=5$,其中有3个平动自由度、2个转动自由度;3个或3个以上原子的多原子刚性气体分子(原子不共线时)有6个自由度,$i=6$,其中有3个平动自由度、3个转动自由度.事实上,双原子或多原子分子一般不是完全刚性的,还有振动自由度,但常温下大多数分子的振动自由度可以不予考虑.

2. 能均分定理

在温度为 T 的热平衡态下,气体分子在任一自由度的平均动能都等于 $kT/2$,称为能量按自由度均分定理(简称能均分定理).

气体分子的平均平动动能均为

$$\overline{\varepsilon_k} = \frac{3}{2}kT$$

若气体分子自由度为 i,则平均动能为

$$\overline{\varepsilon_k} = \frac{i}{2}kT$$

如单原子、刚性双原子、刚性多原子气体分子平均动能分别为

$$\overline{\varepsilon_k} = \frac{3}{2}kT, \quad \overline{\varepsilon_k} = \frac{5}{2}kT, \quad \overline{\varepsilon_k} = \frac{6}{2}kT$$

如果气体分子不是刚性的,则还存在振动自由度,对应每一个振动自由度,除有 $kT/2$ 的平均振动动能外,还有 $kT/2$ 的平均势能,故每一个振动自由度上分配 kT 的能量.

实际气体分子视气体种类和温度而定,如氢气分子,低温时只有平动起作用,室温时平动和转动起作用,高温时平动、转动、振动同时起作用;氯气分子,室温时可能平动、转动、振动同时起作用.

8.1.4 理想气体

1. 理想气体的内能

理想气体不计分子间作用力,故分子势能不计,理想气体的内能 U 等于分子动能之和.

$$U = N\overline{\varepsilon_k} = N\frac{i}{2}kT = \nu\frac{i}{2}RT$$

其中 N 为分子个数,ν 为物质的量,T 为热力学温度,i 为自由度,其余常量不再赘述.

2. 准静态过程

热力学系统在外界影响下,从一个平衡态过渡到另一个平衡态的变化过程,称为热力学

过程.在热力学过程进行的任一时刻,系统的状态不是平衡态.如果变化过程足够缓慢,则任意时刻系统都无限地接近平衡态,可以当作平衡态处理,称为准静态过程."足够缓慢"应从相对意义上理解.

3. 气体实验定律

气体实验定律是关于气体热学行为的由实验总结出来的定律,在温度不太低、压强不太大(即可近似看作理想气体)、变化不太快(即可看作准静态过程)时吻合得较好,是建立理想气体概念的依据.对理想气体准静态过程,气体实验定律严格成立.

(1) 玻意耳定律:一定量的某种气体等温变化时,满足
$$pV = C$$

(2) 查理定律:一定量的某种气体等压变化时,满足
$$\frac{V}{T} = C$$

(3) 盖吕萨克定律:一定量的某种气体等容变化时,满足
$$\frac{p}{T} = C$$

(4) 阿伏伽德罗定律:在相同温度、压强下,各种气体在相同体积内所含有的分子数相等.例如标准状况(1 atm,0 ℃)下,1 mol 各种气体的体积均为 22.4 L.

(5) 道尔顿分压定律:混合气体的压强等于各组分单独存在而占有该体积时的分压强之和,即
$$p = \sum p_i$$

4. 理想气体状态方程

在气体实验定律的基础上总结出了理想气体状态方程,表达式为
$$pV = \nu RT, \quad pV = NkT \quad \text{或} \quad p = nkT$$
其中 ν 为物质的量,N 为分子个数,n 为分子数密度.适用条件为平衡态或准静态过程的理想气体.所有气体实验定律均可由其得出,读者可自行尝试.

推论:若
$$pV = \frac{m}{M}RT$$

则
$$p = \frac{m}{VM}RT = \rho\frac{RT}{M}$$

故
$$\frac{p}{\rho T} = C$$

即某种理想气体准静态过程的压强与密度和热力学温度乘积的比值为定值.

在对某状态利用 $pV = \nu RT$ 求某个物理量时注意需要采用国际单位制,若是对两个状态利用 $pV/T = p'V'/T'$ 求解,除温度必须用热力学温度外,其余只需单位统一即可.

例 8-3 如图 8-5 所示,在一个内径均匀的绝热环形管内,有三个薄金属片制成的活塞将管隔成三部分,活塞的导热性和封闭性良好,且可无摩擦地在圆环内运动.三部分中盛有同一种理想气体.容器平放在水平桌面上.开始时,1,2,3 三部分气体压强都是 p_0,温度分别是 $t_1 = -3\ ℃, t_2 = 47\ ℃, t_3 = 27\ ℃$,三个活塞到圆环中心连线的夹角 $\alpha_1 = 90°, \alpha_2 = 120°, \alpha_3 = 150°$.

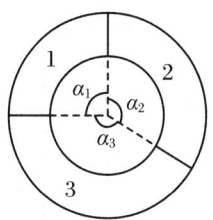

图 8-5

(1) 试求最后达到平衡时 $\alpha_1', \alpha_2', \alpha_3'$ 的值;
(2) 试求达到平衡时气体的温度和压强.

解 (1) 对每部分气体均有

$$p_i V_i = \nu_i R(273 + t_i), \quad V_i \propto \alpha_i, \quad i = 1,2,3$$

则

$$p_i \alpha_i \propto \nu_i (273 + t_i)$$

初始压强都相等,故

$$\nu_i \propto \frac{\alpha_i}{273 + t_i}$$

则

$$\nu_1 : \nu_2 : \nu_3 = \frac{90}{270} : \frac{120}{320} : \frac{150}{300}$$

平衡后,压强、温度均相同,物质的量不变,故

$$\alpha_i' \propto \nu_i$$

则

$$\alpha_1' : \alpha_2' : \alpha_3' = \nu_1 : \nu_2 : \nu_3 = \frac{90}{270} : \frac{120}{320} : \frac{150}{300}$$

又

$$\alpha_1' + \alpha_2' + \alpha_3' = 360°$$

联立解得

$$\alpha_1' = 99°, \quad \alpha_2' = 112°, \quad \alpha_3' = 149°$$

(2) 系统内能变化量为零,从初始状态到平衡,有

$$\Delta U = \frac{i}{2} R [\nu_1(t - t_1) + \nu_2(t - t_2) + \nu_3(t - t_3)] = 0$$

解得

$$t = 25\ ℃$$

对 1 部分气体,从初始状态到平衡,有

$$\frac{p_0 \alpha_1}{273 + t_1} = \frac{p \alpha_1'}{273 + t}$$

故

$$p = p_0$$

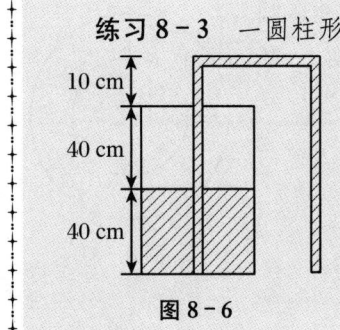

练习 8-3 一圆柱形容器盛有水银,然后用穿有虹吸管的盖密封,如图 8-6 所示,虹吸管事先灌满水银. 虹吸管的两竖直管等长,其中一根竖直管的管端靠近容器底部,另一竖直管开口端有一控制开关,有关尺寸见图示. 现打开控制开关使水银缓慢自由流出. 试问:当容器内气体压强为多大时,水银停止从虹吸管流出? 此时容器内的水银面下降了多少? 已知大气压强和初始容器内压强均为 $p_0 = 75 \text{ cmHg}$.

例 8-4 一个高度为 H 的薄壁圆柱形浮沉子一端封闭,一端开口. 将开口端向下插入密度为 ρ 的液体中,浮沉子内空气被封闭,当液体上方大气压强为 p_0 时,闭端刚好与液面持平. 设 $p_0 \gg \rho g H$,空气密度与 ρ 相比可略,空气可处理为理想气体,不计任何黏滞阻力,再设液体内温度处处相同. 今将液面上方压强突然增大至 $2p_0$,试证:浮沉子下沉深度 x 与它在该处的运动速度 v 的关系为

$$v^2 = 2gx - \frac{2p_0}{\rho}\ln\left(1 + \frac{\rho g x}{2p_0}\right)$$

解 设初始浮沉子内空气柱高度为 h_0($h_0 < H$),下沉 x 时,高度为 h($h < h_0 < H$);初始浮沉子静止:

$$mg = \rho g h_0 S$$

空气柱等温变化:

$$(p_0 + \rho g h_0)h_0 S = [2p_0 + \rho g(x + h)]hS$$

由于 $p_0 \gg \rho g H > \rho g h_0 > \rho g h$,故有

$$p_0 h_0 S \approx (2p_0 + \rho g x)hS$$

则

$$h \approx \frac{p_0 h_0}{2p_0 + \rho g x}$$

对于浮沉子

$$(mg - \rho g h S)\mathrm{d}x = \mathrm{d}\left(\frac{1}{2}mv^2\right)$$

代入 m, h 的表达式,整理得

$$2\left(g - \frac{p_0 g}{2p_0 + \rho g x}\right)\mathrm{d}x = \mathrm{d}(v^2)$$

积分得

$$v^2 = 2gx - \frac{2p_0}{\rho}\ln\left(1 + \frac{\rho g x}{2p_0}\right)$$

> **练习 8-4** 压强为 p_0、温度为 T_0 的空气(设空气分子的质量为 m,每个分子热运动的平均动能为 $5kT_0/2$),以 v_0 的速度流过一个横截面积为 S 的粗细相同的光滑导管,导管中有一个对气流的阻力可以忽略的金属丝网,它被输出功率为 P 的电源加热,因而气流变热. 达稳定状态后空气在导管末端流出时的速度为 v_1,如图 8-7 所示. 试求流出气体的温度 T_1 及空气受到的经金属丝网的推力 F.
>
>
>
> 图 8-7

例 8-5 宇宙飞船放下一个仪器,仪器以恒定速度垂直下落接近某行星表面,同时将外界大气压强数据传送给飞船,压强 p(用某个约定单位)随时间 t 的变化曲线如图 8-8 所示. 落到行星表面时,仪器又测得周围温度 $T = 700$ K,自由落体加速度 $g = 10$ m/s². 如果已知该行星的大气由二氧化碳构成,试求仪器下落的速度 v.

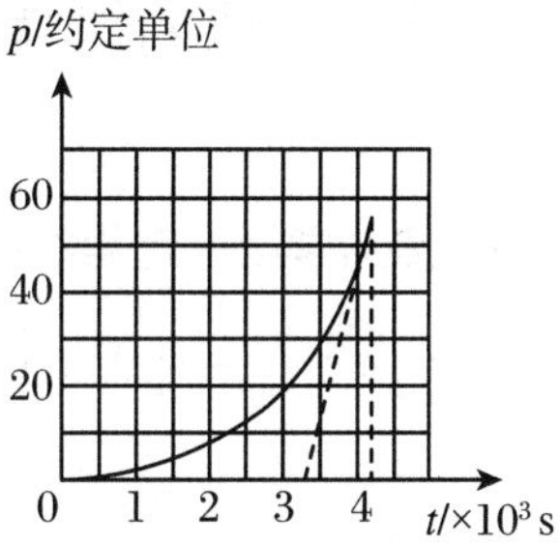

图 8-8

解 由题意得

$$pV = \frac{m}{M}RT$$

则

$$\rho = \frac{m}{V} = \frac{pM}{RT}$$

下落中

$$\mathrm{d}p = \rho g \mathrm{d}h = \rho g v \mathrm{d}t$$

则

$$\frac{\mathrm{d}p}{\mathrm{d}t} = \frac{pMgv}{RT}$$

在下落中任何高度、时刻都成立;落地时 $T = 700$ K,由图可知 $p = 55$ 约定单位,切线斜率为 $\dfrac{\mathrm{d}p}{\mathrm{d}t} = \dfrac{55}{900}\dfrac{\text{约定单位}}{\text{s}}$,均代入得

$$\frac{55}{900} = \frac{55 \times 44 \times 10^{-3} \times 10}{8.31 \times 700} v$$

解得

$$v = 14.6 (\text{m/s})$$

> **练习 8-5** 在标准大气压下,一端封闭的玻璃管开口向上竖直放置,长 $l = 96$ cm,内有一段长 $h = 20$ cm 的水银柱,环境温度为 27 ℃ 时,被封闭的气柱长为 $H = 60$ cm. 试问:当环境温度缓慢升高到多少摄氏度时,水银柱才会从玻璃管中全部溢出? 已知大气压强 $p_0 = 76$ cmHg.

8.2 热力学定律

8.2.1 热力学第一定律

1. 热力学第一定律的内容

即系统内能增量等于系统从外界吸收的热量与外界对系统做的功之和,表达式为

$$\Delta U = Q + W$$

2. 系统从外界吸收的热量

没有相变或化学变化时,可定义系统吸收的热量为

$$\mathrm{d}Q = C\mathrm{d}T$$

其中 C 为热容.
另有

$$\mathrm{d}Q = cm\mathrm{d}T$$

故

$$c = \frac{C}{m}$$

其中 c 为比热容. 又

$$\mathrm{d}Q = \nu C_{\text{mol}} \mathrm{d}T$$

故
$$C_{\text{mol}} = \frac{C}{\nu}$$
其中 C_{mol} 为摩尔热容.

3. 外界对气体做功

气体自由膨胀,即气体外界为真空时,外界无法对气体做功,故 $W = 0$.

其他情况下,外界对气体的力垂直于气体边界指向气体,气体膨胀时其做负功,反之做正功,易推导外界对气体做的功为
$$\mathrm{d}W = -p\mathrm{d}V$$
外界对气体做的功为 $p\text{-}V$ 图像围成的面积,做的功正负由体积增大或减小判断.

8.2.2 热力学第一定律在理想气体中的应用

考虑理想气体(可以是单种气体,也可以是混合气体)做准静态变化的情况.

1. 等容过程

定义定容摩尔热容 C_V,有
$$\mathrm{d}Q = \nu C_V \mathrm{d}T, \quad \mathrm{d}W = 0, \quad \mathrm{d}U = \mathrm{d}Q + \mathrm{d}W = \nu C_V \mathrm{d}T$$
又
$$\mathrm{d}U = \nu \frac{i}{2} R \mathrm{d}T$$
故
$$C_V = \frac{i}{2} R$$
为定值.

故无须计算微元过程,可直接令
$$W = 0, \quad Q = \nu C_V (T_2 - T_1)$$
且理想气体内能(无须等容变化)为
$$U = \nu C_V T$$
对刚性单、双、多原子分子,$i = 3, 5, 6$,定容摩尔热容分别为
$$C_V = \frac{3}{2} R, \quad \frac{5}{2} R, \quad \frac{6}{2} R$$
对混合刚性分子,可确定等效 i 或 C_V 值,有
$$U = \left(\sum \nu_k\right) \frac{i}{2} RT = \sum \nu_k \frac{i_k}{2} RT \quad \text{或} \quad U = \left(\sum \nu_k\right) C_V T = \sum \nu_k C_{Vk} T$$

2. 等压过程

$$W = -p(V_2 - V_1), \quad pV = \nu RT$$

则

$$W = -\nu R(T_2 - T_1)$$

于是

$$\Delta U = \nu C_V (T_2 - T_1), \quad \Delta U = Q + W$$

故

$$Q = \nu(C_V + R)(T_2 - T_1)$$

定义定压摩尔热容

$$C_p = C_V + R = \frac{i+2}{2} R$$

等压过程 C_p 为定值，系统吸热为

$$Q = \nu C_p (T_2 - T_1)$$

3. 等温过程

$$\Delta U = Q + W = 0$$

$$pV = \nu RT \Rightarrow p = \frac{\nu RT}{V}$$

故

$$W = -\int_{V_1}^{V_2} p \, dV = -\int_{V_1}^{V_2} \frac{\nu RT}{V} dV = -\nu RT \ln \frac{V_2}{V_1}$$

等温过程 $dQ \neq 0$，但 $dT = 0$，由 $dQ = \nu C_T dT$ 知 $C_T \to \infty$，故不引入等温摩尔热容.

4. 绝热过程

$$dQ = 0, \quad dU = 0 + dW = \nu C_V dT$$

$$pV = \nu RT \Rightarrow \nu dT = \frac{1}{R}(p \, dV + V \, dp)$$

$$dW = -p \, dV$$

联立得

$$-p \, dV = \frac{C_V}{R}(p \, dV + V \, dp)$$

即

$$(C_V + R) p \, dV + C_V V \, dp = 0 \quad \text{或} \quad C_p p \, dV + C_V V \, dp = 0$$

令

$$\gamma = \frac{C_p}{C_V}$$

则
$$\gamma p\,\mathrm{d}V + V\mathrm{d}p = 0$$
即
$$\frac{\gamma}{V}\mathrm{d}V + \frac{1}{p}\mathrm{d}p = 0$$
积分得
$$\gamma\ln V + \ln p = C'$$
即
$$\ln pV^\gamma = C'$$
故
$$pV^\gamma = C$$

由以上推导可知绝热过程等价于
$$pV^\gamma = C,\quad TV^{\gamma-1} = C\quad \text{或}\quad \frac{p^{\gamma-1}}{T^\gamma} = C$$

的过程,以上方程称为泊松方程,γ 称为绝热指数,为
$$\gamma = \frac{C_p}{C_V} = \frac{i+2}{i}$$

并可得到
$$C_V = \frac{R}{\gamma - 1},\quad C_p = \frac{\gamma R}{\gamma - 1}$$

对绝热过程(即 $pV^\gamma = C$ 的过程)可列式
$$Q = 0,\quad \Delta U = 0 + W = \nu C_V(T_2 - T_1) = \frac{C_V}{R}(p_2V_2 - p_1V_1) = \frac{p_2V_2 - p_1V_1}{\gamma - 1}$$

或
$$\Delta U = 0 + W = -\int_{V_1}^{V_2} p\,\mathrm{d}V = -\int_{V_1}^{V_2} \frac{C}{V^\gamma}\mathrm{d}V = \frac{(V_2^{1-\gamma} - V_1^{1-\gamma})C}{\gamma - 1}$$
$$pV^\gamma = C \Rightarrow pV = CV^{1-\gamma}$$

故
$$\Delta U = \frac{p_2V_2 - p_1V_1}{\gamma - 1}$$

在 p-V 图像中,绝热线比等温线陡.

绝热过程 $\mathrm{d}Q = 0$,但 $\mathrm{d}T \neq 0$,由 $\mathrm{d}Q = \nu C_{绝热}\mathrm{d}T$ 知 $C_{绝热} = 0$,故不引入绝热摩尔热容.

例8-6 由物质的量为 ν_1 的单原子分子理想气体与物质的量为 ν_2 的双原子分子理想气体混合成的理想气体在常温下的绝热方程为
$$pV^{\frac{11}{7}} = 常量$$

试求 ν_1 与 ν_2 的比值.

解 解法 1：由题意得

$$\gamma = \frac{C_p}{C_V} = \frac{C_V + R}{C_V} = \frac{11}{7}$$

则

$$C_V = \frac{7}{4}R$$

对于内能有

$$(\nu_1 + \nu_2)C_V T = \nu_1 \frac{3}{2}RT + \nu_2 \frac{5}{2}RT$$

联立解得

$$\frac{\nu_1}{\nu_2} = 3$$

解法 2：由题意得

$$\gamma = \frac{i+2}{i} = \frac{11}{7}$$

则

$$i = \frac{7}{2}$$

对于内能有

$$(\nu_1 + \nu_2)\frac{i}{2}RT = \nu_1 \frac{3}{2}RT + \nu_2 \frac{5}{2}RT$$

联立解得

$$\frac{\nu_1}{\nu_2} = 3$$

练习 8-6 为了测定气体的绝热指数，有时用下列方法：一定量的气体初始的压强和体积分别为 p_0 和 V_0．用一根通有电流的铂丝对它加热．设两次加热的电流和时间都相同，第一次保持气体体积 V_0 不变，压强变为 p_1；第二次保持气体压强 p_0 不变，体积变为 V_2．试求绝热指数．

---

5. 多方过程

$$pV^n = C$$

的过程称为多方过程；n 为常数，称为多方指数．

其中 $n=1$ 时为等温过程，$n=0$ 时为等压过程，$n=\gamma$ 时为绝热过程，$n \to \infty$ 时为等容过程．

对于一般的多方过程，来求解一下多方摩尔热容 C_n：

$$dU = \nu C_V dT, \quad dW = -pdV, \quad dQ = \nu C_n dT$$
$$dU = dQ + dW \Rightarrow \nu C_V dT = \nu C_n dT - pdV \qquad ☆$$

再求 pdV 与 dT 的关系：
$$pV = \nu RT \Rightarrow pdV + Vdp = \nu RdT$$
$$pV^n = C \Rightarrow Vdp = Vd(CV^{-n}) = -\frac{nC}{V^n}dV = -npdV$$

两式联立得
$$pdV - npdV = \nu RdT$$

则
$$pdV = -\frac{\nu R}{n-1}dT$$

代入☆式得
$$\nu C_V dT = \nu C_n dT + \frac{\nu R}{n-1}dT$$

解得
$$C_n = C_V - \frac{R}{n-1} = \frac{n-\gamma}{(\gamma-1)(n-1)}R$$

为定值，则可不通过微元过程计算其值，读者可自行尝试．

6. 理想气体绝热自由膨胀

即向真空的膨胀，则有
$$Q = 0, \quad W = 0$$

所以
$$\Delta U = Q + W = 0 = \nu C_V \Delta T, \quad \Delta T = 0$$

故温度、内能不变．

注意这是非准静态过程，故不能用绝热的泊松方程 $pV^\gamma = C$．

7. 一般准静态过程

对于理想气体的其他准静态过程，一般摩尔热容是变化的，需通过微元过程计算．在
$$dQ = \nu C_{\text{mol}} dT$$

中，当 $C_{\text{mol}} = 0$ 时，$dQ = 0$，一般为吸、放热的转折点；当 C_{mol} 趋近于无穷时，$dT = 0$，一般为升、降温的转折点．严谨地，随时间推移，$dQ>0$ 为吸热，$dQ<0$ 为放热；$dT>0$ 为升温，$dT<0$ 为降温．

若以体积为参考，以随时间推移体积减小为例，则随时间推移
$$dV < 0$$

若满足：当 $V = V_0$ 时 $dT/dV = 0$，则 $dT = 0$；当 $V<V_0$ 时 $dT/dV>0$，则 $dT<0$；当 $V>V_0$

时 $dT/dV<0$,则 $dT>0$. 则 V_0 为升、降温的转折点,V_0 前降温,V_0 后升温.

例 8-7 一个高为 $H=152$ cm 的底部封闭的直玻璃管下半部充满双原子分子理想气体,上半部是水银且玻璃管顶部开口,对气体缓慢加热,到所有的水银被排出管外时,封闭气体的摩尔热容随气体高度 h 如何变化?传递给气体的总热量是多少?气体高度为多少时升、降温开始转折?气体高度为多少时吸、放热开始转折?设玻璃管内横截面的面积为 S,总热量用 p_0 和 V_0 表示,V_0 为初始气体体积,已知大气压强为 $p_0=76$ cmHg.

解 水银密度用 ρ 表示,设大气压强等于相当于 h_0 的水银柱的压强,应有

$$p_0 = \rho g h_0, \quad h_0 = 76 \text{ cm}$$

变化过程中,封闭气体压强

$$p = p_0 + \rho g(H-h) = \rho g(h_0 + H - h) = \rho g(228-h)$$

故封闭气体满足

$$\nu RT = pV = \rho g(228-h)hS$$

求微分得

$$\nu R dT = \rho g(228-2h)S \cdot dh$$

水银排出过程随时间推移 $dh>0$,故

$228-2h_1=0$,即当 $h_1=114$ cm 时 $dT=0$,为升、降温的转折点

$228-2h>0$,即当 $h<114$ cm 时 $dT>0$,升温

$228-2h<0$,即当 $h>114$ cm 时 $dT<0$,降温

尚未自发排出的准静态过程中

$$dW = -pdV = -pSdh = -\rho g(228-h)S \frac{\nu R dT}{\rho g(228-2h)S} = -\frac{228-h}{228-2h}\nu R dT$$

$$dU = \nu \frac{5}{2}RdT, \quad dU = dQ + dW, \quad dQ = \nu C_{\text{mol}} dT$$

联立解得

$$C_{\text{mol}} = \frac{1596-12h}{456-4h}R$$

$$dQ = \nu \frac{1596-12h}{456-4h} R \frac{\rho g(228-2h)Sdh}{\nu R} = \frac{3}{2}\rho g(532-4h)Sdh \qquad ☆$$

由于随时间推移 $dh>0$,故

$532-4h_2=0$,即当 $h_2=133$ cm 时 $dQ=0$,为吸、放热的转折点

$532-4h>0$,即当 $h<133$ cm 时 $dQ>0$,吸热

$532-4h<0$,即当 $h>133$ cm 时 $dQ<0$,放热

实际上 $h>133$ cm 时,水银加速自发排出,为非准静态,可认为来不及放热,故摩尔热容为

$$C_{\text{mol}} = \begin{cases} \dfrac{1596-12h}{456-4h}R & (h < 133 \text{ cm}) \\ 0 & (h \geqslant 133 \text{ cm}) \end{cases}$$

传递的总热量由☆式积分，先将各量用 p_0 和 V_0 表示：

$$p_0 V_0 = \rho g h_0 \cdot S h_0 = \rho g S h_0^2, \quad h_2 = \frac{133}{76}h_0, \quad \frac{H}{2} = h_0$$

则

$$Q = \int_{\frac{H}{2}}^{h_2} \frac{3}{2}\rho g(532-4h)S\,dh = \int_{h_0}^{\frac{133}{76}h_0} \frac{3}{2}\rho g(7h_0 - 4h)S\,dh$$

$$= \frac{3}{2}\rho g S(7h_0 h - 2h^2)\Big|_{h_0}^{\frac{133}{76}h_0} = 1.6875\rho g S h_0^2 = 1.6875 p_0 V_0$$

传递总热量解法 2：初始状态到 h_2，由理想气体状态方程得

$$\frac{(76+76)76}{T_0} = \frac{(76+152-133)133}{T}$$

则

$$T = \frac{35}{32}T_0$$

故

$$\Delta U = \nu \frac{5}{2}R(T-T_0) = \frac{15}{64}\nu R T_0 = \frac{15}{64}p_{\text{初}}V_0$$

又

$$p_{\text{初}} = 2p_0$$

故

$$\Delta U = \frac{15}{32}p_0 V_0$$

压强随气体高度（体积）均匀变化，故

$$W = -\bar{p}\Delta V = -\frac{1}{2}\left(2p_0 + \frac{76+152-133}{76}p_0\right)\frac{133-152/2}{152/2}V_0 = -\frac{39}{32}V_0$$

$$\Delta U = Q + W$$

解得

$$Q = \frac{27}{16}p_0 V_0$$

升、降温转折点解法 2：由

$$pV = \nu R T$$

可知 $T_{\max}$ 对应 $(pV)_{\max}$：

$$pV = \rho g(228-h)hS$$

故当
$$228 - h_1 = h_1$$
即当 $h_1 = 114$ cm 时有 $(pV)_{max}$，T_{max}，为升、降温的转折点，且 $h < 114$ cm 时升温，$h > 114$ cm 时降温.

升、降温转折点解法 3：若没有让求升降温、吸放热的阶段，只让求转折点，则
$$dQ = 0, \text{即 } C_{mol} = 0 \text{ 时为吸、放热转折点}$$
$$dQ \to \infty, \text{即 } C_{mol} \to \infty \text{ 时为升、降温转折点}$$

注 若升高环境温度，则当 $h = 114$ cm 时，$T_{环} = T_{max}$ 后水银全部溢出；若缓慢加热气体，则 h 在 $114 \sim 133$ cm 时，虽然气体温度降低，但仍吸热，若不向气体传热，则水银不会继续溢出.

> **练习 8-7** 单原子理想气体经历的准静态过程中，恒有
> $$\frac{dQ}{dW'} = \frac{V}{V_0}$$
> 其中 dQ 为气体吸收的热量，dW' 为气体对外做的功，V_0 为一个常量性参量.
> (1) 试求过程的摩尔热容 C_m 随 V 变化的函数关系式；
> (2) 设初态为 (p_0, V_0)，已知末态 $V = 2\sqrt{2} V_0$，试求末态压强 p.

8.2.3 循环过程 热机 制冷机

1. 循环过程

一个热力学系统从某一状态出发，经过一系列变化过程，最后又回到初始状态，这样的过程称为循环过程. 如果一个循环过程的每一个分过程都是准静态过程，则可在 p-V 图中用一条闭合曲线来表示.

循环过程中系统经历一个循环后内能不变：
$$\Delta U = Q + W = 0 \Rightarrow Q = -W$$

或记系统对外做的功为
$$W' = -W = \oint_V p dV$$

则
$$Q = W'$$

即循环过程中系统吸收（或放出）的净热量等于系统对外（或外界对系统）做的净功.

循环过程中功的多少等于 p-V 图线围成的面积. 顺时针的循环,如图 8-9 所示,可分为 V 增大和 V 减小两部分,可知 V 增大部分系统对外做的功多于 V 减小部分外界对系统做的功,故顺时针的循环过程中系统净吸热并对外做功,称这种循环为正循环;逆时针的循环过程中外界对系统做净功,系统净放热,称为逆循环.

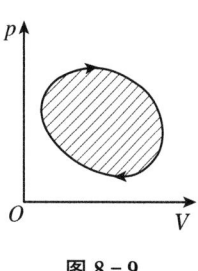

图 8-9

2. 热机

正循环热机简称热机,效果是把热能转化为机械能,工作原理为:工质从高温热源吸热 $Q_{吸}$,然后对外做功 W',同时向低温热源放热 $Q_{放}$($Q_{放}<Q_{吸}$),内能回到原来的状态,有

$$W' = Q_{吸} - Q_{放}$$

热机效率:工质从高温热源吸收的热量转化为机械功的百分比称为热机效率,即

$$\eta = \frac{W'}{Q_{吸}} = \frac{Q_{吸} - Q_{放}}{Q_{吸}} = 1 - \frac{Q_{放}}{Q_{吸}}, \quad \eta < 1$$

3. 制冷机

制冷机是逆循环热机,作用是通过外界做功 W,使工质从低温热源吸收热量 $Q_{吸}$,从而使低温热源进一步降温,然后向高温热源放热 $Q_{放}$($Q_{放}>Q_{吸}$),内能回到原来的状态,有

$$W = Q_{放} - Q_{吸}$$

制冷系数:工质从低温热源吸收的热量 $Q_{吸}$ 与所消耗的外功 W 的比值称为制冷系数,即单位功耗获得的冷量,表达式为

$$\varepsilon = \frac{Q_{吸}}{W} = \frac{Q_{吸}}{Q_{放} - Q_{吸}}, \quad \varepsilon \text{ 可以大于 } 1$$

4. 卡诺循环

由两个等温过程和两个绝热过程构成的循环过程称为卡诺循环,它是只在恒定温度的高、低温热源吸热或放热的理想循环,没有散热、漏气等因素存在.

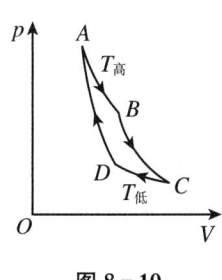

图 8-10

(1)卡诺正循环如图 8-10 所示,$A \to B$,于高温热源 $T_{高}$ 等温膨胀;$B \to C$,绝热膨胀温度降低至 $T_{低}$;$C \to D$,于低温热源 $T_{低}$ 等温压缩;$D \to A$,绝热压缩温度升高至 $T_{高}$,恢复 A 状态.

绝热过程不吸、放热,等温过程 $A \to B$ 吸热:

$$Q_{吸} = \nu R T_{高} \ln \frac{V_B}{V_A}$$

$C \to D$ 放热:

$$Q_{放} = \nu R T_{低} \ln \frac{V_C}{V_D}$$

绝热过程 $B \to C$,$D \to A$:

$$T_{\text{高}} V_B^{\gamma-1} = T_{\text{低}} V_C^{\gamma-1}, \quad T_{\text{高}} V_A^{\gamma-1} = T_{\text{低}} V_D^{\gamma-1}$$

$$\Rightarrow \frac{V_B}{V_A} = \frac{V_C}{V_D}$$

联立得

$$\frac{Q_{\text{吸}}}{Q_{\text{放}}} = \frac{T_{\text{高}}}{T_{\text{低}}}$$

故效率

$$\eta = 1 - \frac{Q_{\text{放}}}{Q_{\text{吸}}} = 1 - \frac{T_{\text{低}}}{T_{\text{高}}}$$

(2) 对于卡诺逆循环,同理可得

$$\frac{Q_{\text{吸}}}{Q_{\text{放}}} = \frac{T_{\text{低}}}{T_{\text{高}}}, \quad \varepsilon = \frac{Q_{\text{吸}}}{Q_{\text{放}} - Q_{\text{吸}}} = \frac{T_{\text{低}}}{T_{\text{高}} - T_{\text{低}}}$$

即卡诺循环有交换的热量与相应热源的温度的比值相等的重要性质.

例 8-8 1 mol 氦气经过图 8-11 所示的循环过程,其中 2,3 状态的压强是 1,4 状态的 2 倍,3,4 状态的体积是 1,2 状态的 2 倍,1 状态气体温度为 T_0,试求 $1\to2, 2\to3, 3\to4, 4\to1$ 各过程中气体吸收的热量和热机的效率.

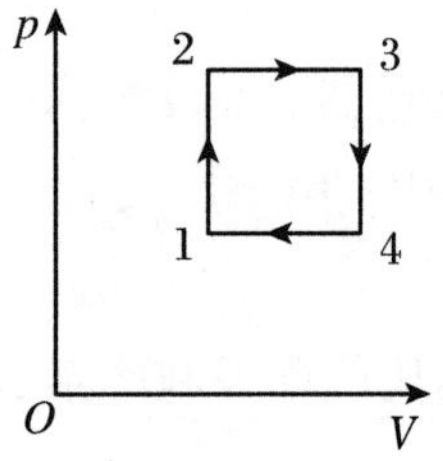

解 设 1 状态压强为 p、体积为 V,则

$$\frac{pV}{T_0} = \frac{2pV}{T_2} = \frac{2p2V}{T_3} = \frac{p2V}{T_4}$$

图 8-11

故

$$T_2 = T_4 = 2T_0, \quad T_3 = 4T_0$$

对于氦气

$$C_V = \frac{3}{2}R, \quad C_p = \frac{5}{2}R$$

对于各过程

$$Q_{12} = C_V(T_2 - T_1) = \frac{3}{2}RT_0, \quad Q_{23} = C_p(T_3 - T_2) = \frac{5}{2}R2T_0$$

$$Q_{34} = C_V(T_4 - T_3) = -\frac{3}{2}R2T_0, \quad Q_{41} = C_p(T_1 - T_4) = -\frac{5}{2}RT_0$$

故循环过程

$$Q_{\text{吸}} = Q_{12} + Q_{23} = \frac{13}{2}RT_0, \quad Q_{\text{放}} = |Q_{34} + Q_{41}| = \frac{11}{2}RT_0$$

$$W' = Q_{\text{吸}} - Q_{\text{放}} = RT_0 (\text{或求面积})$$

则

$$\eta = \frac{W'}{Q_{\text{吸}}} = \frac{2}{13} \approx 15.4\%$$

练习 8-8 （第 34 届全国中学生物理竞赛复赛）如图 8-12 所示，物质的量为 ν 的双原子理想气体构成的系统经历一正循环过程（正循环指沿图中箭头所示的循环），其中自 A 到 B 为直线过程，自 B 到 A 为等温过程．双原子理想气体的定容摩尔热容为 $5R/2$，R 为气体常量.

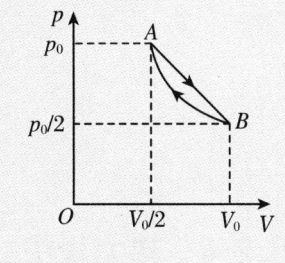

图 8-12

(1) 求直线 AB 过程中的最高温度；

(2) 求直线 AB 过程中气体的摩尔热容随气体体积变化的关系式，说明气体在直线 AB 过程各段体积范围内是吸热过程还是放热过程，确定吸热和放热过程发生转变时的温度 T_C；

(3) 求整个直线 AB 过程中所吸收的净热量和一个正循环过程中气体对外所做的净功.

例 8-9 一台冰箱放在室温为 20 ℃ 的房间里，冰箱储藏柜中的温度维持在 5 ℃．现每天有 2.0×10^7 J 的热量自房间传入冰箱内，若要维持冰箱内温度不变，外界每天需做多少功？其功率为多少？设在 5~20 ℃ 范围运转的制冷机（冰箱）的制冷系数是卡诺制冷机制冷系数的 55%.

解 对于卡诺制冷机

$$\varepsilon_0 = \frac{Q_{\text{吸}}}{Q_{\text{放}} - Q_{\text{吸}}} = \frac{T_{\text{低}}}{T_{\text{高}} - T_{\text{低}}} = \frac{273+5}{20-5} = 18.53$$

对于冰箱

$$55\%\varepsilon_0 = \frac{Q_{\text{吸}}}{W} \Rightarrow 55\% \times 18.53 = \frac{2.0\times10^7}{W} \Rightarrow W = 2\times10^6 (\text{J})$$

故

$$P = \frac{W}{t} = \frac{2\times10^6}{24\times3600} = 23(\text{W})$$

练习 8-9 某空调按卡诺循环运转，其中做功装置连续工作时所提供的功率为 P_0.

(1) 夏天，室外温度为恒定的 T_1，启动空调连续工作，最后可将室温降低至恒定的 T_2．室外通过热传导在单位时间内向室内传输的热量正比于 T_1-T_2，比例系数为 A．试用 T_1，P_0 和 A 来表示 T_2.

(2) 当室外温度为 30 ℃时,若这台空调只有 30%的时间处于工作状态,则室温可维持在 20 ℃.试问室外温度最高为多少时,用此空调仍可使室温维持在 20 ℃?

(3) 冬天,可将此空调吸热、放热反向,试问室外温度最低为多少时,用此空调可使室温维持在 20 ℃?

8.2.4　热力学第二定律　可逆与不可逆　卡诺定理　熵增原理

1. 热力学第二定律

热力学第一定律说明在任何过程中能量必须守恒,然而某些实验和事实表明并非所有能量守恒的过程均能实现,宏观自然过程是有方向性的,某些方向的过程可以自发进行,反之却不能.在此基础上提出了热力学第二定律,它有多种表述.

开尔文表述:不可能从单一热源吸收热量,使之完全变为有用的功而不产生其他影响.它反映了热、功转化的一种特殊规律.

克劳修斯表述:不可能把热量从低温物体传到高温物体而不引起其他变化.它反映了热量传递的一种特殊规律.

这两种表述是等价的,在此仅证明一下若克劳修斯表述不成立,则开尔文表述也不成立.若克劳修斯表述不成立,则可以将热量从低温物体传到高温物体而不引起其他变化,如图 8-13(a)所示,设有热量 Q 从低温热源自发传到高温热源,同时有一个热机从高温热源吸热 Q,对外做功 W',向低温热源放热 Q',则
$$W' = Q - Q'$$
这两个过程合在一起,等效于图 8-13(b)所示,即可以从单一热源吸取热量 $Q-Q'$,使之完全变为有用的功 W' 而不产生其他影响,即开尔文表述不成立.

读者可自行尝试证明若开尔文表述不成立,则克劳修斯表述也不成立.

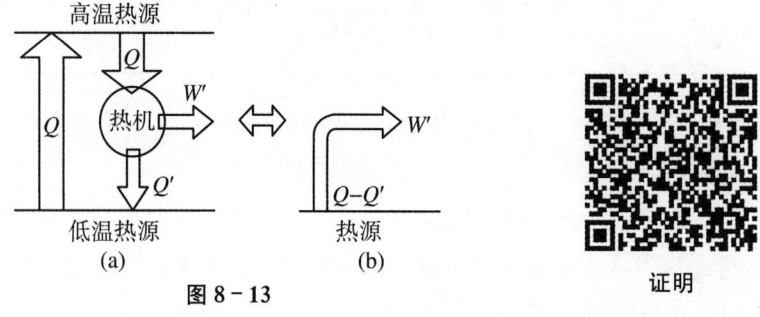

图 8-13　　　　　　　　　　证明

2. 可逆过程与不可逆过程

设有一个过程,使物体由状态 A 变为状态 B,如果存在另一个过程,不但使物体反向变化,从状态 B 回到状态 A,而且当物体恢复状态 A 时,周围的一切也都各自恢复原状,则由状态 A 到状态 B 的过程为可逆过程.反之为不可逆过程.

在热力学中,可逆过程由一系列准静态过程所组成.一切实际过程都是不可逆的,只能接近可逆过程.

可逆过程与不可逆过程

3. 卡诺定理

卡诺循环是理想的可逆循环,其效率仅取决于高、低温热源的温度.以热力学第二定律为基础,可以将之推广为适用于任意可逆循环的普遍结论,称为"卡诺定理".证明略去.

卡诺定理一:在同样高、低温热源之间工作的一切可逆热机,不论用什么工作物,效率都相等,即

$$\eta = 1 - \frac{T_\text{低}}{T_\text{高}}$$

卡诺定理二:在同样高、低温热源之间工作的一切不可逆热机的效率小于可逆机的效率,即

$$\eta < 1 - \frac{T_\text{低}}{T_\text{高}}$$

完成可逆循环的热机也称为卡诺机.

例8-10 一热机工作于两个相同材料的物体 A 和 B 之间,两物体的温度分别为 T_A 和 T_B($T_A > T_B$),每个物体的质量均为 m,比热恒定,均为 s.设两个物体的压强保持不变,且不发生相变.试求热机能获得的最大功 $W'_{\max}$ 及这种情况下两物体 A 和 B 最终达到的温度 T_0.

解 热机为可逆机时获得最大功,某次工作中,从高温热源 T_i 吸热 $\mathrm{d}Q_1$,向低温热源 T_j 放热 $\mathrm{d}Q'_2$,有

$$\frac{\mathrm{d}Q_1}{T_i} = \frac{\mathrm{d}Q'_2}{T_j}, \quad \mathrm{d}Q_1 = ms(-\mathrm{d}T_i), \quad \mathrm{d}Q'_2 = ms\,\mathrm{d}T_j$$

联立得

$$-\frac{\mathrm{d}T_i}{T_i} = \frac{\mathrm{d}T_j}{T_j}$$

积分得

$$-\ln T_i = \ln T_j + C_1$$

即

$$T_i T_j = C$$

故初始到最终有

$$T_A T_B = T_0^2$$

即

$$T_0 = \sqrt{T_A T_B}$$

故

$$W'_{\max} = Q_{放} - Q_{吸} = ms(T_A - T_0) - ms(T_0 - T_B) = ms(\sqrt{T_A} - \sqrt{T_B})^2$$

4. 热力学第二定律的数学表述

一个系统的循环过程中,工作物质与 n 个热源接触,从一些热源 T_i 处吸热 Q_i ($Q_i > 0$),在另一些热源 T_j 处放热 Q'_j ($Q'_j > 0$),可知

$$1 - \frac{Q'_j}{Q_i} \leqslant 1 - \frac{T_j}{T_i}$$

等号对应可逆过程,小于号对应不可逆过程,则

$$\frac{Q'_j}{Q_i} \geqslant \frac{T_j}{T_i}$$

即

$$\frac{Q_i}{T_i} - \frac{Q'_j}{T_j} \leqslant 0$$

在热源 T_j 处放热 Q'_j,即从热源 T_j 处吸热 Q_j,有

$$Q_j = -Q'_j$$

故

$$\frac{Q_i}{T_i} + \frac{Q_j}{T_j} \leqslant 0$$

求和,有

$$\sum_{k=1}^{n} \frac{Q_k}{T_k} \leqslant 0$$

当 $n \to \infty$ 时化为

$$\oint \frac{\mathrm{d}Q}{T} \leqslant 0$$

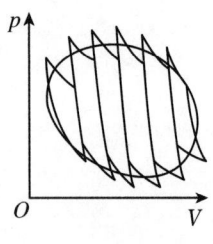

图 8-14

这就是热力学第二定律的一种数学表述,等号对应可逆循环,称为克劳修斯等式;小于号对应不可逆循环,称为克劳修斯不等式.

例如一个可逆循环,可看作由 $n \to \infty$ 个卡诺循环组成,如图 8-14 所示,则有

$$\oint_{可逆} \frac{\mathrm{d}Q}{T} = 0$$

5. 熵　熵增加原理

ⅰ. 熵　熵变

对于可逆过程，由克劳修斯等式

$$\oint_{可逆} \frac{\mathrm{d}Q}{T} = 0$$

可知，对于任何物质，热温比沿任何可逆循环的积分为零；等价于在两个平衡态之间的热温比的积分与可逆过程路径无关，如图 8-15 所示，有

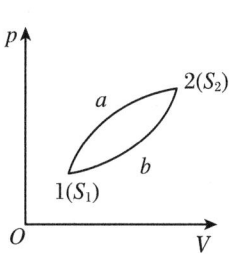

图 8-15

$$\int_{1a2} \frac{\mathrm{d}Q}{T} + \int_{2b1} \frac{\mathrm{d}Q}{T}_{可逆} = 0 \quad 或 \quad \int_{1a2} \frac{\mathrm{d}Q}{T} = \int_{1b2} \frac{\mathrm{d}Q}{T}$$

因此可通过热温比定义一个只与状态有关的函数——熵，用 S 表示，单位为 J/K，它仅由状态决定，与经历的具体过程无关．

可逆过程中的热量与温度比值的积分的函数称为熵变，即

$$\mathrm{d}S = \left(\frac{\mathrm{d}Q}{T}\right)_{可逆}, \quad \Delta S = S_2 - S_1 = \int_1^2 \frac{\mathrm{d}Q}{T}_{可逆}$$

一个状态熵的数值的确定依赖于参考点的选取，但一个可逆过程引起的系统的熵变是唯一确定的．

注意，计算熵变的过程只能是可逆的．

对于不可逆过程 $1a'2$，在初、末态之间连接一可逆过程 $2b1$，构成一个不可逆循环，由克劳修斯不等式知

$$\int_{1a'2} \frac{\mathrm{d}Q}{T} + \int_{2b1}_{可逆} \frac{\mathrm{d}Q}{T} < 0$$

即

$$\int_{1a'2} \frac{\mathrm{d}Q}{T} < \int_{1b2}_{可逆} \frac{\mathrm{d}Q}{T} = S_2 - S_1 = \Delta S$$

对于不可逆循环，有

$$\oint_{不可逆} \frac{\mathrm{d}Q}{T} < S_0 - S_0 = 0$$

综合考虑可逆与不可逆过程，则有

$$\int_1^2 \frac{\mathrm{d}Q}{T} \leqslant S_2 - S_1 = \Delta S \quad 或 \quad \mathrm{d}S \geqslant \frac{\mathrm{d}Q}{T}$$

等号对应可逆过程，不等号对应不可逆过程，这两个式子是热力学第二定律的另一种数学表述．

ⅱ. 熵变的计算

对于两个状态，用一个可逆过程连接，用热温比的积分来计算两个状态的熵变．

例8-11 设理想气体的热容为常量且已知,其物质的量为 ν.

(1) 它分别经过可逆绝热、等容、等压、多方过程(多方指数为 n)温度从 T_1 升到 T_2,试求熵的变化;

(2) 它经可逆等温过程从 (p_1, V_1) 到达 (p_2, V_2),试求熵的变化;

(3) 试讨论理想气体绝热自由膨胀的熵变,已知初态体积为 V_1,末态体积为 V_2.

解 (1) 可逆绝热过程

$$dQ = 0$$

$$\Delta S = \int_1^2 \frac{dQ}{T} = 0$$

可逆等容过程

$$dQ = \nu C_V dT$$

$$\Delta S = \int_1^2 \frac{dQ}{T} = \int_{T_1}^{T_2} \frac{\nu C_V dT}{T} = \nu C_V \ln \frac{T_2}{T_1}$$

可逆等压过程

$$dQ = \nu C_p dT$$

$$\Delta S = \int_1^2 \frac{dQ}{T} = \int_{T_1}^{T_2} \frac{\nu C_p dT}{T} = \nu C_p \ln \frac{T_2}{T_1}$$

可逆多方过程摩尔热容(推导略去)

$$C_n = \frac{(n-\gamma)R}{(\gamma-1)(n-1)}$$

$$\Delta S = \int_1^2 \frac{dQ}{T} = \int_{T_1}^{T_2} \frac{\nu C_n dT}{T} = \frac{\nu(n-\gamma)R}{(\gamma-1)(n-1)} \ln \frac{T_2}{T_1}$$

或直接推导多方过程,分别令 $n = \gamma, \infty, 0$,即分别为绝热、等容、等压过程.

(2) 可逆等温过程

$$Q = \int_1^2 p dV = \int_{V_1}^{V_2} \frac{\nu RT}{V} dV = \nu RT \ln \frac{V_2}{V_1}$$

$$\Delta S = \frac{Q}{T} = \nu R \ln \frac{V_2}{V_1} = -\nu R \ln \frac{p_2}{p_1}$$

(3) 绝热自由膨胀

$$dQ = 0, \quad dW = 0, \quad dU = dQ + dW = \nu C_V dT$$

则

$$dT = 0$$

故温度不变;绝热自由膨胀不是准静态过程,设置一可逆等温膨胀过程使之初、末状态与绝热自由膨胀的初、末状态相同,则熵变也与之相同. 对此等温膨胀,由(2)可知

$$\Delta S = \nu R \ln \frac{V_2}{V_1}$$

例 8-11(3)

由这道例题可知,可逆等容、等压、多方过程,熵可增加可减少;可逆绝热过程是等熵过程,但此结论不适用于不可逆绝热;可逆等温膨胀,$\Delta S>0$,熵增加;可逆等温压缩,$\Delta S<0$,熵减少;绝热自由膨胀,熵增加.

ⅲ. 熵增加原理

对于绝热过程有

$$dQ \equiv 0, \quad \Delta S_{绝热} \geqslant \int_{1\atop 绝热}^{2} \frac{dQ}{T}$$

故对于任意绝热过程

$$\Delta S_{绝热} \geqslant 0$$

等号对应可逆过程,不等号对应不可逆过程;孤立系统与外界是绝热的,由此我们得出熵增加原理.

熵增加原理:孤立系统的熵永不减少.其中可逆过程熵不变,不可逆过程熵增加.熵增加原理只能用于孤立系统或绝热过程.

通过实际计算可能的绝热过程中熵的改变量 $dS_{绝热}$,就可以判定绝热过程是否可逆:$dS_{绝热}=0$ 则可逆,$dS_{绝热}>0$ 则不可逆.用熵增加原理还可判断孤立系统中绝热过程自发进行的方向,$dS_{绝热}>0$ 才是自发进行的方向,$dS_{绝热}=0$ 时就达到平衡态而不能再继续进行下去.

> **练习 8-10** (1) 热容分别为常量 C_1, C_2,温度分别为 T_1, T_2 的两个物体与外界绝热,通过热接触达到共同温度,试求该过程中两物体构成的系统的熵的变化,并说明此过程是否可逆.
>
> (2) 长 l 的均匀细棒,质量线密度为 λ,开始时一端温度为 T_1,另一端温度为 $T_2=2T_1$,中间各处温度线性地分布,在绝热的情况下,最终达到热平衡.已知棒各处的比热为相同的常量 c,试求全过程棒的熵增量,并说明此过程是否可逆.

练习 8-10

6. 熵及热力学第二定律的统计意义

微观熵(玻尔兹曼熵)的表达式为

$$S = k \ln \Omega$$

其中 k 为玻尔兹曼常量,Ω 是微观量子态的数目.

微观熵(玻尔兹曼熵)与宏观熵(克劳修斯熵)是一致的,也服从熵增加原理,本质是概率的法则在起作用,即自然界自发的倾向总是从宏观概率小的状态向宏观概率大的状态过渡,这是热力学第二定律的统计意义.

以理想气体绝热自由膨胀为例,前已推导

$$\Delta S = \nu R \ln \frac{V_2}{V_1}$$

如图 8-16(a)所示,设膨胀比为

$$\frac{V_2}{V_1} = 2$$

膨胀前,所有分子都在左边或右边的概率为 1 或 0,微观态数

$$\Omega_1 = 1$$

膨胀后,对某一粒子,微观态有 2 个,如图 8-16(b)所示,粒子在左侧(或右侧)的概率为 1/2;对 2 个粒子,微观态有 4 个,如图 8-16(c)所示,均在左侧(或右侧)的概率为 1/4;对 3 个粒子,微观态有 8 个,如图 8-16(d)所示,均在左侧(或右侧)的概率为 1/8……

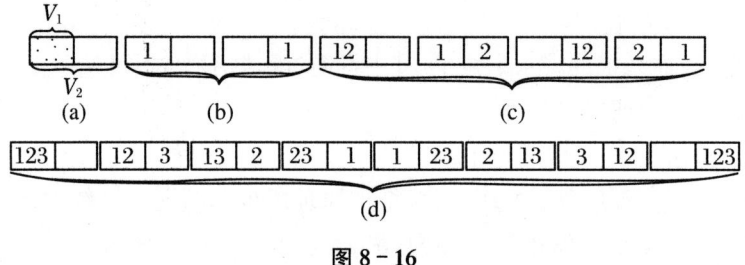

图 8-16

对 N 个粒子,每个粒子处于左、右两边的概率都为 1/2,所有粒子都处于左边(或右边)的概率为

$$\frac{1}{2^N}$$

所有微观态数目为 2^N 个,故可知

$$\Delta S = k \ln \Omega_2 - k \ln \Omega_1 = k \ln \frac{\Omega_2}{\Omega_1} = k \ln 2^N = Nk \ln 2 = \nu R \ln 2$$

与之前推得的

$$\Delta S = \nu R \ln \frac{V_2}{V_1} = \nu R \ln 2$$

一致.

8.3 固体 液体 物态变化 热传递

8.3.1 固体

固态、液态通称凝聚态. 固体分为晶体和非晶体,晶体分为单晶体和多晶体.

宏观上：单晶体有天然规则的几何外形，有固定的熔点，物理性质有各向异性；多晶体无天然规则的几何外形，有固定的熔点，物理性质有各向同性；非晶体无天然规则的几何外形，无固定的熔点，物理性质有各向同性．物理性质指导电、导热、导光、抗压等性质．

微观上：单晶体有空间点阵结构，有序排列；多晶体小范围内空间点阵排列，整体杂乱无章，即短程有序，长程无序；非晶体分子无序排列．

> **练习 8-11** 在相互平行的石墨晶格上，原子排列成正六角形栅格，即"蜂窝结构"，平面上原子间距为 1.42×10^{-10} m，若石墨的密度为 2270 kg/m³，试求两层平面间的距离．

8.3.2 液体

1. 表面张力

表面层：液体与气体接触的液体表面，或两不相溶液体接触的液体表面叫作表面层．

表面张力：液体表面各部分间相互吸引的力称为表面张力，它使液体表面有收缩的趋势．表面张力的方向为：与液面相切，某部分液面的表面张力与这部分液面的分界线垂直．

表面张力的大小与表面积的大小无关，与所考虑的线段长度有关．实验表明，表面张力大小与所考虑的线的长度成正比，即

$$\Delta f = \sigma \Delta l$$

σ 称为表面张力系数，单位为 N/m，它与温度、液体密度、液面外相邻物质的性质、液体中的杂质等有关．

每一液面都有表面张力，液膜（如肥皂膜）有两个表面层，均有表面张力．

使表面积扩大需克服表面张力做功，设表面积扩大由长为 l 的边沿垂直于 l 的方向移动 dx 所致，则外力做的功为

$$dW = fdx = \sigma l dx = \sigma dS$$

故

$$\sigma = \frac{dW}{dS}$$

即表面张力系数等于液面扩大单位面积外界需做的功．

液体分子间作用力为保守力，外力克服表面层中的粒子所受的合力所做的功等于液体表面层中的粒子势能增加量，这样增加的液体表面层中的粒子的势能称为液体的表面自由能，简称表面能．表面能公式为

$$dE = \sigma dS$$

例 8-12 同一液体的两个球形膜碰在一起后形成图 8-17(a)所示的对称连体膜.连体膜的两个球冠半径为 R,中间相连的圆膜半径为 r,圆膜边缘用一匀质细线围住.已知液体的表面张力系数为 σ,不计重力,试求细线内的张力 T.

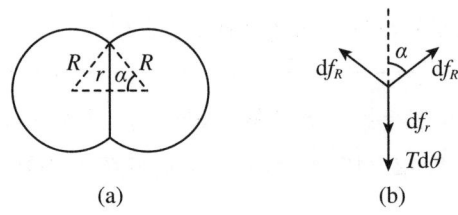

图 8-17

解 在圆膜上 $d\theta$ 对应的三者交界面的微元,圆膜、球冠对其表面张力分别为
$$df_r = 2\sigma r d\theta, \quad df_R = 2\sigma r d\theta$$
绳张力的合力为 $Td\theta$,如图 8-17(b)所示,有
$$2df_R \cos\alpha = df_r + Td\theta$$
其中
$$\sin\alpha = \frac{r}{R}$$
解得
$$T = \frac{2\sigma r}{R}(2\sqrt{R^2 - r^2} - R)$$
需满足
$$T \geqslant 0$$
即
$$r \leqslant \frac{\sqrt{3}}{2}R \quad \text{或} \quad \alpha \leqslant 60°$$

例 8-12

2. 弯曲液面内、外的压强差

任意弯曲液面微元如图 8-18 所示,有
$$dF = \sigma R_1 d\varphi_1 d\varphi_2 + \sigma R_2 d\varphi_2 d\varphi_1 = \sigma(R_1 + R_2)d\varphi_1 d\varphi_2$$
$$dS = R_1 d\varphi_1 R_2 d\varphi_2$$

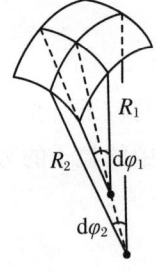

图 8-18

弯曲液面

故弯曲液面提供的指向液面凹侧的附加压强为

$$\Delta p = \frac{\mathrm{d}F}{\mathrm{d}S} = \frac{\sigma(R_1 + R_2)}{R_1 R_2} = \sigma\left(\frac{1}{R_1} + \frac{1}{R_2}\right)$$

称为拉普拉斯公式,此附加压强也称为压超;若两个方向曲率中心在液面两侧,则取一侧曲率半径为正,另一侧为负.

弯曲液面若为球面,则压超

$$\Delta p = \frac{2\sigma}{R}$$

若为球形液膜,则压超

$$\Delta p = \frac{4\sigma}{R}$$

两个半径不等的肥皂泡,小泡半径小,压超大,小泡内压强大于大泡,连通后小泡会不断收缩,大泡不断扩张.

练习 8-12 在两个相接触的肥皂泡融合前,常有一个中间阶段,即在两个肥皂泡之间产生一层薄膜,如图 8-19 所示.曲率半径 r_1 和 r_2 已知,试求把肥皂泡分开的薄膜的曲率半径 r.

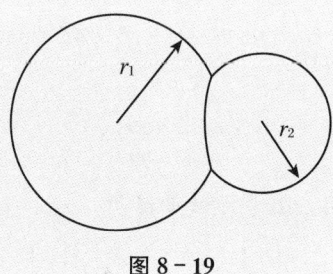

图 8-19

---

3. 浸润与不浸润　接触角

液体与固体接触的液体表面称为附着层.固体分子对附着层液体分子的作用力称为附着力,液体内部分子对附着层分子的作用力称为内聚力.

附着力大于内聚力时,若将液体内分子移到附着层,分子力做正功,分子势能减小,而系统处于稳定平衡时应有最小势能,故液体内部分子尽量挤入附着层,使附着层有伸长的趋势,称液体浸润固体;反之为不浸润.即:

浸润:附着力大于内聚力,附着层分子更密集,表现为斥力;

不浸润:附着力小于内聚力,附着层分子更稀疏,表现为引力.

接触角 θ:三相交界处,自固、液界面经液体内部到气液界面的夹角称为接触角.接触角与是否浸润的关系为:$\theta < \pi/2$ 为浸润,$\theta = 0$ 为完全浸润;$\theta > \pi/2$ 为不浸润,$\theta = \pi$ 为完全不浸润.如图 8-20 所示.

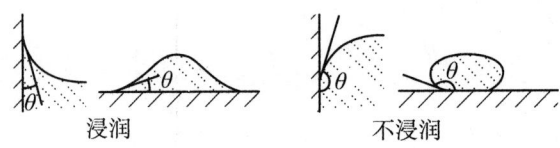

图 8-20

固、液界面也有相应的能量,略去.

4. 毛细现象

浸润液体在细管中液面上升、不浸润液体在细管中液面下降的现象称为毛细现象.

例8-13 有一个两端开口的、半径为 r 的长毛细管,已知水的表面张力系数为 σ,水与毛细管的接触角为 $\theta(\theta<\pi/2)$.

(1) 将毛细管竖直插入水槽中,一部分浸入水中,一部分在水面以上,试求液体在管中上升的高度;

(2) 在长毛细管中装满水,然后竖直放置,试求留在管中的水柱长度.

解 (1) 如图 8-21(a)所示,表面张力等于被提升水的重力,故

$$F = \sigma 2\pi r \cos\theta = \rho \pi r^2 hg$$

则

$$h = \frac{2\sigma\cos\theta}{\rho g r}$$

注 若不浸润,$\theta > \pi/2$,则 $h<0$,表示液面降低.

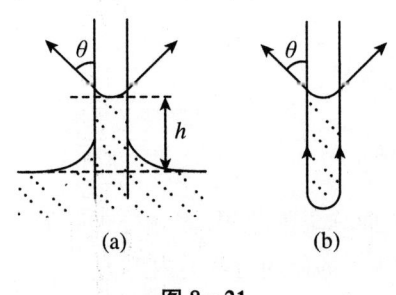

图 8-21

(2) 如图 8-21(b)所示,上液面必下凹,且达接触角;水柱达最长,故提升的力应最大,下液面表面张力应向上,下液面近似为半球面:

$$\sigma 2\pi r \cos\theta + \sigma 2\pi r = \rho \pi r^2 h_{\max} g$$

则

$$h_{\max} = \frac{2\sigma(1+\cos\theta)}{\rho g r}$$

练习 8-13 在水平放置的洁净的平玻璃板上倒一些水银,由于重力与表面张力的影响,水银近似呈圆饼状(侧面向外突出),过圆饼轴线的竖直截面如图 8-22 所示.为了计算方便,水银和玻璃的接触角可按 180° 计算.已知水银的密度 $\rho = 13.6 \times 10^3 \text{ kg/m}^3$,水银的表面张力系数 $\sigma = 0.49 \text{ N/m}$,$g = 9.8 \text{ m/s}^2$,当圆饼的半径很大时,试计算其厚度 h 的数值.

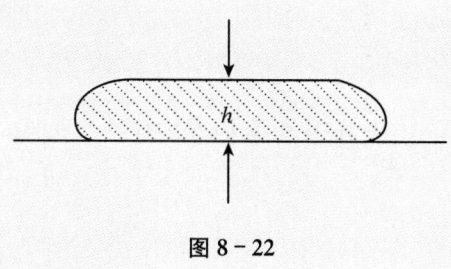

图 8-22

8.3.3 物体的热膨胀

热膨胀是指在外压强不变的情况下,大多数物质在温度升高时体积增大.水在 0~4 ℃ 范围内反常膨胀,温度升高,体积反而减小.

固体温度每升高 1 ℃ 时其长度的相对变化量称为线膨胀系数 α,同理还有面膨胀系数 β,体膨胀系数 γ.若 t_0 时固体长度为 l_0,面积为 S_0,体积为 V_0,则当 $t = t_0 + \Delta t$ 时长度、面积、体积分别为

$$l_t = l_0(1 + \alpha \Delta t), \quad S_t = S_0(1 + \beta \Delta t), \quad V_t = V_0(1 + \gamma \Delta t)$$

α 的值很小,故对各向同性材料,略去高阶小量可得到

$$\beta = 2\alpha, \quad \gamma = 3\alpha$$

由于固体的线膨胀系数变化不大,通常可忽略其变化,而将 α 当作与温度无关的常数,此时若固体 0 ℃ 时长度为 l_0',面积为 S_0',体积为 V_0',则 t ℃ 时的长度、面积、体积分别为

$$l_t = l_0'(1 + \alpha t), \quad S_t = S_0'(1 + \beta t), \quad V_t = V_0'(1 + \gamma t)$$

液体由于没有一定的形状,故有意义的只有体膨胀系数,公式与上述相同.

例 8-14 如图 8-23 所示,温度为 0 ℃ 时,两根长均为 L 的均匀的不同金属棒,线密度分别为 ρ_1 和 ρ_2($\rho_2 < \rho_1$),线膨胀系数分别为 α_1 和 α_2,它们的一端黏合在一起并从 A 点悬挂在天花板上,恰好能水平静止.若温度升高到 t,仍需它们水平静止平衡,则悬点该如何调整?

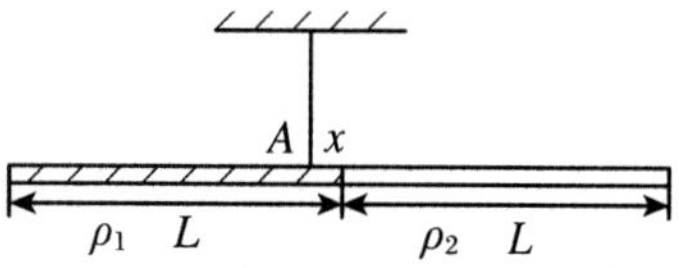

图 8-23

解 设 A 距黏合端 x,则

$$\rho_1 L\left(\frac{L}{2} - x\right) = \rho_2 L\left(\frac{L}{2} + x\right) \quad \Rightarrow \quad x = \frac{L(\rho_1 - \rho_2)}{2(\rho_1 + \rho_2)}$$

升温后

$$L_1 = L(1 + \alpha_1 t), \quad \rho_1' = \frac{\rho_1 L}{L_1}, \quad L_2 = L(1 + \alpha_2 t), \quad \rho_2' = \frac{\rho_2 L}{L_2}$$

设平衡处距黏合端 x'，则

$$\rho_1' L_1\left(\frac{L_1}{2} - x'\right) = \rho_2' L_2\left(\frac{L_2}{2} + x'\right)$$

联立解得

$$x' = \frac{\rho_1 L(1 + \alpha_1 t) - \rho_2 L(1 + \alpha_2 t)}{2(\rho_1 + \rho_2)}$$

向左移动距离

$$\Delta x = x' - x(1 + \alpha_1 t) = \frac{\alpha_1 \rho_1 - \alpha_2 \rho_2}{2(\rho_1 + \rho_2)} L t$$

若为负值，则应向右移动 $-\Delta x$。

8.3.4 物态变化

1. 汽化和液化

物质由液态转变为气态称为汽化，反之为液化。汽化有蒸发和沸腾两种。

蒸发发生在液体表面，任何温度都可发生，蒸发快慢的影响因素有表面积大小、通风情况、温度、液体蒸气气压等。

沸腾在液体表面和内部同时发生，在相应的温度——沸点下才发生，外部压强越大，沸点越高。沸腾的影响因素有液体种类、外部压强等。

（1）饱和气与饱和气压

单位时间内逸出液面的分子数与返回液面的分子数相等时，宏观上蒸发停止，蒸气与液体保持动态平衡，此时的蒸气称为饱和气，它的压强叫作饱和气压，用 p_S 表示。未达到饱和状态的蒸气叫作未饱和气。

饱和气压 p_S 与液体种类有关，同种液体 p_S 随温度的升高而增大。p_S 与液面上蒸气的体积无关，与该体积中有无其他气体无关。p_S 与液面形状有关，凹液面分子逸出液面所做的功比平液面大，单位时间内逸出分子数少，p_S 小，但只有液、气分界面曲率半径很小，如小液滴或小气泡时才会显示出来。

沸腾的条件：当饱和气压与外界压强相等，即 $p_S = p_{外}$ 时，液体沸腾。

故 $p_{外}$ 增大时，沸腾所需的 p_S 增大，所需的温度升高，从而有沸点随外界压强增大而增大的结论。并可知 $100\ ^\circ\mathrm{C}$ 时水的饱和气压为 $1\ \mathrm{atm}$。

沸腾还需在液体内部或器壁上有足够的作为气化核的小气泡，否则温度超过沸点也不会沸腾,这时的液体称为过热液体.(类似的有过冷蒸气、过冷液体等,以下均略去不书.)

两互不相溶的液体,分界面处的蒸气气压等于两液体饱和气压之和,故当两液体饱和气压之和与外界压强相等,即 $p_{S1} + p_{S2} = p_{外}$ 时,液体沸腾,其沸点低于任一液体的沸点;直到一种液体气化完毕,沸腾停止;加热至剩余那种液体的沸点时再次沸腾.

> **练习 8-14** 在某一星球上,饱和水蒸气的压强为 $p_S = 760$ mmHg. 假设该星球水汽已达饱和,试计算此行星的水汽密度.

例 8-15 正确使用高压锅的方法是:将已加上密封锅盖的高压锅加热,当锅内水沸腾时,加上一定质量的高压阀,此时可认为锅内干空气已全部排出,只有水的饱和蒸汽;继续加热,水温继续升高,到高压阀被顶起时,锅内温度即达到预期温度.某一高压锅的预期温度为 120 ℃,如果某人在使用此锅时,未按上述程序而在水温被加热至 90 ℃ 时就加上高压阀(可以认为此时锅内水汽为饱和汽),试问当继续加热到高压阀开始被顶起冒气时,锅内温度为多少? 已知大气压强 $p_0 = 1.013 \times 10^5$ Pa,90 ℃ 时水的饱和气压为 $p_S(90) = 7.010 \times 10^4$ Pa,120 ℃ 时水的饱和气压为 $p_S(120) = 1.985 \times 10^5$ Pa,90 ℃ 和 120 ℃ 之间水的饱和气压与温度的关系图线如图 8-24 中"1"所示.

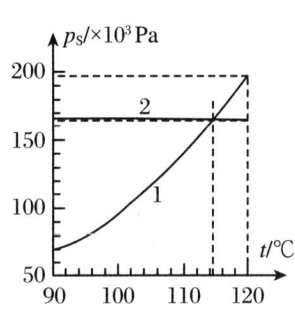

图 8-24

解 将干空气的压强用 $p_干$ 表示,90 ℃ 时

$$p_0 = p_S(90) + p_{干0}$$

则

$$p_{干0} = 3.12 \times 10^4 \text{ Pa}$$

至顶起时,总压强等于 120 ℃ 的饱和气压,设温度为 t,有

$$p_S(120) = p_S(t) + p_干$$

干空气等容变化,有

$$\frac{p_{干0}}{273.15 + 90} = \frac{p_干}{273.15 + t}$$

联立得

$$p_S(t) = -85.95t + 1.75 \times 10^5$$

在图 8-24 中作出其图像,如"2"所示(接近水平),其与"1"的交点即为所求,读出

$$t = 114.5 \text{ ℃}$$

练习 8-15 （1989 年第 20 届国际物理奥林匹克竞赛）液体 A,B 互不相溶，它们的饱和蒸气压 p 与温度 T 的关系为

$$\ln \frac{p_i}{p_0} = \frac{a_i}{T} + b_i, \quad i = A \text{ 或 } B$$

其中 p_0 是标准大气压，a,b 是由液体性质确定的常量。测出两个温度的 p_i/p_0 值如下：40 ℃，$p_A/p_0 = 0.284$，$p_B/p_0 = 0.07278$；90 ℃，$p_A/p_0 = 1.476$，$p_B/p_0 = 0.6918$。

(1) 在外部压强为 p_0 时，试分别确定 A 和 B 的沸点。

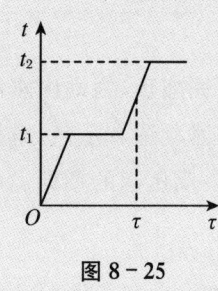

图 8-25

(2) 现将 100 g 液体 A 和 100 g 液体 B 先后注入容器内，并在 B 的表面覆盖上一薄层非挥发性液体 C，C 与 A,B 互不相溶，C 的作用只是防止 B 的自由蒸发。各液层都不厚，重力压强差可略。已知 A,B 的摩尔质量比为 $\gamma = \mu_A/\mu_B = 8$。缓慢而持续地加热容器，液体的温度 t（℃）随时间 τ 的变化关系如图 8-25 所示。试求图中的温度 t_1,t_2（精确到 1 ℃）以及在 τ 时刻液体 A,B 的质量（精确到 0.1 g）。

(2) **湿度　露点**

绝对湿度 p_{H_2O}：空气中水蒸气的分压强称为绝对湿度。

相对湿度 B：绝对湿度与饱和气压之比称为相对湿度，表达式为

$$B = \frac{p_{H_2O}}{p_S} \times 100\%$$

露点：未饱和水蒸气恰变为饱和水蒸气时的温度称为露点。实际是水蒸气与液态水达到动态平衡时的温度，继续降温，则气体液化。

例 8-16 两个用不导热细管连接的相同容器里装有压强 $p_1 = 760$ mmHg，相对湿度 $B = 50\%$，温度为 100 ℃ 的空气，现将一个容器浸在温度为 0 ℃ 的冰中，试问系统的压强变为多少？每一容器中空气的相对湿度为多少？已知 0 ℃ 时水的饱和气压为 4.6 mmHg。

解 原来

$$p_{H_2O} = Bp_1 = 380 \text{ mmHg}, \quad p_{干} = p_1 - p_{H_2O} = 380 \text{ mmHg}$$

后来，对于干空气

$$\frac{p_{干} 2V_0}{T} = \frac{p'_{干} V_0}{T} + \frac{p'_{干} V_0}{T'}$$

即

$$\frac{380 \times 2}{373.15} = \frac{p'_{干}}{373.15} + \frac{p'_{干}}{273.15}$$

故

$$p'_{\text{干}} = 321.2 \text{ mmHg}$$

水蒸气若不凝结,也为 321.2 mmHg＞4.6 mmHg,故水蒸气已部分凝结,0 ℃容器中已达饱和,故

$$p'_{\text{H}_2\text{O}} = 4.6 \text{ mmHg}$$

系统压强变为

$$p' = p'_{\text{干}} + p'_{\text{H}_2\text{O}} = 325.8(\text{mmHg})$$

0 ℃容器空气相对湿度

$$B_0 = 100\%$$

100 ℃容器空气相对湿度

$$B_{100} = \frac{p'_{\text{H}_2\text{O}}}{760} = 0.6\%$$

（3）临界温度

对气体加压或降温,使未饱和蒸气变为饱和蒸气,继续加压或降温,一般可使气体液化.

使物质由气态变为液态的最高温度叫作临界温度.不同物质临界温度不同,在临界温度之上,无论怎样增大压强,气态物质都不会液化,此时没有饱和气压或饱和气压趋近于无穷.

（4）汽化热　液化热

单位质量的液体转化为同温度的气体吸收的热量称为汽化热,单位质量的气体转化为同温度的液体放出的热量称为液化热.公式为

$$Q = Lm$$

其中 L 为汽化热或液化热,同等条件下汽化热等于液化热.

汽化热与物质种类、温度、压强有关,在同一压强下,物质的汽化热随温度升高而减小.

练习 8-16　水在 1 标准大气压、100 ℃时的汽化热为 $L = 2260 \text{ kJ/kg}$,将 1 kg 100 ℃的水在 1 标准大气压下加热沸腾至蒸干需要输入多少热量？水的内能增加了多少？

2. 熔化　凝固　升华　凝华

概念略去.

晶体的熔点等于凝固点,熔点与物质种类及压强有关.

单位质量的晶体(一般在熔点)转化为同温度的液体吸收的热量称为熔化热,反之为凝固热,同等条件下凝固热等于熔化热.熔化热与物质种类及压强有关.

单位质量的晶体转化为同温度的气体吸收的热量称为升华热,反之为凝华热,同等条件下凝华热等于升华热.升华热与物质种类、温度、压强有关.

同一温度、压强下(一般三相共存时)升华热等于熔化热加汽化热.

物态变化(即相变)的吸、放热公式均为
$$Q = Lm$$
固体升华时,分子脱离固体成为蒸气,蒸气分子也返回固体,达到动态平衡时蒸气的压强称为固气两相平衡的饱和蒸气压.

3. 相平衡与三相图

把一物质系统的相、相变、相平衡以其状态参量为变量所作的图示称为该物质的相图.

如图 8-26 所示,纵轴为饱和气压,Ⅰ为汽化曲线,Ⅱ为熔化曲线,Ⅲ为升华曲线.三根曲线交点为三态平衡共存的唯一状态,称为三相点.其中水的三相点为
$$p_S = 4.58 \text{ mmHg}, \quad T = 273.16 \text{ K}$$

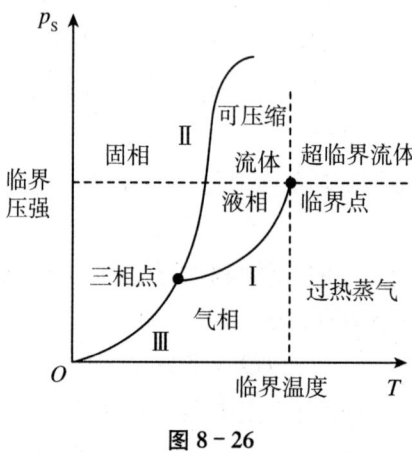

图 8-26

8.3.5 热传递

热传递有三种方式:热传导、热对流和热辐射.

1. 热传导

如果物体内部各点温度不再随时间变化,则称为稳定传导.物体传热遵循傅里叶定律:单位时间内通过给定截面的热量,正比于垂直于该截面方向上的温度变化率和截面面积,传递的方向与温度升高的方向相反,表达式为
$$\frac{dQ}{dt} = -\kappa S \frac{dT}{dx}$$
其中 κ 为导热系数,与物质的结构、密度、湿度、温度、压力等因素有关.

2. 热对流

牛顿冷却定律:当物体表面与周围环境存在温度差时,单位时间从单位面积散失的热量

与温度差成正比，表达式为

$$\frac{\mathrm{d}Q}{\mathrm{d}t} = k(T - T_\text{环})S$$

牛顿冷却定律在强制对流时与实验符合较好，在自然对流时只在温差不太大时才成立．

练习 8-17 一临街房间由暖气管供热，设暖气管的温度恒定．已知如果街上的温度为 $-20\ ℃$，测得房间的温度为 $20\ ℃$；如果街上的温度为 $-40\ ℃$，测得房间的温度为 $10\ ℃$．试求房间里暖气管的温度．

例 8-17 冬天一个大房间借助集中供暖的三个串联散热器保持恒定温度 $t_0 = 15\ ℃$，热水沿散热器汲送，第一个散热器的温度 $t_1 = 75\ ℃$，最后一个散热器的温度 $t_3 = 30\ ℃$，试问第二个散热器的温度是多少？

解 设一个散热器中水的质量为 m，水从第一个散热器完全流入第二个散热器的时间为 τ，则放热

$$Q = cm(t_1 - t_2)$$

应等于第一个散热器向周围环境散热

$$Q = k(t_1 - t_0)\tau$$

联立得

$$cm(t_1 - t_2) = k(t_1 - t_0)\tau$$

同理水从第二个散热器完全流入第三个散热器的时间相同，散热器与环境间 k 不变，故

$$cm(t_2 - t_3) = k(t_2 - t_0)\tau$$

联立解得

$$t_2 = 45\ ℃$$

3．热辐射

任何温度的物体都在发出热辐射，向外辐射电磁波．

加热铁块，我们能感受到它辐射出来的热量，当温度达到一定程度时，它开始发出可见光，随着温度升高，光的强度越来越大，颜色也由暗红转为橙红乃至黄白．这个现象反映了热辐射的一般特性：随着温度升高，(1) 辐射的总功率增大；(2) 强度在光谱中的分布由长波向短波转移．

在温度 T 时，单位时间内从物体单位表面积上所发射的各种波长的总辐射能，称为物体的辐射出射度，简称辐出度，用 $M(T)$ 表示，单位为 W/m^2．在温度 T 时，单位时间内从物体单位表面积上所发射的在 $\lambda \sim \lambda + \mathrm{d}\lambda$ 范围内单位波长间隔中的辐射能，称为单色辐出度，用 $M(\lambda, T)$ 表示，单位为 W/m^2．

物体不光辐射电磁波,也吸收和反射电磁波.每个物体通过辐射和吸收的过程与周围的辐射场交换能量,非平衡状态下,温度较高的物体失大于得,温度较低的物体得大于失,能量便由前者传递给后者,实现热传递.如果物体温度相同,则每个物体辐射的能量等于同一时间内吸收的能量,物体温度不变,这种辐射称为热平衡辐射.构造热平衡可使有些问题的解答得到简化.

在温度 T 时,物体吸收在 $\lambda \sim \lambda + \mathrm{d}\lambda$ 范围内的辐射能与相应波长范围内的入射电磁能量之比,称为单色吸收比,用 $a(\lambda, T)$ 表示,$0 < a(\lambda, T) < 1$.

如果某种物体能够完全吸收入射的各种波长的电磁波而不发生反射,这种物体就叫作黑体.可知黑体在任何温度下,对任何波长的辐射能的吸收比都等于1,即黑体 $a = 1$.黑体是理想化模型,并不存在,当物体表面反射的电磁波能量比物体辐射的电磁波能量小得多时,物体可看作黑体,例如白炽灯、太阳等.

在某一温度 T 下热平衡的孤立系统内,单位时间内到达各物体单位表面积上的波长为 λ 的入射电磁波能量应相等,设为 $M_入(\lambda, T)$,则物体吸收 $aM_入(\lambda, T)$,反射 $(1-a) \cdot M_入(\lambda, T)$;物体辐出度为 $M_出(\lambda, T)$,各物体的状态应不变,故辐出等于吸收,即

$$M_出(\lambda, T) = aM_入(\lambda, T)$$

从而同一温度的热平衡状态下,对同一波长的电磁波

$$\frac{M_出(\lambda, T)}{a} = M_入(\lambda, T) = M_{出黑体}(\lambda, T)$$

这就是基尔霍夫辐射定律.可得到不同物体(无须热平衡)在同一温度下对同一波长的电磁波,黑体的单色辐出度最大;在同一温度下黑体的辐出度最大.

基尔霍夫辐射定律:在同样温度的热平衡条件下,各种物体对相同波长的单色辐出度与单色吸收比的比值都相等,等于同温度下黑体对同一波长的单色辐出度.

物体辐射本领越大,其吸收本领也越大;黑体是完全吸收体,也是理想辐射体.

与艹头提到的热辐射的两个一般特性吻合,根据实验得出了有关黑体辐射的两条普遍定律:

(1) 斯特藩定律

内容:黑体的辐出度与其温度 T 的四次方成正比.表达式:

$$M_0(T) = \sigma T^4$$

其中 $\sigma = 5.67 \times 10^{-8} \ \mathrm{W/(m^2 \cdot K^4)}$,称为斯特藩常量.

(2) 维恩位移定律

内容:黑体的温度与单色辐出度峰值对应波长的乘积为常数.表达式:

$$T\lambda_{\max} = b$$

热辐射

其中 $b = 2.898 \times 10^{-3} \ \mathrm{m \cdot K}$,称为维恩常量.

一般物体的辐出度与温度 T 的关系为

$$M(T) = \varepsilon\sigma T^4$$

其中 ε 称为比辐射率,黑体 $\varepsilon=1$,非黑体 $0<\varepsilon<1$;在热平衡状态下,物体的吸收比等于该温度下的比辐射率,即 $\varepsilon = a$.

例8-18 一个可视为黑体的球形空间探测器位于距离太阳系很远处,不计宇宙微波背景辐射的影响.由于位于探测器内部的功率为 P 的核能源的加热作用,探测器表面的温度为 T.

(1) 现在探测器被封闭在一个薄的热防护罩中,防护罩内、外两侧均可视为黑体,并且通过几个隔热棒附着于探测器表面,隔热棒的厚度比探测器半径小得多,试确定探测器新的表面温度.

(2) 若使用 N 个这样的防护罩,探测器表面的温度又为多少?

(3) 若只有一个薄防护罩,但隔热棒厚度不能忽略,已知探测器半径为 R_1,防护罩半径为 $R_2(R_2>R_1)$,试求探测器表面的温度.

解 (1) 原来,探测器热平衡,故

$$P = \sigma T^4 4\pi R^2$$

一个防护罩时,整体热平衡,防护罩外表面温度设为 T_0,则

$$P = \sigma T_0^4 4\pi R^2$$

故

$$T_0 = T$$

探测器热平衡,设其表面温度为 T_1,则

$$P + \sigma T_0^4 4\pi R^2 = \sigma T_1^4 4\pi R^2$$

故

$$T^4 + T_0^4 = T_1^4$$

即

$$T_1 = T\sqrt[4]{2}$$

(2) N 个防护罩时,从最外罩到探测器依次标为 $0,1,2,\cdots,N$,最外层仍为 $T_0=T$,对于最外层

$$P = \sigma T_0^4 4\pi R^2$$

对于相邻的两层

$$P + \sigma T_i^4 4\pi R^2 = \sigma T_{i+1}^4 4\pi R^2$$

故

$$T^4 + T_i^4 = T_{i+1}^4$$

依次相加得

$$(1+N)T^4 = T_N^4$$

即

$$T_N = T\sqrt[4]{N+1}$$

(3) 注 探测器发出的辐射全部到达防护罩，被防护罩吸收；但防护罩发出的辐射有一部分不能到达探测器而到达自己，故一部分被探测器吸收，一部分被自己吸收，故需要先计算能够到达探测器的比例．这个比例与是不是黑体、有没有能源加热、是不是热平衡无关，（需为余弦辐射体时）可以通过构造黑体在无外能源同一恒定温度下的热平衡来计算．

先计算防护罩向内发出的辐射能到达探测器部分的比例，设为 k．虚设无能源加热，探测器和防护罩（均已知为黑体）处在温度为 T 的热平衡环境中，对于探测器有

$$\sigma T^4 4\pi R_1^2 = k \cdot \sigma T^4 4\pi R_2^2$$

则

$$k = \left(\frac{R_1}{R_2}\right)^2$$

对于原探测器

$$P = \sigma T^4 4\pi R_1^2$$

现整体（设防护罩温度为 T_0）

$$P = \sigma T_0^4 4\pi R_2^2$$

对于现探测器

$$P + k \cdot \sigma T_0^4 4\pi R_2^2 = \sigma T_1^4 4\pi R_1^2$$

联立解得

$$T_1 = T\sqrt[4]{1 + \frac{R_1^2}{R_2^2}}$$

注 余弦辐射体也称朗伯辐射体，其向各方向上的辐射亮度不变，辐射强度符合朗伯余弦定律，属于辐射度量学的内容，略去．黑体或理想漫反射体均为余弦辐射体．光度学中还有余弦发光体．

练习 8-18 已知斯特藩常量 $\sigma = 5.76 \times 10^{-8}$ W/(m² · K⁴)，太阳表面温度 $T_S = 6000$ K，地球与太阳间的距离 $R_{SE} = 1.495 \times 10^{11}$ m，太阳半径 $R_S = 6.96 \times 10^8$ m，地球半径 $R_E = 6.37 \times 10^6$ m.

(1) 假设太阳和地球本身皆为理想的辐射体，且经测量得知太阳射向地球的辐射能量中仅有70%能抵达地球，试依此估算地球外层的温度．

(2) 由于地球表面有一大气层存在，实际上地球表面的温度会比上面计算的稍高（上题计算的温度约为大气层外围的温度）．假设大气层会全部吸收由地球表面所辐射的能量，但来自太阳的辐射能量则可完全通过大气层被地球表面吸收，试依此估算地球表面的温度．

(3) 由于大气层无法完全吸收由地球表面辐射出来的能量，假设有22%的能量会穿透大气层，试再估算地球表面的温度．

(4) 20 世纪 80 年代初期,有一组科学家曾警告,若是爆发核子战争,则将会在大气层外形成另一层"吸收云层",该云层会完全吸收来自太阳的辐射能,却又让地球(大气层及地表)辐射出来的能量完全透过而发散到外层空间去,因而造成"核子冬季"的来临,试估算此"核子冬季"的温度.

第 8 章习题

8-1 一块质量为 m 的平薄长方形匀质玻璃板,用两根等长轻细线悬挂起来,如习图 8-1 所示.玻璃板每一个侧面的半个表面对称地涂了一层化学性质活泼的金属薄膜,其质量可忽略不计.整个装置竖直地悬挂在空的容器中,并向容器通入压强为 p 的氯气.设每一个氯气分子遇金属分子发生化合反应的概率为 $q(q<1)$,且在讨论的时间范围内 q 为恒量,生成的氯化物留在玻璃板上.整个装置的线度量均已在图中示出,平衡时玻璃板将绕它的中央竖直轴转过一个小角度 α,试求 α.

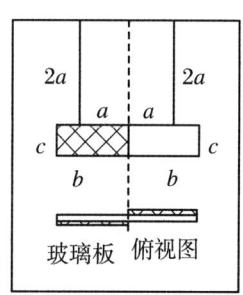

习图 8-1

8-2 试分别求在下面两种温度时氮气分子的平均平动动能、方均根速率和平均速率.

(1) 温度 $t = 1000\ ℃$;

(2) 温度 $t = 0\ ℃$.

8-3 习图 8-2 所示是一定量理想气体状态变化所经历的 $p\text{-}T$ 图线,该 $p\text{-}T$ 图线是以 C 点为圆心的圆,p 轴以 p_C 为单位,T 轴以 T_C 为单位,p_C、T_C 分别是 C 点压强和热力学温度.若已知在此过程中气体所经历的最低温度为 T_0,则在此过程中,气体密度的最小值 ρ_1 和最大值 ρ_2 的比值 ρ_1/ρ_2 应等于多少?

8-4 长度为 L 的试管内充满压强为 p 的氢气,盖上可动的轻活塞.将试管浸入盛有水银的容器里,其深度为 H,如习图 8-3 所示.试问此时氢气占据试管多长部分?H 为何值时此题有解?已知水银密度为 ρ,大气压强为 p_0,氢气温度保持不变.

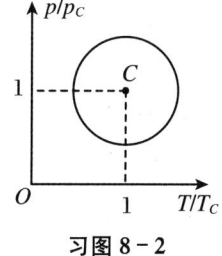

习图 8-2

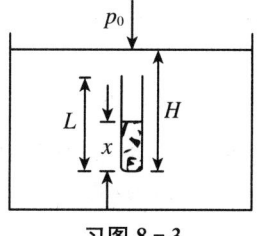

习图 8-3

8-5 一直立的气缸,由截面积不同的两个圆筒连接而成.上部大圆筒截面积为 $2S$,足够长;下部小圆筒截面积为 S,长度为 $2l$.大圆筒内活塞质量为 $2m$,小圆筒内活塞质量为 m,两活塞用不可伸长的轻绳相连,它们在气缸下部形成密闭的 A,B 两室,如习图 8-4 所示.气缸开口的一端处在大气中,大气压强为 p_0,B 室中盛有 1 mol 的理想气体,当活塞平衡时,其压强为 $2p_0$,小活塞到气缸底部的距离为 l.A 室中有一定质量的同种气体,其体积为 B 室中气体体积的 2 倍.此时,气体的温度为 T_0.今让两室中气体的温度一起缓慢上升,直到 $2T_0$,试问达到平衡时大活塞到气缸底部的距离为多少? 已知 $p_0 = mg/S$.

8-6 两个相同的绝热容器用带有活栓的绝热细管相连,开始时活栓是关闭的,如习图 8-5 所示.容器 1 里质量为 m 的活塞下方有温度为 T_0,摩尔质量为 M,物质的量为 n 的单原子理想气体;容器 2 里质量为 $m/2$ 的活塞位于器底;每个容器里活塞与上顶之间是抽成真空的.当打开活栓时容器 1 里的气体冲向容器 2 活塞下方,于是此活塞开始上升(平衡时未达顶端),不计摩擦,试求建立平衡后气体的温度 T.已知 $m/(nM) = 5$.

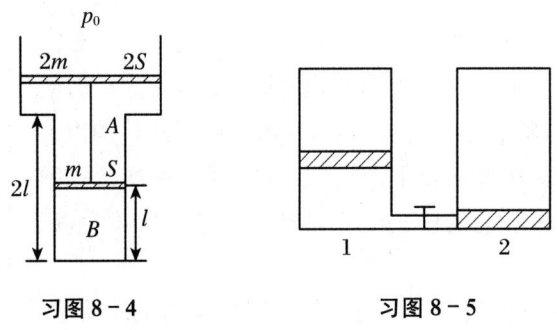

习图 8-4   习图 8-5

8-7 单原子分子理想气体的 x 过程如习图 8-6 所示,试作吸、放热区域划分.

8-8 有一以理想气体为工作物质的热机循环,如习图 8-7 所示,试证其效率为

$$\eta = 1 - \gamma \frac{\dfrac{V_1}{V_2} - 1}{\dfrac{p_1}{p_2} - 1}$$

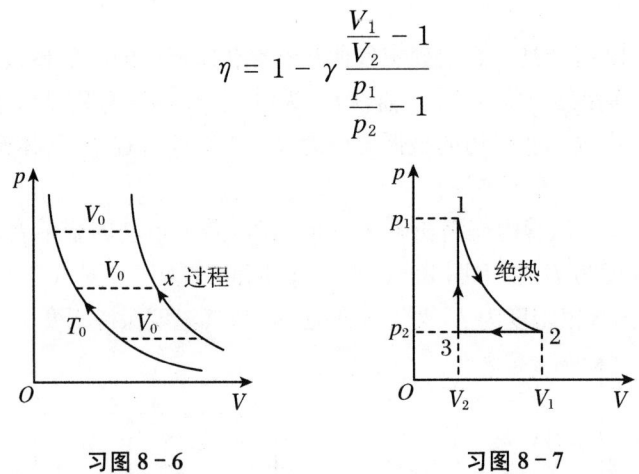

习图 8-6   习图 8-7

8-9 定容摩尔热容 C_V 为常量的某种理想气体,经历习图 8-8 所示的两个循环过程 $A_1B_1C_1A_1$ 和 $A_2B_2C_2A_2$,相应的效率分别为 η_1 和 η_2,试比较 η_1 和 η_2 的大小.

8-10 习图8-9所示为一可逆机工作示意图,表示在循环过程中分别依次与3个热源交换热量,并对外做功.已知可逆机一个循环中从温度为 $T_1 = 400$ K 的热源吸收 1200 J 的热量,对外做的总功为 200 J.试求:

(1) 与其他热源交换的热量,并说明热源是吸热还是放热;
(2) 各热源熵的改变量;
(3) 总熵改变量.

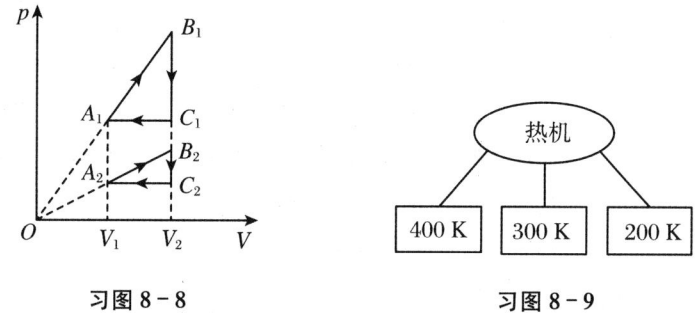

习图8-8　　　　　　习图8-9

8-11 两个漂浮的物体由于表面张力的作用而相互吸引,无论它们和液体是浸润的还是不浸润的,试解释之.

8-12 在一个干净的玻璃缸里的水形成一个凹透镜形状,如习图8-10所示.试计算凹透镜中心和边缘的高度差 h.水的表面张力系数 $\gamma = 0.073$ N/m,假设水和玻璃完全浸润.

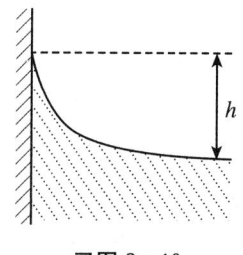

习图8-10

8-13 在一根两端开口、内直径为 1 mm 的圆柱形毛细管中,滴一滴水后将它竖直放置,若这滴水在毛细管中分别形成(1) 2 cm,(2) 4 cm,(3) 2.98 cm 高的水柱,试问在这三种情况下水柱的下液面的形状是平面还是曲面?若是曲面,弯曲方向如何?设毛细管能完全浸润水,水的表面张力系数 $\sigma = 0.073$ N/m.

8-14 $V = 2$ dm^3 的密封容器内,有 $m_H = 2$ g 的氢气和少量水,容器内初态压强 $p_1 = 17 \times 10^5$ Pa.加热,末态容器内压强为 $p_2 = 26 \times 10^5$ Pa,已知水未蒸干.水的饱和压强与温度的数值对应 $(t/\text{℃}, p_S/10^5 \text{ Pa})$ 为 $(100,1), (120,2), (133,3), (152,5), (180,10)$.试求:

(1) 初态温度 T_1、末态温度 T_2;
(2) 从 T_1 到 T_2 的过程中,水的蒸发质量 Δm.

8-15 已知冰、水和水蒸气在一密闭容器内如能三态平衡共存,则系统的温度和压强必定为 $t = 0.01$ ℃,$p = 4.58$ mmHg.现有冰、水和水蒸气各 1 g 处于上述平衡状态.若保持密闭容器体积不变而对此系统缓缓加热,输入的热量 $Q = 0.255$ kJ,试估算系统再达到平衡后冰、水和水蒸气的质量.已知在此条件下冰的升华热 $L_升 = 2.83$ kJ/g,水的汽化热 $L_汽 = 2.49$ kJ/g.

8-16 两个相同的轻金属容器内装有同样质量的水.一个重球挂在不导热的细线上,

放入其中一个容器内,使球位于容器内水的体积中心.球的质量等于水的质量,球的密度比水的密度大得多.两个容器加热到水的沸点,再冷却.放有球的容器冷却到室温的时间为未放球的容器冷却到室温的时间的 k 倍,试求球的比热与水的比热之比.

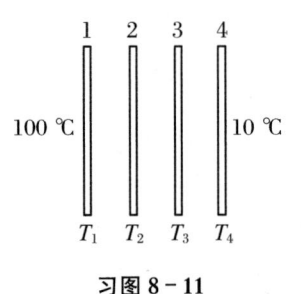

习图 8-11

8-17 如习图 8-11 所示,两块足够大的金属平板平行放置,它们的温度维持恒定,分别为 100 ℃ 和 10 ℃.两板之间抽成真空,并插入同样大小的两块平行板,四块板均可看作黑体.试求:

(1) 插入的两块板的温度;

(2) 板间的能量流与其间不插两板时能量流的比值.

8-18 根据气体分子动理论,容器内的气体分子不断地往各个方向运动,也不断碰撞器壁,因而产生压力.设容器内单位体积所含的分子数目为 n,气体分子的平均速率为 $\bar{v}$,则在器壁上每单位面积每单位时间内,气体分子碰撞器壁的总数等于 $n\bar{v}/4$.当气体的绝对温度为 T 时,$\bar{v} = \sqrt{8kT/(\pi m)}$,式中 m 为气体分子的质量,$k = 1.38 \times 10^{-23}$ J/K 为玻尔兹曼常量.1 mol 空气的质量为 28.8 g.保温瓶的瓶壁为一真空夹层,在室温时被抽至压力 $p_0 = 5.0 \times 10^{-6}$ atm 的真空,作为绝热之用.设瓶壁的表面积为 $A = 600$ cm^2,瓶壁的热发射率 $e = 0.10$,室温为 $t_0 = 20$ ℃.现将 1.0 L,90 ℃ 的热水倒入瓶内,若经由上盖散失的热量可以不计.

(1) 试计算通过热辐射散失的功率.

(2) 试估算瓶内水的总热量散失功率.提示:夹层内部残留空气分子会与内、外壁碰撞而转移热量,故这一部分气体又称为热交换气体.

(3) 估算热水从 90 ℃ 冷却至 70 ℃ 的时间.

第 8 章练习详解及习题答案

练习 8-1 设壁的温度为 T',某碰撞器壁的分子垂直于器壁的速度分量为 $v_\perp$.当 $T' = T$ 时,分子碰撞器壁后 $v_\perp$ 大小不变:

$$|\Delta(mv)| = 2mv_\perp$$

当 $T' < T$ 时,气体碰后被冷却,垂直器壁速度分量减小,则

$$|\Delta(mv)| < 2mv_\perp$$

故压强小;当 $T' > T$ 时,气体碰后被加热,垂直器壁速度分量增大,则

$$|\Delta(mv)| > 2mv_\perp$$

故压强大,即壁温度比气体温度高时气体对器壁的压强大.

练习 8-2 设某小球速度为 v_i,活塞速度为 u,$u \ll v_i$,容器长度为 x,小球间弹性碰撞交换速度可视为不发生碰撞,碰撞活塞的时间间隔设为 $\mathrm{d}t$,有

$$v_i \mathrm{d}t + u \mathrm{d}t \approx v_i \mathrm{d}t = 2x$$

容器长度变化

$$\mathrm{d}x = -u\mathrm{d}t = -\frac{2ux}{v_i}$$

小球与活塞相碰前后

$$v_i + u = v_{i+1} - u \Rightarrow \mathrm{d}v_i = v_{i+1} - v_i = 2u$$

小球动能

$$\varepsilon_i = \frac{1}{2}mv_i^2 \Rightarrow v_i = \sqrt{\frac{2\varepsilon_i}{m}}, \quad \mathrm{d}\varepsilon_i = mv_i \mathrm{d}v_i$$

联立得

$$\frac{\mathrm{d}x}{\mathrm{d}\varepsilon_i} = -\frac{2ux}{v_i}\frac{1}{mv_i 2u} = -\frac{x}{mv_i^2} = -\frac{x}{2\varepsilon_i}$$

又

$$\bar{\varepsilon} = \frac{\sum \varepsilon_i}{N}, \quad \mathrm{d}\bar{\varepsilon} = \frac{\sum \mathrm{d}\varepsilon_i}{N}$$

则

$$\frac{\mathrm{d}x}{\mathrm{d}\bar{\varepsilon}} = -\frac{x}{2\bar{\varepsilon}}$$

即

$$\frac{\mathrm{d}x}{x} = -\frac{\mathrm{d}\bar{\varepsilon}}{2\bar{\varepsilon}}$$

积分得

$$\frac{x^2}{x_0^2} = \frac{\bar{\varepsilon_0}}{\bar{\varepsilon}}$$

即

$$x^2 \bar{\varepsilon} = x_0^2 \bar{\varepsilon_0}$$

由于

$$\bar{\varepsilon} = \frac{1}{2}kT, \quad V = xS$$

故

$$V^2 T = V_0^2 T_0$$

注 理想气体绝热方程为 $TV^{\gamma-1}=$ 常量,一维单原子分子自由度 $i=1$,$\gamma=(i+2)/i=3$,则 $TV^2=$ 常量,与此处结论是一致的.

练习 8-3 由于

$$40+40+10=90(\mathrm{cm}) > 75(\mathrm{cm})$$

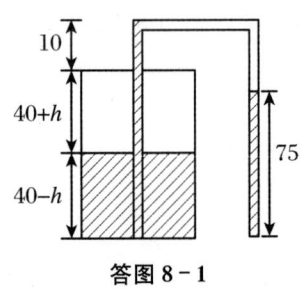

答图 8-1

故水银停止流出时,横管和右竖管有部分真空,如答图 8-1 所示. 设水银面下降 h cm,封闭气体压强为
$$p = (10 + 40 + h)\,\text{cmHg} = (50 + h)\,\text{cmHg}$$
对于封闭气体,有
$$p_0 \cdot 40\,\text{cm} = p(40 + h)\,\text{cm}$$
联立解得
$$h = 10\,\text{cm}$$
故容器内水银面下降了 10 cm.

容器内封闭气体压强为
$$p = (50 + 10)\,\text{cmHg} = 60\,\text{cmHg}$$

练习 8-4 相等时间内流入、流出的质量相等,即
$$dM = \rho_0 S v_0 dt = \rho_1 S v_1 dt \quad \text{☆}$$
由
$$pV = NkT, \quad \rho = \frac{Nm}{V}$$
联立得
$$\rho = \frac{mp}{kT}$$
故
$$\rho_0 = \frac{mp_0}{kT_0}, \quad \rho_1 = \frac{mp_1}{kT_1} \quad \triangle$$
把△式代入☆式,解得
$$p_1 = \frac{v_0 T_1}{v_1 T_0} p_0, \quad dM = \frac{mp_0 S v_0}{kT_0} dt \quad \square$$
由功能关系得
$$(p_0 S v_0 dt - p_1 S v_1 dt) + P dt = \frac{1}{2}(v_1^2 - v_0^2) dM + \frac{5}{2}\frac{dM}{m} k(T_1 - T_0) \quad \bigcirc$$
把□式代入○式,解得
$$T_1 = \frac{1}{7k}\left[\frac{2PkT_0}{p_0 v_0 S} - m(v_1^2 - v_0^2)\right] + T_0$$
由动量定理得
$$[(p_0 - p_1)S + F]dt = (v_1 - v_0)dM \quad \diamondsuit$$
把□式代入◇式,解得
$$F = \frac{p_0 v_0 S m}{kT_0}(v_1 - v_0) + \frac{v_0 T_1 - v_1 T_0}{v_1 T_0} p_0 S$$

练习 8-5 设管中剩余水银柱长度为 h',封闭气体
$$pV = \nu RT$$

故$(pV)_{\max}$对应环境温度$T_{\max}$,则
$$pV = (p_0 + h')(l - h')S = (76 + h')(96 - h')S$$
故
即
$$76 + h' = 96 - h'$$
$$h' = 10 \text{ cm}$$
时对应$(pV)_{\max}$,$T_{\max}$,开始到$T_{\max}$,有
$$\frac{(p_0 + h)H}{273 + 27} = \frac{(p_0 + h')(l - h')}{273 + t_{\max}}$$
故
$$t_{\max} = 112.2 \text{ ℃}$$

练习 8-6 对于理想气体
$$pV = \nu RT$$
则
$$\nu T = \frac{pV}{R}$$
故第一次等容变化
$$Q_1 = \nu C_V(T_1 - T_0) = \frac{C_V}{R}(p_1 V_0 - p_0 V_0)$$
第二次等压变化
$$Q_2 = \nu C_p(T_2 - T_0) = \frac{C_p}{R}(p_0 V_2 - p_0 V_0)$$
由题意知
$$Q_1 = Q_2$$
故绝热指数
$$\gamma = \frac{C_p}{C_V} = \frac{(p_1 - p_0)V_0}{(V_2 - V_0)p_0}$$

练习 8-7 (1)由题意得
$$dU = \nu \frac{3}{2} R dT, \quad dW' = p dV, \quad dQ = \nu C_m dT$$
$$dU = dQ - dW'$$
联立得
$$\nu \frac{3}{2} R dT = \nu C_m dT - p dV \Rightarrow \frac{dT}{dV} = \frac{p}{\nu\left(C_m - \frac{3}{2}R\right)} \quad ☆$$
$$\frac{dQ}{dW'} = \frac{\nu C_m dT}{p dV} = \frac{C_m}{C_m - \frac{3}{2}R}$$

已知
$$\frac{dQ}{dW'} = \frac{V}{V_0}$$

联立解得
$$C_m = \frac{3}{2}\frac{V}{V-V_0}R \qquad \Diamond$$

（2）设法得到 p-V 关系：
$$pV = \nu RT$$

则
$$pdV + Vdp = \nu R dT$$

由 ☆，◇ 式得
$$dT = \frac{2(V-V_0)}{3\nu R V_0}pdV$$

联立得
$$Vdp = \left(\frac{2V}{3V_0} - \frac{5}{3}\right)pdV$$

即
$$\frac{dp}{p} = \left(\frac{2}{3V_0} - \frac{5}{3V}\right)dV$$

积分得
$$\ln\frac{p}{p_0} = \frac{2}{3V_0}(V-V_0) - \frac{5}{3}\ln\frac{V}{V_0}$$

故
$$p = p_0\left(\frac{V_0}{V}\right)^{\frac{5}{3}}e^{\frac{2}{3V_0}(V-V_0)} = 0.598p_0$$

练习 8-8 （1）$A\to B$ 过程中
$$p = \frac{\frac{p_0}{2}-p_0}{V_0-\frac{V_0}{2}}\left(V-\frac{V_0}{2}\right)+p_0 = -\frac{p_0}{V_0}V + \frac{3}{2}p_0$$

又
$$pV = \nu RT$$

联立整理得出 T-V 关系为
$$T = -\frac{p_0}{\nu R V_0}\left[\left(V-\frac{3}{4}V_0\right)^2 - \frac{9}{16}V_0^2\right] \qquad ☆$$

故当 $V = \frac{3}{4}V_0$ 时，有最高温度
$$T_{max} = \frac{9p_0V_0}{16\nu R}$$

(2) 由题意得
$$dQ = \nu C_{mol} dT, \quad dU = dQ - pdV, \quad dU = \nu \frac{5}{2} R dT$$

联立解得
$$C_{mol} = \frac{5}{2} R + \left(\frac{3}{2} p_0 - \frac{p_0}{V_0} V\right) \frac{1}{\nu} \frac{dV}{dT}$$

由☆式得
$$\frac{dV}{dT} = \frac{2\nu R V_0}{p_0(3V_0 - 4V)}$$

故
$$C_{mol} = \frac{3(7V_0 - 8V)}{2(3V_0 - 4V)} R$$

则
$$dQ = \nu \frac{3(7V_0 - 8V)}{2(3V_0 - 4V)} R \frac{p_0(3V_0 - 4V)}{2\nu R V_0} dV = \frac{3p_0(7V_0 - 8V)}{4V_0} dV$$

$A \to B$ 过程中
$$dV > 0$$

故

当 $\frac{1}{2} V_0 \leq V < \frac{7}{8} V_0$ 时，$dQ > 0$，为吸热过程；

当 $\frac{7}{8} V_0 < V \leq V_0$ 时，$dQ < 0$，为放热过程.

吸、放热转变时
$$V = \frac{7}{8} V_0$$

代入☆式，解得吸、放热转变时的温度为
$$T_C = \frac{35 p_0 V_0}{64 \nu R}$$

(3) $A \to B$ 过程吸收的净热量
$$Q_1 = \int_A^B dQ = \int_{\frac{V_0}{2}}^{V_0} \frac{3p_0(7V_0 - 8V)}{4V_0} dV = \frac{3}{8} p_0 V_0$$

对于等温过程 $B \to A$ 有
$$\Delta U = Q_2 + W_2 = 0$$
$$W_2 = -\int_{V_0}^{\frac{V_0}{2}} p dV = -\int_{V_0}^{\frac{V_0}{2}} \frac{p_0 V_0 / 2}{V} dV = \frac{p_0 V_0}{2} \ln 2$$

则
$$Q_2 = -\frac{p_0 V_0}{2} \ln 2$$

故循环过程对外做的净功

$$W' = Q_1 + Q_2 = \left(\frac{3}{8} - \frac{\ln 2}{2}\right)p_0 V_0$$

练习 8-9 (1) 设向室外放热功率为 P_1，从室内吸热功率为 P_2，则

$$\frac{P_1}{P_2} = \frac{T_1}{T_2}, \quad P_2 = A(T_1 - T_2), \quad P_0 = P_1 - P_2$$

联立得

$$P_0 = \left(\frac{T_1}{T_2} - 1\right)A(T_1 - T_2)$$

即

$$\left(\frac{T_2}{T_1}\right)^2 - \left(2 + \frac{P_0}{AT_1}\right)\frac{T_2}{T_1} + 1 = 0$$

取满足 $T_2 < T_1$ 的合理解

$$T_2 = T_1 \frac{1}{2}\left[2 + \frac{P_0}{AT_1} - \sqrt{\left(2 + \frac{P_0}{AT_1}\right)^2 - 4}\right] = T_1 + \frac{P_0}{2A} - \sqrt{\frac{P_0}{A}T_1 + \frac{P_0^2}{4A^2}}$$

(2) 由(1)得

$$A(T_1 - T_2)^2 = T_2 P_0$$

室外 30 ℃时只有 30% 的时间工作，则平均工作功率为 $0.3P_0$，有

$$A(30 - 20)^2 = (273 + 20) \times 0.3P_0 \qquad ☆$$

室外最高温度对应空调连续工作，

$$A(t_{1\max} - 20)^2 = (273 + 20)P_0$$

联立解得

$$t_{1\max} = 38.3 \text{ ℃}$$

(3) 设室外温度为 T_1'，室内温度为 $T_2' = 20 + 273 = 293(\text{K})$，则

$$\frac{P_1'}{P_2'} = \frac{T_1'}{T_2'}, \quad P_2' = A(T_2' - T_1'), \quad P_0 = P_2' - P_1'$$

联立得

$$A(T_2' - T_1')^2 = P_0 T_2',$$

即

$$A(20 - t_1')^2 = 293 P_0$$

与☆式联立，解得室外温度最低为

$$t_1' = 1.74 \text{ ℃}$$

练习 8-10 (1) 假设 $T_1 > T_2$，则

$$C_1(T_1 - T) = C_2(T - T_2)$$

即

$$T = \frac{C_1 T_1 + C_2 T_2}{C_1 + C_2}$$

热传导是不可逆的,可对每一个元过程设计一个可逆过程,即

$$dS = dS_1 + dS_2 = \frac{C_1 dT_1'}{T_1'} + \frac{C_2 dT_2'}{T_2'} \qquad ☆$$

积分得

$$\Delta S = \int_{T_1}^{T} \frac{C_1 dT_1'}{T_1'} + \int_{T_2}^{T} \frac{C_2 dT_2'}{T_2'} = C_1 \ln \frac{T}{T_1} + C_2 \ln \frac{T}{T_2}$$

将 T 代入上式得

$$\Delta S = C_1 \ln \frac{C_1 T_1 + C_2 T_2}{(C_1 + C_2) T_1} + C_2 \ln \frac{C_1 T_1 + C_2 T_2}{(C_1 + C_2) T_2}$$

由能量守恒有

$$C_1 dT_1' + C_2 dT_2' = 0$$

又由于

$$T_1' > T_2', \quad dT_1' < 0, \quad dT_2' > 0$$

与☆式联立得

$$dS = C_2 dT_2' \left(-\frac{1}{T_1'} + \frac{1}{T_2'}\right) > 0$$

即对此与外界绝热的系统,每一个元过程熵都是增加的,故不可逆.

(2) 以 T_1 一端为原点建立一维坐标系:

$$T_x = T_1 \left(1 + \frac{x}{l}\right)$$

热平衡温度设为 T,x 处 dx 段

$$dQ = c\lambda dx (T - T_x)$$

与外界绝热,故

$$Q = \int_l dQ = \int_0^l c\lambda dx (T - T_x) = 0$$

即

$$(T - T_1)l - \frac{T_1}{2l}l^2 = 0 \quad \Rightarrow \quad T = \frac{3}{2} T_1$$

对于 x 处 dx 全过程

$$dS = \int_{dx} \frac{dQ}{T} = \int_{T_x}^{T} \frac{c\lambda dx dT}{T} = c\lambda dx \ln \frac{T}{T_x} = c\lambda dx \left[\ln \frac{3}{2} l - \ln(l + x)\right]$$

故对于整根棒全过程

$$\Delta S = \int_l dS = \int_0^l c\lambda dx \left[\ln \frac{3}{2} l - \ln(l + x)\right] = c\lambda \left[\int_0^l \ln \frac{3}{2} l dx - \int_0^l \ln(l + x) dx\right]$$

利用

$$\int \ln x dx = x \ln x - x + C$$

可得

$$\Delta S = c\lambda l \left(1 + \ln \frac{3}{8}\right) = 0.019 c\lambda l > 0$$

故是不可逆过程.

练习 8-11 适当平移使两层间晶格上下对应,答图 8-2 所示为一个晶胞,每个原子属于 6 个不同晶胞,故一个晶胞中的原子个数为

$$12 \div 6 = 2$$

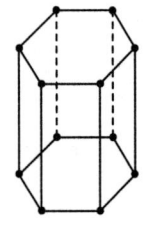

答图 8-2

对于每个原子

$$m_0 = \frac{M}{N_A}$$

对于每个晶胞

$$\rho = \frac{2m_0}{Sh}, \quad S = \frac{1}{2} a \frac{\sqrt{3}}{2} a \cdot 6 = \frac{3\sqrt{3}}{2} a^2$$

联立解得

$$h = \frac{2M}{N_A \dfrac{3\sqrt{3}}{2} a^2 \rho} = 3.35 \times 10^{-10} \, (\text{m})$$

练习 8-12 薄膜应向半径较大一侧突出,

$$\frac{4\sigma}{r_1} + \frac{4\sigma}{r} = \frac{4\sigma}{r_2}$$

解得

$$r = \frac{r_1 r_2}{r_1 - r_2}$$

练习 8-13 注 由于压强随深度增加逐渐增大,水银饼侧面随深度增加曲率半径是减小的,故水银饼上平面比下平面略小.

如答图 8-3 所示,选取宽为 Δx(图中垂直于纸面,未画出),水银曲面和上下底面分界的平面(图中虚线)与水银曲面包围的水银为研究对象,水银饼很大,沿 Δx 方向表面张力可认为平衡,由水平方向平衡得

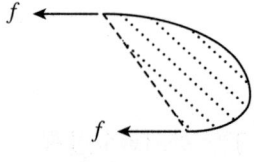

答图 8-3

$$\frac{1}{2} \rho g h \cdot h \Delta x = 2\sigma \Delta x$$

故

$$h = 2\sqrt{\frac{\sigma}{\rho g}} = 2\sqrt{\frac{0.49}{13.6 \times 10^3 \times 9.8}} = 3.83 \times 10^{-3} \, (\text{m})$$

练习 8-14 由饱和水蒸气的压强为 $p_s = 760$ mmHg 可知星球温度为

$$T = 373 \text{ K}$$

水蒸气粗略认为已达饱和,则

$$p_s V = \frac{m}{M}RT, \quad \rho = \frac{m}{V}$$

故

$$\rho = \frac{p_s M}{RT} = \frac{1 \times 10^5 \times 18 \times 10^{-3}}{8.31 \times 373} = 0.58 (\text{kg/m}^3)$$

练习 8-15 (1) 将数据代入,有

$$\ln 0.284 = \frac{a_A}{273.15 + 40} + b_A, \quad \ln 1.476 = \frac{a_A}{273.15 + 90} + b_A$$

$$\ln 0.07278 = \frac{a_B}{273.15 + 40} + b_B, \quad \ln 0.6918 = \frac{a_B}{273.15 + 90} + b_B$$

分别解得

$$a_A = -3748.49 \text{ K}, \quad b_A = 10.711, \quad a_B = -5121.64 \text{ K}, \quad b_B = 13.735$$

沸腾时温度对应的饱和气压等于外界大气压,故

$$0 = \frac{a_A}{T_A} + b_A \quad \Rightarrow \quad T_A = 349.95 \text{ K} \approx 77 \text{ ℃}$$

$$0 = \frac{a_B}{T_B} + b_B \quad \Rightarrow \quad T_B = 372.89 \text{ K} \approx 100 \text{ ℃}$$

(2) t_1 时交界处沸腾,有

$$p_0 = p_A + p_B$$

即

$$\frac{p_A}{p_0} + \frac{p_B}{p_0} = 1, \quad e^{\frac{a_A}{T_1} + b_A} + e^{\frac{a_B}{T_1} + b_B} = 1$$

代入数据,解得

$$T_1 = 340.13 \text{ K}, \quad t_1 = T_1 - 273.15 \text{ K} \approx 67 \text{ ℃}$$

此时

$$p_A = 0.734 p_0, \quad p_B = 0.267 p_0$$

任一气泡

$$p_A V = \nu_A R T_1, \quad p_B V = \nu_B R T_1$$

则

$$\frac{\nu_A}{\nu_B} = \frac{p_A}{p_B} = 2.749$$

沸腾汽化的两种液体质量比为

$$\frac{m_A}{m_B} = \frac{\nu_A \mu_A}{\nu_B \mu_B} = 2.749 \times 8 \approx 22$$

故在温度 t_1 沸腾至 A 液体汽化完毕,然后停止沸腾继续升温,直到 B 的沸点时再次沸腾,故 τ 时刻 A,B 各自剩余

$$m'_A = 0, \quad m'_B = 100 - \frac{100}{22} \approx 95.5(\text{g})$$

温度 t_2 为 B 的沸点，即

$$t_2 = 100\ ℃$$

练习 8-16 需要输入的热量为

$$Q = Lm = 2260 \times 10^3 \times 1 = 2.26 \times 10^6 (\text{J})$$

输入的热量使水的内能增加并克服大气压强对外做功，即

$$Q = \Delta U + p_0 V$$

其中 V 为水蒸气的体积，有

$$p_0 V = \frac{m}{M} RT$$

故

$$\Delta U = Q - \frac{m}{M} RT = 2.26 \times 10^6 - \frac{1 \times 10^3}{18} \times 8.31 \times 373.15 \approx 2.1 \times 10^6 (\text{J})$$

练习 8-17 由牛顿冷却定律得

$$k_1(t - t_{房}) = k_2(t_{房} - t_{街})$$

代入数据得

$$k_1(t - 20) = k_2(20 + 20), \quad k_1(t - 10) = k_2(10 + 40)$$

两式相比，解得

$$t = 60\ ℃$$

练习 8-18 （1）地球接收

$$P_1 = \pi R_E^2 \frac{\sigma T_S^4 4\pi R_S^2}{4\pi R_{SE}^2} \times 70\%$$

地球辐射

$$P_2 = \sigma T_{E1}^4 4\pi R_E^2$$

应有

$$P_1 = P_2$$

故

$$T_{E1} = 265\ \text{K} = -8\ ℃$$

（2）地球接收太阳 P_1，地球辐射

$$P'_2 = \sigma T_{E2}^4 4\pi R_E^2$$

设大气层辐射 $2P_3$，大气层热平衡

$$2P_3 = P'_2$$

地球接收大气层（厚度相比地球半径可忽略）应为 P_3，地球热平衡

$$P_1 + P_3 = P'_2$$

联立得
$$P_1 = \frac{1}{2}P_2'$$
即
$$\pi R_E^2 \frac{\sigma T_S^4 4\pi R_S^2}{4\pi R_{SE}^2} \times 70\% = \frac{1}{2}\sigma T_{E2}^4 4\pi R_E^2$$
解得
$$T_{E2} = 315 \text{ K} = 42 \text{ °C}$$

(3) 将上一问 T_{E2} 替换为 T_{E3},☆式大气层热平衡修改为
$$2P_3 = (1 - 22\%)P_2'$$
其余式子不变,联立得
$$P_1 = 0.61 P_2'$$
即
$$\pi R_E^2 \frac{\sigma T_S^4 4\pi R_S^2}{4\pi R_{SE}^2} \times 70\% = 0.61\sigma T_{E3}^4 4\pi R_E^2$$
故
$$T_{E3} = 315\sqrt[4]{\frac{0.5}{0.61}} = 300 (\text{K}) = 26 (\text{°C})$$

(4) 将(2)中 T_{E2} 替换为 T_{E4},☆式大气层热平衡修改为
$$2P_3 = P_1$$
◇式地球平衡修改为
$$P_2' = P_3$$
其余式子不变,联立得
$$P_1 = 2P_2'$$
即
$$\pi R_E^2 \frac{\sigma T_S^4 4\pi R_S^2}{4\pi R_{SE}^2} \times 70\% = 2\sigma T_{E4}^4 4\pi R_E^2$$
故
$$T_{E4} = 315\sqrt[4]{\frac{0.5}{2}} = 223 (\text{K}) = -50 (\text{°C})$$

8-1 $\alpha = \dfrac{qb^2 cp}{mga}$.

8-2 (1) $\overline{\varepsilon_k} = 2.63 \times 10^{-20}$ J, $\sqrt{\overline{v^2}} = 1.06 \times 10^3$ m/s, $\overline{v} = 9.83 \times 10^2$ m/s;

(2) $\overline{\varepsilon_k} = 5.65 \times 10^{-21}$ J, $\sqrt{\overline{v^2}} = 493$ m/s, $\overline{v} = 455$ m/s.

8-3 $\dfrac{\rho_1}{\rho_2} = \dfrac{1-\left(1-\dfrac{T_0}{T_C}\right)\sqrt{1+\dfrac{2T_0}{T_C}-\left(\dfrac{T_0}{T_C}\right)^2}}{1+\left(1-\dfrac{T_0}{T_C}\right)\sqrt{1+\dfrac{2T_0}{T_C}-\left(\dfrac{T_0}{T_C}\right)^2}}.$

8-4 氢气占据 $\dfrac{1}{2}\left(H+\dfrac{p_0}{\rho g}\right)-\sqrt{\dfrac{1}{4}\left(H+\dfrac{p_0}{\rho g}\right)^2-\dfrac{pL}{\rho g}}, H > 2\sqrt{\dfrac{pL}{\rho g}}-\dfrac{p_0}{\rho g}.$

8-5 $\dfrac{21}{5}l.$

8-6 $T = \dfrac{26}{27}T_0.$

8-7 $V_0 < V < \dfrac{5}{2}V_0$ 为吸热区域；$V = \dfrac{5}{2}V_0$ 为吸、放热区域转折点；$V > \dfrac{5}{2}V_0$ 为放热区域.

8-8 证明略.

8-9 $\eta_1 = \eta_2.$

8-10 (1) $T_2 = 300$ K 的热源吸热 1200 J，$T_3 = 200$ K 的热源放热 200 J；
(2) $\Delta S_1 = -3$ J/K，$\Delta S_2 = 4$ J/K，$\Delta S_3 = -1$ J/K；
(3) 0.

8-11 浸润时如答图 8-4(a)所示，虚线 2 处压强为 p_0，虚线 1 处液体部分压强为 $p_0 - \rho g\varepsilon$；虚线 1 以下及虚线 3 以上部分，两物体内、外侧压强相等，受力平衡；虚线 1 和 3 之间，两物体之间的部分压强为 $p_1 = p_0 - \rho g h < p_0$，两物体外侧的部分压强为 p_0，故受力指向内侧，会相互靠近.

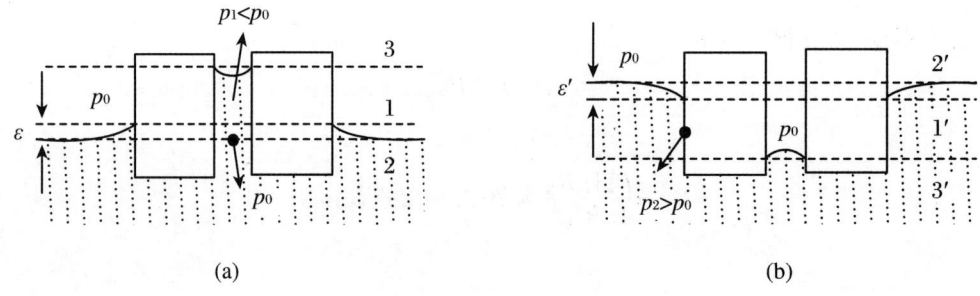

答图 8-4

不浸润时如答图 8-4(b)所示，虚线 $2'$ 处压强为 p_0，虚线 $1'$ 处液体部分压强为 $p_0 + \rho g\varepsilon$；虚线 $1'$ 以上、虚线 $3'$ 以下部分，两物体内、外侧压强相等，受力平衡；虚线 $1'$ 和 $3'$ 之间，两物体之间的空气部分压强为 p_0，两物体外侧的部分压强为 $p_2 = p_0 + \rho g h > p_0$，故受力指向内侧，会相互靠近.

8-12 3.8×10^{-3} m.

8-13 (1) 下液面应向液体内部凹；

(2) 下液面应向液体外部凸；

(3) 下液面应为平面．

8-14 (1) $T_1 = 380$ K, $T_2 = 442$ K；

(2) $\Delta m = 6.11$ g．

8-15 $m_{气} = 1$ g, $m_{冰} = 0.25$ g, $m_{水} = 1.75$ g．

8-16 $c_{球} : c_{水} = (k-1) : 1$．

8-17 (1) $T_2 = 350$ K, $T_3 = 322$ K；

(2) $\dfrac{P}{P_0} = \dfrac{1}{3}$．

8-18 (1) 1.8 W；

(2) 3.8 W；

(3) 7.25 h．

第 9 章

静 电 场

电磁场是一个整体,同一个电磁场在不同参考系中会得到不同的电场量和磁场量,故研究电磁场,需要先选定参考系.第 11 章"稳恒磁场"中将会给出相对低速运动的两惯性系间的电磁场变换零阶近似,第 12 章"电磁感应"中将通过感生、动生电动势的相对性再次验证这一点.

本章我们学习(相对所选参考系)静止电荷所产生的电场,即静电场.

9.1 电荷 库仑定律

这里略去电荷、电荷量、元电荷、点电荷、比荷(荷质比)、电荷守恒定律、电荷量子化等内容.

有许多事实表明电荷量是相对论不变量,即电荷量与运动无关.例如对一块常温下不带电铜板加温,电子与质子速度改变相差很大,但从未发现铜板的带电情况有任何改变.

真空中两静止点电荷间的相互作用力遵从库仑定律,库仑定律是实验定律(内容略),表达式为

$$F = k\frac{q_1 q_2}{r^2} \cdot \frac{r}{r} = \frac{1}{4\pi\varepsilon_0}\frac{q_1 q_2}{r^2} \cdot \frac{r}{r}$$

其中 q_1, q_2 带正负号;对 q_2,r 沿 $q_1 q_2$ 连线向外;对 q_1,r 沿 $q_2 q_1$ 连线向外;k 为静电力常量,为

$$k = 8.99 \times 10^9 \text{ N} \cdot \text{m}^2/\text{C}^2$$

ε_0 为真空电容率(或真空介电常数),为

$$\varepsilon_0 = 8.854 \times 10^{-12} \text{ C}^2/(\text{N} \cdot \text{m}^2), \quad k = \frac{1}{4\pi\varepsilon_0}$$

在非真空条件下,两点电荷之间的力仍遵从此定律,但电荷还会受到感应或极化电荷的力,从而某一电荷受力不再等于此式.只有两静止点电荷之间的力才遵从牛顿第三定律,另外一个以 $v \ll c$ 运动的点电荷与一个静止的点电荷之间的力近似遵从牛顿第三定律.

静止、运动是对某一特定参照系而言的,若 q_1, q_2 在 S 系中静止,库仑定律成立,满足牛顿第三定律;在 S' 系中均在运动,则 q_1, q_2 之间除了电力还有磁力,相互作用力不一定满足牛顿第三定律.对同一点电荷在两相互运动的惯性系中所看到的电、磁现象的差别说明了电

磁现象的统一性.

例9-1 (1) 半圆环均匀带电 Q_1,半径为 R_1. 在其圆心处放置带电量为 q_1 的点电荷,试求点电荷受力.

(2) 半球面均匀带电 Q_2,半径为 R_2. 在其球心处放置带电量为 q_2 的点电荷,试求点电荷受力.

解 根据牛顿第三定律,点电荷受力大小应等于半圆环或半球面受力大小.

(1) 半圆环合力在过圆心的对称轴方向. 如图 9-1(a)所示,有

$$\frac{\mathrm{d}F}{\mathrm{d}l} = k\frac{q_1\frac{Q_1}{\pi R_1}\mathrm{d}l}{R_1^2\mathrm{d}l} = k\frac{q_1 Q_1}{\pi R_1^3}$$

故

$$F = \frac{\mathrm{d}F}{\mathrm{d}l}2R_1 = k\frac{2q_1 Q_1}{\pi R_1^2}$$

若 q_1,Q_1 同号,为斥力;若异号,为引力.

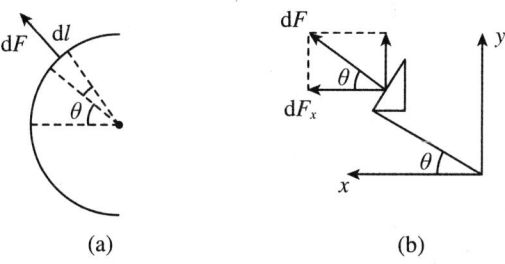

图 9-1

说明:以 q_1,Q_1 同号为例来说明为什么可以这么做. 由对称性,合力沿 x 方向. 如图 9-1(b)所示,对 θ 处 $\mathrm{d}l$ 有

$$\mathrm{d}F_x = \mathrm{d}F\cos\theta = \frac{\mathrm{d}F}{\mathrm{d}l}\mathrm{d}l\cos\theta = \frac{\mathrm{d}F}{\mathrm{d}l}\mathrm{d}y$$

由于 $\mathrm{d}F/\mathrm{d}l$ 为定值,故合力为

$$F = \sum\mathrm{d}F_x = \sum\frac{\mathrm{d}F}{\mathrm{d}l}\mathrm{d}y = \frac{\mathrm{d}F}{\mathrm{d}l}\sum\mathrm{d}y = \frac{\mathrm{d}F}{\mathrm{d}l}\cdot 2R_1$$

(2) 半球面合力在过球心的对称轴方向

$$p = \frac{\mathrm{d}F}{\mathrm{d}S} = k\frac{q_2\frac{Q_2}{2\pi R_2^2}\mathrm{d}S}{R_2^2\mathrm{d}S} = k\frac{q_2 Q_2}{2\pi R_2^4}$$

故

$$F = p\pi R_2^2 = k\frac{q_2 Q_2}{2R_2^2}$$

若 q_2,Q_2 同号,为斥力;若异号,为引力.

9.2 电场强度 静电场的高斯定理

弹力这类存在于相互接触的物体之间的力的作用叫作接触作用或近距作用.历史上对于电磁力,一种观点认为不需要任何媒介,也不需要时间,即超距作用;另一种观点认为是近距作用,是通过充满空间的媒质"以太"来传递的.近代物理的理论和实践证实电磁力是近距作用,是通过电场和磁场来作用的,电磁力的传递速度也是电磁场的运动速度,即光速,同时"以太"是不存在的.电磁场是物质存在的一种形态,它具有能量、动量.

9.2.1 电场强度 场强叠加原理

这里略去场源电荷、试探(或检验)电荷的内容.

1. 电场强度

电场强度简称场强,定义式为

$$E = \frac{F}{q}$$

其中 q 为试探电荷的电荷量.

点电荷 Q 产生的电场的场强为

$$E = k\frac{Q}{r^2}\frac{r}{r} = \frac{1}{4\pi\varepsilon_0}\frac{Q}{r^2}\frac{r}{r}$$

2. 场强叠加原理

电场强度为矢量,叠加遵从矢量叠加法则,称为场强叠加原理,即

$$E = \sum E_i$$

由点电荷场强表达式和场强叠加原理原则上可求出任意电荷分布已知的带电系统在空间激发的电场强度.

例9-2 均匀带电球壳半径为 R,带正电,电量为 Q,若在球面上划出很小一块,它所带的电量为 q.试求球壳的其余部分对它的作用力.

解 如图 9-2 所示,q 在内、外两侧场强等值反向,设为 E_q;剩余部分在 q 处场强设为 E_A;则球壳表面外侧附近

$$k\frac{Q}{R^2} = E_q + E_A$$

球壳表面内侧附近
$$0 = E_q - E_A$$
则
$$E_A = E_q = \frac{1}{2}k\frac{Q}{R^2}$$
所以剩余部分对 q 的作用力为
$$F = qE_A = \frac{1}{2}k\frac{qQ}{R^2}$$

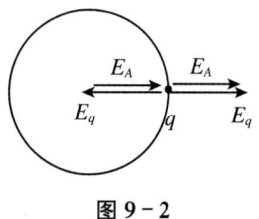

图 9-2

练习 9-1 电荷均匀分布在半球面上,它在这半球的球心 O 处电场强度等于 E_0. 一个平面过球心与半球底面夹角为 α,把半球面分为两部分,如图 9-3 所示. 试求所分出的这部分球面上(在"小瓣"上)的电荷在 O 处的电场强度 E.

练习 9-2 半径为 R 的细圆环,所带电荷的线密度为 $\lambda = \lambda_0 \cos\varphi$,如图 9-4 所示. 试求:

(1) 环心 O 处的电场强度;

(2) 在过环心垂直于环面的轴线上,离环心距离为 h 的点的电场强度.

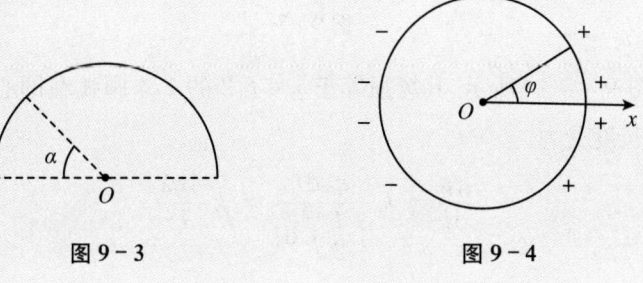

图 9-3　　　　图 9-4

---

3. 电荷均匀分布线段电场的等效

线电荷密度为 λ 的均匀带电线段在某点的场强,等于以此点为圆心,以此点到线段的距离为半径的圆,被此点与此线段两端点的连线所截得的圆弧(线电荷密度也为 λ)在此点的场强. 如图 9-5 所示,当 $\lambda \overline{MN} = \lambda \widehat{M_1N_1}$ 时, $\overline{MN}$ 与 $\widehat{M_1N_1}$ 在 P 点产生的电场强度相等.

证明 如图 9-6 所示,θ 处 $\mathrm{d}\theta$ 对应微元线段长

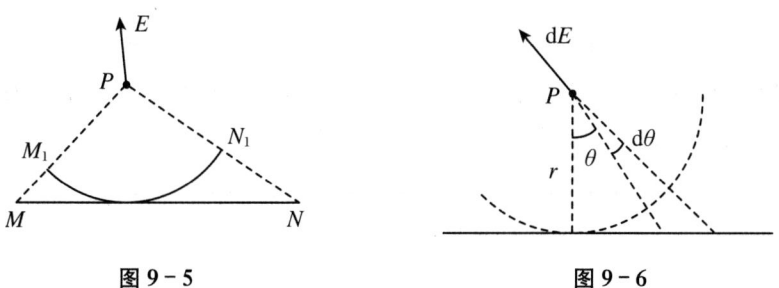

图 9-5　　　　图 9-6

$$dl = d(r\tan\theta) = \frac{r}{\cos^2\theta}d\theta$$

在 P 点处的场强为

$$dE = k\frac{\lambda dl}{(r/\cos\theta)^2} = k\frac{\lambda}{r}d\theta = k\frac{\lambda rd\theta}{r^2}$$

即微元线段在 P 点处的场强与对应的同线电荷密度的圆弧在 P 点处的场强相等,得证.

例9-3 (1) 试求长为 l,线电荷密度为 λ 的均匀带电线段在其中垂线上距其 $l/2$ 处的场强大小.

(2) 一无限长均匀带电细线弯成图 9-7(a)所示的平面图形,其中 $\overset{\frown}{AB}$ 是半圆弧,AA' 和 BB' 是两平行直线,A' 和 B' 向右端无限延伸.求圆心 O 处的电场强度.

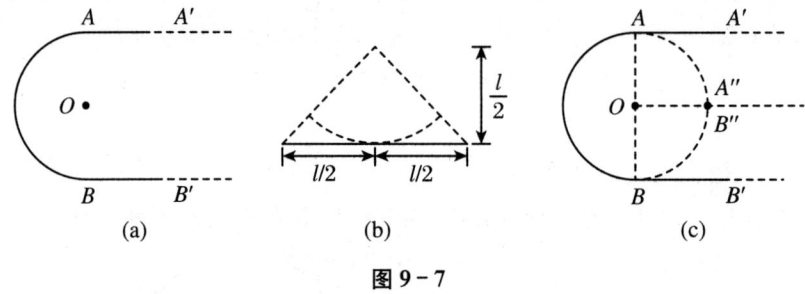

图 9-7

解 (1) 如图 9-7(b)所示,其场强等于 $r = l/2$ 的 1/4 圆弧在圆心处的场强.设圆心有 q,则弧上单位长度受力

$$\frac{dF}{dl} = k\frac{q\lambda dl}{\left(\frac{l}{2}\right)^2 dl} = k\frac{4q\lambda}{l^2}$$

故

$$F_q = F_{弧} = \frac{dF}{dl}\frac{\sqrt{2}}{2}l = \frac{2\sqrt{2}kq\lambda}{l}$$

则

$$E = \frac{F_q}{q} = \frac{2\sqrt{2}k\lambda}{l}$$

(2) 如图 9-7(c)所示,等效为均匀带电圆环,故

$$E_O = 0$$

练习9-3 如图 9-8 所示,平面上有一段长为 l 的均匀带电直线段 AB,在该平面取直角坐标 Oxy,原点 O 为 AB 的中点,AB 沿 x 轴.

(1) 试证明该平面上任一点 P 的电场线方向沿 $\angle APB$ 的平分线;
(2) 试求该平面上的电场线方程;
(3) 试求该平面上的等势线方程.

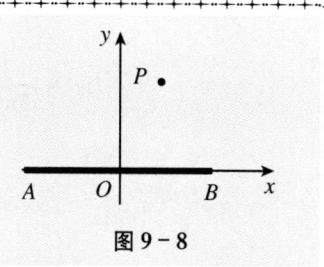

图 9-8

9.2.2 电偶极子的电场

等量异种点电荷 $+q$,$-q$ 相距 l,在考察远离此系统中心的位置 $r(r \gg l)$ 时,称这对电荷为电偶极子.

取从负电荷指向正电荷的矢量 l,q 与 l 的乘积定义为电偶极矩,简称电矩,用 p 表示,即

$$p = ql$$

例9-4 以电偶极子中点为原点,以 l 方向为极轴,在 $r \gg l$ 处,试求:
(1) 电偶极子中垂面上 r 处的场强 E_1;
(2) 极轴方向 r 处的场强 E_2;
(3) 极角 θ 方向 r 处的场强 E_3.

解 (1) 如图 9-9(a)所示,有

$$E_1 = E_+ \cos\varphi + E_- \cos\varphi = 2 \cdot \frac{1}{4\pi\varepsilon_0} \frac{q}{r^2 + \left(\frac{l}{2}\right)^2} \frac{l/2}{\sqrt{r^2 + \left(\frac{l}{2}\right)^2}} \approx \frac{1}{4\pi\varepsilon_0} \frac{ql}{r^3}$$

故

$$E_1 = -\frac{1}{4\pi\varepsilon_0} \frac{p}{r^3}$$

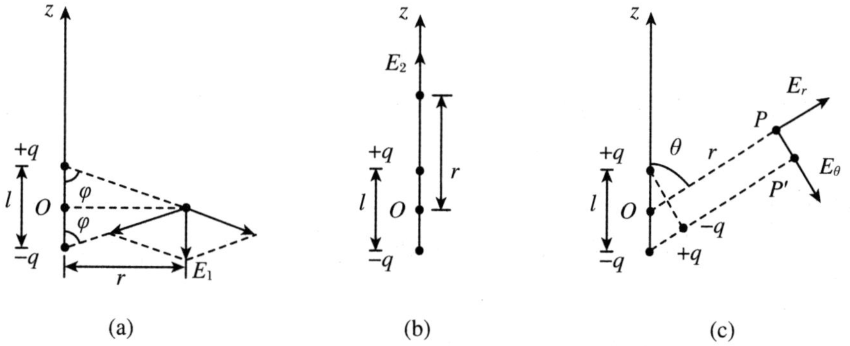

图 9-9

(2) 如图 9-9(b)所示,有

$$E_2 = \frac{1}{4\pi\varepsilon_0}\left[\frac{q}{\left(r-\frac{l}{2}\right)^2} - \frac{q}{\left(r+\frac{l}{2}\right)^2}\right] \approx \frac{1}{4\pi\varepsilon_0}\frac{2ql}{r^3}$$

故

$$\boldsymbol{E}_2 = \frac{1}{4\pi\varepsilon_0}\frac{2\boldsymbol{p}}{r^3}$$

(3) 如图 9-9(c)所示,在 $+q$ 关于 OP 对称的点附加 $+q$ 和 $-q$,与原来等效.原 $-q$ 与对称点连线与 OP 平行,则垂直于 OP 的一对电偶极子在 P 点的场强为

$$E_\theta = \frac{1}{4\pi\varepsilon_0}\frac{ql\sin\theta}{r^3} = \frac{1}{4\pi\varepsilon_0}\frac{p\sin\theta}{r^3}$$

平行于 OP 的一对电偶极子在 P 点的场强近似等于在 P' 点的场强

$$E_r \approx \frac{1}{4\pi\varepsilon_0}\frac{2ql\cos\theta}{r^3} = \frac{1}{4\pi\varepsilon_0}\frac{2p\cos\theta}{r^3}$$

故

$$\boldsymbol{E}_3 = E_r \boldsymbol{e}_r + E_\theta \boldsymbol{e}_\theta$$

9.2.3 电通量 静电场的高斯定理

这里略去电场线的内容.

1. 电通量(E 通量)Φ_E

电通量的表达式为

$$\Phi_E = \iint_S \boldsymbol{E}\cdot\mathrm{d}\boldsymbol{S} = \iint_S E\mathrm{d}S\cos\theta$$

电通量为标量,$\mathrm{d}\boldsymbol{S}$ 的方向为其法线方向并预先规定为正向的一方,θ 为 $\boldsymbol{E}$ 与 $\mathrm{d}\boldsymbol{S}$ 的夹角.(有的教材将电位移通量称为电通量,而将此处称为电场强度通量,注意区分.)

电场强度大小即为垂直电场线的面上电场线的面密度:

$$E = \frac{\mathrm{d}\Phi_E}{\mathrm{d}S_n}$$

电通量可形象地理解为穿过面 S 的电场线的条数,与电场线密处场强大、电场线稀处场强小一致.

由场强叠加原理得

$$\mathrm{d}\Phi_E = \boldsymbol{E}\cdot\mathrm{d}\boldsymbol{S} = \left(\sum \boldsymbol{E}_i\right)\cdot\mathrm{d}\boldsymbol{S} = \sum \boldsymbol{E}_i\cdot\mathrm{d}\boldsymbol{S} = \sum \mathrm{d}\Phi_{Ei}$$

即电通量可叠加.

闭合面的电通量表达式为

$$\Phi_E = \oiint_S \boldsymbol{E} \cdot \mathrm{d}\boldsymbol{S}$$

通常规定从闭合面穿出的方向为 d$\boldsymbol{S}$ 的正方向.

2. 静电场的高斯定理

内容:静电场中通过任意闭合曲面(称为高斯面)S 的电通量等于该闭合面内全部电荷的代数和除以 ε_0,而与面外电荷无关. 表达式为

$$\oiint_S \boldsymbol{E} \cdot \mathrm{d}\boldsymbol{S} = \frac{1}{\varepsilon_0} \sum_{S\text{内}} q_i$$

静电场中有电介质时也成立.

证明 对点电荷 Q,取 Q 位于球心,半径为 r 的高斯面,电通量为

$$\Phi_E = \frac{1}{4\pi\varepsilon_0} \frac{Q}{r^2} \cdot 4\pi r^2 = \frac{Q}{\varepsilon_0}$$

与 r 无关,即点电荷发出的电场线的条数为 Q/ε_0. 因此,只要 Q 位于某闭合曲面内(无须为球面,Q 也无须位于球心),则穿出闭合曲面的电场线的条数(即电通量)均为 Q/ε_0,高斯定理成立;若 Q 位于高斯面外,则若有电场线穿入高斯面,则必穿出高斯面,高斯面上总电通量为零,故 Q 位于高斯面外,高斯定理成立;对于多个点电荷的情况,利用电通量的叠加即可证明其成立.

利用静电场的高斯定理计算场强时,一般选择高斯面垂直于或平行于场强,且垂直场强时场强大小相等,以方便计算.

作高斯面将电场线的起点或终点包围起来,则前者内必有正电荷,后者内必有负电荷. 由高斯定理,电场线条数等于 Q/ε_0,即有多少电荷量,就有正比于它的多少条(Q/ε_0 条)电场线. 若正、负电荷数相等,则电场线起于正电荷止于负电荷;若不相等,则多余的电场线延伸至无穷远. 即电场线起于正电荷或无穷远,止于无穷远或负电荷. 静电场高斯定理说明静电场是有源的.

例9-5 试计算:

(1) 点电荷 Q 周围的场强;

(2) 均匀带电的球壳内、外的场强,已知球壳半径为 R,带电为 Q;

(3) 均匀带电的球体内、外的场强,已知球体半径为 R,带电为 Q;

(4) 无限长均匀带电直线外的场强,已知线电荷密度为 λ;

(5) 无限长均匀带电圆柱面内、外的电场分布,已知单位长度带电量为 λ,圆柱面半径为 R;

(6) 无限长均匀带电圆柱体内、外的电场分布,已知单位长度带电量为 λ,圆柱体半径为 R;

(7) 无限大均匀带电平板两侧场强,已知电荷面密度为 σ;

(8) 静电平衡状态导体表面附近的场强,设表面某处电荷面密度为 σ;

(9) 板间为真空的平行板电容器间的场强,已知两板分别带电 $\pm Q$,正对面积为 S,忽略边缘效应,可视为两无限大均匀带电平板.

解 (1) 根据对称性,取以点电荷为球心,以 r 为半径的球壳高斯面,有

$$E \cdot 4\pi r^2 = \frac{Q}{\varepsilon_0}$$

则

$$E = \frac{Q}{4\pi\varepsilon_0 r^2} = k\frac{Q}{r^2}$$

当 $Q>0$ 时沿径向向外,当 $Q<0$ 时沿径向向内(或由库仑定律及场强定义式推导).

(2) 在 $r<R$ 处,建立球壳高斯面,有

$$E = 0$$

在 $r>R$ 处,建立球壳高斯面,有

$$E \cdot 4\pi r^2 = \frac{Q}{\varepsilon_0}$$

则

$$E = \frac{Q}{4\pi\varepsilon_0 r^2} = k\frac{Q}{r^2}$$

在 $r=R$ 处场强发生突变.

(3) 在 $r \geqslant R$ 处,建立球壳高斯面,有

$$E \cdot 4\pi r^2 = \frac{Q}{\varepsilon_0}$$

则

$$E = \frac{Q}{4\pi\varepsilon_0 r^2} = k\frac{Q}{r^2}$$

在 $r \leqslant R$ 处,建立球壳高斯面,有

$$E \cdot 4\pi r^2 = \frac{\frac{Q}{R^3} \cdot r^3}{\varepsilon_0}$$

则

$$E = \frac{1}{4\pi\varepsilon_0}\frac{Q}{R^3}r = k\frac{Q}{R^3}r$$

也可应用上一问的结论来证明;(2)(3)均可类比万有引力求解.

(4) 解法 1:如图 9-10(a)所示,构造半圆,引入试探电荷 q,其对圆弧

$$\frac{\mathrm{d}F}{\mathrm{d}l} = k\frac{\lambda}{r^2}q$$

故

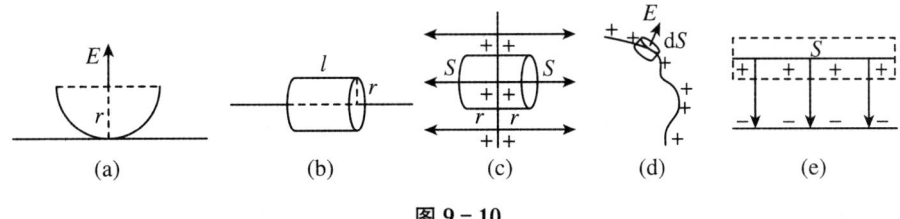

图 9-10

$$E = \frac{F}{q} = \frac{\mathrm{d}F}{\mathrm{d}l} \cdot 2r/q = 2k\frac{\lambda}{r}$$

$\lambda > 0$ 则 E 垂直直线向外，$\lambda < 0$ 则 E 垂直指向直线.

解法 2：由对称性，场强应垂直于直线且距直线等距离处场强大小相等，如图 9-10(b)所示，建立高斯圆柱面，则左、右底面电通量为零，有

$$E 2\pi r l = \frac{\lambda l}{\varepsilon_0}$$

故

$$E = \frac{\lambda}{2\pi\varepsilon_0 r}$$

（5）同上建立高斯面，可得

$$E = \begin{cases} 0 & (r < R) \\ \dfrac{\lambda}{2\pi\varepsilon_0 r} & (r > R) \end{cases}$$

方向略，在 $r = R$ 处发生突变.

（6）同上建立高斯面，可得（方向略）

$$E = \begin{cases} \dfrac{\lambda r}{2\pi\varepsilon_0 R^2} & (r \leqslant R) \\ \dfrac{\lambda}{2\pi\varepsilon_0 r} & (r > R) \end{cases}$$

（7）由对称性，板两侧电场线均为垂直于板的平行直线，故为匀强电场．如图 9-10(c)所示，取高斯面，有

$$E \cdot 2S = \frac{\sigma S}{\varepsilon_0}$$

故

$$E = \frac{\sigma}{2\varepsilon_0}$$

与 r 无关，两侧为反向的匀强电场，在板处突变；方向略.

（8）静电平衡时导体内部，包括表面附近的内部场强为

$$E = 0$$

外表面场强垂直于外表面，如图 9-10(d)所示，建立贴近并包含微元面的高斯面，侧面垂直于微元面，外表面平行于微元面，则仅外表面有电通量，有

$$E\mathrm{d}S = \frac{\sigma \mathrm{d}S}{\varepsilon_0}$$

故

$$E = \frac{\sigma}{\varepsilon_0}$$

即表面附近外部 $E = \sigma/\varepsilon_0$，垂直于外表面；内表面附近 $E = 0$，在表面处突变。

（9）解法 1：两板之间有匀强电场，两板之外无电场，如图 9-10(e)所示，建立高斯面，有（方向略）

$$ES = \frac{Q}{\varepsilon_0}$$

故

$$E = \frac{Q}{\varepsilon_0 S}$$

解法 2：看作两无限大平板电场的叠加，两板间

$$E = 2 \cdot \frac{Q/S}{2\varepsilon_0} = \frac{Q}{\varepsilon_0 S}$$

> **练习 9-4** 半径为 R 的圆环带有电量 Q，已知圆环的某条直径 AOB 上（除去两个端点外）所有位置的场强为零，试求环上电荷分布。
>
> **练习 9-5** 如图 9-11 所示，有两个部分重叠的球体，半径分别为 R_1 和 R_2，两球球心距离为 d，$d < R_1 + R_2$，两球重叠部分不带电，不重叠部分均匀带电，电荷体密度分别为 $+\rho, -\rho$。
>
> （1）试求两球重叠部分中的电场强度分布；
>
> （2）若 $R_1 = R_2 = R$，$d \ll R$，近似成为一个球体，仅表面带有电荷，试求此球表面的电荷面密度分布；
>
> （3）试求第（2）问情况下的球外空间电场。
>
>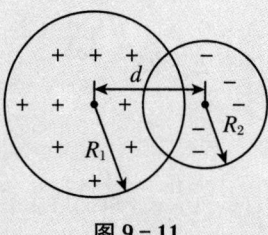
>
> **图 9-11**
>
> **注** 第（2）问可以认为是均匀极化球（后面学习）的简化模型。

练习 9-6 三块相同的金属平板顺着厚度方向依次排列，金属板长和宽均远大于板间间距，如图 9-12 所示．已知金属板带电量分别为 Q_1, Q_2, Q_3，不考虑边缘效应，试求各金属板两侧的带电量 $q_1, q_2, q_3, q_4, q_5, q_6$．

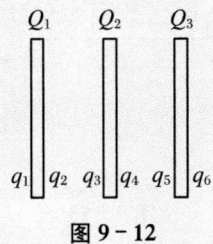

图 9-12

例 9-6 点电荷 $+q$ 和 $-q'(q>q')$ 分别位于 x 轴相距 l 的 A, B 两点，从 $+q$ 发出的某条电场线与连线 AB 成 α 角．试求：

(1) 该电场线最终的切线与 x 轴间的夹角 β；

(2) 该电场线最终的切线与 x 轴的交点 C 的位置．

解 (1) 设恰终止于 $-q'$ 的电场线从 $+q$ 发出时与 AB 连线夹角为 α_0；分别以 $+q$，$-q'$ 为圆心取半径极小的球面，则球外另一电荷在球面的场强可忽略，$+q$ 穿出 $2\alpha_0$ 对应球冠面的电场线应完全穿入 $-q'$ 对应球面，则

$$\frac{2\pi(1-\cos\alpha_0)}{4\pi}q = q'$$

故

$$\alpha_0 = \arccos\left(1 - \frac{2q'}{q}\right)$$

注 球冠面积公式为 $S = 2\pi rh = 2\pi r^2(1-\cos\theta)$，球冠对球心立体角为 $\Omega = 2\pi(1-\cos\theta)$．

当 $\alpha < \alpha_0$ 时，$+q$ 电场线终止于 $-q'$，如图 9-13(a) 所示，同理有

$$\frac{2\pi(1-\cos\alpha)}{4\pi}q = \frac{2\pi(1-\cos\beta)}{4\pi}q'$$

故

$$\beta = \arccos\left[1 - \frac{q}{q'}(1-\cos\alpha)\right]$$

当 $\alpha > \alpha_0$ 时，$+q$ 电场线终止于无穷远，从远方看电场线犹如 $+(q-q')$ 的点电荷发出的，故 $+q$ 发出的电场线除去终止于 $-q'$ 外，到无穷远处均匀分布在 4π 立体角内，如图 9-13(b) 所示，有

$$\frac{4\pi - 2\pi(1-\cos\alpha)}{4\pi}q = \frac{4\pi - 2\pi(1-\cos\beta)}{4\pi}(q-q')$$

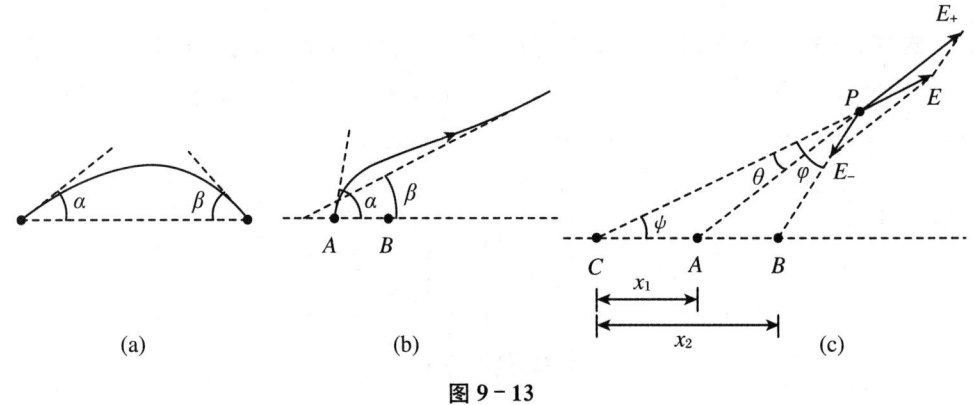

图 9-13

故
$$\beta = \arccos\left[\frac{q}{q-q'}(1+\cos\alpha) - 1\right]$$

(2) 当 $\alpha < \alpha_0$ 时，交于 $-q'$ 的 B 点；

当 $\alpha > \alpha_0$ 时，对无穷远处某 P 点，如图 9-13(c)所示，有

$$\frac{\sin\varphi}{\sin\theta} = \frac{E_+}{E_-} \approx \frac{q/r^2}{q'/r^2}, \quad \frac{r}{\sin\psi} \approx \frac{x_1}{\sin\theta}, \quad \frac{r}{\sin\psi} \approx \frac{x_2}{\sin\varphi}$$

故
$$\frac{x_1}{x_2} = \frac{q'}{q}$$

又
$$x_2 - x_1 = l$$

则
$$x_1 = \frac{q'}{q-q'}l, \quad x_2 = \frac{q}{q-q'}l$$

例 9-6

对电荷系统，定义电荷系统中心

$$\boldsymbol{r}_C = \frac{\sum q_i \boldsymbol{r}_i}{\sum q_i}$$

从远处看电荷系统，其电场线犹如从该电荷系统的中心发出的．

9.3 电势能　电势

为与场强大小相区分，本章我们将电势能用 W 表示，而将功用 A 表示．

9.3.1 静电场的环路定理

1. 静电力做功

电荷在静电场中移动时,静电力的功与路径无关,只与初、末位置有关,静电力是保守力.

证明 如图 9-14 所示,固定点电荷 Q 的电场中,将 q 由 a 移动到 b. 对 q 有

$$A = \int_a^b \boldsymbol{F} \cdot d\boldsymbol{l} = \int_a^b k\frac{Qq}{r^2}\cos\theta dl = \int_{r_a}^{r_b} k\frac{Qq}{r^2}dr$$
$$= kQq\left(\frac{1}{r_a} - \frac{1}{r_b}\right)$$

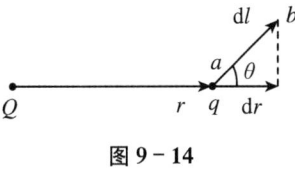

图 9-14

与路径无关;多个场源电荷时

$$A = \sum A_i = \sum kQ_i q\left(\frac{1}{r_{ia}} - \frac{1}{r_{ib}}\right)$$

与路径无关.

2. 静电场的环路定理

保守力做功与路径无关还可用经任意闭合路径做功为零来表达,此处即

$$q\oint_L \boldsymbol{E} \cdot d\boldsymbol{l} = 0$$

而 $q \neq 0$,故有

$$\oint_L \boldsymbol{E} \cdot d\boldsymbol{l} = 0$$

称为静电场的环路定理. 内容:静电场中,场强沿任意闭合路径的线积分为零. 它说明静电场是无旋的.

任何力场,只要具备场强的环路积分为零的特性,就叫作保守力场或势场.

9.3.2 电势能

点电荷 q 在静电场中由 a 运动至 b 时,由保守力做功功能关系知

$$A_{a \to b} = \int_a^b q\boldsymbol{E} \cdot d\boldsymbol{l} = W_a - W_b$$

零势能面选择原则上是任意的,选定零势能面后才能确定其余各点的电势能. 激发静电场的源电荷分布在有限空间时,常常选无限远处为零势能面,则 q 在某点 a 的电势能满足

$$A_{a \to \infty} = \int_a^\infty q\boldsymbol{E} \cdot d\boldsymbol{l} = W_a - 0$$

特别需要注意的是：源电荷不限于有限空间时不能轻易把无限远处定为零势能面，否则可能会出现 q 在所研究的空间范围内各处电势能均趋于无穷而给解决问题带来不便．

此处所述电势能为 q 与场源电荷所共有，是 q 与场源电荷的相互作用能（简称互能），q、场源电荷还有各自的自能，自能与互能之和为系统的静电能，我们后面会学习．

准静态过程中，在场源电荷结构不变时，该电势能的变化等于外界的功．在场源电荷结构可变时，该电势能的变化与外界的功并不相等，还差了场源自能的变化，此时更值得研究的是体系的静电能，有外界的功等于体系静电能的变化，虽有"点电荷和场源电荷的电势能（互能）"但并无多大研究意义．

可推导（推导略）两点电荷间电势能

$$W = k\frac{q_1 q_2}{r}$$

多个点电荷系统的电势能为将两两之间的相互作用能求和，例如三个点电荷间

$$W = k\frac{q_1 q_2}{r_{12}} + k\frac{q_2 q_3}{r_{23}} + k\frac{q_3 q_1}{r_{31}}$$

例9-7 在水平面上有两根垂直相交、内壁光滑的连通细管，管内放置两个质量均为 m 的异种带电质点 A 和 B，$Q_A = +q$，$Q_B = -q$．初始时质点 A 至两管交点 O 的距离为 d，质点 B 位于交点 O 处，速度相互垂直，方向如图 9-15(a)所示，大小均为 $u_0 = \sqrt{kq^2/(2md)}$，k 为静电力常量．试求在以后的运动中，它们之间距离的极值．

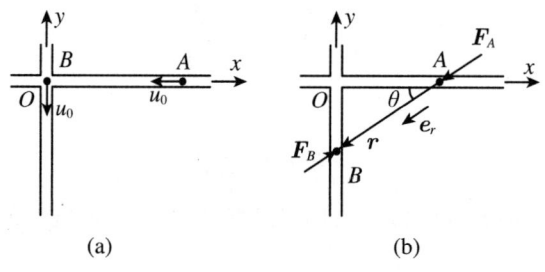

图 9-15

解 如图 9-15(b)所示，有

$$ma_A = \left(k\frac{q^2}{r^2}e_r \cdot e_x\right)e_x, \quad ma_B = \left(-k\frac{q^2}{r^2}e_r \cdot e_y\right)e_y$$

B 相对于 A 的加速度记为 a，有

$$ma = m(a_B - a_A) = -k\frac{q^2}{r^2}[(e_r \cdot e_y)e_y + (e_r \cdot e_x)e_x] = -k\frac{q^2}{r^2}e_r$$

等效于 B 在固定的 A 的电场中的运动，初始到距离最近或最远，B 角动量守恒，有

$$d \cdot mu_0 = r \cdot mu$$

能量守恒，有

$$\frac{1}{2}m(u_0^2 + u_0^2) - k\frac{q^2}{d} = \frac{1}{2}mu^2 - k\frac{q^2}{r}$$

其中

$$u_0 = \sqrt{\frac{kq^2}{2md}}$$

整理得

$$\frac{1}{2}m2u_0^2 - 2mu_0^2 = \frac{1}{2}m\left(\frac{u_0 d}{r}\right)^2 - 2mu_0^2 \frac{d}{r}$$

即

$$-1 = \frac{1}{2}\left(\frac{d}{r}\right)^2 - \frac{2d}{r}$$

解得距离的极值为

$$r_{\min} = \frac{2-\sqrt{2}}{2}d, \quad r_{\max} = \frac{2+\sqrt{2}}{2}d$$

9.3.3 电势 电势差

1. 电势、电势零点的选择

电势能与试探电荷 q 有关,但比值 W/q 与 q 无关,只取决于电场的性质,称为电势,记作 U 或 φ.

电势零点选择与零势能面一样原则上是任意的. 源电荷在有限空间时常选无穷远处电势为零,此时用 U_a 表示 a 点电势,则

$$U_a = \frac{W_a}{q} = \int_a^\infty \boldsymbol{E} \cdot \mathrm{d}\boldsymbol{l}$$

讨论接地导体附近小范围电势分布时,也常选地面电势为零,并且近似认为地面与无穷远处电势是一致的,虽然实际并非如此.

同样需要特别注意:源电荷不限于有限空间时同样不能轻易选无穷远处电势为零,否则可能会出现在所研究的空间范围内各处电势均趋于无穷而给解决问题带来不便.

(1) 点电荷 Q 周围的电势

$$U = \int_r^\infty \boldsymbol{E} \cdot \mathrm{d}\boldsymbol{l} = \int_r^\infty E \mathrm{d}r = \int_r^\infty k\frac{Q^2}{r}\mathrm{d}r = k\frac{Q}{r} = \frac{1}{4\pi\varepsilon_0}\frac{Q}{r}$$

正电荷周围 $U>0$,负电荷周围 $U<0$.

点电荷是理想化模型,真实带电体无论多小,在 $r \to 0$ 时都不能再视为点电荷,故真实带电体不会有 $r \to 0$ 时 $U \to \infty$ 的结论.

(2) 半径为 R,带电量为 Q 的均匀带电球面内、外的电势

$$U = \begin{cases} k\dfrac{Q}{R} & (r \leqslant R) \\ k\dfrac{Q}{r} & (r > R) \end{cases}$$

均匀带电球面所包含的球体为等势体.

(3) 半径为 R，带电量为 Q 的均匀带电球体内、外的电势：

当 $r \geqslant R$ 时

$$U = k\frac{Q}{r}$$

当 $r \leqslant R$ 时

$$\boldsymbol{E} = k\frac{Q}{r^3}\boldsymbol{r}$$

故

$$U - k\frac{Q}{R} = \int_r^R \boldsymbol{E}\cdot \mathrm{d}\boldsymbol{l} = \int_r^R E\,\mathrm{d}r = \int_r^R k\frac{Q}{R^3}r\,\mathrm{d}r = \frac{1}{2}k\frac{Q}{R^3}(R^2 - r^2)$$

则

$$U = k\frac{Q}{2R^3}(3R^2 - r^2)$$

这三个例子中，也可不默认无穷远处电势为零，而选 r_0 处为参考点来推导电势表达式，与原式相差一个常数. 选不同点为参考点，静电场中某点电势的数值不同，但两点间电势的差值是相同的. 关于电势，更重要的是电势差；关于电势能，更重要的是电势能差.

接下来的两个例子，源电荷不限于有限空间，不能轻易选无穷远处电势为零.

(4) 电荷线密度为 λ 的无限长均匀带电直线周围的电势：

前已推得其场强为

$$\boldsymbol{E} = \frac{\lambda}{2\pi\varepsilon_0 r^2}\boldsymbol{r}$$

取 r_0 处为参考点，即 $U_{r_0} = 0$，则从 r 处到 r_0 处，有

$$U_r - 0 = \int_r^{r_0} \boldsymbol{E}\cdot\mathrm{d}\boldsymbol{l} = \int_r^{r_0} E\,\mathrm{d}r = \int_r^{r_0}\frac{\lambda}{2\pi\varepsilon_0 r}\mathrm{d}r = \frac{\lambda}{2\pi\varepsilon_0}\ln\frac{r_0}{r}$$

由于 $\ln 1 = 0$，故若取 $r_0 = 1\,\mathrm{m}$，则有最简便表达式

$$U_r = -\frac{\lambda}{2\pi\varepsilon_0}\ln r$$

此时，在 $r > 1$ 处，U 为负值；在 $r < 1$ 处，U 为正值.

可以发现此处取 $r_0 \to \infty$ 并不方便.

(5) 无限长均匀带电圆柱面，外部电势与上一例相同，表面和内部等势. 无限长均匀带电圆柱体，外部电势与上一例相同，内部请读者自行推导.

2. 电势差

静电场中初、末两点电势的差值称为电势差或电势降落,故

$$U_{ab} = U_a - U_b = \frac{W_a}{q} - \frac{W_b}{q} = \int_a^b \boldsymbol{E} \cdot \mathrm{d}\boldsymbol{l}$$

点电荷由 a 处运动至 b 处时,静电力的功为

$$A_{a \to b} = \int_a^b q\boldsymbol{E} \cdot \mathrm{d}\boldsymbol{l} = qU_{ab}$$

两点间电势差等于电势变化量的相反数. 在无限小位移时

$$-\Delta U = \boldsymbol{E} \cdot \Delta \boldsymbol{l}$$

若 $\boldsymbol{E}$ 与 $\Delta \boldsymbol{l}$ 方向一致,则

$$-\Delta U = E\Delta l \quad \text{或} \quad E = -\frac{\Delta U}{\Delta l}$$

这里略去等势面的内容.

9.3.4 电势叠加原理

一个电荷系的电场中任一点的电势等于每一个带电体单独在该点所产生的电势的代数和,称为电势叠加原理.

推导:选某点 b 电势为零,并选电荷系中各电荷产生的电场均在 b 点电势为零,则 a 点电势

$$\begin{aligned} U_a - 0 &= \int_a^b \boldsymbol{E} \cdot \mathrm{d}\boldsymbol{l} = \int_a^b (\boldsymbol{E}_1 + \boldsymbol{E}_2 + \cdots + \boldsymbol{E}_n) \cdot \mathrm{d}\boldsymbol{l} \\ &= \int_a^b \boldsymbol{E}_1 \cdot \mathrm{d}\boldsymbol{l} + \int_a^b \boldsymbol{E}_2 \cdot \mathrm{d}\boldsymbol{l} + \cdots + \int_a^b \boldsymbol{E}_n \cdot \mathrm{d}\boldsymbol{l} \\ &= U_1 + U_2 + \cdots + U_n \\ &= \sum U_i \end{aligned}$$

选无穷远处电势为零时,多个点电荷之间的电势能也可用每个点电荷与其余电荷在它位置处电势的乘积之和除以 2 来计算. 例如两个点电荷间

$$W = \frac{1}{2}\left(q_1 k \frac{q_2}{r} + q_2 k \frac{q_1}{r}\right) = k\frac{q_1 q_2}{r}$$

三个点电荷间

$$\begin{aligned} W &= \frac{1}{2}\left[q_1\left(k\frac{q_2}{r_{12}} + k\frac{q_3}{r_{31}}\right) + q_2\left(k\frac{q_3}{r_{23}} + k\frac{q_1}{r_{12}}\right) + q_3\left(k\frac{q_1}{r_{31}} + k\frac{q_2}{r_{23}}\right)\right] \\ &= k\frac{q_1 q_2}{r_{12}} + k\frac{q_2 q_3}{r_{23}} + k\frac{q_3 q_1}{r_{31}} \end{aligned}$$

之所以除以 2,是由于 q_i 与 q_j 之间的电势能在计算 q_i,q_j 的电势能时重复计算.

例9-8 半径分别为 R_1, R_2 的两个同心半球相对放置, $R_1 > R_2$, 如图 9-16 所示, 两个半球面均匀带电, 电荷密度分别为 σ_1, σ_2, 试求大的半球面所对应底面圆直径 AOB 上的电势的分布. 取无穷远处为电势零点.

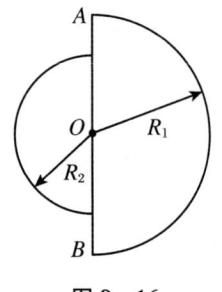

图 9-16

解 由对称性, 均匀带电半球面在底面圆的电势为均匀带电球面电势的一半, 故 R_1 半球在底面

$$\varphi_1 = \frac{1}{2} k \frac{\sigma_1 4\pi R_1^2}{R_1} = 2k\pi \sigma_1 R_1 \quad (r \leqslant R_1)$$

R_2 半球在底面

$$\varphi_2 = \begin{cases} 2k\pi\sigma_2 R_2 & (r \leqslant R_2) \\ \dfrac{1}{2} k \dfrac{\sigma_2 4\pi R_2^2}{r} = \dfrac{2k\pi\sigma_2 R_2^2}{r} & (r > R_2) \end{cases}$$

故

$$U = \begin{cases} 2k\pi(R_1\sigma_1 + R_2\sigma_2) & (r \leqslant R_2) \\ 2k\pi\left(R_1\sigma_1 + \dfrac{R_2^2 \sigma_2}{r}\right) & (R_2 < r \leqslant R_1) \end{cases}$$

练习 9-7 在静电场中取一半径为 R 的球面, 设球面上和球面内无任何电荷. 试证明球面上的平均电势 $\overline{U}$ 等于球心处的电势 U_0.

练习 9-8 半径为 R 的均匀带电圆盘, 总带电量为 q. 选无穷远处为电势零点. 试求:

(1) 盘心处的电势 U_0;
(2) 盘边缘 P 的电势 U_P.

例9-9 不等量异种点电荷电量之比为 n, 设 $n > 1$, 相互间距离为 d. 试证明它们的电场中电势为零的等势面为一球面, 并求此等势面的半径及球心的位置. 取无穷远处为电势零点.

解 设两点电荷带电为 $q, -nq$, 以 q 为原点, 两者连线为 x 轴建立空间直角坐标系, $U = 0$ 的等势面满足

$$k \frac{q}{\sqrt{x^2 + y^2 + z^2}} + k \frac{-nq}{\sqrt{(x-d)^2 + y^2 + z^2}} = 0$$

整理得

$$\left(x + \frac{d}{n^2 - 1}\right)^2 + y^2 + z^2 = \left(\frac{nd}{n^2 - 1}\right)^2$$

等势面为球面, 半径为

$$R = \frac{nd}{n^2 - 1}$$

等势面球心在两者连线外侧,距较小电荷距离为

$$x = \frac{d}{n^2 - 1}$$

练习 9-9 线电荷密度分别为 $\pm\lambda(\lambda>0)$ 的两根无限长平行带电直线相距 $2a$,试求电场线和等势面的空间分布.

练习 9-9

9.3.5 电场强度与电势梯度

如图 9-17 所示,$\Delta l \to 0$,有

$$-\Delta U = \boldsymbol{E} \cdot \Delta \boldsymbol{l} = E\Delta l\cos\theta = E_l \Delta l$$

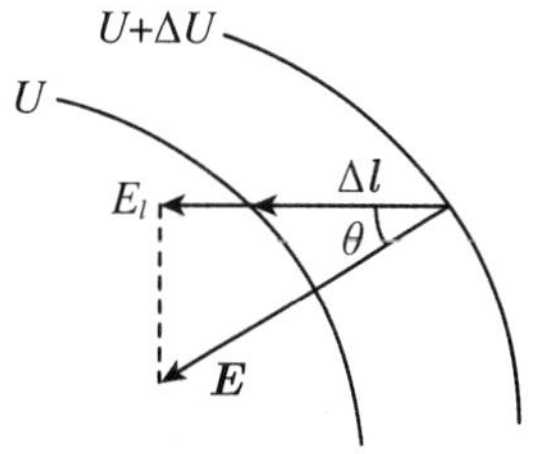

故

$$E_l = -\frac{\Delta U}{\Delta l}$$

即某点场强沿任一方向的分量等于该方向电势变化率的负值,记为

$$E_l = -\frac{\partial U}{\partial l}$$

图 9-17

也可在坐标系中据此计算场强的各分量,例如直角系中

$$\boldsymbol{E} = -\left(\frac{\partial U}{\partial x}\boldsymbol{i} + \frac{\partial U}{\partial y}\boldsymbol{j} + \frac{\partial U}{\partial z}\boldsymbol{k}\right)$$

柱坐标系中

$$\boldsymbol{E} = -\left(\frac{\partial U}{\partial \rho}\boldsymbol{e}_\rho + \frac{1}{\rho}\frac{\partial U}{\partial \varphi}\boldsymbol{e}_\varphi + \frac{\partial U}{\partial z}\boldsymbol{e}_z\right)$$

球坐标系中

$$\boldsymbol{E} = -\left(\frac{\partial U}{\partial r}\boldsymbol{e}_r + \frac{1}{r}\frac{\partial U}{\partial \theta}\boldsymbol{e}_\theta + \frac{1}{r\sin\theta}\frac{\partial U}{\partial \varphi}\boldsymbol{e}_\varphi\right)$$

球坐标系中场强

垂直于等势面方向,电势变化率最大,称为电势的梯度矢量,记为

$$\nabla U = \frac{\partial U}{\partial n}\boldsymbol{e}_n$$

场强等于该点电势梯度的负值,即

$$E = -\nabla U = -\frac{\partial U}{\partial n}e_n$$

电势是标量,一般来说标量计算比较简便.在求得电势分布后,只需进行空间导数运算便可求出电场强度的各个分量,这样就避免了复杂的矢量运算.

例9-10 如图9-18所示,电偶极子的电偶极矩为 $p_e = ql$,取其正方向为 z 轴正方向,试求离坐标原点的距离为 $r(r \gg l)$、极角为 θ 的 P 点的电势;并由其电势推导其场强.取无穷远处为电势零点.

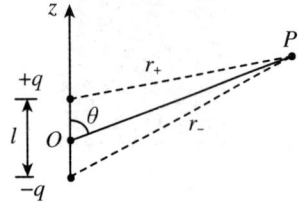

图 9-18

解 P 点电势为

$$U(r,\theta) = \frac{1}{4\pi\varepsilon_0}\left(\frac{q}{r_+} - \frac{q}{r_-}\right)$$

其中

$$r_+ \approx r - \frac{l}{2}\cos\theta, \quad r_- \approx r + \frac{l}{2}\cos\theta$$

故

$$U(r,\theta) \approx \frac{q}{4\pi\varepsilon_0}\frac{l\cos\theta}{r^2 - \left(\frac{l}{2}\cos\theta\right)^2} \approx \frac{1}{4\pi\varepsilon_0}\frac{ql\cos\theta}{r^2} = \frac{1}{4\pi\varepsilon_0}\frac{p_e\cos\theta}{r^2}$$

或

$$U(r) = \frac{1}{4\pi\varepsilon_0}\frac{p_e \cdot r}{r^3}$$

则

$$E_r = -\frac{\partial U}{\partial r} = \frac{1}{4\pi\varepsilon_0}\frac{2p_e\cos\theta}{r^3}, \quad E_\theta = -\frac{\partial U}{r\partial\theta} = \frac{1}{4\pi\varepsilon_0}\frac{p_e\sin\theta}{r^3}$$

9.4 静电场唯一性定理

略去证明,给出静电场唯一性定理的内容:满足边界条件的存在于空间的电场分布是唯一确定的.

边界条件为以下三者之一:
(1) 边界上的电势函数;
(2) 边界上电势函数的导数;
(3) 部分边界的电势函数和其余部分边界电势函数的导数.

若静电场中无电介质,则边界条件可描述为以下三者之一:
(1) 各导体电势;

(2) 各导体电量；

(3) 一些导体电势和其余导体电量.

唯一性定理的应用有解释静电屏蔽现象、静电镜像法求解电场等.

9.5 静电场中的导体

9.5.1 导体的静电平衡　静电屏蔽

1. 导体的静电平衡

这里略去高中已学的静电平衡相关知识.

带空腔的导体,若腔内无电荷,则导体内壁无电荷;若腔内有电荷 q,则导体内壁有 $-q$ 的感应电荷.这可在导体部分建立包围空腔和导体内壁的高斯面,利用导体部分场强等于零和高斯定理证明;也可形象地根据电场线条数正比于电荷量及导体部分无电场线直观判断.

例9-11 取无穷远处为电势零点.半径为 R 的导体球外距球心距离为 $a(a>R)$ 处有一电量为 q 的点电荷,如图 9-19 所示.试求:

(1) 导体球接地时的感应电荷量；

(2) 导体球不带电不接地时的电势；

(3) 导体球的电势为 V_0 时球上总电荷；

(4) 情况(3)与情况(1)相比,点电荷受力改变量的大小和方向；

(5) 情况(2)与情况(1)相比,点电荷受力改变量的大小和方向.

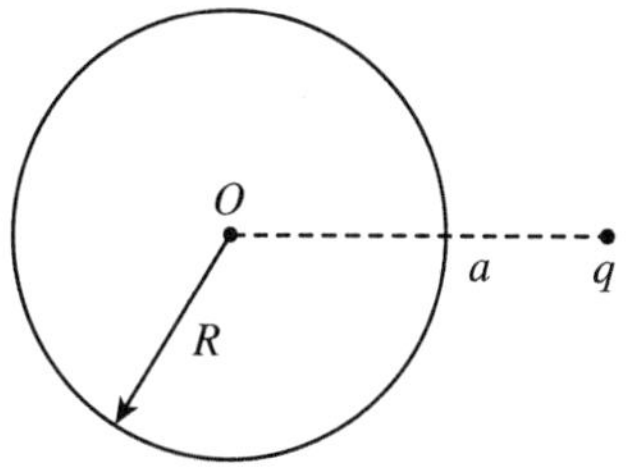

图 9-19

解 (1) 球体电势为零,故球心

$$U_O = k\frac{q}{a} + k\frac{q_1}{R} = 0$$

则

$$q_1 = -\frac{R}{a}q$$

(2) 球体等势,与球心电势相等,故

$$U_2 = U'_O = k\frac{q}{a}$$

(3) 同理

$$V_0 = k\frac{q}{a} + k\frac{q_3}{R}$$

则

$$q_3 = \frac{RV_0}{k} - \frac{Rq}{a}$$

(4) 情况(1)中，q 与 q_1 使导体球内部等势且电势为零，在此基础上使导体球表面再附加均匀分布的电荷可使导体球保持等势；故情况(3)相当于在情况(1)的球表面不均匀分布的 q_1 基础上叠加均匀分布的 q_3'，则

$$q_3' = q_3 - q_1 = \frac{RV_0}{k}$$

受力改变来自 q_3'，取向右为正方向，则

$$\Delta F = k\frac{qq_3'}{a^2} = \frac{qV_0 R}{a^2}$$

(5) 情况(2)相当于在情况(1)的球表面不均匀分布的 q_1 基础上叠加均匀分布的 q_2'，则

$$q_2' = 0 - q_1 = \frac{R}{a}q, \quad \Delta F = k\frac{qq_2'}{a^2} = \frac{kq^2 R}{a^3}$$

练习 9-10 半径分别为 R_1 和 R_2 的两个导体小球相距很远，用导线相连，再使两导体球带电，试求两球电荷面密度之比 σ_1/σ_2。忽略导线上的电荷分布。

练习 9-11 如图 9-20 所示，一个带电量为 $-Q$ 的点电荷置于不带电导体柱一端附近，因静电感应，在导体柱上近点电荷一端出现感应电荷 $+Q_1$，另一端出现感应电荷 $-Q_1$。若整个装置不变，只是将导体柱远端接地，此时导体柱上近点电荷一端带电量记为 $+Q_2$。设 Q, Q_1, Q_2 均为正值，试比较它们的大小。

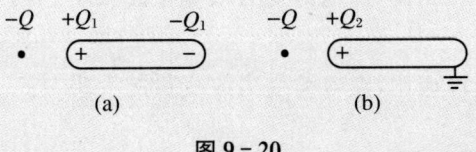

图 9-20

例 9-12 如图 9-21 所示，半径为 r 的原不带电导体球置于均匀静电场 E 中，试求球受到的使它沿电场方向分成两半的新增的张力大小。

解 感应电荷在球内电场为 $-E$，等效于两即将重合的均匀带负、正电的半径为 r 球体在重合部分的电场，可导出感应电荷面密度满足（推导略，见练习 9-5）

$$\sigma(\theta) = \sigma_0 \cos\theta, \quad E = \frac{\sigma_0}{3\varepsilon_0}$$

则

$$\sigma(\theta) = 3\varepsilon_0 E\cos\theta$$

θ 处球内部场强为零，表面附近外部场强垂直表面，大小为

$$E_{外} = \frac{\sigma(\theta)}{\varepsilon_0}$$

θ 处面元在其附近球内、外场强等大反向，设为 E'；外电场及其余感应电荷在此面元处电场设为 E''；球内部场强、表面附近外部场强为两者的叠加，即

例 9-12

$$0 = E'' - E', \quad E_{外} = E'' + E'$$

则

$$E'' = E' = \frac{\sigma(\theta)}{2\varepsilon_0}$$

对于 θ 处 $d\theta$ 的元圆环带

$$dq = \sigma(\theta) \cdot 2\pi r\sin\theta \cdot r d\theta$$

受力沿 E 方向的分力为

$$dF_z = dq \cdot E''\cos\theta = 9\pi\varepsilon_0 r^2 E^2\cos^3\theta\sin\theta d\theta = -9\pi\varepsilon_0 r^2 E^2\cos^3\theta d\cos\theta$$

故新增张力为

$$F = \int_0^F dF = -9\pi\varepsilon_0 r^2 E^2 \int_0^{\frac{\pi}{2}} \cos^3\theta d\cos\theta = \frac{9}{4}\pi\varepsilon_0 r^2 E^2$$

2. 静电屏蔽

空腔导体的空腔内没有带电体时，空腔内不受外界电场的影响，空腔内 $E = 0$。

空腔导体的空腔内有带电体时，腔内电场由带电体及腔内表面的电荷分布决定，不受外界电荷及导体外表面电荷的影响；腔外电场由外界电荷及导体外表面电荷分布决定，在腔内带电体电荷量一定时与腔内带电体位置无关。

如图 9-22(a)所示，若点电荷 A 带电 q_A，空腔导体 B 带电 q_B，则由静电平衡、高斯定理及电荷守恒可知 B 内表面带电 $-q_A$，外表面带电 $q_B + q_A$。外界电场变化不会改变 B 内表面电荷分布及腔内电场，只会改变 B 外表面电荷分布；A 在腔内不同位置不会改变 B 外表面电荷分布及腔外电场。

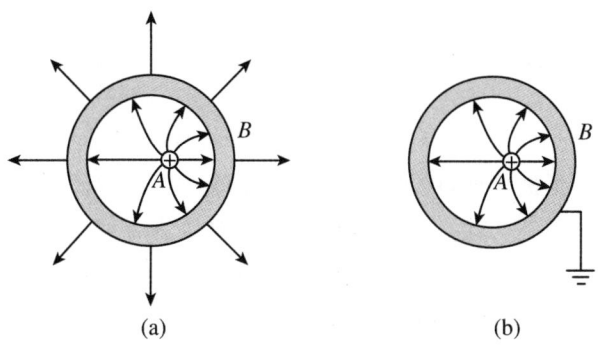

图 9-22

当把空腔导体接地时,如图 9-22(b)所示,外表面电荷被中和,导体外电场消失,消除了空腔内电荷对外界的影响.

在静电平衡状态下,空腔导体外面的带电体不会影响空腔内部的电场分布;一个接地的空腔导体,空腔内的带电体对腔外的物体不会产生影响,称为静电屏蔽.

用唯一性定理可以解释静电屏蔽:接地空腔导体把静电场分为内、外两部分,对内部电场,内表面 $U=0$,只需确定内部带电体电量及位置,则内部电场被唯一确定,不受外部影响;对外部电场,外表面 $U=0$,无穷远处 $U=0$,只需确定外部带电体电量及位置,则外部电场被唯一确定,不受内部影响.不接地时,内部带电体设为 q,则内表面电量必为 $-q$,内部边界条件确定,不受外部影响;设空腔导体带电 Q,则外表面带电 $Q+q$,若 q 一定,只是在内部位置变化,则外部电场不会变化,若 q 电量变化,则外部边界条件改变,外部电场随之改变.

静电屏蔽

还可进一步得出空腔内部电荷与空腔内表面电荷在导体部分及导体外部产生的电场场强之和为零,电势之和为零;导体外部电荷与导体外表面电荷在导体部分及空腔部分产生的电场场强之和为零,电势之和相等.

练习 9-12 取无穷远处为电势零点.半径为 R 的原不带电导电球壳包围半径为 r 的带电金属球,两者球心不重合,金属球带电为 Q,金属球具有电势为 U.如果让球壳接地,则金属球的电势变为多少?

练习 9-13 取无穷远处为电势零点.如图 9-23 所示,半径为 a 的内导体薄球壳和半径为 b($b>a$)的不带电外导体薄球壳同心放置,球壳外有一半径为 c、带电量为 q 的细圆环,圆心与球心连线长为 d($d>b$)且与环面垂直.先让内球壳接地,静电平衡后,试求:

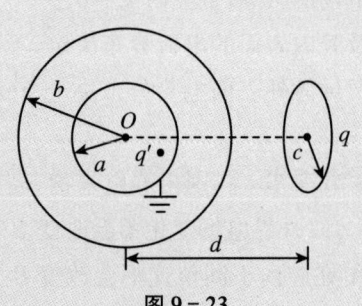

图 9-23

(1) 内球壳电荷量 q_a;
(2) 外球壳电势 U_b;
(3) 将内球壳与地断开,在其空腔中某处放置电荷 q',试求外球壳电势 U_b'.

例9-13 如图 9-24 所示,导体薄球壳通过一细导线与端电压 $V=90$ V 的电池正极相连,电池负极接地.在球壳外 A 点有一电量为 $q_1=1.0\times 10^{-8}$ C 的点电荷,B 点有一电量为 $q_2=1.6\times 10^{-8}$ C 的点电荷.球心 O 与 A 之间的距离 $d_1=20$ cm,O 与 B 之间的距离 $d_2=40$ cm.现将球壳的半径从 $a=10$ cm 开始缓

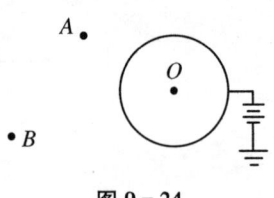

图 9-24

慢地增大到 50 cm,试求在此过程中的不同阶段,大地流向球壳的电量各是多少？已知静电力常量 $k=9\times10^9$ N·m²·C^{-2}. 假设点电荷能穿过球壳壁进入导体球壳内而不与导体壁接触.

解 设球壳带电量为 Q_i. 起初,球壳及内部等势,电势为 V,对球心有

$$V = k\left(\frac{Q_0}{a} + \frac{q_1}{d_1} + \frac{q_2}{d_2}\right)$$

解得

$$Q_0 = -0.8\times10^{-8}(\text{C})$$

分布在球壳外表面.

① 半径趋近于 d_1 但 q_1 未进入球壳时,同理对球心有

$$V = k\left(\frac{Q_1}{d_1} + \frac{q_1}{d_1} + \frac{q_2}{d_2}\right)$$

解得

$$Q_1 = -1.6\times10^{-8}(\text{C})$$

初始到半径趋近于 d_1 但 q_1 未进入球壳,流向球壳的电量为

$$\Delta Q_1 = Q_1 - Q_0 = -0.8\times10^{-8}(\text{C})$$

② q_1 恰进入球壳时,球壳内表面感应出

$$Q_{21} = -q_1$$

设外表面带电 Q_{22}. 球壳内部不再等势,不能再直接用球心计算；但球壳内、外电场互不影响,q_1 与 Q_{21} 在壳外合电场为零,壳外电场由 q_2 与 Q_{22} 决定,球壳电势 $V=90$ V 可以利用壳外电场计算,而且壳内空间对 q_2 与 Q_{22} 而言为等势区,故 q_2 与 Q_{22} 在球心

$$V = k\left(\frac{q_2}{d_2} + \frac{Q_{22}}{d_1}\right)$$

解得

$$Q_{22} = -0.6\times10^{-8}(\text{C})$$

球壳带电

$$Q_2 = Q_{21} + Q_{22} = -1.6\times10^{-8}(\text{C})$$

q_1 进入过程流向球壳的电量为

$$\Delta Q_2 = Q_2 - Q_1 = 0$$

③ 半径趋近于 d_2 但 q_2 未进入时,同理,内表面

$$Q_{31} = -q_1$$

设外表面带电 Q_{32},有

$$V = k\left(\frac{q_2}{d_2} + \frac{Q_{32}}{d_2}\right)$$

解得

$$Q_{32} = -1.2\times10^{-8}(\text{C})$$

球壳带电

$$Q_3 = Q_{31} + Q_{32} = -2.2 \times 10^{-8} (\text{C})$$

q_1 恰进入球壳到半径趋近于 d_2 但 q_2 未进入过程，流向球壳的电量为

$$\Delta Q_3 = Q_3 - Q_2 = -0.6 \times 10^{-8} (\text{C})$$

④ q_2 恰进入球壳时，球壳内表面感应出

$$Q_{41} = -q_1 - q_2$$

设外表面带电 Q_{42}，有

$$V = k \frac{Q_{42}}{d_2}$$

解得

$$Q_{42} = 0.4 \times 10^{-8} (\text{C})$$

球壳带电

$$Q_4 = Q_{41} + Q_{42} = -2.2 \times 10^{-8} (\text{C})$$

q_2 进入过程流向球壳的电量为

$$\Delta Q_4 = Q_4 - Q_3 = 0$$

⑤ 球壳增大到 $a' = 50$ cm 时，内表面电荷量不变，设外表面带电 Q_{52}，有

$$V = k \frac{Q_{52}}{a'}$$

解得

$$Q_{52} = 0.5 \times 10^{-8} (\text{C})$$

q_2 恰进入球壳到增大到 $a' = 50$ cm，流向球壳的电量为

$$\Delta Q_5 = Q_{52} - Q_{42} = 0.1 \times 10^{-8} (\text{C})$$

9.5.2 静电镜像法

对实际导体面或电介质面上的不均匀分布的电荷，用虚设的点电荷或均匀带电球壳等进行等效替代的方法称为电像法．这种等效替代应满足所研究区域的电场不变，由唯一性定理，只要满足所研究区域的边界条件即可，这是电像法的理论依据．

1. 距无限大接地导体平板 a 处放置一点电荷 q

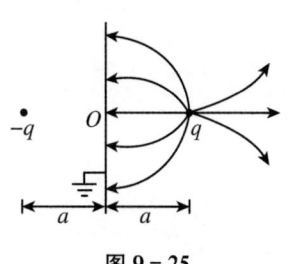

图 9-25

如图 9-25 所示，右侧等效于 q 与像电荷 $-q$ 共同产生的电场，左侧无电场．

(1) 像电荷 $-q$ 与原电荷 q 关于板对称．

(2) 板感应电荷量

$$q_{感} = -q$$

可用 q 发出的所有电场线终止于板，而电场线条数正比于电荷量判断．

(3) 板右侧场强和电势利用 $-q$ 与 q 电场叠加计算.其中板上距 O 为 r 处场强为

$$E = 2k\frac{q}{r^2+a^2}\frac{a}{\sqrt{r^2+a^2}} = k\frac{2aq}{(r^2+a^2)^{\frac{3}{2}}}$$

方向与板垂直;由高斯定理,板上距 O 为 r 处

$$E = \frac{-\sigma_{感}}{\varepsilon_0}$$

则

$$\sigma_{感} = -\frac{aq}{2\pi(r^2+a^2)^{\frac{3}{2}}}$$

也可由此积分计算板上感应电荷量.

(4) 平板感应电荷与 q 间的相互作用力大小为

$$F = k\frac{q^2}{(2a)^2}$$

2. 半径为 R 接地导体球外距球心 $d(d>R)$ 处有一点电荷 q

不等量异种电荷电势为零的等势面为球面,故球外电场等效于 q 与像电荷 q' 共同产生的,球内无电场,如图 9-26 所示.

(1) 求像电荷 q' 的值及位置,对 A,B 两点电势为零列方程组求解较方便:

$$\begin{cases} \dfrac{q'}{R-x} + \dfrac{q}{d-R} = 0 \\ \dfrac{q'}{R+x} + \dfrac{q}{d+R} = 0 \end{cases}$$

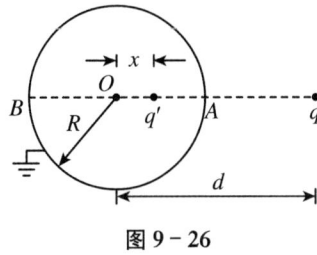

图 9-26

解得

$$q' = -\frac{R}{d}q, \quad x = \frac{R^2}{d}$$

(2) 感应电荷分布在球表面:

$$q_{感} = q' = -\frac{R}{d}q$$

$q_{感}$ 的计算有多种方法:$|q'|<|q|$,可用 q 与 q' 所有到达 q' 的电场线恰为所有穿过球表面的电场线,即 q 与 $q_{感}$ 所有到达 $q_{感}$ 的电场线判断;也可根据球心电势为零,即

$$\frac{q}{d} + \frac{q_{感}}{R} = 0$$

来计算;还可对电荷面密度积分计算.

(3) 球外利用 q 与 q' 电场叠加可计算各处场强、电势,利用高斯定理可计算球表面各处感应电荷面密度.

(4) 感应电荷与 q 间的相互作用力大小为

$$F = k\frac{|qq'|}{(d-x)^2} = k\frac{dRq^2}{(d^2-R^2)^2}$$

3. 半径为 R 的不接地、不带电导体球外距球心 $d(d>R)$ 处有一点电荷 q

一个像电荷的电荷量和位置为

$$q_1' = -\frac{R}{d}q, \quad x_1 = \frac{R^2}{d}$$

对应球表面不均匀分布的 $q_{感1} = q_1'$，q_1' 与 q 使球表面等势且电势为零；为使球表面等势但电势不为零，球带电为零，另一像电荷位于球心，电荷量为

$$q_2' = -q_1' = \frac{R}{d}q$$

对应球外表面均匀分布的 $q_{感2} = q_2' = -q_1'$；两者叠加，球外表面总体带电为零，近 q 端感应出异种电荷，远 q 端感应出同种电荷.

同样可求出各处场强、电势、球表面各处感应电荷面密度及感应电荷与 q 的相互作用力.

4. 半径为 R 的不接地、带电 Q 的导体球外距球心 $d(d>R)$ 处有一点电荷 q

一个像电荷的电荷量和位置为

$$q_1' = -\frac{R}{d}q, \quad x_1 = \frac{R^2}{d}$$

另一像电荷位于球心，电荷量为

$$q_2' = Q - q_1'$$

5. 半径为 R 的接地导体薄球壳内部空腔距球心 $d(d<R)$ 处有一点电荷 q

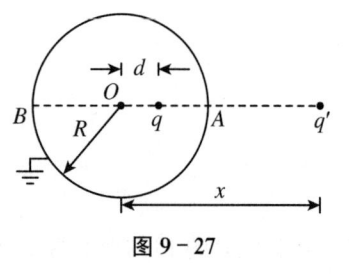

图 9-27

（1）像电荷 q' 位于球壳外，如图 9-27 所示，有

$$\begin{cases} \dfrac{q'}{x-R} + \dfrac{q}{R-d} = 0 \\ \dfrac{q'}{R+x} + \dfrac{q}{d+R} = 0 \end{cases}$$

解得

$$q' = -\frac{R}{d}q, \quad x = \frac{R^2}{d}$$

球壳内部场强由 q 与 q' 电场叠加计算，利用高斯定理可计算球壳内表面各处感应电荷面密度，感应电荷与 q 的相互作用力等于物、像电荷相互作用力.

（2）感应电荷量为

$$q_{感} = -q$$

不再等于 q'.

$q_{感}$ 的计算有多种方法：可以取包含球壳的高斯面计算，即

$$\frac{q + q_{感}}{\varepsilon_0} = 0$$

也可以根据 $|q'| > |q|$，q 与 q' 所有从 q 发出的电场线恰为所有穿过球壳的电场线，即 q 与 $q_{感}$ 所有到达的电场线判断；还可以对电荷面密度积分计算.

注 "到达" q' 的电场线除来自 q 外还有来自无穷远处的，故到达球壳的电场线条数小于到达 q' 的电场线条数.

对接地空腔导体，只要空腔部分是球形，则此处结论均成立.

6. "**5**"**中球壳不接地**

球内电场仍等效于 q 与

$$q' = -\frac{R}{d}q, \quad x = \frac{R^2}{d}$$

电场的叠加，内表面

$$q_{感} = -q$$

内部电场与接地时完全相同. 但外表面有了感应电荷

$$q'_{感} = -q_{感} = q$$

若球壳外无其余电荷，则外表面感应电荷均匀分布.

"5"中球壳不接地且带电 Q，则球壳内部仍无不同，外表面

$$q'_{感} = Q - q_{感} = Q + q$$

"5"及这两种情况内部电场完全一致，但显然球壳电势并不相同，是否矛盾？其实并不矛盾，内部电场等效于 q 与 q' 的叠加，在球壳电势为零（q 与内表面感应电荷在球壳外部电势也为零）；外表面 $q'_{感}$ 在球壳也产生电势（$q'_{感}$ 在球壳及内部电势相等）；根据电势叠加原理，两者之和为球壳电势. 内部电场并未延伸至无穷远处，无法只通过内部与电势为零的无穷远相比较（除非球壳接地或电势已知），故无法只通过内部电场来计算球壳电势.

实际上"6"中还有一个像电荷

$$q'' = q'_{感}$$

在外界无电荷时 q'' 均匀分布在球壳外表面，而不能再认为等效于球心，它对内部场强无影响，但对内部电势有影响.

7. 无限长接地圆柱形导体外有一平行于柱轴的无限长带电直线，带电直线电荷线密度为 λ

由练习 9-9 结论可知，像电荷为圆柱形导体内某处平行于柱轴的无限长带电直线，电荷线密度为

$$\lambda' = -\lambda$$

导体内无电场，导体外电场等效于 $\pm\lambda$ 电场的叠加；对电势，导体及内部电势为零，导体外电势为 $\pm\lambda$ 的叠加（注意取导体侧面电势为零）.

无限长不接地不带电圆柱形导体外有一平行于柱轴的无限长带电直线，带电直线电荷

线密度为 λ，像电荷 1 为圆柱形导体内某处平行于柱轴的无限长带电直线，电荷线密度为
$$\lambda_1 = -\lambda$$
像电荷 2 为导体表面均匀分布的电荷，且电荷线密度为
$$\lambda_2 = \lambda$$
导体内无电场，导体外电场等效于 $\lambda, \lambda_1, \lambda_2$ 电场的叠加；导体及内部电势相等，导体外电势为 $\lambda, \lambda_1, \lambda_2$ 的叠加，且数值与电势零点选取有关.

例 9-14 如图 9-28(a)所示，半径为 R 的接地导体球外离球心距离为 d 处有一电量为 q 的点电荷. 试求导体球表面的电荷面密度.

解 如图 9-28(b)所示，像电荷
$$q' = -\frac{R}{d}q, \quad x = \frac{R^2}{d}$$
P 点处合场强指向 O 点，大小为
$$E = k\left(\frac{q'}{r_1^2}\cos\angle OPN + \frac{q}{r_2^2}\cos\angle OPQ\right) \qquad ☆$$

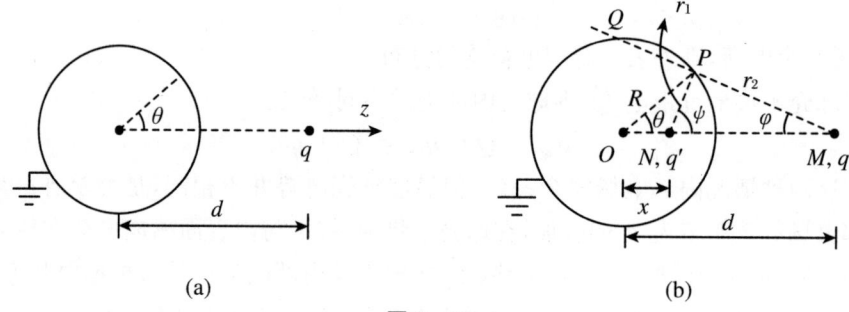

图 9-28

由
$$\frac{x}{R} = \frac{R}{d}$$
可知
$$\triangle ONP \backsim \triangle OPM$$
则
$$\angle OPN = \varphi, \quad \angle OPQ = \psi, \quad \frac{r_1}{r_2} = \frac{R}{d} \qquad ○$$
又
$$r_2^2 = d^2 + R^2 - 2dR\cos\theta$$
$$\cos\varphi = \frac{d - R\cos\theta}{r_2}$$
$$\cos\psi = \frac{R\cos\theta - x}{r_1} = \frac{d\cos\theta - R}{r_2} \qquad □$$

☆，○，□ 三式联立，解得

$$E = \frac{kq}{R} \frac{d^2 - R^2}{(R^2 + d^2 - 2Rd\cos\theta)^{\frac{3}{2}}}$$

由高斯定理得

$$\sigma(\theta) = -\varepsilon_0 E = -\frac{q}{4\pi R} \frac{d^2 - R^2}{(R^2 + d^2 - 2Rd\cos\theta)^{\frac{3}{2}}}$$

读者可自行积分计算感应电荷量.

练习 9-14 如图 9-29 所示,半径为 R 的接地导体球外距球心 O 为 $d(d>R)$ 的 A 点放置带电量为 q 的点电荷,在此导体球面上相对 OA 交角 $\theta \leqslant \theta_0$ 的区域内感应电荷总量为 $-q/2$,试求 θ_0.

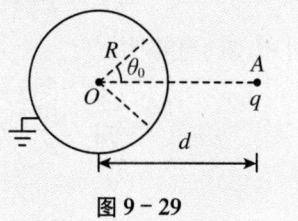

图 9-29

例9-15 (1) 如图 9-30(a)所示,半径为 R 的无限长接地圆柱形导体外有一平行于柱轴的无限长均匀带电直线,与柱轴 z 相距为 $a(a>R)$,电荷线密度为 λ.试求导体外部空间的电势.

(2) 如图 9-30(b)所示,半径为 R 的无限长圆柱形导体水平放置,单位长度带电为 λ,其轴与大地的距离为 d.试求导体与大地间的电势差 U.

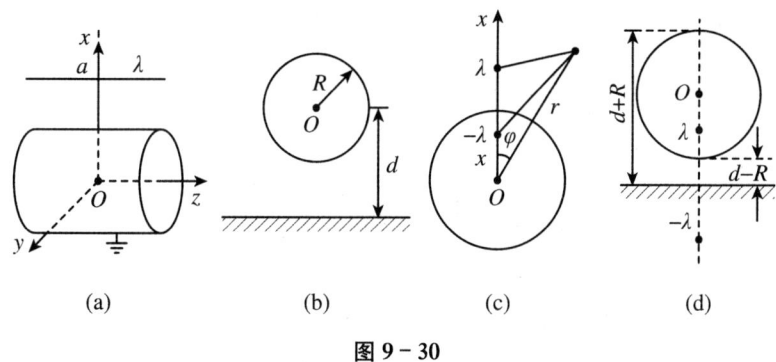

图 9-30

解 (1) 解法1:像电荷为无限长均匀带电直线,线电荷密度为 $-\lambda$;取柱坐标系 (r, φ, z),如图 9-30(c)所示,设像电荷位于 $x(x<R)$ 处,两无限长均匀带电直线 $\pm\lambda$ 在空间的电势为

$$U = \pm \frac{\lambda}{2\pi\varepsilon_0} \ln \frac{r_0}{r}$$

取 $\pm\lambda$ 在圆柱表面的 $(R, 0, z)$ 直线处电势均为零,则两直线各自电势零点取为

$$(r_0)_\lambda = a - R, \quad (r_0)_{-\lambda} = R - x$$

圆柱表面的$(-R,\pi,z)$直线处电势叠加后也为零,即

$$\frac{\lambda}{2\pi\varepsilon_0}\left[\ln\frac{(r_0)_\lambda}{a+R} - \ln\frac{(r_0)_{-\lambda}}{x+R}\right] = 0$$

则

$$x = \frac{R^2}{a}$$

对空间任意一点(r,φ,z),有

$$r_\lambda^2 = r^2 + a^2 - 2ra\cos\varphi, \quad r_{-\lambda}^2 = r^2 + x^2 - 2rx\cos\varphi$$

故外部空间电势为

$$U = \frac{\lambda}{2\pi\varepsilon_0}\left[\ln\frac{(r_0)_\lambda}{r_\lambda} - \ln\frac{(r_0)_{-\lambda}}{r_{-\lambda}}\right] = \frac{\lambda}{4\pi\varepsilon_0}\left[\ln\frac{(r_0)_\lambda^2}{r_\lambda^2} - \ln\frac{(r_0)_{-\lambda}^2}{r_{-\lambda}^2}\right]$$

$$= \frac{\lambda}{4\pi\varepsilon_0}\ln\frac{\left[r^2 + \left(\frac{R^2}{a}\right)^2 - 2r\cdot\frac{R^2}{a}\cos\varphi\right]a^2}{(r^2 + a^2 - 2ra\cos\varphi)R^2}$$

解法 2:为应用电势最方便的表达式,两带电直线均取离各自 1 m 为电势零点,则

$$U_i = -\frac{\lambda}{2\pi\varepsilon_0}\ln r_i$$

空间各点电势为两直线电势叠加;对空间任意一点(r,φ,z),有

$$r_\lambda^2 = r^2 + a^2 - 2ra\cos\varphi, \quad r_{-\lambda}^2 = r^2 + x^2 - 2rx\cos\varphi$$

故外部空间电势为

$$U' = -\frac{\lambda}{2\pi\varepsilon_0}(\ln r_\lambda - \ln r_{-\lambda}) = -\frac{\lambda}{4\pi\varepsilon_0}(\ln r_\lambda^2 - \ln r_{-\lambda}^2)$$

$$= \frac{\lambda}{4\pi\varepsilon_0}\ln\frac{r^2 + \left(\frac{R^2}{a}\right)^2 - 2r\cdot\frac{R^2}{a}\cos\varphi}{r^2 + a^2 - 2ra\cos\varphi}$$

圆柱表面电势为

$$U'_R = \frac{\lambda}{4\pi\varepsilon_0}\ln\frac{R^2 + \left(\frac{R^2}{a}\right)^2 - 2R\cdot\frac{R^2}{a}\cos\varphi}{R^2 + a^2 - 2Ra\cos\varphi} = \frac{\lambda}{4\pi\varepsilon_0}\ln\frac{R^2}{a^2}$$

这种电势零点的选法不能使圆柱表面电势恰为零,但电势零点选取不同时虽某点电势值不同,但两点间电势差是一致的,故此种选法空间某处电势与圆柱表面的电势差 $U' - U'_R$,等于以圆柱表面为零势面时此处电势与圆柱表面的电势差 $U - 0$,即

$$U' - U'_R = U - 0$$

故导体外部电势修正为

$$U = U' - U'_R = \frac{\lambda}{4\pi\varepsilon_0}\ln\frac{\left[r^2 + \left(\frac{R^2}{a}\right)^2 - 2r\cdot\frac{R^2}{a}\cos\varphi\right]a^2}{(r^2 + a^2 - 2ra\cos\varphi)R^2}$$

(2) 如图 9-30(d)所示,为使地面等势、圆柱面等势,可用线电荷密度分别为 $\pm\lambda$ 的两条无限长直线代替,设两带电直线距地面距离均为 x。根据电场分布情况及高斯定理可知等

价于圆柱面线电荷密度为 λ. $\pm\lambda$ 均取离各自 1 m 为电势零点,则距各自 r 处

$$U(\pm\lambda) = -\frac{\pm\lambda}{2\pi\varepsilon_0}\ln r$$

已满足地面电势为零;圆柱面上端和下端应等势,且电势等于圆柱面与地面间电势差,即

$$U = -\frac{\lambda}{2\pi\varepsilon_0}[\ln(d+R-x)-\ln(d+R+x)]$$
$$= -\frac{\lambda}{2\pi\varepsilon_0}\{\ln[x-(d-R)]-\ln[x+(d-R)]\}$$

解得

$$x = \sqrt{d^2-R^2}, \quad U = \frac{\lambda}{2\pi\varepsilon_0}\ln\frac{d+R+\sqrt{d^2-R^2}}{d+R-\sqrt{d^2-R^2}} = \frac{\lambda}{2\pi\varepsilon_0}\ln\frac{d+\sqrt{d^2-R^2}}{R}$$

9.6 电容 电容器

1. 电容

电容定义式为

$$C = \frac{Q}{U}$$

Q 为孤立导体带的电荷量或两靠近导体内侧带的等量异种电荷;U 为孤立导体的电势或两靠近导体间的电势差.

特别要注意的是:Q 是导体自由电荷的电荷量,即使有电介质也不包括极化电荷的电荷量,因为它是电容器被充入或可以放出的电荷. U 为孤立导体的电势或两靠近导体间的电势差,可知有电介质时,它是导体自由电荷与电介质极化电荷产生的合电场对应的电势或电势差.

下面看几种典型电容器无电介质时的电容.

(1) 半径为 R 的孤立导体球. 令其带电 Q,则其电势为

$$U = k\frac{Q}{R}$$

则

$$C = \frac{Q}{U} = \frac{R}{k} = 4\pi\varepsilon_0 R$$

(2) 平行板电容器,极板面积为 S,极板间距离为 d,忽略边缘效应. 令两板分别带电 $\pm Q$,则两板间电势差为

$$U = \frac{Q}{\varepsilon_0 S} d$$

故

$$C = \frac{Q}{U} = \frac{\varepsilon_0 S}{d} = \frac{S}{4\pi k d}$$

(3) 同心球形电容器,内导体球半径为 r_1,外导体薄球壳半径为 r_2,$r_1 < r_2$,球心重合,如图 9-31(a)所示,则

$$U = kQ\left(\frac{1}{r_1} - \frac{1}{r_2}\right)$$

故

$$C = \frac{Q}{U} = \frac{1}{k}\frac{r_1 r_2}{r_2 - r_1} = 4\pi\varepsilon_0 \frac{r_1 r_2}{r_2 - r_1}$$

$r_2 \to \infty$ 时

$$C = 4\pi\varepsilon_0 r_1$$

为孤立导体球电容.

$r_2 - r_1 = d \ll r_1$ 时

$$C \approx \frac{\varepsilon_0 4\pi r_1^2}{d} = \frac{\varepsilon_0 S}{d}$$

与平行板电容器电容相同.

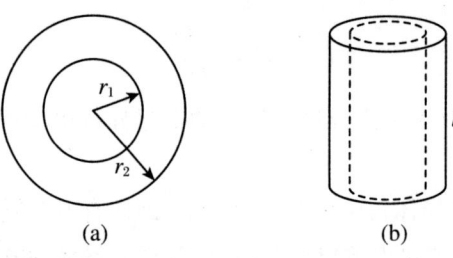

图 9-31

(4) 同轴柱形电容器,内圆柱半径为 r_1,外薄圆柱面半径为 r_2,$r_1 < r_2$,轴线重合,柱长为 l,忽略边缘效应,如图 9-31(b)所示,则

$$E = \frac{Q}{\varepsilon_0 2\pi r l}$$

故

$$U = \int_{r_1}^{r_2} E\,\mathrm{d}r = \frac{Q}{2\pi\varepsilon_0 l}\ln\frac{r_2}{r_1}, \quad C = \frac{Q}{U} = \frac{2\pi\varepsilon_0 l}{\ln\frac{r_2}{r_1}}$$

$r_2 - r_1 = d \ll r_1$ 时

$$C = \frac{2\pi\varepsilon_0 l}{\ln\left(1 + \frac{d}{r_1}\right)} \approx \frac{2\pi\varepsilon_0 l}{d/r_1} = \frac{\varepsilon_0 2\pi r_1 l}{d}$$

与平行板电容器电容相同.

2. 充有电介质的电容器

电容器间充满电介质时,电容 C 为板间为真空时电容 C_0 的 ε_r 倍,即

$$\varepsilon_r = \frac{C}{C_0}$$

ε_r 叫作该电介质的相对电容率或相对介电常数.

若充满 ε_r 的电介质,则以上四种电容器的电容分别为

$$C = 4\pi\varepsilon_r\varepsilon_0 R, \quad C = \frac{\varepsilon_r\varepsilon_0 S}{d}, \quad C = 4\pi\varepsilon_r\varepsilon_0 \frac{r_1 r_2}{r_2 - r_1}, \quad C = \frac{2\pi\varepsilon_r\varepsilon_0 l}{\ln\frac{r_2}{r_1}}$$

$\varepsilon_r\varepsilon_0$ 称为介电常数(或绝对介电常数),用 ε 表示,即

$$\varepsilon = \varepsilon_r\varepsilon_0 \quad \text{或} \quad \varepsilon_r = \frac{\varepsilon}{\varepsilon_0}$$

则以上四种电容器的电容分别为

$$C = 4\pi\varepsilon R, \quad C = \frac{\varepsilon S}{d}, \quad C = 4\pi\varepsilon \frac{r_1 r_2}{r_2 - r_1}, \quad C = \frac{2\pi\varepsilon l}{\ln\frac{r_2}{r_1}}$$

有时也用 ε 表示相对介电常数,并简称为介电常数,则 $\varepsilon\varepsilon_0$ 才是绝对介电常数,故应注意题目的描述.

3. 电容器的连接

(1) 孤岛电荷量保持不变.

如图 9-32(a)所示,C_1 右、C_2 左、C_3 上极板相连但与外界断开,故此三板电荷量之和不变.

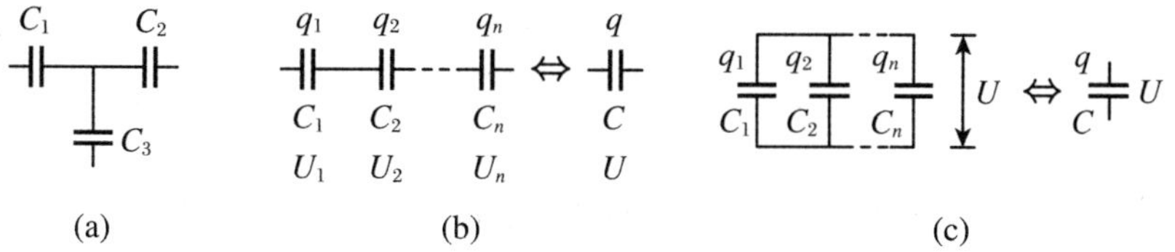

图 9-32

(2) 电容器串联.

如图 9-32(b)所示,原不带电的电容器串联时,由于孤岛电荷量保持不变,故两相邻电容器的相邻极板带等量异种电荷,即各电容器带电量相等,也等于等效电容器的带电量,即

$$q = q_1 = q_2 = \cdots = q_n$$

由静电场特点,n 个电容器电势降落等于各电容器电势降落之和,即

$$U = U_1 + U_2 + \cdots + U_n = \frac{q_1}{C_1} + \frac{q_2}{C_2} + \cdots + \frac{q_n}{C_n}$$

对等效电容器,有
$$U = \frac{q}{C}$$
推得串联电容器总电容的倒数等于各串联电容器电容的倒数之和,即
$$\frac{1}{C} = \frac{1}{C_1} + \frac{1}{C_2} + \cdots + \frac{1}{C_n}$$

(3) 电容器并联.

如图 9-32(c)所示,原不带电的电容器并联时,各电容器两端电压相等,也等于等效电容器的电压,即
$$U = U_1 = U_2 = \cdots = U_n$$
充入电荷量为各电容器带电量之和,即
$$q = q_1 + q_2 + \cdots + q_n = C_1 U + C_2 U + \cdots + C_n U$$
对等效电容器,有
$$q = CU$$
推得并联电容器总电容等于各并联电容器电容之和,即
$$C = C_1 + C_2 + \cdots + C_n$$

练习 9-15 一空气电容器由 1,2,3,4 四片相同的金属片构成,极板面积为 S,相隔同样距离 d,如果金属片 3,4 之间用导线相连,求图 9-33(a),(b)中两种连接方式下,金属片 1,2 之间的电容.

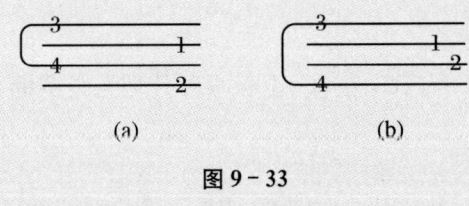

图 9-33

例 9-16 两个半径同为 R 的导体球相互接触形成一个孤立导体,如图 9-34 所示.试求此系统的电容.已知
$$1 - \frac{1}{2} + \frac{1}{3} - \frac{1}{4} + \cdots = \ln 2$$

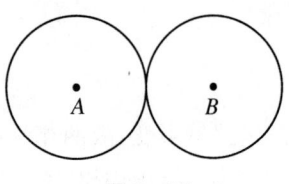

图 9-34

解 连续使用电像法使两球等势.

(1) 使两球均表面均匀带电 q,$q(A)$ 使 A 等势,$q(B)$ 使 A 不等势.

(2) 在 AB 连线上距 A 及距 B 为 x_1 处分别放置像电荷 q_1,令 $q_1(A)$ 与 $q(B)$ 使 A 表面等势,则

$$x_1 = \frac{R^2}{2R} = \frac{R}{2}, \quad q_1 = -\frac{R}{2R}q = -\frac{1}{2}q$$

q_1 对应 A 或 B 上不均匀分布的电荷；$q(A),q(B)$ 与 $q_1(A)$ 使 A 等势，$q_1(B)$ 使 A 不等势.

（3）在 AB 连线上距 A 及距 B 为 x_2 处分别放置像电荷 q_2，令 $q_2(A)$ 与 $q_1(B)$ 使 A 表面等势，则

$$x_2 = \frac{R^2}{2R - x_1} = \frac{2}{3}R, \quad q_2 = -\frac{R}{2R - x_1}q_1 = \frac{1}{3}q, \quad \cdots$$

依次引入无穷个像电荷来消除球电势的偏离，由前述结果猜测

$$x_i = \frac{i}{i+1}R, \quad q_i = (-1)^i \frac{1}{i+1}q$$

可知当 $i = 0,1,2$ 时成立. 设 $i = k$ 时成立，则 $i = k+1$ 时

$$x_{k+1} = \frac{R^2}{2R - x_k} = \frac{R^2}{2R - \frac{k}{k+1}R} = \frac{k+1}{(k+1)+1}R$$

$$q_{k+1} = -\frac{R}{2R - x_k}q_k = -\frac{R}{2R - \frac{k}{k+1}R}(-1)^k\frac{1}{k+1}q = (-1)^{k+1}\frac{1}{(k+1)+1}q$$

均成立，故猜测是正确的，则

$$q_3 = -\frac{1}{4}q, \quad q_4 = \frac{1}{5}q, \quad \cdots$$

总电量为

$$Q = 2(q + q_1 + q_2 + q_3 + \cdots) = 2q\left(1 - \frac{1}{2} + \frac{1}{3} - \frac{1}{4} + \cdots\right) = 2q\ln 2$$

各对物、像电荷使球电势为零，仅初始 q 使球各自获得电势，故

$$U = k\frac{q}{R}$$

则

$$C = \frac{Q}{U} = \frac{2R\ln 2}{k}$$

练习 9-16 图 9-35 所示的两块大金属平板 1 和 2 均接地，在两板间放入点电荷 q，与 1 板相距 r，与 2 板相距 R. 试求每块板上的感应电荷总量.

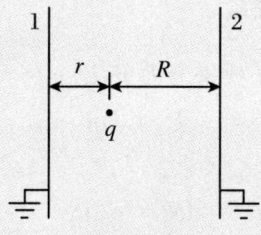

图 9-35

9.7 静电场中的电介质

9.7.1 电介质的极化　电极化强度 P

1. 电介质的极化

电介质即绝缘体,电介质处在电场中时,带电粒子在电场的作用下会在原子大小的范围内移动,在电介质的表面层或体内会出现极化电荷,称为电介质的极化.

电介质分子分为无极分子和有极分子.

无极分子内正、负电荷中心重合,各分子电偶极矩 $p=0$,无外电场时呈电中性;有外电场时,在电场力作用下分子的正、负电荷中心发生相对位移,形成电偶极子,$p(p=ql)$ 都沿电场方向,宏观上电介质与外电场不平行的表面上出现极化电荷,叫作位移极化.

有极分子内正、负电荷中心不重合,无外电场时各分子电偶极矩 $p(p=ql)$ 的方向是杂乱无章的,呈电中性;有外场时,将受力矩作用,使分子电偶极矩 p 转向电场的方向,宏观上看电介质与外电场不平行的两表面上出现极化电荷,叫作取向极化.有极分子极化时也有位移极化,但弱得多,主要机理是取向极化.

2. 电极化强度 P

电介质中取一无限小体积元 ΔV(仍有大量分子),其中所有分子的电偶极矩矢量和 $\sum p$ 与 ΔV 的比值称为电极化强度或 P 矢量,即

$$P = \frac{\sum p}{\Delta V}$$

它反映了电介质极化程度.

如果电介质中各点的 P 大小、方向都相同,则称该极化均匀.

3. 电极化强度与极化电荷的关系

设每个分子电矩为 $p=ql$,分子数密度为 n,则

$$P = nql$$

如图 9-36 所示,取面元

$$dS = e_n dS$$

考察穿出此面的极化电荷的电荷量,取 dS,l 围成的斜柱体,穿出 dS 的极化电荷为

$$dq' = nq dV = nq dS \cdot l = P \cdot dS$$

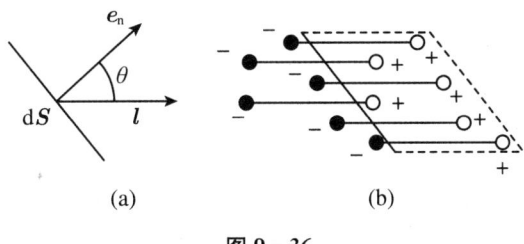

图 9 - 36

等于 dS 上的 P 通量；当 dS 与 l 夹角为钝角时，其值为负，表示从正方向穿出 dS 的 P 通量为负极化电荷的值.

则任取一闭合曲面 S，有 P 通量为

$$\Phi_P = \oiint_S \boldsymbol{P} \cdot \mathrm{d}\boldsymbol{S}$$

等于因极化而穿出此面的束缚电荷的电荷量；由电荷守恒定律，应等于 S 面内净余极化电荷的负值，即

$$\oiint_S \boldsymbol{P} \cdot \mathrm{d}\boldsymbol{S} = -\sum_{S内} q'$$

即电极化强度在闭合曲面上的通量等于此面内净余极化电荷的相反数，它也称为 P 的高斯定理. 它表达了极化强度矢量与极化电荷分布的一个普遍关系.

可以证明（略去），对于均匀电介质（即极化率或介电常数为定值），若闭合面 S 取在介质内，则从 S 的一部分穿入多少正电荷，就会从另一部分穿出多少正电荷，即净余束缚电荷量为零：

$$q' = 0, \quad \oiint_S \boldsymbol{P} \cdot \mathrm{d}\boldsymbol{S} = 0$$

故均匀介质体内不会出现净余的束缚电荷.

在电介质的表面上

$$\mathrm{d}q' = \boldsymbol{P} \cdot \mathrm{d}\boldsymbol{S} = P\cos\theta \mathrm{d}S$$

故电介质表面的极化电荷面密度为

$$\sigma' = \frac{\mathrm{d}q'}{\mathrm{d}S} = \boldsymbol{P} \cdot \boldsymbol{e}_n = P_n = P\cos\theta$$

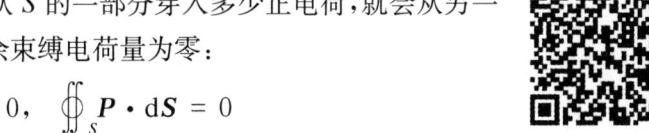

极化电荷

这个结论可直接由表面向内 l 取一斜柱体推导，也可用 P 的高斯定理推导；e_n 与 l 夹角 θ 为锐角的地方，将出现一层正极化电荷；θ 为钝角的地方，将出现一层负极化电荷.

9.7.2 退极化场 极化率

1. 退极化场

在电介质存在时，空间任一点电场是外电场 $\boldsymbol{E}_0$ 和极化电荷电场 $\boldsymbol{E}'$ 的矢量和，即

$$E = E_0 + E'$$

图 9-37 所示为均匀介质球在均匀外场中的极化. 在介质球外部,有的地方 E' 与 E_0 方向一致,E 增强;有的地方 E' 与 E_0 方向相反,E 减弱;一般情况下,E' 与 E_0 成一定夹角,E 方向逐点不同. 在介质球内部,E' 与 E_0 方向处处相反,E 减弱.

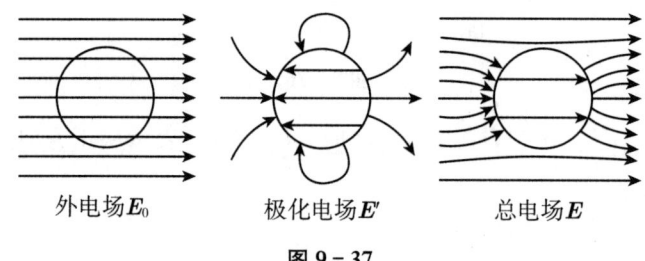

外电场 E_0　　极化电场 E'　　总电场 E

图 9-37

注 球和椭球等几种特殊情形的均匀电介质在均匀外电场中内部 E' 与 E_0 方向严格相反;一般任意形状的电介质在均匀外电场中内部 E' 与 E_0 方向只大体上相反.

最终决定介质极化程度的不是原来的外场 E_0,而是电介质内部的 E,E 减弱,极化强度 P 也将减弱. 故极化电荷在介质内部的 E' 总是起着减弱极化的作用,称为退极化场. 但要注意,电介质内部 E' 与 E_0 不一定严格反向,E 与 E_0 不一定严格同向,即使是在均匀外场中或各向同性均匀电介质中.

例9-17 (1) 试求插在平行板电容器中的电介质板内的退极化场,已知极化强度为 P.

(2) 试求一均匀极化的电介质球表面的极化电荷的分布、极化电荷总量、球内部的退极化场. 已知极化强度为 P,球半径为 R.

(3) 试求沿轴均匀极化的电介质细棒中点的退极化场大小,已知细棒的截面积为 S,长度为 l,极化强度大小为 P.

解 (1) 如图 9-38(a)所示,表面极化电荷面密度为

$$\pm \sigma' = \pm P$$

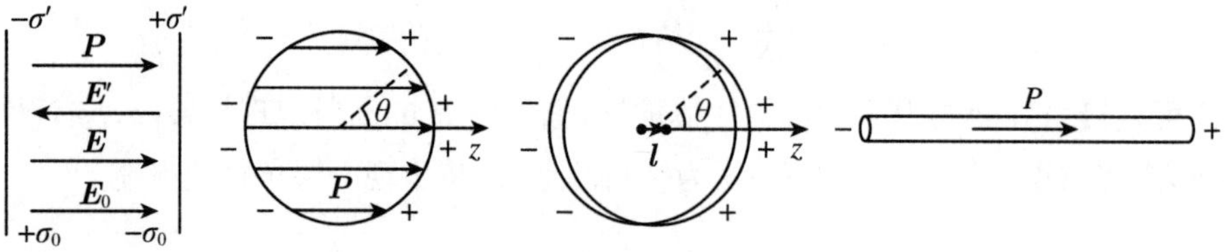

图 9-38

退极化场为

$$E' = \frac{\sigma'}{\varepsilon_0} = \frac{P}{\varepsilon_0}$$

考虑方向,有
$$E' = -\frac{P}{\varepsilon_0}$$

(2) 如图 9-38(b)所示,以球心为原点,极轴与 P 平行建立球坐标系. σ' 只与 θ 有关:
$$\sigma'(\theta) = P\cos\theta$$
表面极化电荷总量为
$$Q_+ = Q_- = \int_{\text{半球面}S} \sigma dS = \int_{\text{半球面}S} P\cos\theta dS = \int_{\text{半球面}S} P dS_\perp = P\pi R^2$$

如图 9-38(c)所示,将均匀极化电介质球等效为均匀带等量异号电荷几乎重合的两球体,两球体电荷体密度为 $\mp\rho$,沿极化方向有一微小位移 $l\to 0$. 两几乎重合球体表面电荷面密度之前已得出,即
$$\sigma'(\theta) = \frac{\rho l\cos\theta dS}{dS} = \rho l\cos\theta$$
故
$$P = \rho l$$
介质球内退极化场等效于两几乎重合球体内电场,利用之前得出结果得退极化场为
$$E' = -\frac{\rho}{3\varepsilon_0}l = -\frac{P}{3\varepsilon_0}$$

(3) 如图 9-38(d)所示,极化电荷集中在两端面上,S 很小,可看作两点电荷,则
$$\mp q' = \sigma'S = \mp PS$$
故
$$E' = \frac{1}{4\pi\varepsilon_0}\frac{q'}{\left(\frac{l}{2}\right)^2}\cdot 2 = \frac{2PS}{\pi\varepsilon_0 l^2}$$

$S \ll l^2$ 时,退极化场是可以忽略不计的.

可以看出,相对于极化方向,当电介质纵向尺度越大、横向尺度越小时,退极化场越弱.

2. 极化率

极化强度 P 由总电场 E 决定,对于大多数各向同性均匀电介质,P 与 $\varepsilon_0 E$ 方向相同,成正比关系,写为
$$P = \chi_e \varepsilon_0 E$$
χ_e 叫作极化率,它与 E 无关,与电介质种类有关.

外电场作用下电介质极化,P 与电介质形状决定电介质表面极化电荷面密度 σ',σ' 分布决定退极化场 E',E' 影响总电场 E,E 又决定 P. 可见 P,σ',E',E 互相制约.

练习 9-17 均匀电介质球体的极化率为 χ_e,置于场强为 E_0 的均匀电场中,求介质球内部的场强.

例9-18 平行板电容器充满了极化率为χ_e的均匀电介质.

(1) 已知充电后金属极板上的自由电荷面密度为$\pm\sigma_0$,求电介质表面的极化电荷面密度σ'、电介质内的极化强度P和电场E、电容器的电容C与没有电介质时的电容C_0之比.

(2) 平行板电容器接在电压为U的电源上,两板间距为d,求σ_0,σ',P,E,C与C_0之比.

解 (1) 由题意得

$$E = \frac{\sigma_0 - \sigma'}{\varepsilon_0}, \quad \sigma' = P = \chi_e \varepsilon_0 E$$

则

$$E = \frac{\sigma_0 - \chi_e \varepsilon_0 E}{\varepsilon_0} \Rightarrow E = \frac{\sigma_0}{(1+\chi_e)\varepsilon_0} \quad ☆$$

E与E_0同向,由$+\sigma_0$指向$-\sigma_0$,则

$$\sigma' = P = \chi_e \varepsilon_0 E = \frac{\chi_e \sigma_0}{1+\chi_e}$$

P与E同向,则

$$C = \frac{\sigma_0 S}{Ed} = \frac{(1+\chi_e)\varepsilon_0 S}{d}, \quad C_0 = \frac{\varepsilon_0 S}{d}$$

故

$$C = (1+\chi_e)C_0$$

即真空平行板电容器在σ_0或Q_0一定时,插入电介质χ_e,E或U降为真空时的$1/(1+\chi_e)$,电容增为真空时的$1+\chi_e$倍.

(2) 由题意得

$$E = \frac{U}{d} \quad △$$

$$\sigma' = P = \chi_e \varepsilon_0 E = \chi_e \varepsilon_0 \frac{U}{d}$$

E,P方向均由电势高的板垂直指向电势低的板;☆,△两式联立,解得

$$\sigma_0 = \varepsilon_0(1+\chi_e)\frac{U}{d}$$

故

$$C = \frac{\sigma_0 S}{U} = \frac{\varepsilon_0(1+\chi_e)S}{d} = (1+\chi_e)C_0$$

即真空平行板电容器在U一定时,插入电介质χ_e,σ_0或Q_0增为真空时的$1+\chi_e$倍,电容增为真空时的$1+\chi_e$倍.

3. 相对介电常数与极化率的关系

实际上,只要电介质χ_e充满电容器,则电容C变为没有电介质时电容C_0的$1+\chi_e$倍,

与充电与否无关,且无须为平行板电容器. 由上一节

$$\varepsilon_r = \frac{C}{C_0}$$

及此处

$$C = (1 + \chi_e)C_0$$

可知

$$\varepsilon_r = 1 + \chi_e$$

则

$$\varepsilon = \varepsilon_r \varepsilon_0 = (1 + \chi_e)\varepsilon_0$$

它虽由平行板电容器推出,但它是普遍适用的.

> **练习 9-18** 平行板电容器两极板间均匀分布着稀疏的介质颗粒,每个介质颗粒可看成半径为 a 的小球(a 比电容器线度小得多),介质的相对介电常数为 ε_r,颗粒的数密度为 n. 这样,两极板间可看成充满一种等效的均匀介质. 求这种等效介质的相对介电常数 ε_r'.

9.7.3 电位移 有电介质时的高斯定理

在有电介质的静电场中,高斯定理仍然成立,但电荷量应为闭合曲面内所有电荷的代数和,包括自由电荷 $\sum q_0$(这里的自由电荷并不是"可以自由移动的电荷",而是"非极化电荷")和极化电荷 $\sum q'$,即

$$\oint_S \boldsymbol{E} \cdot \mathrm{d}\boldsymbol{S} = \frac{1}{\varepsilon_0} \sum_{S内}(q_0 + q')$$

又由于

$$\oint_S \boldsymbol{P} \cdot \mathrm{d}\boldsymbol{S} = -\sum_{S内} q'$$

因此

$$\oint_S (\varepsilon_0 \boldsymbol{E} + \boldsymbol{P}) \cdot \mathrm{d}\boldsymbol{S} = \sum_{S内} q_0$$

引入电位移(或电感应强度)矢量 $\boldsymbol{D}$,定义为

$$\boldsymbol{D} = \varepsilon_0 \boldsymbol{E} + \boldsymbol{P}$$

它对各向同性介质或各向异性介质都是普遍适用的,$\boldsymbol{D}$ 没有明显的物理意义,是描述电场的一个辅助物理量.

其中各向同性均匀介质中

$$\boldsymbol{P} = \chi_e \varepsilon_0 \boldsymbol{E}$$

则
$$D = \varepsilon_0 E + P = (1 + \chi_e)\varepsilon_0 E = \varepsilon_0 \varepsilon_r E = \varepsilon E$$

对于真空
$$P = 0, \quad \chi_e = 0, \quad E' = 0$$

则
$$D = \varepsilon_0 E = \varepsilon_0 E_0$$

故有电介质时的高斯定理表达式为
$$\oiint_S D \cdot \mathrm{d}S = \sum_{S\text{内}} q_0$$

即静电场中通过任意闭合曲面的电位移通量,等于该闭合曲面内包围的自由电荷的代数和. 这就是有电介质时的高斯定理的内容,它不再显现极化电荷;它是普遍适用的,是静电场的基本定理之一,是麦克斯韦方程组中的一个方程.

高斯定理表达式中
$$\Phi_D = \oiint_S D \cdot \mathrm{d}S$$

称为电位移通量. 有些教材将其称为电通量,而将
$$\Phi_E = \oiint_S E \cdot \mathrm{d}S$$

称为电场强度通量.

为形象描述电位移 D,仿照电场线,在有电介质的静电场中作电位移线,使每点的切线方向与 D 方向相同,并规定在垂直于电位移线的单位面积上通过的电位移线的数目等于该点的 D 的量值,则电位移通量等于通过此面的电位移线的条数,通过闭合曲面的电位移线的条数等于闭合曲面内自由电荷的代数和.

对 D, E, P 三个矢量的场线,以有电介质的平行板电容器为例,如图 9-39 所示.

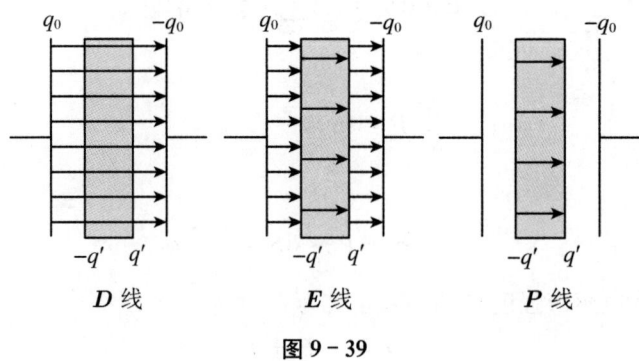

图 9-39

引入电位移 D 的方便之处在于在具有某些对称性的情况下,可以不用考虑极化电荷的分布:

(1) 由自由电荷的分布求出 D 的分布;

(2) 再由 $D = \varepsilon E$(前提:各向同性均匀电介质)求出 E 的分布;
(3) 进而求出 U 的分布.

> **练习 9-19** 平行板电容器两极板自由电荷面密度为 $\pm\sigma_0$,间距为 L,与极板平行插入面积与极板相等的电介质.电介质厚为 $d(d<L)$,相对介电常数为 ε_r.试求两极板间的电压.

将各物理量的方向稍做归纳,以避免纷乱:
(1) 在各向同性均匀电介质中

$$P = \chi_e \varepsilon_0 E$$

故 P 与 E 一定同向.

$$D = \varepsilon_0 \varepsilon_r E = \varepsilon E$$

故 D 与 E 一定同向.则 P,E,D 一定同向.

(2) 电介质(包括各向同性均匀电介质)内 E' 与 E_0 不一定反向, E 与 E_0 不一定同向;

各向同性均匀电介质球或椭球在均匀外场中时其内部 E' 与 E_0 严格反向, E 与 E_0 严格同向,发生均匀极化,内部 P 处处相等.

(3) 各向同性均匀电介质充满电场所在空间,或其表面是等势面时,电介质内 E' 与 E_0 严格反向, E(或 P 或 D)与 E_0 严格同向,这一点后面证明.

9.7.4 有电介质时的环路定理

无论自由电荷还是极化电荷,它们所激发的静电场的特性是一样的,所以在有电介质存在时,电场强度的环路定理仍然成立,即

$$\oint_L E \cdot dl = 0$$

而普遍情况下

$$\oint_L D \cdot dl \neq 0$$

9.7.5 电场的边值关系

电场的边值关系即电位移 D 和电场强度 E 在介质分界面上的变化.

1. D 的法向分量连续

如图 9-40(a)所示,跨介电常数分别为 $\varepsilon_1,\varepsilon_2$ 的两介质分界面取极薄圆柱面.柱高 $h \to 0$,则柱侧面积趋近于零,对 D 通量无贡献;介质界面上通常无自由电荷,故由 D 的高斯

定理得

$$\oint_S \boldsymbol{D} \cdot \mathrm{d}\boldsymbol{S} = D_{2\mathrm{n}}\Delta S - D_{1\mathrm{n}}\Delta S = 0$$

即

$$D_{2\mathrm{n}} = D_{1\mathrm{n}}$$

故 $\boldsymbol{D}$ 的法向分量在分界面两侧连续.

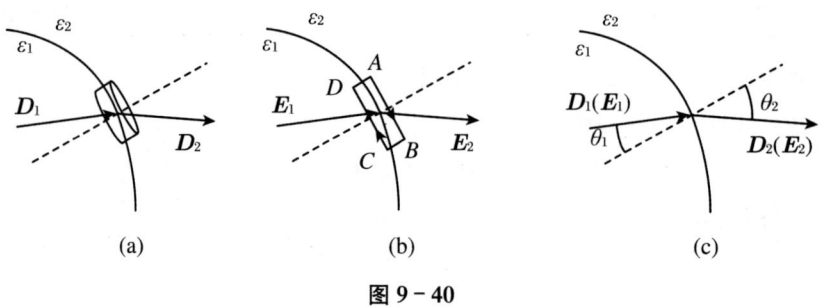

图 9-40

各向同性均匀介质中

$$\boldsymbol{D} = \varepsilon \boldsymbol{E}$$

则

$$\varepsilon_1 E_{1\mathrm{n}} = \varepsilon_2 E_{2\mathrm{n}}$$

故 $\boldsymbol{E}$ 的法向分量在分界面两侧有突变.

2. $\boldsymbol{E}$ 的切向分量连续

如图 9-40(b)所示,在分界面附近作一极扁矩形回路,则 $\overline{AD}$, $\overline{BC}$ 趋近于零,对 $\boldsymbol{E}$ 的环路积分无贡献;由 $\boldsymbol{E}$ 的环路定理得

$$\oint_L \boldsymbol{E} \cdot \mathrm{d}\boldsymbol{l} = -E_{1\mathrm{t}}\overline{CD} + E_{2\mathrm{t}}\overline{AB} = 0$$

而

$$\overline{CD} = \overline{AB}$$

则

$$E_{1\mathrm{t}} = E_{2\mathrm{t}}$$

即 $\boldsymbol{E}$ 的切向分量在分界面两侧连续.

各向同性均匀介质中

$$\boldsymbol{D} = \varepsilon \boldsymbol{E}$$

则

$$\frac{D_{1\mathrm{t}}}{\varepsilon_1} = \frac{D_{2\mathrm{t}}}{\varepsilon_2}$$

故 $\boldsymbol{D}$ 的切向分量在分界面两侧不连续.

3. 电场线和电位移线的折射定律

各向同性均匀电介质分界面两侧,如图 9-40(c)所示,由

$$D_{1n} = D_{2n}, \quad \frac{D_{1t}}{\varepsilon_1} = \frac{D_{2t}}{\varepsilon_2}$$

得

$$\frac{1}{\varepsilon_1}\frac{D_{1t}}{D_{1n}} = \frac{1}{\varepsilon_2}\frac{D_{2t}}{D_{2n}}$$

故

$$\frac{\tan\theta_1}{\varepsilon_1} = \frac{\tan\theta_2}{\varepsilon_2} \quad \text{或} \quad \frac{\tan\theta_1}{\tan\theta_2} = \frac{\varepsilon_1}{\varepsilon_2} = \frac{\varepsilon_{r1}}{\varepsilon_{r2}}$$

称为电场线和电位移线的折射定律. 也可由 E 分量推导.

例9-19 一无限大平面将相对介电常数分别为 ε_1 和 ε_2 的两种介质隔开. 在介质2中放一点电荷 q,该点电荷与界面垂直距离为 h,如图 9-41(a)所示. 试求界面极化电荷的分布,以及界面上极化电荷总量.

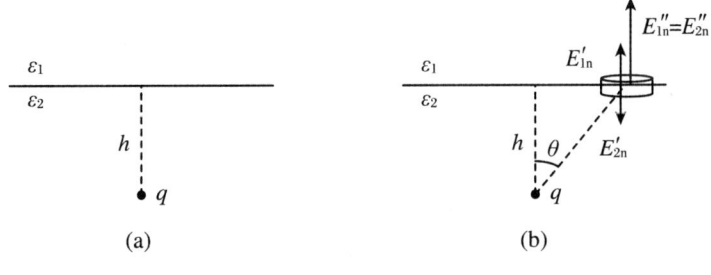

图 9-41

解 界面处极化电荷对点电荷附近电场的影响可忽略,设点电荷和点电荷周围极化电荷总量为 Q,以点电荷为球心建立微小球壳高斯面包围 Q,有

$$D 4\pi r_0^2 = q$$

又

$$D = \varepsilon_2 \varepsilon_0 E$$

则

$$E = \frac{q}{4\pi\varepsilon_0 \varepsilon_2 r_0^2}$$

又

$$E = \frac{Q}{4\pi\varepsilon_0 r_0^2}$$

则

$$Q = \frac{q}{\varepsilon_2}$$

如图 9-41(b)所示，设 θ 处分界面上极化电荷面密度为 σ'，在其界面两侧建立极薄高斯面，考察极化电荷的电场强度通量，侧面的电场强度通量可忽略，两底面只有场强的垂直分量有贡献，故

$$E'_{1n}\mathrm{d}S + E'_{2n}\mathrm{d}S = \frac{\sigma'\mathrm{d}S}{\varepsilon_0}$$

由对称性
$$E'_{1n} = E'_{2n}$$

解得
$$E'_{1n} = E'_{2n} = \frac{\sigma'}{2\varepsilon_0}$$

Q 在界面两侧
$$E''_{1n} = E''_{2n} = \frac{Q}{4\pi\varepsilon_0 \left(\frac{h}{\cos\theta}\right)^2}\cos\theta = \frac{q\cos^3\theta}{4\pi\varepsilon_0\varepsilon_2 h^2}$$

界面两侧合场强
$$E_{1n} = E'_{1n} + E''_{1n}, \quad E_{2n} = E''_{2n} - E'_{2n}$$

界面两侧 D 法向分量连续，
$$D_{1n} = D_{2n}$$

故
$$\varepsilon_0\varepsilon_1 E_{1n} = \varepsilon_0\varepsilon_2 E_{2n}$$

则
$$\sigma' = \frac{q(\varepsilon_2 - \varepsilon_1)\cos^3\theta}{2\pi\varepsilon_2(\varepsilon_2 + \varepsilon_1)h^2}$$

对于 θ 处 $\mathrm{d}\theta$ 环带
$$\mathrm{d}S = 2\pi \cdot h\tan\theta \cdot \mathrm{d}(h\tan\theta) = 2\pi h^2 \frac{\sin\theta\mathrm{d}\theta}{\cos^3\theta}$$

则
$$q' = \int_S \sigma'\mathrm{d}S = 2\pi h^2 \sigma' \int_0^{\frac{\pi}{2}} \frac{\sin\theta\mathrm{d}\theta}{\cos^3\theta} = \frac{q(\varepsilon_2 - \varepsilon_1)}{\varepsilon_2(\varepsilon_2 + \varepsilon_1)}$$

9.7.6 电介质中静电场的求解

各向同性均匀电介质中静电场，通过下列方程组来求解：

$$\oiint_S \boldsymbol{D}\cdot\mathrm{d}\boldsymbol{S} = \sum_{S内} q_0, \quad \oint_L \boldsymbol{E}\cdot\mathrm{d}\boldsymbol{l} = 0, \quad \boldsymbol{D} = \varepsilon_r\varepsilon_0\boldsymbol{E}$$

它们可以唯一地确定静电场的解；多种介质时也常用边值关系解决．其中有两种特殊的情况：

1. 不同介质界面与等势面重合

如图 9-42 所示,介质分界面与等势面重合时,任取一环路,等势面与环路相切处附近的微小路径

$$\int_{l_1} \boldsymbol{D}_1 \cdot \mathrm{d}\boldsymbol{l} = \varepsilon_1 \int_{l_1} \boldsymbol{E}_1 \cdot \mathrm{d}\boldsymbol{l} = \varepsilon_1 U_{AB} = 0$$

同理

$$\int_{l_n} \boldsymbol{D}_n \cdot \mathrm{d}\boldsymbol{l} = \varepsilon_n U_{CD} = 0$$

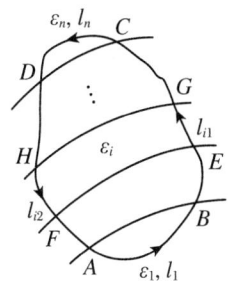

图 9-42

电势差极小的两等势面间的两微小路径

$$\begin{aligned}\int_{l_i} \boldsymbol{D}_i \cdot \mathrm{d}\boldsymbol{l} &= \int_{l_{i1}} \boldsymbol{D}_i \cdot \mathrm{d}\boldsymbol{l} + \int_{l_{i2}} \boldsymbol{D}_i \cdot \mathrm{d}\boldsymbol{l} \\ &= \varepsilon_i \left(\int_{l_{i1}} \boldsymbol{E}_i \cdot \mathrm{d}\boldsymbol{l} + \int_{l_{i2}} \boldsymbol{E}_i \cdot \mathrm{d}\boldsymbol{l} \right) \\ &= \varepsilon_i (U_{EG} + U_{HF}) = 0\end{aligned}$$

故

$$\oint_L \boldsymbol{D} \cdot \mathrm{d}\boldsymbol{l} = \sum_{i=1}^{n} \int_{l_i} \boldsymbol{D} \cdot \mathrm{d}\boldsymbol{l} = 0$$

由此我们推导得到:不同介质(各向同性均匀介质)界面与等势面重合时

$$\oint_L \boldsymbol{D} \cdot \mathrm{d}\boldsymbol{l} = 0$$

由

$$\oiint_S \boldsymbol{E}_0 \cdot \mathrm{d}\boldsymbol{S} = \frac{1}{\varepsilon_0} \sum_{S内} q_0, \quad \oint_L \boldsymbol{E}_0 \cdot \mathrm{d}\boldsymbol{l} = 0, \quad \oiint_S \boldsymbol{D} \cdot \mathrm{d}\boldsymbol{S} = \sum_{S内} q_0, \quad \oint_L \boldsymbol{D} \cdot \mathrm{d}\boldsymbol{l} = 0$$

可知 $\boldsymbol{D}$ 和 $\varepsilon_0 \boldsymbol{E}_0$ 满足同一个高斯定理和环路定理,由静电场的唯一性定理可断定

$$\boldsymbol{D} = \varepsilon_0 \boldsymbol{E}_0$$

可知 $\boldsymbol{D}$ 线与自由电荷的 $\varepsilon_0 \boldsymbol{E}_0$(或 $\boldsymbol{E}_0$)线是一致的,合电场的等势面也是原自由电荷电场的等势面.

又由

$$\boldsymbol{D} = \varepsilon_0 \varepsilon_r \boldsymbol{E}$$

可推得不同介质界面与等势面重合时,电介质中合场强 $\boldsymbol{E}$ 与自由电荷场强 $\boldsymbol{E}_0$ 满足关系式

$$\boldsymbol{E} = \frac{\boldsymbol{E}_0}{\varepsilon_r}$$

可知不同介质界面与等势面重合时,每一介质区域电场线位形不变,但场强降为自由电荷场强的 $1/\varepsilon_r$,电场线在介质界面处不连续.

这也是在前面提到电容器间充满电介质时,电容 C 为板间为真空时电容 C_0 的 ε_r 倍的原因.

例 9-20 如图 9-43 所示,平行板电容器极板面积为 S,充有两层电介质,厚度分别为

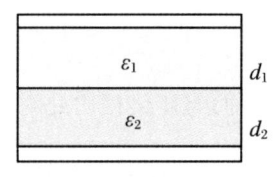

图 9-43

d_1 和 d_2，相对介电常数分别为 ε_1 和 ε_2，上板比下板电势高 U. 试求：

(1) 电容器的电容；

(2) 两介质层界面上的束缚电荷面密度 σ'.

解 (1) 解法 1：可知 D 场均匀，则

$$D = \sigma_0 = \varepsilon_1 \varepsilon_0 E_1 = \varepsilon_2 \varepsilon_0 E_2$$

即

$$E_1 = \frac{\sigma_0}{\varepsilon_1 \varepsilon_0}, \quad E_2 = \frac{\sigma_0}{\varepsilon_2 \varepsilon_0}$$

又

$$U = E_1 d_1 + E_2 d_2$$

则

$$\sigma_0 = \frac{\varepsilon_0 U}{\dfrac{d_1}{\varepsilon_1} + \dfrac{d_2}{\varepsilon_2}}$$

故

$$C = \frac{\sigma_0 S}{U} = \frac{\varepsilon_0 S}{\dfrac{d_1}{\varepsilon_1} + \dfrac{d_2}{\varepsilon_2}}$$

解法 2：相当于两个电容器串联，即

$$\frac{1}{C} = \frac{1}{C_1} + \frac{1}{C_2}, \quad C_1 = \frac{\varepsilon_1 \varepsilon_0 S}{d_1}, \quad C_2 = \frac{\varepsilon_2 \varepsilon_0 S}{d_2}$$

故

$$C = \frac{\varepsilon_0 S}{\dfrac{d_1}{\varepsilon_1} + \dfrac{d_2}{\varepsilon_2}}$$

(2) 解法 1：

$$P_1 = (\varepsilon_1 - 1)\varepsilon_0 E_1, \quad P_2 = (\varepsilon_2 - 1)\varepsilon_0 E_2$$

包围界面的薄高斯面由 P 的高斯定理得

$$-P_1 \mathrm{d}S + P_2 \mathrm{d}S = -\sigma' \mathrm{d}S$$

故

$$\sigma' = \frac{\varepsilon_0 (\varepsilon_1 - \varepsilon_2) U}{d_1 \varepsilon_2 + d_2 \varepsilon_1}$$

解法 2：自由电荷

$$\sigma_0 = \frac{Q_0}{S} = \frac{CU}{S} = \frac{\varepsilon_0 U}{\dfrac{d_1}{\varepsilon_1} + \dfrac{d_2}{\varepsilon_2}}, \quad Q_0 = C_1 E_1 d_1 = C_2 E_2 d_2$$

则

$$E_1 = \frac{Q_0}{\varepsilon_1 \varepsilon_0 S} = \frac{\sigma_0}{\varepsilon_1 \varepsilon_0}, \quad E_2 = \frac{Q_0}{\varepsilon_2 \varepsilon_0 S} = \frac{\sigma_0}{\varepsilon_2 \varepsilon_0}$$

或直接

$$E_1 = \frac{E_0}{\varepsilon_1} = \frac{\sigma_0}{\varepsilon_1 \varepsilon_0}, \quad E_2 = \frac{E_0}{\varepsilon_2} = \frac{\sigma_0}{\varepsilon_2 \varepsilon_0}$$

由 $\boldsymbol{E}$ 的高斯定理得

$$E_1 = \frac{\sigma_0 - \sigma_1'}{\varepsilon_0}, \quad E_2 = \frac{\sigma_0 - \sigma_2'}{\varepsilon_0}$$

故

$$\sigma_1' = \left(1 - \frac{1}{\varepsilon_1}\right)\sigma_0, \quad \sigma_2' = \left(1 - \frac{1}{\varepsilon_2}\right)\sigma_0$$

分界面上

$$\sigma' = \sigma_1' - \sigma_2' = \left(\frac{1}{\varepsilon_2} - \frac{1}{\varepsilon_1}\right)\sigma_0 = \frac{\varepsilon_0(\varepsilon_1 - \varepsilon_2)U}{d_1 \varepsilon_2 + d_2 \varepsilon_1}$$

2. 不同介质界面与带电导体产生的电场线重合

不同介质界面与带电导体产生的电场线重合时,假设电场线虽变稀疏但位形不变,则总电荷应减少但分布形式不变.各介质分界面仍与电场线重合,故而各介质分界面应没有极化电荷;介质与导体接触面上的极化电荷、导体上重新分布的自由电荷,这两者的总电荷分布形式与原来相同.这种分布又恰好使导体内部与原来一样场强为零.这样我们就可以找到新电场的一个解,根据唯一性定理,这就是实际的电场分布.

电场分布

点电荷产生的电场也有一样的结论,但面或体电荷分布不变的带电体产生的电场无法得到这样的结论.

总结一下:不同介质界面与带电导体或点电荷产生的电场线重合时,整个空间(不只电介质部分)电场线位形不变,不同介质界面上不会产生极化电荷,整个空间电场分布与原电场只差一个常数因子.

例9-21 如图 9-44 所示,平行板电容器极板面积为 S,极板间距为 d,极板间的一半空间充满了相对介电常数为 ε_r 的均匀电介质.电容器带电量为 Q_0,试求极板间电场强度.

解 解法 1:电场线位形不变,仍为垂直于极板的匀强电场,极板及附近电介质的自由电荷和极化电荷总量均匀分布.左半、右半极板间分别有

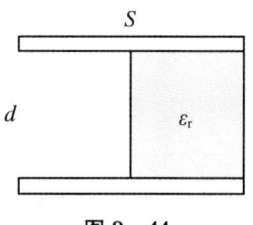

图 9-44

$$E \cdot \frac{S}{2} = \frac{Q_{10}}{\varepsilon_0}, \quad \varepsilon_0 \varepsilon_r E \cdot \frac{S}{2} = Q_{20}$$

又由于
$$Q_{10} + Q_{20} = Q_0$$
因此
$$E = \frac{2Q_0}{(\varepsilon_r + 1)\varepsilon_0 S}$$

解法 2：相当于两电容器并联，有
$$C = \frac{\varepsilon_0 \frac{S}{2}}{d} + \frac{\varepsilon_r \varepsilon_0 \frac{S}{2}}{d}, \quad C = \frac{Q_0}{Ed}$$
故
$$E = \frac{2Q_0}{(\varepsilon_r + 1)\varepsilon_0 S}$$

练习 9-20 一个半径为 R，带电量为 q 的导体球，过球心的无限大平面将导体球外空间用相对介电常数分别为 ε_1 和 ε_2 的两种介质隔开，试求介质中 D 和 E 的分布以及导体球表面自由电荷面密度的分布。

练习 9-21 思考：对于图 9-45 所示的情况，即使 $S \to \infty$，即仍视为无限大平板电容器，是否仍有电场线为垂直于板的平行线？

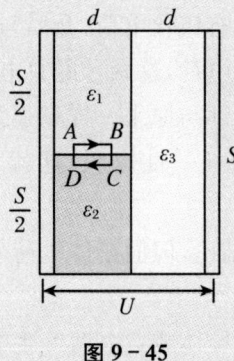

图 9-45

9.8 静 电 能

9.8.1 静电能　自能与互能

1. 带电体系的静电能

移动一个带电体系中的电荷，就需要抵抗电荷间的静电力做一定的功 A'，从而使带电

体系的静电能改变 ΔW_e,关系为:外力克服静电力做的功等于静电力做功的相反数,等于静电能的变化,即

$$A' = -A = \Delta W_e$$

同号电荷移近时,$A'>0$,$\Delta W_e>0$,静电能增加;异号电荷移近时,$A'<0$,$\Delta W_e<0$,静电能减少.

上面所述为静电能的变化,静电能本身的数值是相对的,一个带电体系所包含全部静电能有多少,必须明确相对于何种状态而言.通常规定静电能为零的状态为:将带电体系中的电荷无限分割并分散在彼此相距无限远的位置上,亦即静电能等于把各部分电荷从无限分散的状态聚集成现有体系时抵抗静电力所做的功.

2. 带电体的自能与带电体间的互能

带电体系若由若干个带电体组成,则带电体系的总静电能由各带电体之间的相互作用能和每个带电体的自能组成,即

$$W_e = \sum W_\text{互} + \sum W_\text{自}$$

一般这样规定:互能等于将各带电体(各带电体上电荷分布保持不变)从无限远移到现在位置所做的功,自能等于把每个带电体上的无限分割的电荷从无限分散的状态聚集起来所做的功.

静电能总是正的,自能也总是正的,互能可正可负.(不考虑点电荷的自能时,静电能可为负值,原因后面给出.)

9.8.2 几种系统的静电能

1. 点电荷系统的静电能

一般静电学问题中都不考虑点电荷的自能,原因会在后面给出.则点电荷系统互能即为其静电能,即将点电荷从无限远移到现在位置外力克服静电力所做的功等于点电荷系统的静电能.

(1) 若在真空中,即之前所求点电荷间的电势能

$$W_e = W_\text{互} = \frac{1}{2}k\sum_{i=1}^n\sum_{j=1, j\neq i}^n \frac{q_i q_j}{r_{ij}} \quad 或 \quad W_e = W_\text{互} = \frac{1}{2}\sum_{i=1}^n q_i U_i = \frac{1}{2}\sum_{i=1}^n q_i\left(k\sum_{j=1, j\neq i}^n \frac{q_j}{r_{ij}}\right)$$

其中 U_i 为除 q_i 外其余电荷在 q_i 处产生的电势.

(2) 若在相对介电常数为 ε_r 的电介质中,外力只需移动点电荷,则极化电荷随点电荷移动而变化,即外力克服点电荷所受静电力做的功等于点电荷系统静电能的变化.以两个点电荷 q_1, q_2 相距 r 为例,q_1, q_2 周围均有极化电荷,使空间中的场强变为真空情况下的 $1/\varepsilon_r$,故 q_2 处的场强为

$$E = \frac{E_0}{\varepsilon_r} = \frac{1}{4\pi\varepsilon_0\varepsilon_r}\frac{q_1}{r^2} = \frac{1}{4\pi\varepsilon}\frac{q_1}{r^2}$$

q_2 所受电场力为

$$F = q_2 E = \frac{1}{4\pi\varepsilon}\frac{q_1 q_2}{r^2}$$

故系统的静电能为

$$A' = W_e = \int_\infty^r (-F)\mathrm{d}r = \frac{1}{4\pi\varepsilon}\frac{q_1 q_2}{r}$$

只需将 ε_0 替换为 ε 或 $\varepsilon_0\varepsilon_r$ 即可.

若将此时的总电荷分布置于真空中,即 q_1/ε_r, q_2/ε_r 相距为 r, "静电能"为

$$W_e' = \frac{1}{4\pi\varepsilon_0}\frac{\frac{q_1}{\varepsilon_r}\frac{q_2}{\varepsilon_r}}{r} = \frac{1}{\varepsilon_r^2}\frac{1}{4\pi\varepsilon_0}\frac{q_1 q_2}{r} = \frac{W_e}{\varepsilon_r}$$

电场完全一致,但静电能并不一致;原因是有电介质时,除了实际场强对应的"真空"场能 W_e'' 外,还有因极化带来的能.

2. 电荷连续分布情形的静电能

(1) 若在真空中将带电体无限分割,则上述公式过渡为积分,且由于已经无限分割,我们得到的不仅是相互作用能,还是已经包含自能在内的总静电能. 对电荷元 $\mathrm{d}q = \rho_e \mathrm{d}V \to 0$, 不妨设为均匀带电球体,除 $\mathrm{d}q$ 外其余电荷在 $\mathrm{d}q$ 处的电势与 $\mathrm{d}q$ 处的总电势相差一个 $\mathrm{d}q$ 在自身产生的电势 $\mathrm{d}U$. 对

$$\mathrm{d}q = \rho_e \frac{4}{3}\pi R^3$$

在球体内 $r < R \to 0$ 处

$$\mathrm{d}U(r<R) = \frac{\rho_e}{6\varepsilon_0}(3R^2 - r^2) \to 0$$

故公式可直接代入 $\mathrm{d}q$ 处总电势,即:

电荷连续分布情形的静电能

$$W_e = \frac{1}{2}\int \mathrm{d}q \cdot U$$

其中 U 为 $\mathrm{d}q$ 处的电势,积分范围为所有存在自由电荷的地方.

若为导体体系,由于导体为等势体,则

$$W_e = \frac{1}{2}\sum_i q_i U_i$$

q_i 为第 i 个导体的电荷量,U_i 为第 i 个导体的电势.

(2) 若带电导体或点电荷在相对介电常数为 ε_r 的电介质中,则空间中的场强变为真空情况下的 $1/\varepsilon_r$,各带电导体或点电荷受力变为真空下的 $1/\varepsilon_r$(或所处位置电势变为真空下的

$1/\varepsilon_r$),移动各带电导体或点电荷,做的功也变为真空下的 $1/\varepsilon_r$,故只需将 ε_0 替换为 ε 或 $\varepsilon_0\varepsilon_r$ 即可.仍要注意外力只需移动自由电荷,公式中的 dq 或 q_i 为自由电荷,不含极化电荷,U 为实际电势.

若代入总电荷 dq/ε_r,得到的是"真空"场能 $W'_e = W_e/\varepsilon_r$.

对静电能等于自能与互能之和做出推导.设有 n 个带电体,第 i 个带电体在空间某处的电势为 U_i,则此处电势为

$$U = \sum_{i=1}^{n} U_i$$

第 i 个带电体电荷体密度为 ρ_i,则

$$W_e = \sum_{i=1}^{n}\int \frac{1}{2}\rho_i U dV = \sum_{i=1}^{n}\frac{1}{2}\int \rho_i U_i dV + \sum_{i=1}^{n}\sum_{j=1,j\neq i}^{n}\frac{1}{2}\int \rho_i U_j dV$$

前一项为各带电体自能,后一项为各带电体之间的互能,即

$$W_e = \sum W_{互} + \sum W_{自}$$

故静电能不符合相加原理,不等于各自的自能之和.

例 9-22 试求真空中均匀带电球壳、球体的静电自能.设球壳、球体半径为 R,带电量为 q.

解 球壳等势

$$U = k\frac{q}{R}$$

则

$$W_{自} = \frac{1}{2}qU = k\frac{q^2}{2R}$$

球体内部 $r<R$ 处

$$U_r = k\frac{q}{2R^3}(3R^2 - r^2)$$

$r \to r+dr$ 处微球壳层

$$dq = \frac{q}{\frac{4}{3}\pi R^3}4\pi r^2 dr = \frac{3q}{R^3}r^2 dr$$

故

$$W_{自} = \frac{1}{2}\int_{球体} U_r dq = \frac{1}{2}\int_0^R \frac{3q}{R^3}r^2 k\frac{q}{2R^3}(3R^2-r^2)dr = k\frac{3q^2}{5R}$$

讨论:当 $R \to 0$ 时,带电球体变为点电荷,可看出

$$W_{自}(点电荷) \to +\infty$$

即点电荷自能发散.我们默认点电荷的结构不发生变化,则点电荷的自能虽然很大,但不发生变化,而有意义的是能发生变化的部分,故一般静电学问题中都不考虑点电荷的自能.不

考虑点电荷自能时,静电能可为负值.

例9-23 半径为 R 的接地导体球,在离球心为 $a>R$ 处有一点电荷 q,试求系统静电能、点电荷与感应电荷的互能、感应电荷的自能.不计点电荷的自能.

解 ① 如图 9-46 所示,像电荷
$$q' = -\frac{R}{a}q, \quad x = \frac{R^2}{a}$$

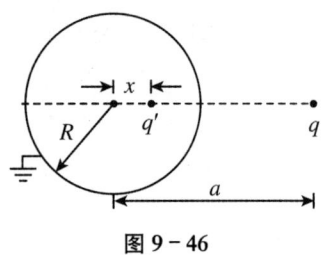

图 9-46

续解法 1:q 受力
$$F = \frac{1}{4\pi\varepsilon_0}\frac{q'q}{(a-x)^2} = -\frac{1}{4\pi\varepsilon_0}\frac{q^2Ra}{(a^2-R^2)^2}$$

将 q 移至无穷远处,静电力做的功等于系统静电能,即
$$W_e = \int_a^\infty F \mathrm{d}a = -\frac{q^2R}{4\pi\varepsilon_0}\int_a^\infty \frac{a\mathrm{d}a}{(a^2-R^2)^2} = -\frac{q^2R}{8\pi\varepsilon_0(a^2-R^2)}$$

续解法 2:也可将点电荷 q 分成 $n\to\infty$ 份,逐份移至无穷远处.剩余电荷为 q 时,点电荷处电势
$$U = \frac{1}{4\pi\varepsilon_0}\frac{q'}{a-x} = -\frac{Rq}{4\pi\varepsilon_0(a^2-R^2)}$$

移走电荷,q 减小,故每次移走 $-\mathrm{d}q$,静电力做的功为
$$\mathrm{d}W = -\mathrm{d}q \cdot U = \frac{R}{4\pi\varepsilon_0(a^2-R^2)}q\mathrm{d}q$$

故系统静电能为
$$W_e = \int_0^{W_e}\mathrm{d}W = \int_q^0 \frac{R}{4\pi\varepsilon_0(a^2-R^2)}q\mathrm{d}q = -\frac{q^2R}{8\pi\varepsilon_0(a^2-R^2)}$$

续解法 3:感应电荷在 q 处的电势等于像电荷 q' 在 q 处的电势
$$U = \frac{1}{4\pi\varepsilon_0}\frac{q'}{a-x} = -\frac{Rq}{4\pi\varepsilon_0(a^2-R^2)}$$

故
$$W_e = \frac{1}{2}q_{感}\cdot 0 + \frac{1}{2}qU = \frac{1}{2}q\frac{-Rq}{4\pi\varepsilon_0(a^2-R^2)} = -\frac{q^2R}{8\pi\varepsilon_0(a^2-R^2)}$$

② 点电荷与感应电荷的互能等于点电荷与像电荷的互能,即
$$W_{互} = \frac{1}{4\pi\varepsilon_0}\frac{qq'}{a-x} = -\frac{q^2R}{4\pi\varepsilon_0(a^2-R^2)}$$

③ 解法 1:感应电荷自能
$$W_{自} = W_e - W_{互} = \frac{q^2R}{8\pi\varepsilon_0(a^2-R^2)}$$

解法 2:令 $U_{q'}$ 为感应电荷在球壳上各处产生的电势,则感应电荷的自能为
$$W_{自} = \frac{1}{2}\int\mathrm{d}q' \cdot U_{q'}$$

令 U_q 为点电荷 q 在球壳上各处产生的电势,则

$$U_q + U_{q'} = 0$$

故感应电荷 $\mathrm{d}q'$ 与 q 间的互能为

$$\mathrm{d}q' \cdot U_q = q\mathrm{d}U$$

其中 $\mathrm{d}U$ 为 $\mathrm{d}q'$ 在点电荷处产生的电势,故

$$W_{自} = \frac{1}{2}\int \mathrm{d}q' U_{q'} = -\frac{1}{2}\int \mathrm{d}q' U_q = -\frac{1}{2}\int q\mathrm{d}U = -\frac{1}{2}qU$$

$$= \frac{1}{2}q\frac{Rq}{4\pi\varepsilon_0(a^2-R^2)} = \frac{q^2R}{8\pi\varepsilon_0(a^2-R^2)}$$

其中 U 为感应电荷在点电荷处的电势.

练习 9-22 一个带电量为 q 的点电荷,被放置在内、外半径分别为 r_1,r_2 的原不带电导体球壳的空腔内,离球心距离为 $a(a<r_1)$ 的 P 点,如图 9-47 所示.试求:
(1) 作用在点电荷 q 上的力;
(2) 导体球壳的电势;
(3) 系统的静电能.

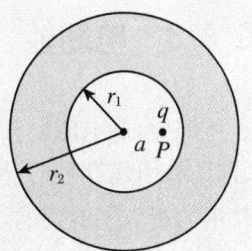

图 9-47

练习 9-23 半径为 R、带电量为 Q 的导体球,球外充满介电常数为 ε 的均匀各向同性介质,介质中离球心 $a(a>R,$球外)处有一个带电量为 q 的点电荷.试求系统的静电能.

3. 电容器的静电能

利用功能关系求解:两板带电 $\pm q_0$ 时,电势差为

$$U = \frac{q_0}{C}$$

再搬运 $\mathrm{d}q_0$ 电荷做的功为

$$\mathrm{d}A' = \mathrm{d}q_0 \cdot U = \frac{q_0}{C}\mathrm{d}q_0$$

则从不带电到带电 $\pm Q_0$,做的功等于电容器储能即电容器总的静电能,它包含两板间的互能及每一板的自能,即

$$W_e = A' = \int_0^{A'} \mathrm{d}A' = \int_0^{Q_0} \frac{q_0}{C}\mathrm{d}q_0 = \frac{1}{2}\frac{Q_0^2}{C} = \frac{1}{2}Q_0 U = \frac{1}{2}CU^2$$

它对电容器都是适用的.

也可直接利用"2. 电荷连续分布情形的静电能"中的公式来求:

$$W_e = \frac{1}{2}(Q_0 U_+ - Q_0 U_-) = \frac{1}{2} Q_0 U = \frac{1}{2}\frac{Q_0^2}{C} = \frac{1}{2}CU^2$$

结果一致. 仍要注意,此处公式中电荷代入自由电荷,而 U 代入实际电势差.

> **练习 9-24** 用 N 节相同的电池串联成电池组对一个电容器充电. 第一种充电方式是:将电容器与某一阻值的电阻串联后,直接用 N 节电池串接充电;第二种充电方式是:将电容器与同一电阻串联后,先用一节电池对电容器充电,再用两节电池串接对电容器充电……依次增加电池数目,直到用 N 节电池串接对电容器充电. 试比较这两种充电方式中,哪种充电方式损耗的电能多.

9.8.3 电场能

上述推导,静电能公式都与电荷相联系,似乎静电能只能储存在电荷上,对没有电荷的空间,即使有电场存在,其静电能也为零,这就是所谓"超距作用"的观点. 大量实验事实证明超距作用的观点是错误的,实际上静电能应该为电场所有,电的相互作用是通过具有能量的场来传递的.

利用平行板电容器来推导用静电场表达的静电能公式:

$$W_e = \frac{1}{2}CU^2 = \frac{1}{2}\frac{\varepsilon S}{d}(Ed)^2 = \frac{1}{2}\varepsilon E^2 \cdot Sd = \frac{1}{2}\varepsilon E^2 \cdot V$$

电场是均匀的,故电场能量密度(即单位体积内的电场能)为

$$\omega_e = \frac{W_e}{V} = \frac{1}{2}\varepsilon E^2 = \frac{1}{2}DE$$

写成矢量形式为

$$\omega_e = \frac{1}{2}\boldsymbol{D} \cdot \boldsymbol{E}$$

它虽然是由平行板电容器和静电场推导出来的,但适用于一切电场,包括非均匀电场和变化电磁场中的电场.

在各向同性均匀电介质中,$\boldsymbol{D} = \varepsilon \boldsymbol{E}$,故

$$\omega_e = \frac{1}{2}\varepsilon E^2, \quad W_e = \int_V \omega_e \mathrm{d}V$$

其中,在静电场中 W_e 为静电场能或静电能.

对电场能量密度做如下整理:

$$\omega_e = \frac{1}{2}\boldsymbol{D} \cdot \boldsymbol{E} = \frac{1}{2}(\varepsilon_0 \boldsymbol{E} + \boldsymbol{P}) \cdot \boldsymbol{E} = \frac{1}{2}\varepsilon_0 E^2 + \frac{1}{2}\boldsymbol{P} \cdot \boldsymbol{E}$$

式中 $\varepsilon_0 E^2/2$ 为 $\boldsymbol{E}$ 对应的"真空"场能,$\boldsymbol{P} \cdot \boldsymbol{E}/2$ 为因介质极化形成的可与宏观电作用能发生交换的一部分微观场能以及微观粒子动能.

读者请自行尝试利用电场能量密度公式积分计算真空中均匀带电球壳、球体产生静电场的静电场能,与例 9-22 中的静电自能(或静电能)结果是一致的.

例 9-24 一个半径为 R 的均匀带电球壳上电荷面密度为 σ_0.

(1) 试求带电球壳表面因带电新增的压强;

(2) 若均匀带电球壳外充满相对介电常数为 ε_r 的电介质,再求球壳表面因带电新增的压强.

解 (1) 令其半径由 R 变到 $R+\Delta R(\Delta R \ll R)$,则

$$p \cdot 4\pi R^2 \cdot \Delta R = -\Delta W$$

$$W = \frac{1}{2} q \frac{1}{4\pi\varepsilon_0} \frac{q}{R} = \frac{q^2}{8\pi\varepsilon_0 R}$$

故

$$\Delta W = -\frac{q^2}{8\pi\varepsilon_0 R^2}\Delta R = -\frac{2\pi R^2 \sigma_0^2}{\varepsilon_0}\Delta R$$

联立解得

$$p = \frac{\sigma_0^2}{2\varepsilon_0}$$

对比球壳外紧邻处电场能量密度

$$W_e = \frac{1}{2}\varepsilon_0 \left(\frac{\sigma_0}{\varepsilon_0}\right)^2 = \frac{\sigma_0^2}{2\varepsilon_0} = p$$

说明真空中均匀带电球面单位面积受到的静电力等于球面外侧紧邻处的电场能量密度.

(2) 只需将上一问中的 ε_0 替换为 $\varepsilon_0\varepsilon_r$ 即可,故

$$p = \frac{\sigma_0^2}{2\varepsilon_0\varepsilon_r}$$

对比球壳外紧邻处电场能量密度

$$W_e = \frac{1}{2}\varepsilon_0\varepsilon_r\left(\frac{\sigma_0}{\varepsilon_0\varepsilon_r}\right)^2 = \frac{\sigma_0^2}{2\varepsilon_0\varepsilon_r} = p$$

说明均匀带电球面外充满均匀介质时,均匀带电球面单位面积受到的因带电而附加的力等于球面外侧紧邻处的电场能量密度,仍然成立.

注 例 9-24(2) 中,若将 σ_0 电荷球壳和极化电荷球壳看作靠近的两层,则所求压强应与(1)中相同;实际上球壳和介质都不是完全刚性的,应将 σ_0 电荷和极化电荷看作一层,得到解答中的正确结果.

例 9-24(2)注

9.8.4 利用静电能求静电力

虚设一个元过程,对此微元过程列功能关系式,即虚功原理.

例9-25 在图9-48所示的真空平行板电容器电路图中,当闭合开关K后电容器充电至电压 $U = V$. 设电容器极板面积为 S,两极板相距 x,试利用静电能求带正电极板所受的静电力.

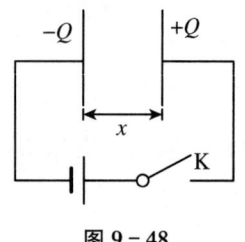

图9-48

解 解法1:若断开电源连接,取向右为正方向,令右极板右移,电荷量不变,则

$$Q = CV = \frac{\varepsilon_0 S}{x}V$$

原静电能

$$W_e = \frac{Q^2}{2C} = \frac{Q^2}{2\varepsilon_0 S}x$$

故

$$dW_e = \frac{Q^2}{2\varepsilon_0 S}dx$$

有

$$-Fdx = dW_e$$

则

$$F = -\frac{Q^2}{2\varepsilon_0 S} = -\frac{\varepsilon_0 SV^2}{2x^2}$$

负号表示方向向左.

解法2:若K闭合,右板右移 dx,电压不变.原来

$$Q = CV = \frac{\varepsilon_0 S}{x}V$$

故充电

$$dQ = -\frac{\varepsilon_0 SV}{x^2}dx$$

电源做功 VdQ,外力克服电场力做功 $-Fdx$.

原静电能

$$W_e = \frac{1}{2}CV^2 = \frac{1}{2}\frac{\varepsilon_0 S}{x}V^2$$

故

$$dW_e = -\frac{\varepsilon_0 SV^2}{2x^2}dx$$

有

$$-Fdx + VdQ = dW_e$$

即

$$-Fdx - \frac{\varepsilon_0 SV^2}{x^2}dx = -\frac{\varepsilon_0 SV^2}{2x^2}dx$$

则
$$F = -\frac{\varepsilon_0 S V^2}{2x^2}$$

练习 9-25 如图 9-49 所示,真空平行板电容器充电过程已完成.图中外力 F 以向右为正方向画出,真实方向也可能向左.

(1) 若将电键 K 断开,利用图示外力 F 让介质块缓慢地全部进入电容器两极板之间.试求全过程 F 做的功 A_1 及介质块进入长度为 $x(0<x<l)$ 时,F 的大小和方向.

(2) 若电键 K 未断开,利用图示外力 F 让介质块缓慢地全部进入电容器两极板之间.试求全过程 F 做的功 A_2 及介质块进入长度为 $x(0<x<l)$ 时,F 的大小和方向.

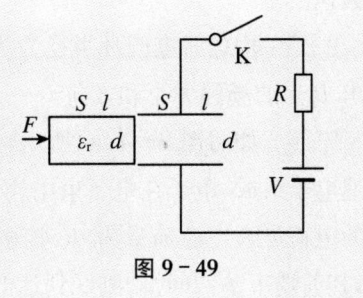

图 9-49

第 9 章习题

9-1 如习图 9-1 所示,将表面均匀带正电的绝缘半球面沿线分成两部分,然后将这两部分移开很远的距离,试比较点 A_1,A_2 的场强大小.

9-2 如习图 9-2 所示,两根均匀带电且电荷线密度为 $\lambda(\lambda>0)$ 的半无限长带电射线在端点垂直相接,此平面内点 P_1,P_2,P_3 和 P_4 与两半射线的垂直距离均为 a.试求这四个点处的场强.

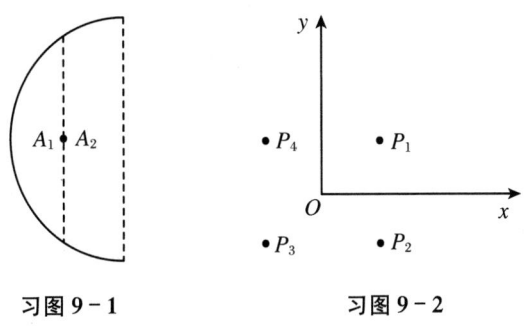

习图 9-1   习图 9-2

9-3 薄圆盘半径为 R,带电量为 $+Q$,电荷不能自由移动,一条直径上有一条光滑小通道.质量为 m,带电量为 $-q$ 的带电质点在小通道内往复运动.不计万有引力的影响,为使质点做简谐振动,试求圆盘上的电荷分布;并求质点的运动周期.

9-4 如习图 9-3 所示,光滑绝缘水平桌面上,三个质量均为 m,带电量均为 $+q$ 的点电荷位于边长为 l 的等边三角形的三个顶点处,两两之间用不可伸长的绝缘细线连接.系统静止,细线伸直.现将 1 和 2 间的绳子剪断,忽略电荷运动产生的磁场的影响.试求质点 3 的最大速度.

9-5 均匀带电圆环半径为 R,电量 $Q>0$.圆面上有一点 P,距圆心为 r,已知 $r \ll R$,试求 P 点的场强大小和方向.

9-6 如习图 9-4(a)所示,一束很长很细的圆柱形电子束由速度为 v 的匀速运动的低速电子组成,电子在电子束中均匀分布,沿电子束轴线每单位长度包含 n 个电子,每个电子的电荷量为 $-e$,质量为 m.该电子束从远处沿垂直于平行板电容器极板的方向射向电容器,其前端于 $t=0$ 时刻刚好到达电容器的左极板.电容器的两个极板上各开一个小孔,使电子束可以不受阻碍地穿过电容器.两极板 A,B 之间加上习图 9-4(b)所示的周期性变化的电压 V_{AB}(图中只画了一个周期),周期为 T,每个周期中电压处于 V_0 的时间为 τ,处于 $-V_0$ 的时间为 $T-\tau$.已知 τ 的值恰好使在 V_{AB} 变化的第一个周期内通过电容器到达电容器右边的所有电子,能在某一时刻 t_b 形成均匀分布的一段电子束.设电容器两极板间的距离很小,电子穿过电容器所需的时间可以忽略,且 $mv^2 = 6eV_0$;不计电子间的相互作用和重力作用.

(1) 满足题给条件的 τ 和 t_b 各为周期 T 的多少倍?

(2) 画出 $t=2T$ 那一时刻,在 $0 \sim 2T$ 时间内通过电容器的电子在电容器右侧空间形成的电流 I 随离开右极板距离 x 变化的图像.取 x 正方向为电流正方向,取 $x=0$ 为电容器右极板 B 的小孔所在位置,x 坐标的单位 $s = T\sqrt{eV_0/m}$,I 坐标的单位为 nev,坐标数字保留到小数点后第二位.

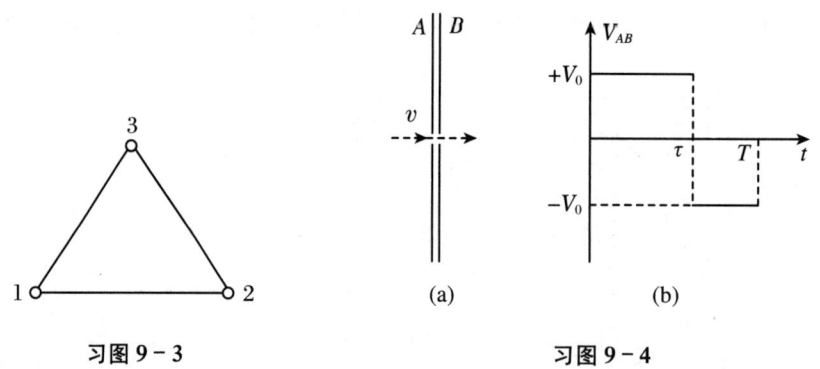

习图 9-3   习图 9-4

9-7 正四面体各面均为导体,但彼此绝缘.已知带电后四个面的静电势分别为 φ_1,φ_2,φ_3,φ_4.试求正四面体中心 O 点的电势 φ_0.

9-8 取无限远处的电势为零,x 轴上的两个点电荷在 x 轴正半轴上各点的电势如习图 9-5 中曲线所示,图线中 $\alpha>2$.试根据图线提供的信息确定这两个点电荷的电性、电量

及在 x 轴上的位置.

9-9 如习图 9-6 所示,两个相同细金属环同轴相隔某一距离固定放置,两环带等量异号电荷.远离环处有一个带正电的粒子,沿着两环轴线飞向环.为了飞过两环,粒子应具有的最小初速度为 v_0.设粒子初速度为 $v_1(v_1>v_0)$.试求粒子在飞过两环过程中最大速度与最小速度之比.

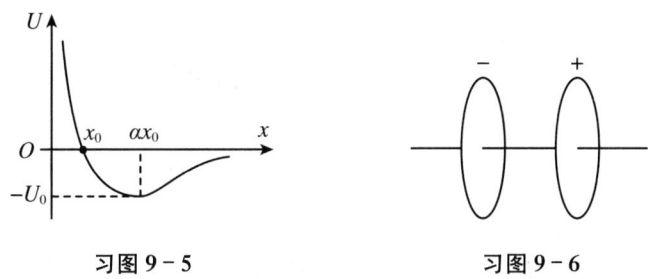

习图 9-5　　　　　　习图 9-6

9-10 如习图 9-7 所示,4 个半径为 a 的相同不带电导体球位于边长为 $r(r\gg a)$ 的正方形的四个顶点上.让球 1 带电荷 $Q(Q>0)$,用细金属丝依次连接 1 和 2,1 和 3,1 和 4,1 和大地.分布在细金属丝上的电荷可忽略不计.试求流入大地的电量的表达式.

9-11 如习图 9-8 所示,两同轴带电无限长半圆柱面,内、外半径分别为 a,b.设在 $a<r<b$ 区域内只有径向电场,电势和场强分别为 $U=k\ln(b/r)$,$E=k/r$,其中 k 和 b 为常量.今有质量为 m,初速度为 v_0,带电量为 $-q(q>0)$ 的粒子从左方射入,且 v_0 既与圆柱面轴线垂直又与入射处直径垂直.

(1) 试问 v_0 为何值时可使粒子沿半径为 $R(a<R<b)$ 的半圆轨道运动?

(2) 若入射方向与上述 v_0 偏离一个很小的角度 β,其他条件不变,则粒子将偏离(1)中的半圆轨道.设新轨道与原半圆轨道相交于图中 P 点.试证明:对于很小的 β 角,P 点的位置与 β 角无关,并求出 P 点的方位角 $\theta = \angle AOP$ 的数值.

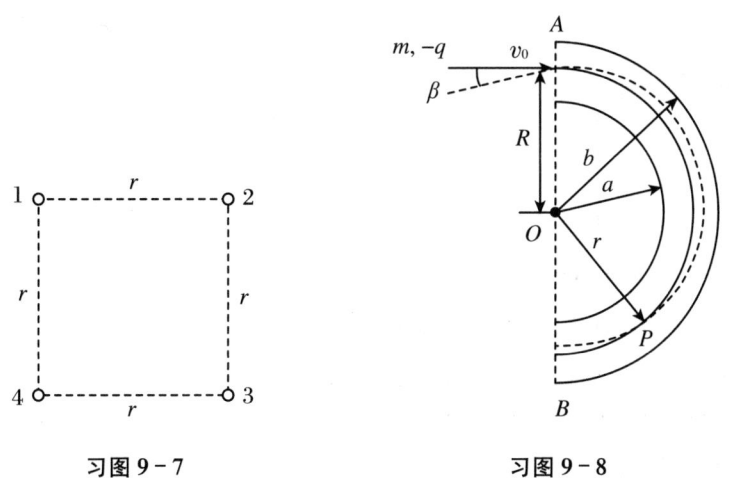

习图 9-7　　　　　　习图 9-8

9-12 一个半径为 a 的孤立的带电金属丝环,其中心电势为 U_0.将此环靠近半径为 b 的接地的球,只有环中心 O 位于球面上,如习图 9-9 所示.试求球上感应电荷的电量.

9-13　如习图 9-10 所示，两个以 O 为球心的同心金属球壳都接地，半径分别为 r，R. 现在离 O 为 $l(r<l<R)$ 的地方放一个点电荷 q. 试分别求两个球壳上的感应电荷的电荷量.

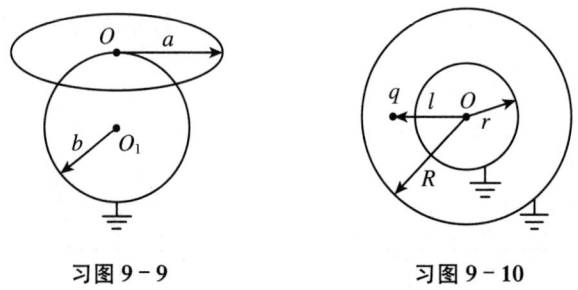

习图 9-9　　　　　　习图 9-10

9-14　两个电量均为 q 的正点电荷位于一无穷大导体平板的同一侧，且与板的距离均为 d，两点电荷之间的距离为 $2d$. 试求在两点电荷连线中点处电场强度的大小和方向.

9-15　导体球 A 的半径是导体细圆环 B 半径的二分之一. A 带有一定量的电荷，单独存在时它的电势为 U_0. 令 B 也带有与 A 等量的电荷后与 A 靠近，使 A 的球心在 B 的中央轴线上，且与 B 的环心距离恰好等于环的半径，试求 A 的电势 U_1 和 B 的环心电势 U_2.

9-16　(1) 两个半无限大导体平板互成直角放置，将点电荷 q 从无穷远搬运至与两导体平板相距均为 d 处，如习图 9-11 所示. 试求在此过程中外力所做的功 W_1.

(2) 当点电荷 q 处于此位置时，设两平板由导体变为绝缘体，这时又将点电荷 q 从该位置搬回无穷远，试求在此过程中外力所做的功 W_2.

9-17　三个电容器的电容分别为 C_1，C_2 和 C_3，分别充电至电压为 V_1，V_2 和 V_3（均为各板左侧和右侧的电势差），串联如习图 9-12 所示. 现将左、右两端以导线相连. 试求达到稳定后各电容器上的电量.

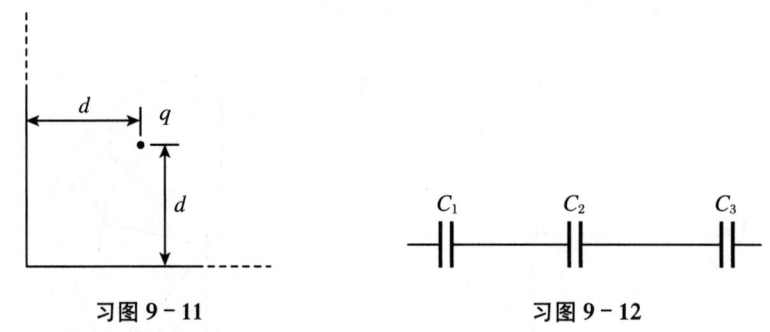

习图 9-11　　　　　　习图 9-12

9-18　一椭圆半长轴为 a，半短轴为 b.

(1) 试求此椭圆绕长轴旋转形成的椭球导体的电容 C_1.

(2) 试求此椭圆绕短轴旋转形成的椭球导体的电容 C_2；当 $b=0$ 时，椭球导体退化为圆盘状导体，试求此时的电容 C_3.

9-19　一静电除尘装置由竖直放置的半径为 a 的金属棒和半径为 b 的同轴薄壁圆筒组成，装置高度比 a 和 b 都大得多. 在金属棒和圆筒之间加有电压 U.

(1) 试求筒内距轴 $r(a<r<b)$ 处的电场强度 $E(r)$.

(2) 一粒尘埃可视为半径为 $c(c\ll a,b)$ 的介质小球,其相对介电常数为 ε_r. 设尘埃位于筒内离轴 $r(a<r<b)$ 处,试估算此尘埃所受电场力的大小和方向.

(3) 设尘埃质量为 m,试求尘埃从静止出发沿电场力方向自一电极运动到另一电极所需时间(忽略重力和空气阻力).

9-20 一球形电容器,内导体球半径为 R_1,同心外导体球壳半径为 R_4,内有一层同心的相对介电常数为 ε 的均匀各向同性介质球壳,内、外半径分别为 R_2 和 R_3,$R_1<R_2<R_3<R_4$. 此球形电容器通过另一个电容为 C_0 的电容器与一电压为 V 的电源串联,如习图 9-13 所示. 求介质球壳内、外表面上极化电荷面密度.

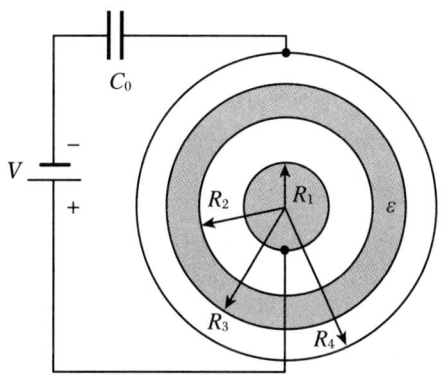

习图 9-13

9-21 如习图 9-14 所示,一个半无限、相对介电常数为 ε_1 的电介质表面放置一相对介电常数为 ε_2 的无限长电介质半圆柱体,半径为 a. 设在 A,B 两处置入无限长直线电荷,电荷线密度分别为 $\pm\lambda$,电荷线与圆柱轴平行. 试求空间电场强度分布.

9-22 由导体球壳和两个点电荷构成的静电系统如习图 9-15 所示,试求:
(1) 点电荷 Q_2,Q_1 各自受力;
(2) 系统静电能 W.

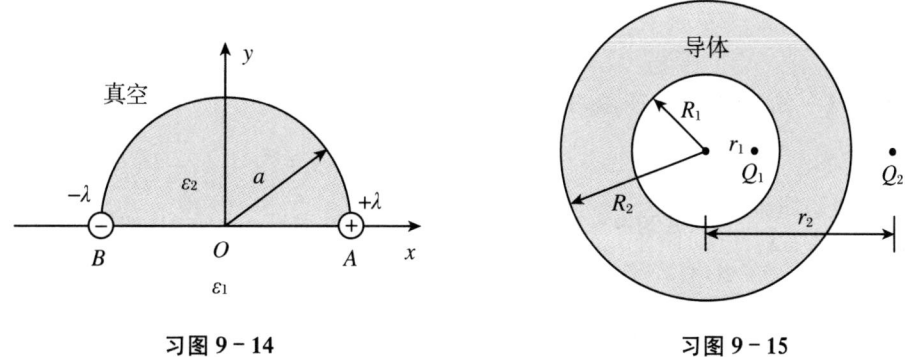

习图 9-14　　　　　　习图 9-15

9-23 在真空中,点电荷 q 与相对介电常数为 ε_r 的半无限大电介质表面相距 a,试求系统的静电能.

9-24 两块接地的无限大平行导体板相距 $4d$,其间置有两个点电荷 $\pm Q$,分别与其中一块板相距 d 和 $3d$,两者连线与板垂直,如习图 9-16 所示.试求:

(1) 把两个点电荷取出并分离到相距无限远过程中外力做的功;
(2) 每个点电荷所受力的大小和方向;
(3) 两点电荷对每块板总作用力的大小和方向;
(4) 每块板受到总作用力的大小和方向;
(5) 每块板上的感应电荷量.

提示:
$$1 - \frac{1}{2} + \frac{1}{3} - \frac{1}{4} + \cdots = \ln 2, \quad 1 - \frac{1}{2^2} + \frac{1}{3^2} - \frac{1}{4^2} + \cdots = \frac{\pi^2}{12}$$

9-25 如习图 9-17 所示,平行板电容器板间充满了相对介电常数为 ε_r 的固态电介质,极板面积为 S,板间距为 d.固定电介质和下极板,在以下两种情况下缓慢向上移动上极板,试求上极板移动 x 时上极板所受的力.设上极板质量可忽略.

(1) 给电容器充电 Q 后断开电源;
(2) 将电容器与电压为 U 的电源保持连接.

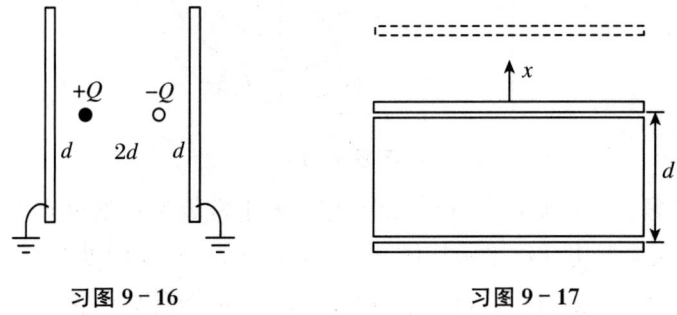

习图 9-16　　　　　　习图 9-17

第 9 章练习详解及习题答案

练习 9-1 如答图 9-1 所示,有
$$E = E_0 \sin \frac{\alpha}{2}$$

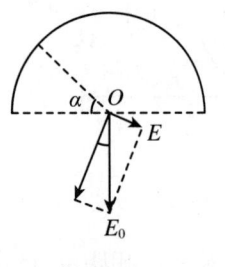

答图 9-1

练习 9-2 (1) 由对称性,合场强沿 $-x$ 方向,如答图 9-2(a)所示,有
$$dE_x = -\frac{1}{4\pi\varepsilon_0} \frac{\lambda_0 \cos\varphi R d\varphi}{R^2} \cos\varphi = -\frac{1}{4\pi\varepsilon_0} \frac{\lambda_0 \cos^2\varphi d\varphi}{R}$$

故

$$E_O = \int_0^{2\pi} dE_x = -\frac{1}{4\pi\varepsilon_0}\frac{\lambda_0}{R}\int_0^{2\pi}\frac{1+\cos 2\varphi}{2}\frac{d(2\varphi)}{2} = -\frac{\lambda_0}{4\varepsilon_0 R}$$

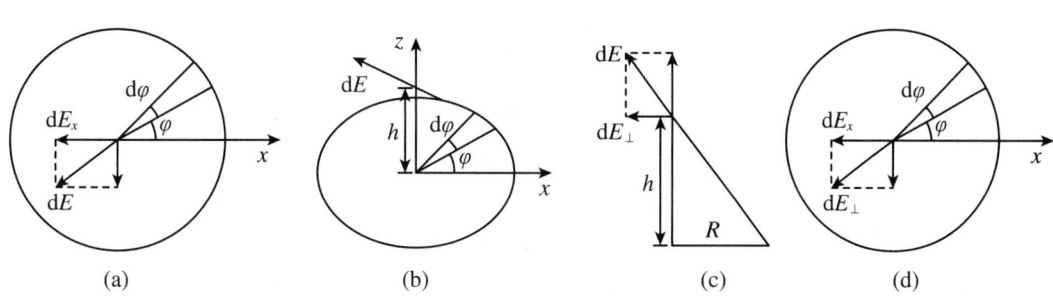

答图 9-2

(2) 由对称性,合场强沿 $-x$ 方向,如答图 9-2(b)所示,有

$$dE = \frac{1}{4\pi\varepsilon_0}\frac{\lambda_0\cos\varphi R d\varphi}{R^2+h^2}$$

如答图 9-2(c)所示,有

$$dE_\perp = dE\frac{R}{\sqrt{R^2+h^2}}$$

如答图 9-2(d)所示,有

$$dE_x = -dE_\perp\cos\varphi = -\frac{1}{4\pi\varepsilon_0}\frac{\lambda_0 R^2\cos^2\varphi d\varphi}{(R^2+h^2)^{\frac{3}{2}}}$$

故

$$E = \int_0^E dE_x = \int_0^{2\pi}\left[-\frac{1}{4\pi\varepsilon_0}\frac{\lambda_0 R^2\cos^2\varphi d\varphi}{(R^2+h^2)^{\frac{3}{2}}}\right] = -\frac{\lambda_0 R^2}{4\varepsilon_0(R^2+h^2)^{\frac{3}{2}}}$$

练习 9-3 (1) 如答图 9-3 所示,$\overline{AB}$ 在 P 点的场强等效于 $\widehat{A'B'}$ 在 P 点的场强,由对称性,P 点电场线方向沿 $\angle APB$ 的平分线.

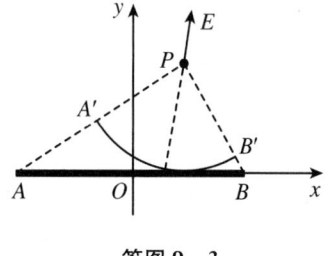

答图 9-3

(2) 双曲线某点切线沿该点与两焦点连线夹角的平分线,故电场线为一簇焦距为 $l/2$ 的双曲线,方程为

$$\frac{x^2}{a^2} - \frac{y^2}{\left(\frac{l}{2}\right)^2 - a^2} = 1, \quad a < \frac{l}{2}$$

(3) 椭圆某点法线沿该点与两焦点连线夹角的平分线,故等势线为一簇焦距为 $l/2$ 的椭圆,方程为

$$\frac{x^2}{a^2} + \frac{y^2}{a^2 - \left(\frac{l}{2}\right)^2} = 1, \quad a > \frac{l}{2}$$

练习 9-4 电荷均匀分布的球壳内部场强处处为零,如答图 9-4 所示,将均匀带电球壳 θ 处 $d\theta$ 环带上的电荷对称分配到圆环的 θ 处 $d\theta$ 弧上即可,故

$$\lambda(\pm\theta) = \frac{Q}{4\pi R^2} 2\pi R \sin\theta \cdot R d\theta \div (R d\theta \cdot 2) = \frac{Q}{4R}\sin\theta \quad (0 \leqslant \theta \leqslant \pi)$$

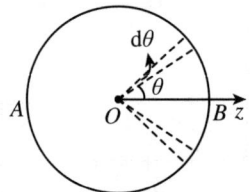

答图 9-4

练习 9-5 (1) 重叠部分视作 $+\rho$, $-\rho$ 的叠加，带电 $+\rho$ 的球体在球内 r 处有

$$E = \frac{\rho \frac{4}{3}\pi r^3}{\varepsilon_0 4\pi r^2} \frac{r}{r} = \frac{\rho}{3\varepsilon_0} r$$

如答图 9-5(a) 所示，对重叠部分某点有

$$\boldsymbol{E} = \boldsymbol{E}_+ + \boldsymbol{E}_- = \frac{\rho}{3\varepsilon_0}(\boldsymbol{r}_1 - \boldsymbol{r}_2) = \frac{\rho}{3\varepsilon_0}\boldsymbol{d}$$

即为匀强电场，方向为沿 $\boldsymbol{d} = \overrightarrow{O_1 O_2}$ 方向；其中，如答图 9-5(b) 所示，若球 R_1 内挖去一个小球 R_2，仍有此结论，与万有引力中一个均匀大球内挖去一个小球时挖空部分为均匀引力场类似．

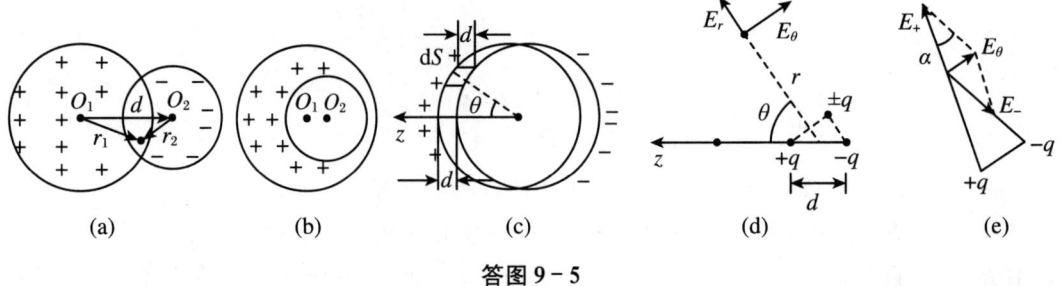

答图 9-5

(2) 如答图 9-5(c) 所示，以 O 为原点建立球坐标系，向左为 z 轴正方向，θ 处 $d\theta$ 带电微元体积与微元面积对应关系为

$$dV = dS \cdot d\cos\theta$$

则

$$\sigma(\theta) = \frac{\rho dV}{dS} = \rho d \cos\theta$$

练习 9-5(2)

此表达式已包含了电性；若令 $\theta = 0$ 时 $\sigma_0 = \rho d$，则（与以后要学习的均匀极化介质球表面的面电荷分布一致）

$$\sigma(\theta) = \sigma_0 \cos\theta$$

(3) 可视为电偶极子，如答图 9-5(d) 所示，有

$$\boldsymbol{p} = qd \cdot \boldsymbol{e}_z = \frac{4}{3}\pi R^3 \rho d \cdot \boldsymbol{e}_z$$

则(r,θ)处

$$E_r \approx \frac{1}{4\pi\varepsilon_0}\left[\frac{q}{\left(r-\frac{d\cos\theta}{2}\right)^2} - \frac{q}{\left(r+\frac{d\cos\theta}{2}\right)^2}\right] \approx \frac{1}{4\pi\varepsilon_0}\frac{2qd\cos\theta}{r^3} = \frac{1}{4\pi\varepsilon_0}\frac{2p\cos\theta}{r^3}$$

如答图 9-5(e)所示,有

$$E_\theta = \frac{1}{4\pi\varepsilon_0}\frac{q}{r^2}\alpha \approx \frac{1}{4\pi\varepsilon_0}\frac{q}{r^2}\frac{d\sin\theta}{r} = \frac{1}{4\pi\varepsilon_0}\frac{qd\sin\theta}{r^3} = \frac{1}{4\pi\varepsilon_0}\frac{p\sin\theta}{r^3}$$

练习 9-6 解法 1:每块板都达到静电平衡状态,板内场强为零,三块板内分别有

$$\frac{q_1}{2\varepsilon_0 S} = \frac{q_2+q_3+q_4+q_5+q_6}{2\varepsilon_0 S}$$

$$\frac{q_1+q_2+q_3}{2\varepsilon_0 S} = \frac{q_4+q_5+q_6}{2\varepsilon_0 S}$$

$$\frac{q_1+q_2+q_3+q_4+q_5}{2\varepsilon_0 S} = \frac{q_6}{2\varepsilon_0 S}$$

又

$$Q_1 = q_1+q_2, \quad Q_2 = q_3+q_4, \quad Q_3 = q_5+q_6$$

联立解得

$$q_1 = q_6 = \frac{1}{2}(Q_1+Q_2+Q_3)$$

$$q_2 = \frac{1}{2}(Q_1-Q_2-Q_3)$$

$$q_3 = -\frac{1}{2}(Q_1-Q_2-Q_3)$$

$$q_4 = \frac{1}{2}(Q_1+Q_2-Q_3)$$

$$q_5 = -\frac{1}{2}(Q_1+Q_2-Q_3)$$

结论:相邻两金属板相对的两面带等量异种电荷,最外面两块金属板外侧带电量各为总电量的一半,且与金属板数目无关.

解法 2:系统外侧电场,可将三块板看作带电 $Q_1+Q_2+Q_3$ 的整体,两侧必场强相等,故有

$$q_1 = q_6 = \frac{1}{2}(Q_1+Q_2+Q_3)$$

则

$$q_2 = Q_1 - q_1$$

Q_1 板内无电场,则 q_2 电场线只能起于 q_2 止于 q_3,故

$$q_3 = -q_2$$

依次计算即可.

练习 9-7 球外只有一个距球心 r 的点电荷 Q 时,
$$\overline{U} = \frac{\sum U_i \Delta S_i}{\sum \Delta S_i}$$

给球表面附加电荷面密度为 σ 的均匀电荷,
$$\overline{U} = \frac{\sum U_i \sigma \Delta S_i}{\sum \sigma \Delta S_i} = \frac{\sum U_i \Delta Q_i}{\sum \Delta Q_i}$$

Q 与 ΔQ 的电势能,与 Q 和位于球心带电 ΔQ 的点电荷的电势能相同,
$$W = \left(\sum \Delta Q_i\right) U_0 = \sum U_i \Delta Q_i$$

故
$$\overline{U} = U_0$$

由电势叠加原理,球外有多个源电荷时也成立,得证.

练习 9-8 (1) 如答图 9-6(a)所示,r 处 dr 的环带在球心有
$$dU = k\frac{\frac{q}{\pi R^2} 2\pi r \, dr}{r} = k\frac{2q}{R^2} dr$$

故
$$U_0 = \int_0^{U_0} dU = \int_0^R k\frac{2q}{R^2} dr = k\frac{2q}{R}$$

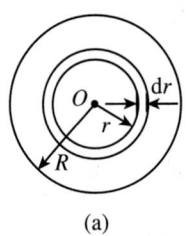
(a)

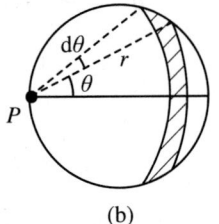
(b)

答图 9-6

(2) 如答图 9-6(b)所示,θ 处对应的圆弧带有
$$r = 2R\cos\theta$$

则
$$|dr| = -2R\,d\cos\theta$$

故
$$dU = k\frac{\frac{q}{\pi R^2} 2\theta r |dr|}{r} = -k\frac{4q}{\pi R}\theta \, d\cos\theta$$

其中
$$\theta \, d\cos\theta = d(\theta\cos\theta) - \cos\theta \, d\theta$$

故
$$U_P = \int_0^{U_P} dU = -k\frac{4q}{\pi R}\int_0^{\frac{\pi}{2}} \theta d\cos\theta = -k\frac{4q}{\pi R}\int_0^{\frac{\pi}{2}} [d(\theta\cos\theta) - \cos\theta d\theta] = k\frac{4q}{\pi R}$$

练习 9-9 解法1：如答图 9-7 所示建系，使两带电直线分别位于 $x = \pm a, y = 0$，且与 z 轴平行．由对称性只需讨论 Oxy 面中的分布．

(1) $\pm\lambda$ 在某处场强为
$$\boldsymbol{E}_\pm = \pm\frac{\lambda\boldsymbol{r}_\pm}{\varepsilon_0 2\pi r_\pm^2}$$

对于 (x, y) 点
$$\boldsymbol{r}_\pm = (x \mp a, y)$$

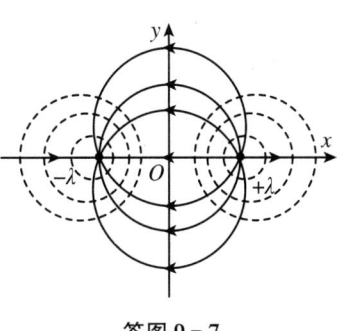

答图 9-7

则
$$\boldsymbol{E} = \boldsymbol{E}_+ + \boldsymbol{E}_- = \frac{\lambda}{2\pi\varepsilon_0}\left[\frac{(x-a)\boldsymbol{i} + y\boldsymbol{j}}{(x-a)^2 + y^2} - \frac{(x+a)\boldsymbol{i} + y\boldsymbol{j}}{(x+a)^2 + y^2}\right]$$

即
$$E_x = \frac{\lambda}{2\pi\varepsilon_0}\left[\frac{x-a}{(x-a)^2 + y^2} - \frac{x+a}{(x+a)^2 + y^2}\right]$$

$$E_y = \frac{\lambda}{2\pi\varepsilon_0}\left[\frac{y}{(x-a)^2 + y^2} - \frac{y}{(x+a)^2 + y^2}\right]$$

$\boldsymbol{E}$ 方向为电场线切线方向，故电场线方程满足
$$\left.\frac{dy}{dx}\right|_{电场线} = \frac{E_y}{E_x}$$

化简整理得
$$\left.\frac{dy}{dx}\right|_{电场线} = \frac{2xy}{x^2 - y^2 - a^2}$$

即
$$2xy dx - (x^2 - y^2 - a^2) dy = 0$$

亦即
$$y dx^2 - x^2 dy + (y^2 + a^2) dy = 0$$

又
$$d\left(\frac{x^2}{y}\right) = \frac{y dx^2 - x^2 dy}{y^2}$$

原式化为
$$y^2\left[d\left(\frac{x^2}{y}\right) + \left(1 + \frac{a^2}{y^2}\right) dy\right] = y^2 d\left(\frac{x^2}{y} + y - \frac{a^2}{y}\right) = 0$$

则
$$\frac{x^2}{y} + y - \frac{a^2}{y} = C(常量)$$

即
$$x^2 + y^2 - Cy = a^2 \quad \text{或} \quad x^2 + \left(y - \frac{C}{2}\right)^2 = a^2 + \frac{1}{4}C^2$$

此即电场线方程,电场线是以 $(0, C/2)$ 为轴心、$r = \sqrt{a^2 + C^2/4}$ 为半径的一系列圆柱面,C 为任意常数.

(2) 等势线与电场线垂直,故等势线方程满足
$$\left.\frac{\mathrm{d}x}{\mathrm{d}y}\right|_{\text{等势线}} = -\frac{E_y}{E_x}$$

化简整理得
$$\left.\frac{\mathrm{d}x}{\mathrm{d}y}\right|_{\text{等势线}} = \frac{-2xy}{x^2 - y^2 - a^2} = \frac{2yx}{y^2 - x^2 - (\mathrm{i}a)^2}$$

对比电场线和等势线微分方程,只需将 y, x 互换,且将 a 替换为 $\mathrm{i}a$ 即可,故等势线方程为
$$y^2 + x^2 - Cx = -a^2 \quad \text{或} \quad y^2 + \left(x - \frac{C}{2}\right)^2 = -a^2 + \frac{1}{4}C^2$$

需
$$-a^2 + \frac{1}{4}C^2 \geqslant 0$$

即
$$C^2 \geqslant 4a^2$$

故等势面是以 $(C/2, 0)$ 为轴心、$r = \sqrt{-a^2 + C^2/4}$ 为半径的一系列圆柱面,其中 $C^2 \geqslant 4a^2$. (或直接解等势线微分方程,请读者自行尝试.)

解法 2:同解法 1 建系.

(1) 取 $x = 0, y = 0$ 为两带电直线各自电势零点,则空间某处电势为
$$U = \frac{\lambda}{2\pi\varepsilon_0}\left[\ln\frac{a}{\sqrt{(x-a)^2 + y^2}} - \ln\frac{a}{\sqrt{(x+a)^2 + y^2}}\right] = \frac{\lambda}{4\pi\varepsilon_0}\ln\frac{(x+a)^2 + y^2}{(x-a)^2 + y^2}$$

令
$$\alpha = \mathrm{e}^{\frac{4\pi\varepsilon_0 U}{\lambda}} > 0$$

则电势为 U 的等势线方程为
$$(x+a)^2 + y^2 = \alpha[(x-a)^2 + y^2]$$

即
$$x^2 - 2\frac{\alpha+1}{\alpha-1}ax + y^2 = -a^2 \quad \text{或} \quad \left(x - \frac{\alpha+1}{\alpha-1}a\right)^2 + y^2 = \left(\frac{2\sqrt{\alpha}}{\alpha-1}a\right)^2$$

故等势面是以 $\frac{\alpha+1}{\alpha-1}a$ 为轴心、$r = \left|\frac{2\sqrt{\alpha}}{\alpha-1}a\right|$ 为半径的一系列圆柱面.

下面说明这个结果与解法 1 结果相同:电势 U 的值为任意常数,则
$$\alpha = \mathrm{e}^{\frac{4\pi\varepsilon_0 U}{\lambda}}$$

为大于零的任意常数,故

$$\frac{\alpha+1}{\alpha-1}a = \left(1 + \frac{2}{\alpha-1}\right)a \in (-\infty, -a] \text{ 或 } [a, +\infty)$$

它与解法 1 等势线中的 $C/2$ 的取值范围是一致的,是同一个量,故两种解法其实是一致的.

(2) 由上一问得

$$\left.\frac{\mathrm{d}x}{\mathrm{d}y}\right|_{\text{等势线}} = \frac{y}{x - \frac{\alpha+1}{\alpha-1}a} = \frac{-2xy}{x^2 - y^2 - a^2}$$

等势线与电场线垂直,故电场线方程满足

$$\left.\frac{\mathrm{d}y}{\mathrm{d}x}\right|_{\text{电场线}} = -\left.\frac{\mathrm{d}x}{\mathrm{d}y}\right|_{\text{等势线}} = \frac{2xy}{x^2 - y^2 - a^2} = \frac{-2yx}{y^2 - x^2 - (\mathrm{i}a)^2}$$

与解法 1 同样的处理方式,电场线方程为

$$y^2 - \mathrm{i}2\frac{\alpha'+1}{\alpha'-1}ay + x^2 = a^2$$

α' 应取适当的值使

$$\mathrm{i}2\frac{\alpha'+1}{\alpha'-1}a$$

为实数,设其为 C,即

$$x^2 + y^2 - Cy = a^2 \quad \text{或} \quad x^2 + \left(y - \frac{C}{2}\right)^2 = a^2 + \frac{1}{4}C^2$$

可知 C 为任意常数(实数),此即电场线方程,电场线是以 $(0, C/2)$ 为轴心、$r = \sqrt{a^2 + C^2/4}$ 为半径的一系列圆柱面.

练习 9-10 相距很远,故电场互不影响,两小球表面电荷各自均匀分布;导线相连,故两小球等势,有

$$k\frac{\sigma_1 4\pi R_1^2}{R_1} = k\frac{\sigma_2 4\pi R_2^2}{R_2}$$

则

$$\frac{\sigma_1}{\sigma_2} = \frac{R_2}{R_1}$$

练习 9-11 如答图 9-8(a)所示,导体柱等势,故 $-Q_1$ 的电场线只能来自无穷远,不可能来自 $+Q_1$,则导体柱电势小于零;从而 $+Q_1$ 发出的电场线只能终止于 $-Q$,不可能延伸到无穷远;则 $-Q$ 处电势小于零,故 $-Q$ 有来自无穷远的电场线;电场线条数正比于电荷量多少,故

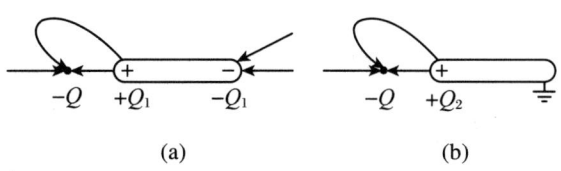

答图 9-8

$$Q > Q_1$$

如答图 9-8(b)所示,同理有

$$Q > Q_2$$

(b)相当于在(a)导体柱上导入正电荷,仍使导体柱等势,则引入的正电荷不可能只分布于右侧,故

$$Q_2 > Q_1$$

综上可得

$$Q > Q_2 > Q_1$$

练习 9-12 解法 1:球壳未接地时,如答图 9-9 所示,壳内空间对球壳外表面电荷而言是等势的,故对金属球球心(与金属球等势)有

$$U = k\frac{Q}{R} + k\frac{Q}{r} + U_{-Q}$$

球壳接地时,球壳外表面无电荷,球壳内表面电荷分布不变,故对金属球球心(与金属球等势)有

$$U' = k\frac{Q}{r} + U_{-Q} = U - k\frac{Q}{R}$$

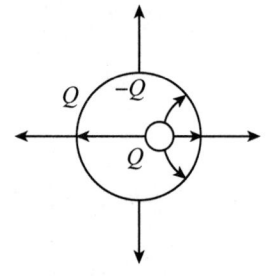

答图 9-9

解法 2:球壳内表面及金属球电荷分布没有变化,金属球电势变化由金属球外表面均匀分布的 Q 变为零导致,故

$$U' = U - k\frac{Q}{R}$$

练习 9-13 (1) 由球心电势为零得

$$k\left(\frac{q}{\sqrt{c^2+d^2}} + \frac{q_a}{a}\right) = 0$$

则

$$q_a = -\frac{a}{\sqrt{c^2+d^2}}q$$

均匀分布在 a 外表面. 另 b 内、外表面分别带电 $-q_a$(均匀分布),q_a(不均匀分布).

(2) 解法 1:a,b 间不受 b 外表面及 q 影响,又 a,b 分别等势,故 a,b 间为球对称性电场,场强为

$$E = k\frac{q_a}{r^2}$$

故

$$U_b = \int_b^a E\,\mathrm{d}r = kq_a\left(\frac{1}{b} - \frac{1}{a}\right) = k\frac{q}{\sqrt{c^2+d^2}}\left(1 - \frac{a}{b}\right)$$

解法 2:b 外表面不均匀带电,有

$$q_{b\text{外}} = -\frac{a}{\sqrt{c^2+d^2}}q$$

由 b 外部电场来确定 b 的电势：b 外部电场由 b 外表面电荷和 q 决定，且对 b 外表面电荷和 q 而言，b 及其内部是等势的，故其在球心的电势等于 b 电势，即

$$U_b = k\frac{q_{b\text{外}}}{b} + k\frac{q}{\sqrt{c^2+d^2}} = k\frac{q}{\sqrt{c^2+d^2}}\left(1 - \frac{a}{b}\right)$$

(3) 由高斯定理可知 b 内表面（均匀）带电，即

$$q'_{b\text{内}} = -\left(q' - \frac{a}{\sqrt{c^2+d^2}}q\right)$$

b 不带电，故 b 外表面（不均匀）带电，有

$$q'_{b\text{外}} = -q'_{b\text{内}} = q' - \frac{a}{\sqrt{c^2+d^2}}q$$

同样对 b 外表面电荷和 q 而言，b 及其内部是等势的，故其在球心的电势等于 b 电势，即

$$U'_b = k\frac{q'_{b\text{外}}}{b} + k\frac{q}{\sqrt{c^2+d^2}} = k\frac{q}{\sqrt{c^2+d^2}}\left(1 - \frac{a}{b}\right) + k\frac{q'}{b}$$

或原 $q_{b\text{外}}$ 与 q 已使 b 等势为 U_b，现 $\Delta q_{b\text{外}} = q'$ 需均匀分布在 b 外表面才能使 b 等势，故

$$U'_b = U_b + k\frac{\Delta q_{b\text{外}}}{b} = k\frac{q}{\sqrt{c^2+d^2}}\left(1 - \frac{a}{b}\right) + k\frac{q'}{b}$$

练习 9-14 如答图 9-10(a)所示，同例 9-14，有

$$q' = -\frac{R}{d}q \qquad ☆$$

$$r_2^2 = d^2 + R^2 - 2dR\cos\theta \qquad □$$

$$\cos\varphi = \frac{d - R\cos\theta}{r_2}, \quad \cos\psi = \frac{d\cos\theta - R}{r_2} \qquad ○$$

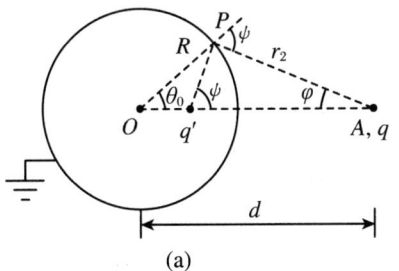

答图 9-10

球内场强为零，靠近球表面在球内外建立包围 $\theta \leqslant \theta_0$ 的高斯面，如答图 9-10(b)所示，有

$$\Phi_E = \frac{-\frac{1}{2}q}{\varepsilon_0} \qquad △$$

高斯面上仅球外部分对电通量有贡献，故

$$\Phi_E = \int_{S_{外}} \boldsymbol{E} \cdot \mathrm{d}\boldsymbol{S} = \int_{S_{外}} (\boldsymbol{E}_q + \boldsymbol{E}_{q'}) \cdot \mathrm{d}\boldsymbol{S} = \int_{S_{外}} \boldsymbol{E}_q \cdot \mathrm{d}\boldsymbol{S} + \int_{S_{外}} \boldsymbol{E}_{q'} \cdot \mathrm{d}\boldsymbol{S}$$

$$= \Phi_{Eq}(\varphi) + \Phi_{Eq'}(\psi) = \frac{1}{\varepsilon_0}\left[-q\frac{2\pi(1-\cos\varphi)}{4\pi} + q'\frac{2\pi(1-\cos\psi)}{4\pi}\right] \quad \diamond$$

☆,△,◇三式联立,推得

$$\cos\varphi = \frac{R}{d}(1-\cos\psi)$$

代入○式,解得

$$r_2^2 = \frac{(d^2-R^2)^2}{R^2}$$

代入□式,解得

$$\cos\theta_0 = \frac{d}{2R^3}(3R^2-d^2)$$

也可如例 9-14 先计算电荷面密度分布,然后积分计算,读者可自行尝试.

练习 9-15 解法 1:(a) 令 1,2 分别带 $+Q,-Q$ 电荷量,3,4 分别带 $+Q',-Q'$ 电荷量,将 4 个板产生电场的电势差叠加,有

$$U_{34} = \frac{d}{2\varepsilon_0 S}(Q'\cdot 2 + 0 + Q'\cdot 2 + Q\cdot 2) = 0 \implies Q' = -\frac{1}{2}Q$$

$$U_{12} = \frac{d}{2\varepsilon_0 S}(Q'\cdot 2 + Q\cdot 2 + 0 + Q\cdot 2) = \frac{3Qd}{2\varepsilon_0 S} \implies C = \frac{Q}{U_{12}} = \frac{2\varepsilon_0 S}{3d}$$

(b) 令 1,2 分别带 $+Q,-Q$ 电荷量,3,4 分别带 $+Q',-Q'$ 电荷量,有

$$U_{34} = \frac{d}{2\varepsilon_0 S}(Q'\cdot 3 + Q\cdot 1 + Q\cdot 1 + Q'\cdot 3) = 0 \implies Q' = -\frac{1}{3}Q$$

$$U_{12} = \frac{d}{2\varepsilon_0 S}(Q' + Q + Q + Q') = \frac{2Qd}{3\varepsilon_0 S} \implies C = \frac{Q}{U_{12}} = \frac{3\varepsilon_0 S}{2d}$$

解法 2:相邻两板电容

$$C_0 = \frac{\varepsilon_0 S}{d}$$

(a) 可看作 13,14 并联,再与 42 串联,如答图 9-11(a)所示,有

$$\frac{1}{C} = \frac{1}{2C_0} + \frac{1}{C_0}$$

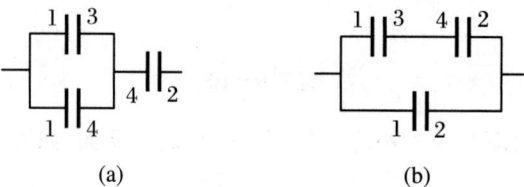

答图 9-11

则

$$C = \frac{2C_0}{3} = \frac{2\varepsilon_0 S}{3d}$$

(b) 可看作 13,24 并联,再与 12 串联,如答图 9-11(b)所示,有

$$C = C_0 + \frac{1}{2}C_0 = \frac{3}{2}C_0 = \frac{3\varepsilon_0 S}{2d}$$

练习 9-16 解法 1:将 q 均匀分布于距面 1 为 r 的平行于平板的平面上,虽然板上感应电荷分布有变化,但 q_1, q_2 的比值及值不变,故

$$q_1 + q_2 = -q, \quad \frac{C_1}{C_2} = \frac{R}{r}, \quad \frac{q_1}{C_1} = \frac{q_2}{C_2}$$

则

$$q_1 = -\frac{R}{R+r}q, \quad q_2 = -\frac{r}{R+r}q$$

解法 2:左右两板地位相同,将 r 与 R 都分为 $n \to \infty$ 份,则在同一水平线上的 i 相同的那一份 r/n 与 R/n 的电压相同,则接近板的最后一份,场强水平,有

$$E_1 \cdot \frac{r}{n} = E_2 \cdot \frac{R}{n}$$

又应有

$$\frac{q_1}{q_2} = \frac{E_1}{E_2}, \quad q_1 + q_2 = -q$$

故

$$q_1 = -\frac{R}{R+r}q, \quad q_2 = -\frac{r}{R+r}q$$

练习 9-17 由题意得

$$\boldsymbol{E} = \boldsymbol{E}_0 + \boldsymbol{E}', \quad \boldsymbol{E}' = -\frac{\boldsymbol{P}}{3\varepsilon_0}, \quad \boldsymbol{P} = \chi_e \varepsilon_0 \boldsymbol{E}$$

联立得

$$\boldsymbol{E} = \boldsymbol{E}_0 - \frac{\chi_e \varepsilon_0 \boldsymbol{E}}{3\varepsilon_0} = \frac{\boldsymbol{E}_0}{1 + \dfrac{\chi_e}{3}}$$

练习 9-18 设外场为 E_0,一个小球内

$$E = E_0 - \frac{P}{3\varepsilon_0}, \quad P = (\varepsilon_r - 1)\varepsilon_0 E$$

联立解得

$$P = \frac{3\varepsilon_0(\varepsilon_r - 1)}{\varepsilon_r + 2}E_0$$

一个小球电偶极矩

$$p = P\frac{4}{3}\pi a^3$$

等效均匀介质电极化强度

$$P' = np = \frac{4\pi a^3 n\varepsilon_0(\varepsilon_r - 1)}{\varepsilon_r + 2}E_0$$

又由于

$$P' = (\varepsilon_r' - 1)\varepsilon_0\left(E_0 - \frac{P'}{\varepsilon_0}\right) \Rightarrow P' = \frac{(\varepsilon_r' - 1)\varepsilon_0}{\varepsilon_r'}E_0$$

因此联立解得

$$\varepsilon_r' = \frac{\varepsilon_r + 2}{\varepsilon_r + 2 - 4\pi a^3 n(\varepsilon_r - 1)}$$

练习 9-19 电容器内

$$D = \sigma_0$$

对于无电介质部分

$$D = \varepsilon_0 E_1$$

对于有电介质部分

$$D = \varepsilon_0 \varepsilon_r E_2$$

故

$$U = E_1(L - d) + E_2 d = \frac{\sigma_0}{\varepsilon_0}\left(L - d + \frac{d}{\varepsilon_r}\right)$$

练习 9-20 电场线位形不变,仍为沿径向的射线,且距球心等距离处大小相等;球表面及附近的自由电荷与极化电荷总量均匀分布,两介质界面无极化电荷;介质中 D 沿径向,有

$$(\varepsilon_0\varepsilon_1 + \varepsilon_0\varepsilon_2)E 2\pi r^2 = q$$

则

$$E = \frac{q}{2\pi\varepsilon_0(\varepsilon_1 + \varepsilon_2)r^2}$$

故

$$D_1 = \varepsilon_0\varepsilon_1 E = \frac{\varepsilon_1 q}{2\pi(\varepsilon_1 + \varepsilon_2)r^2}, \quad D_2 = \varepsilon_0\varepsilon_2 E = \frac{\varepsilon_2 q}{2\pi(\varepsilon_1 + \varepsilon_2)r^2}$$

$$\sigma_{01} = D_1 = \frac{\varepsilon_1 q}{2\pi(\varepsilon_1 + \varepsilon_2)r^2}, \quad \sigma_{02} = D_2 = \frac{\varepsilon_2 q}{2\pi(\varepsilon_1 + \varepsilon_2)r^2}$$

练习 9-21 假设电场线仍为垂直于板的平行线,则取环路 $ABCD$,应有

$$\oint \boldsymbol{E} \cdot \mathrm{d}\boldsymbol{l} = 0$$

即

$$E_1 \overline{AB} = E_2 \overline{CD}$$

而

$$\overline{AB} = \overline{CD}$$

故

则
$$E_1 = E_2$$
$$D_1 = \varepsilon_1 E_1 \neq D_2 = \varepsilon_2 E_2$$
由
$$D = \varepsilon E$$
知 D 线也垂直于板，又 D 法向连续，故
$$D_{3上} = D_1, \quad D_{3下} = D_2$$
则
$$D_{3上} \neq D_{3下}$$
又
$$D_{3上} = \varepsilon_3 E_{3上}, \quad D_{3下} = \varepsilon_3 E_{3下}$$
则
$$E_{3上} \neq E_{3下}$$
故在 ε_3 区域上、下间取环路，有
$$\oint \boldsymbol{E} \cdot d\boldsymbol{l} \neq 0$$

与静电场环路定理矛盾，故假设不成立。即电场线不是垂直于板的平行线，在 ε_1 和 ε_2 界面上有法向分量。

练习 9-22 (1) 如答图 9-12 所示，像电荷
$$q' = -\frac{r_1}{a}q$$
位于
$$b = \frac{r_1^2}{a}$$

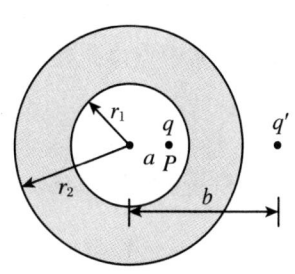

答图 9-12

内部电场等效于 q 与 q' 的叠加，故 q 受力方向向右，大小为
$$F = \frac{1}{4\pi\varepsilon_0} \frac{|qq'|}{(b-a)^2} = \frac{ar_1 q^2}{4\pi\varepsilon_0 (r_1^2 - a^2)^2}$$

(2) 外表面感应电荷等于 q，均匀分布，内部电场不影响外部，有
$$U_{壳} = \frac{1}{4\pi\varepsilon_0} \frac{q}{r_2}$$

(3) 内表面感应电荷和 q 产生的电场限制在空腔部分，与 q' 和 q 产生的电场在空腔的部分一致，并都使球壳内表面电势为零；则内表面感应电荷和 q 在空腔部分各处的电势，与 q' 和 q 在空腔部分的电势一致；空腔部分各处总电势还应叠加上外表面感应电荷的电势。故感应电荷在 P 点的电势为
$$U = \frac{1}{4\pi\varepsilon_0} \frac{q'}{b-a} + U_{壳} = \frac{q}{4\pi\varepsilon_0}\left(\frac{1}{r_2} - \frac{r_1}{r_1^2 - a^2}\right)$$

系统静电能为

$$W_\mathrm{e} = \frac{1}{2}qU + 0 \cdot U_\text{壳} = \frac{q^2}{8\pi\varepsilon_0}\left(\frac{1}{r_2} - \frac{r_1}{r_1^2 - a^2}\right)$$

或将 q 分为无穷份，逐份缓慢移到无穷远处，有

$$W_\mathrm{e} = \int_q^0 (-U)\mathrm{d}q = \frac{q^2}{8\pi\varepsilon_0}\left(\frac{1}{r_2} - \frac{r_1}{r_1^2 - a^2}\right)$$

练习 9-23 点电荷距球无穷远时，静电能

$$W_{\mathrm{e}0} = \frac{Q^2}{8\pi\varepsilon R}$$

两者相距 a 时，对导体球像电荷 1 有

$$q_1 = -\frac{R}{a}q, \quad \text{距球心}\frac{R^2}{a}$$

对像电荷 2 有

$$q_2 = \frac{R}{a}q + Q, \quad \text{于球心}$$

注 介质中时导体球上自由电荷仍是如此等效，球表面自由电荷与电介质极化电荷成比例，总电荷为自由电荷除相对介电常数，点电荷处也是如此．

续解法 1：真空中相距 a 时点电荷处场强为

$$E_0 = \frac{q_1}{4\pi\varepsilon_0\left(a - \frac{R^2}{a}\right)^2} + \frac{q_2}{4\pi\varepsilon_0 a^2} = \frac{1}{4\pi\varepsilon_0}\left[-\frac{Rqa}{(a^2 - R^2)^2} + \frac{Rq}{a^3} + \frac{Q}{a^2}\right]$$

则在此介质中点电荷处场强为

$$E = \frac{1}{4\pi\varepsilon}\left[-\frac{Rqa}{(a^2 - R^2)^2} + \frac{Rq}{a^3} + \frac{Q}{a^2}\right]$$

将点电荷从无穷远移至 a 处需克服静电力做功，则

$$A' = \int_\infty^a (-qE)\mathrm{d}a = \frac{-q}{4\pi\varepsilon}\int_\infty^a \left[-\frac{Rqa}{(a^2 - R^2)^2} + \frac{Rq}{a^3} + \frac{Q}{a^2}\right]\mathrm{d}a$$

$$= \frac{q}{4\pi\varepsilon}\left[-\frac{Rq}{2(a^2 - R^2)} + \frac{Rq}{2a^2} + \frac{Q}{a}\right]$$

$$= \frac{q}{4\pi\varepsilon}\left[\frac{Q}{a} - \frac{R^3 q}{2a^2(a^2 - R^2)}\right]$$

又

$$A' = W_\mathrm{e} - W_{\mathrm{e}0}$$

故

$$W_\mathrm{e} = \frac{q}{4\pi\varepsilon}\left[\frac{Q}{a} - \frac{R^3 q}{2a^2(a^2 - R^2)}\right] + \frac{Q^2}{8\pi\varepsilon R} = \frac{1}{4\pi\varepsilon}\left[\frac{qQ}{a} + \frac{Q^2}{2R} - \frac{R^3 q^2}{2a^2(a^2 - R^2)}\right]$$

续解法 2：导体球等势，其电势用球心计算为

$$U_Q = \frac{1}{4\pi\varepsilon}\left(\frac{Q}{R} + \frac{q}{a}\right)$$

除点电荷外其他电荷(含自由电荷和极化电荷)在点电荷处电势为

$$U_q = \frac{1}{4\pi\varepsilon}\left[\frac{q_1}{a-\frac{R^2}{a}} + \frac{q_2}{a}\right] = \frac{1}{4\pi\varepsilon}\left(-\frac{Rq}{a^2-R^2} + \frac{Rq}{a^2} + \frac{Q}{a}\right)$$

故系统静电能为

$$W_e = \frac{1}{2}QU_Q + \frac{1}{2}qU_q = \frac{1}{4\pi\varepsilon}\left[\frac{qQ}{a} + \frac{Q^2}{2R} - \frac{R^3q^2}{2a^2(a^2-R^2)}\right]$$

练习 9-24 设电池电动势为 V，电容器电容为 C．

(1) 第一种方式，电源做功

$$A_1 = NQV = N \cdot CNV \cdot V = N^2CV^2$$

电容器储能

$$W_{e1} = \frac{1}{2}C(NV)^2 = \frac{1}{2}N^2CV^2$$

电能损耗

$$\Delta W_1 = A_1 - W_{e1} = \frac{1}{2}N^2CV^2$$

(2) 第二种方式，第 1 节充电

$$Q_1 = CV$$

电源做功

$$A_1' = Q_1V = CV^2$$

第 2 节

$$Q_2 = C2V - Q_1 = CV, \quad A_2' = Q_2 2V = 2CV^2$$

……

第 N 节

$$Q_N = CV, \quad A_N' = NCV^2$$

总功

$$A_2 = A_1' + A_2' + \cdots + A_N' = (1+2+\cdots+N)CV^2 = \frac{1}{2}N(N+1)CV^2$$

电容器总储能

$$W_{e2} = W_{e1} = \frac{1}{2}N^2CV^2$$

总损耗

$$\Delta W_2 = A_2 - W_{e2} = \frac{1}{2}NCV^2$$

有

$$\Delta W_1 > \Delta W_2$$

故第一种充电方式损耗的电能多．

练习 9-25 (1) 自由电荷量不变，有

$$Q_0 = C_0 V = \frac{\varepsilon_0 SV}{d}$$

初静电能

$$W_0 = \frac{1}{2} C_0 V^2 = \frac{\varepsilon_0 SV^2}{2d}$$

全进入时

$$C = \frac{\varepsilon_r \varepsilon_0 S}{d}, \quad W_1 = \frac{1}{2} \frac{Q_0^2}{C} = \frac{\varepsilon_0 SV^2}{2\varepsilon_r d}$$

故

$$A_1 = W_1 - W_0 = \frac{\varepsilon_0 SV^2}{2d} \frac{1 - \varepsilon_r}{\varepsilon_r} < 0$$

进入 x 时

$$C_x = \frac{\varepsilon_r \varepsilon_0 \frac{x}{l} S}{d} + \frac{\varepsilon_0 \frac{l-x}{l} S}{d} = \frac{\varepsilon_0 S}{dl} [l + (\varepsilon_r - 1)x]$$

$$W_x = \frac{1}{2} \frac{Q_0^2}{C_x} = \frac{\varepsilon_0 SV^2 l}{2d[l + (\varepsilon_r - 1)x]}$$

取 $x \to x + \mathrm{d}x$ 元过程，有

$$F = \frac{\mathrm{d}W_x}{\mathrm{d}x} = -\frac{\varepsilon_0 SV^2 l(\varepsilon_r - 1)}{2d[l + (\varepsilon_r - 1)x]^2} < 0$$

即 F 向左.

(2) 两板间电压保持 V 不变. 缓慢, 可取以 $v \to 0$ 匀速进入, 进入 x 时

$$Q_x = C_x V = \frac{\varepsilon_0 SV}{dl} [l + (\varepsilon_r - 1)x], \quad i = \frac{\mathrm{d}Q}{\mathrm{d}t} = \frac{\varepsilon_0 SV}{dl} (\varepsilon_r - 1) \frac{\mathrm{d}x}{\mathrm{d}t} = kv$$

其中 k 为系数, 是一个常数. 电阻消耗能量

$$W_R = \int_0^t i^2 R \mathrm{d}t = \int_0^t k^2 R v^2 \mathrm{d}t = k^2 Rv \int_0^l \mathrm{d}x = k^2 Rlv \to 0$$

即电阻不消耗能量; 全进入时自由电荷量、静电能分别为

$$Q = CV = \frac{\varepsilon_r \varepsilon_0 SV}{d}, \quad W_2 = \frac{1}{2} CV^2 = \frac{\varepsilon_r \varepsilon_0 SV^2}{2d}$$

由功能关系得

$$A_2 + (Q - Q_0)V = W_2 - W_0$$

则

$$A_2 = \frac{(1 - \varepsilon_r) \varepsilon_0 SV^2}{2d} < 0$$

进入 x 时

$$W'_x = \frac{1}{2} C_x V^2 = \frac{\varepsilon_0 SV^2 [l + (\varepsilon_r - 1)x]}{2dl}$$

取 $x \to x + \mathrm{d}x$ 元过程，有

$$F \mathrm{d}x + \mathrm{d}Q_x V = \mathrm{d}W'_x$$

即
$$Fdx + \frac{\varepsilon_0 SV^2}{dl}(\varepsilon_r - 1)dx = \frac{\varepsilon_0 SV^2}{2dl}(\varepsilon_r - 1)dx$$
故
$$F = -\frac{(\varepsilon_r - 1)\varepsilon_0 SV^2}{2dl} < 0$$
也向左.

9-1 $E_1 > E_2$.

9-2 $E_1 = \sqrt{2}k\frac{\lambda}{a}, \theta_1 = 45°; E_2 \approx \frac{2.45k\lambda}{a}, \theta_2 = -99.77°; E_3 = \sqrt{2}k\frac{\lambda}{a}, \theta_3 = -135°;$ $E_4 \approx \frac{2.45k\lambda}{a}, \theta_4 = 189.77°.$ 其中 θ_i 为与 x 轴正方向的夹角.

9-3 以圆心为极点,小通道方向为极轴,电荷量分配需满足:$\sigma(r,\theta) + \sigma(r,-\theta) = \frac{3Qr\sin\theta}{2R^3}(0 \leq \theta \leq \pi)$;周期 $T = 2\pi\sqrt{\frac{mR^3}{kQq}}$.

9-4 $\sqrt{\frac{2kq^2}{3ml}}$.

9-5 $E = k\frac{Qr}{2R^3}$,方向指向圆心.

9-6 (1) $\tau = (2-\sqrt{2})T, t_b = 2T$;
(2) 如答图 9-13 所示.

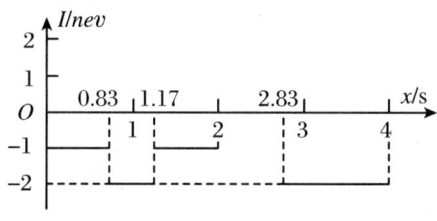

答图 9-13

9-7 $\frac{1}{4}(\varphi_1 + \varphi_2 + \varphi_3 + \varphi_4)$.

9-8 正电荷 $+Q_1$,电量 $Q_1 = \frac{\alpha x_0}{\alpha - 2}\frac{U_0}{k}$,位于 $x = 0$ 处;

负电荷 $-Q_2$,电量 $Q_2 = \frac{\alpha(\alpha-1)^2 x_0}{\alpha - 2}\frac{U_0}{k}$,位于 $x = -\alpha(\alpha-2)x_0$ 处.

9-9 $\frac{v_{\max}}{v_{\min}} = \sqrt{\frac{v_1^2 + v_0^2}{v_1^2 - v_0^2}}$.

9-10 $\frac{Q}{8}\left[1 + \frac{a}{r}\left(4 + \frac{2\sqrt{2}}{3}\right)\right]$.

9-11 (1) $v_0 = \sqrt{\dfrac{kq}{m}}$;

(2) $\theta \approx \dfrac{\sqrt{2}\pi}{2}$.

9-12 $-\dfrac{abU_0}{k\sqrt{a^2+b^2}}$.

9-13 $q_r = \dfrac{l-R}{R-r}\dfrac{r}{l}q$, $q_R = \dfrac{l-r}{r-R}\dfrac{R}{l}q$.

9-14 方向垂直于板，大小为 $E = k\dfrac{4\sqrt{5}q}{25d^2}$.

9-15 $U_1 = \left(1+\dfrac{1}{2\sqrt{2}}\right)U_0$; $U_2 = \left(\dfrac{4}{5}+\dfrac{1}{4\sqrt{2}}\right)U_0$.

9-16 (1) $W_1 = \dfrac{1}{4\pi\varepsilon_0}\dfrac{q^2}{d}\left(\dfrac{1}{4\sqrt{2}}-\dfrac{1}{2}\right)$;

(2) $W_2 = \dfrac{1}{4\pi\varepsilon_0}\dfrac{q^2}{d}\left(1-\dfrac{1}{2\sqrt{2}}\right)$.

9-17
$$Q_1 = \dfrac{\left(\dfrac{1}{C_2}+\dfrac{1}{C_3}\right)C_1 V_1 - V_2 - V_3}{\dfrac{1}{C_1}+\dfrac{1}{C_2}+\dfrac{1}{C_3}}$$

$$Q_2 = \dfrac{\left(\dfrac{1}{C_3}+\dfrac{1}{C_1}\right)C_2 V_2 - V_3 - V_1}{\dfrac{1}{C_1}+\dfrac{1}{C_2}+\dfrac{1}{C_3}}$$

$$Q_3 = \dfrac{\left(\dfrac{1}{C_1}+\dfrac{1}{C_2}\right)C_3 V_3 - V_1 - V_2}{\dfrac{1}{C_1}+\dfrac{1}{C_2}+\dfrac{1}{C_3}}$$

9-18 (1) $C_1 = \dfrac{8\pi\varepsilon_0 \sqrt{a^2-b^2}}{\ln\dfrac{a+\sqrt{a^2-b^2}}{a-\sqrt{a^2-b^2}}}$.

(2) $C_2 = \dfrac{4\pi\varepsilon_0 \sqrt{a^2-b^2}}{\arcsin\dfrac{\sqrt{a^2-b^2}}{a}}$; $C_3 = 8\varepsilon_0 a$.

9-19 (1) $E(r) = \dfrac{U}{r\ln\dfrac{b}{a}}$;

(2) $F = \dfrac{4\pi\varepsilon_0 c^3(\varepsilon_r-1)U^2}{(\varepsilon_r+2)\left(\ln\dfrac{b}{a}\right)^2}\dfrac{1}{r^3}$, 方向指向轴心;

(3) $t = b\sqrt{\dfrac{m(b^2-a^2)(\varepsilon_r+2)\left(\ln\dfrac{b}{a}\right)^2}{4\pi\varepsilon_0 c^3(\varepsilon_r-1)U^2}}.$

9-20 $\sigma'_{\text{内}} = -\dfrac{\varepsilon-1}{\varepsilon}\dfrac{Q_0}{4\pi R_2^2},\ \sigma'_{\text{外}} = \dfrac{\varepsilon-1}{\varepsilon}\dfrac{Q_0}{4\pi R_3^2}.$

9-21
$$E_x = \dfrac{4}{2\varepsilon_1+\varepsilon_2+1}\cdot\dfrac{\lambda}{2\pi\varepsilon_0}\left[\dfrac{x-a}{(x-a)^2+y^2}-\dfrac{x+a}{(x+a)^2+y^2}\right]$$

$$E_y = \dfrac{4}{2\varepsilon_1+\varepsilon_2+1}\cdot\dfrac{\lambda y}{2\pi\varepsilon_0}\left[\dfrac{1}{(x-a)^2+y^2}-\dfrac{1}{(x+a)^2+y^2}\right]$$

9-22 (1) $F_1 = \dfrac{Q_1^2}{4\pi\varepsilon_0}\dfrac{R_1 r_1}{(R_1^2-r_1^2)^2}$,背离球心;$F_2 = \dfrac{Q_2}{4\pi\varepsilon_0}\left[\dfrac{-R_2 r_2 Q_2}{(r_2^2-R_2^2)^2}+\dfrac{r_2 Q_1+R_2 Q_2}{r_2^3}\right]$,以背离球心为正方向.

(2) $W = \dfrac{1}{8\pi\varepsilon_0}\left(\dfrac{-R_1 Q_1^2}{R_1^2-r_1^2}+\dfrac{2Q_1 Q_2}{r_2}+\dfrac{Q_1^2}{R_2}+\dfrac{R_2 Q_2^2}{r_2^2}\right).$

9-23 $W_e = \dfrac{(1-\varepsilon_r)q^2}{16\pi\varepsilon_0(1+\varepsilon_r)a}.$

9-24 (1) $k\dfrac{Q^2}{d}\ln 2$;

(2) 均为零;

(3) 均为 $\dfrac{kQ^2}{4d^2}\left(\dfrac{\pi^2}{6}-1\right)$,右板受力向左,左板受力向右;

(4) 均为 $\dfrac{kQ^2}{4d^2}\ln 2$,右板受力向左,左板受力向右;

(5) $Q_{\text{左}} = -\dfrac{1}{2}Q,\ Q_{\text{右}} = \dfrac{1}{2}Q.$

9-25 (1) $F = \dfrac{Q^2}{2\varepsilon_0 S}$;

(2) $F = \dfrac{\varepsilon_0 SU^2}{2\left(x+\dfrac{d}{\varepsilon_r}\right)^2}.$

第 10 章 稳恒电流 物质导电性

稳恒电流虽有电荷流动,但净电荷的宏观分布是不变的,故稳恒电场与静电场服从同样的规律.

10.1 恒定电流场

10.1.1 电流密度矢量

电流在大块导体中流动时,导体各部分电流大小、方向都不一致,形成一定的电流分布. 为细致描述电流分布,引入电流密度矢量,记为 j. 它的方向代表各点电流的方向,数值等于通过该点单位垂直截面的电流,故有

$$\mathrm{d}I = j \cdot \mathrm{d}S = j\mathrm{d}S\cos\theta \quad \text{或} \quad I = \iint_S j \cdot \mathrm{d}S = \iint_S j\mathrm{d}S\cos\theta$$

可见 j 与 I 的关系,就是一个矢量场和它的通量的关系;I 是标量.

在大块导体中各点 j 有不同的数值和方向,这就构成一个矢量场,称为电流场. 电流场可以用电流线描绘.

由

$$\mathrm{d}I = j \cdot \mathrm{d}S, \quad \mathrm{d}I = \frac{\mathrm{d}Q}{\mathrm{d}t} = \frac{v\mathrm{d}t \cdot \mathrm{d}S \cdot nq}{\mathrm{d}t} = nq v \cdot \mathrm{d}S$$

联立得电流密度微观表达式为

$$j = nqv$$

其中 n 为载流子数密度,q 为各载流子电量,v 为载流子定向移动速率.

10.1.2 稳恒条件

根据电荷守恒定律,对封闭曲面 S 包围的系统,单位时间内流出的电量等于系统内总电

量在同一单位时间内的减少量,即

$$\oiint_S \boldsymbol{j} \cdot \mathrm{d}\boldsymbol{S} = -\frac{\mathrm{d}Q}{\mathrm{d}t}$$

上式称为电流连续方程.

稳恒电流,导体内各点电流密度不随时间变化,电荷分布也不随时间变化,故导体内各处

$$\frac{\mathrm{d}Q}{\mathrm{d}t} = 0$$

否则电荷分布将会发生变化.

综上可知电流稳恒条件为

$$\oiint_S \boldsymbol{j} \cdot \mathrm{d}\boldsymbol{S} = 0$$

它表明稳恒电流在同一时间内流入、流出闭合面 S 的电量相等;由此可以得出稳恒电流的电流线或电流管一定是闭合的,稳恒电流在同一电流管中各截面的电流都相等.

通常直流电路由导线连成,电流线沿导线分布,导线本身就是一个电流管.可以得出稳恒条件下的直流电路一定是闭合的,且串联部分电流处处相等,导线的结点有

$$\sum I_{出} = 0 \quad \text{或} \quad \sum I_{入} = \sum I_{出}$$

稳恒电流产生的电场称为稳恒电场.稳恒电流虽有电荷流动,但净电荷的宏观分布是不变的,故稳恒电场与静电场服从同样的规律,如高斯定理及环路定理.

实验表明,导体中(不含电源部分)稳恒电场的场强方向与稳恒电场的电流密度方向处处一致.

10.1.3 电源和电动势

稳恒电流线是闭合的,若正电荷沿一条闭合电流线运动一周,则由于稳恒电场满足环路定理

$$\oint_L \boldsymbol{E} \cdot \mathrm{d}\boldsymbol{l} = 0$$

因此静电力做功为零.

对于非超导体,电荷运动受导体内部阻碍而生热,故仅有稳恒电场是不可能实现稳恒电流的.要维持稳恒电流,必须有非静电力(即非稳恒电场力)作用,静电力做功为零,非静电力做的正功等于生热的多少,满足了功能关系.非静电力可以由化学反应、洛伦兹力、涡旋电场力等来提供.

提供非静电力的装置叫作电源.

用 K 表示作用在单位正电荷上的非静电力,可知 K 的单位同场强一样.

$$\boldsymbol{K} = \frac{\boldsymbol{F}_{非}}{q}$$

定义单位正电荷从电源负极移到正极时非静电力的功为电动势 $\mathscr{E}$,可知其单位同电势或电势差一样为伏特.

$$\mathscr{E} = \int_{-}^{+} \boldsymbol{K} \cdot \mathrm{d}\boldsymbol{l}$$

有些电源无法区分内部和外部,$\boldsymbol{K}$ 分布于回路各处,则对整个回路积分

$$\mathscr{E} = \oint_{L} \boldsymbol{K} \cdot \mathrm{d}\boldsymbol{l}$$

电动势为标量,但有方向,通常规定从负极通过电源内部指向正极的方向是电动势的方向;若无法区分内部与外部,则 $\boldsymbol{K}$ 沿 $\mathrm{d}\boldsymbol{l}$ 的分量的方向为其方向,即正电荷所受非静电力沿 $\mathrm{d}\boldsymbol{l}$ 的分量为电动势的方向.

如图 10-1 所示,设一环形回路中有稳恒电流,其中一部分为电源,则回路内部的电流线(j 线)、稳恒电场线(E 线)、非静电场线($\boldsymbol{K}$ 线)分别如图所示.回路外部空间电场线较为复杂,此处略去.

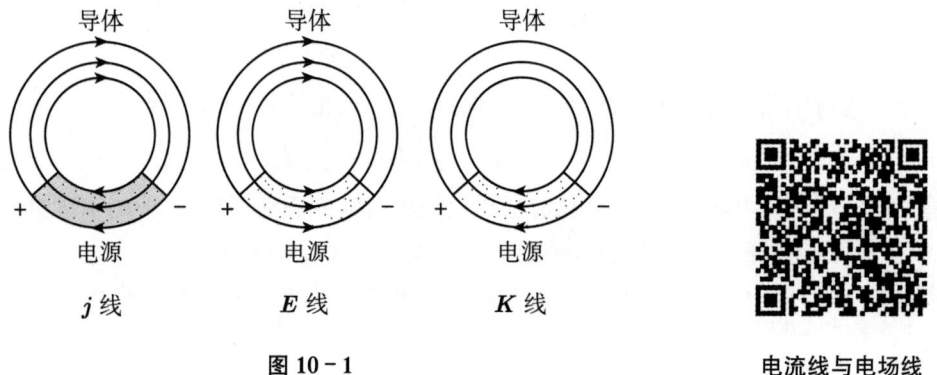

图 10-1

电流线与电场线

10.1.4 欧姆定律　焦耳定律

1. 欧姆定律

实验表明,在稳恒条件下通过导体的电流和导体两端的电压成正比,即

$$I = \frac{U}{R} \quad \text{或} \quad U = IR$$

称为欧姆定律;适用条件为金属、电解液等纯电阻电路,且所研究部分不能含有电源.

说明:(1) 保持在同一温度下,R 为定值时,上式才称为欧姆定律.

(2) 符合欧姆定律时,伏安特性曲线呈线性;不符合欧姆定律时,伏安特性曲线为一条曲线,元件为非线性元件.

(3) 不论线性、非线性元件,电阻均可用 $R = U/I$ 计算.对于线性元件

$$R = \frac{U}{I} = \frac{\Delta U}{\Delta I}$$

对于非线性元件
$$R = \frac{U}{I} \neq \frac{\Delta U}{\Delta I}$$

2. 欧姆定律微分形式

在导体的电流场中取一小电流管,长度为 dl,截面为 dS 且垂直于电流密度,则有
$$dI = \frac{|dU|}{R}$$
其中
$$dI = jdS, \quad |dU| = Edl, \quad R = \rho\frac{dl}{dS}$$
联立推得
$$j = \frac{1}{\rho}E$$
引入电导率 σ,其为电阻率的倒数,即
$$\sigma = \frac{1}{\rho}$$
则
$$j = \sigma E$$
由于 j,E 方向一致,因此可写为
$$\boldsymbol{j} = \sigma \boldsymbol{E}$$

上式叫作欧姆定律的微分形式或电流密度的欧姆定律,适用条件同"1",所研究部分不能含有电源. 它反映了 $\boldsymbol{j}$ 正比于 $\boldsymbol{E}$,即单位正电荷所受的稳恒电场力,$\boldsymbol{j}$ 方向也与正电荷受力方向相同.

如果除静电场 $\boldsymbol{E}$ 的作用外,同时存在非静电力作用(即包含电源部分),可以想到 $\boldsymbol{j}$ 应取正比于单位正电荷所受的力,包括静电力和非静电力,则欧姆定律的微分形式为
$$\boldsymbol{j} = \sigma(\boldsymbol{E} + \boldsymbol{K})$$

3. 焦耳定律及其微分形式

热功率
$$P = I^2 R$$
称为焦耳定律,普遍适用.

单位体积的热功率称为热功率密度 p,取一小电流管同"2",有
$$p = \frac{(dI)^2 R}{dV}$$
其中
$$dI = jdS, \quad R = \rho\frac{dl}{dS}, \quad dV = dSdl$$

联立推得
$$p = \frac{j^2}{\sigma} = j^2\rho$$

称为焦耳定律的微分形式.

例 10-1 如图 10-2 所示,半径分别为 a,b,长为 $L(a<b\ll L)$ 的两薄壁金属圆筒同轴放置,其间充以电阻率为 ρ 的均匀介质. 内、外圆筒间加有电压 U,忽略边缘效应.

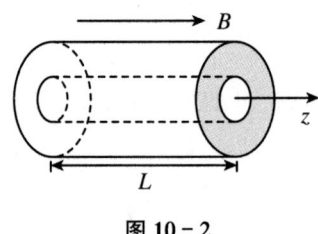

图 10-2

(1) 试求流经内、外圆筒的电流强度 I.

(2) 若沿圆筒的轴线方向加上磁感应强度为 B 的匀强磁场,试求此时流经内、外圆筒的电流强度 I'. 设介质相对磁导率为 1(相对磁导率 $\mu_r = 1$ 时不产生磁化电流),载流子带电量为 e,载流子数密度为 n,忽略电流自身产生的磁场. 已知磁场对运动电荷的力为 $f = ev \times B$.

解 (1) 由题意得
$$R = \int_a^b \rho \frac{\mathrm{d}r}{2\pi rL} = \frac{\rho}{2\pi L}\ln\frac{b}{a}$$
$$I = \frac{U}{R} = \frac{2\pi LU}{\rho\ln\dfrac{b}{a}} \qquad \text{☆}$$

(2) 载流子受静电力和洛伦兹力,故
$$j = \frac{1}{\rho}(E + v \times B)$$

又
$$j = nev$$

则
$$j = \frac{1}{\rho}\left(E + \frac{1}{ne}j \times B\right) \qquad \bigstar$$

未加磁场时
$$I = j_0 2\pi rL, \quad j_0 = \frac{1}{\rho}E \qquad \bigcirc$$

☆、○ 两式联立,推得
$$E = \frac{U}{r\ln\dfrac{b}{a}}$$

加磁场后电场强度不变,取柱坐标系,沿轴向右为 z 轴,有
$$\boldsymbol{E} = E\boldsymbol{e}_r, \quad \boldsymbol{B} = B\boldsymbol{e}_z \qquad \triangle$$

设
$$\boldsymbol{j} = j_r \boldsymbol{e}_r + j_\theta \boldsymbol{e}_\theta \qquad \square$$

把 $\triangle$, $\square$ 式代入 ★ 式, 解得
$$j_r = \frac{E}{\rho} + \frac{1}{\rho ne} j_\theta B, \quad j_\theta = -\frac{1}{\rho ne} j_r B$$

则
$$j_r = \frac{E}{\rho \left[1 + \left(\frac{B}{\rho ne} \right)^2 \right]}$$

故
$$I' = 2\pi r L j_r = 2\pi r L \frac{1}{\rho \left[1 + \left(\frac{B}{\rho ne} \right)^2 \right]} \frac{U}{r \ln \frac{b}{a}} = \frac{I}{1 + \left(\frac{B}{\rho ne} \right)^2}$$

例 10-2 在电阻率为 ρ 的无限大均匀导电介质中,有两个相隔很远的半径同为 a 的金属球. 当两球间的距离比它们的半径大得多时,试求两球间介质的电阻.

解 设电流 I 从球 1 流入、球 2 流出,则介质各处电场强度为
$$\boldsymbol{E} = \rho \boldsymbol{j}$$

对包围球 1 的高斯面
$$\oiint_S \boldsymbol{E} \cdot \mathrm{d}\boldsymbol{S} = \rho \oiint_S \boldsymbol{j} \cdot \mathrm{d}\boldsymbol{S} = \rho I$$

由静电场的高斯定理得
$$\oiint_S \boldsymbol{E} \cdot \mathrm{d}\boldsymbol{S} = \frac{Q}{\varepsilon_0}$$

联立解得球 1 表面堆积电荷为
$$Q = \varepsilon_0 \rho I$$

故球 1 电势
$$U_+ = \frac{Q}{4\pi \varepsilon_0 a} = \frac{\rho I}{4\pi a}$$

同理,球 2 电势
$$U_- = -\frac{\rho I}{4\pi a}$$

故两球间
$$U = U_+ - U_- = \frac{\rho I}{2\pi a}$$

则

$$R = \frac{U}{I} = \frac{\rho}{2\pi a}$$

也可用电压叠加或电流叠加来做,后边学习.

> **练习 10-1** 三个相同的半径为 R 的金属小球,用导线相连,两两彼此球心相距 $l(l \gg R)$.设三个球所处全空间电阻率为 ρ,试求三球与无穷远处之间的电阻.设通电时导线上分布的电荷可忽略不计.

10.1.5 两种导体分界面上的边界条件

如图 10-3 所示,类似于电介质分界面上的边界条件的推导,由电流稳恒条件

$$\oiint_S \boldsymbol{j} \cdot \mathrm{d}\boldsymbol{S} = 0$$

可推出

$$j_{1n} = j_{2n}$$

即 $\boldsymbol{j}$ 法向分量连续;

由静电场环路定理

$$\oint_L \boldsymbol{E} \cdot \mathrm{d}\boldsymbol{l} = 0$$

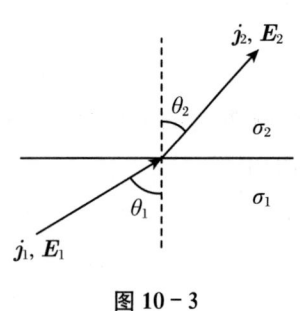

图 10-3

可推出

$$E_{1t} = E_{2t}$$

即 $\boldsymbol{E}$ 切向分量连续;

再结合电流密度与场强的关系

$$\boldsymbol{j} = \sigma \boldsymbol{E}$$

进而推出

$$\frac{\tan\theta_1}{\tan\theta_2} = \frac{\sigma_1}{\sigma_2}$$

即电流线(或电场线)在导体界面上的折射关系.

> **练习 10-2** 大地可看成均匀的导电介质,其电阻率为 ρ.用一半径为 a 的球形电极与大地表面相接,半个球体埋在地面下,如图 10-4 所示,电极本身的电阻可以忽略.试证明此电极的接地电阻为 $R = \rho/(2\pi a)$.
>
>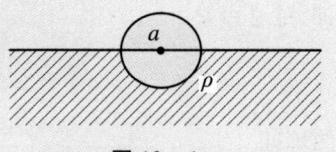
>
> 图 10-4

10.2 直流电路

10.2.1 电阻

电阻定义式及决定式分别为

$$R = \frac{U}{I}, \quad R = \rho \frac{l}{S}$$

温度每升高 1 ℃ 时其电阻率的相对变化量称为电阻(率)温度系数 α;若温度 t_0 时的电阻率为 ρ_0,则温度 $t = t_0 + \Delta t$ 时电阻率为

$$\rho = \rho_0(1 + \alpha \Delta t)$$

α 在一段不大的温度间隔内可视为常数,金属 $\alpha > 0$,碳 $\alpha < 0$;在某温度范围内若 α 变化不大,则 α 可视为与温度无关的常数,此时若导体 0 ℃ 时的电阻率为 ρ_0',则 t ℃ 时的电阻率约为

$$\rho = \rho_0'(1 + \alpha t)$$

金属电阻率随温度变化比金属的热膨胀显著得多,所以在考察电阻随温度变化时,可忽略热膨胀,对应电阻率表达式,有

$$R = R_0(1 + \alpha \Delta t), \quad R = R_0'(1 + \alpha t)$$

例 10-3 在负载功率 $P_1 = 1$ kW,室温 $t_0 = 20$ ℃ 时,电网中保险丝的温度达到 $t_1 = 120$ ℃,保险丝材料的电阻温度系数 $\alpha = 4.0 \times 10^{-3}$ K^{-1},保险丝的熔断温度 $t_2 = 300$ ℃,其所释放的热量与温度差成正比地增加,请估算电路中保险丝烧断时负载的功率.

解 设 0 ℃ 时保险丝电阻为 r_0,温度为 t_1 时保险丝

$$r_1 = r_0(1 + \alpha t_1), \quad I_1^2 r_1 = k(t_1 - t_0)$$

负载功率

$$P_1 = UI_1$$

保险丝烧断时,保险丝

$$r_2 = r_0(1 + \alpha t_2), \quad I_2^2 r_2 = k(t_2 - t_0)$$

负载功率

$$P_2 = UI_2$$

联立解得

$$P_2 \approx 1372.46(\text{W})$$

练习 10-3 "220 V, 100 W"的白炽灯泡 A 和"220 V, 60 W"的白炽灯泡 B 的伏安特性曲线如图 10-5 所示. 若将两灯泡串联接在 220 V 的电源上, 试问两灯泡实际消耗的功率各为多大?

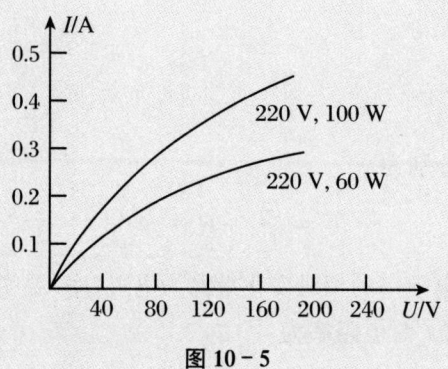

图 10-5

练习 10-4 两个同心金属球壳的内、外半径分别为 $a, b(b>a)$, 中间充满电导率为 σ 的介质材料, σ 随外电场变化规律为 $\sigma = KE(K>0)$. 现将两球壳维持常电压 V, 试求两金属球壳间的电流强度.

10.2.2 含源电路欧姆定律

这里略去闭合电路欧姆定律的内容.

对稳恒电路,如图 10-6 所示, a, b 间含有电源的部分,静电力和非静电力做功之和等于内阻生热. 对图 10-6(a), 由 $b \to a$ 非静电力做正功, 有

$$ItU_{ba} + It\mathscr{E} = I^2 rt$$

则

$$U_{ba} = -\mathscr{E} + Ir \quad \text{或} \quad U_{ab} = -U_{ba} = \mathscr{E} - Ir$$

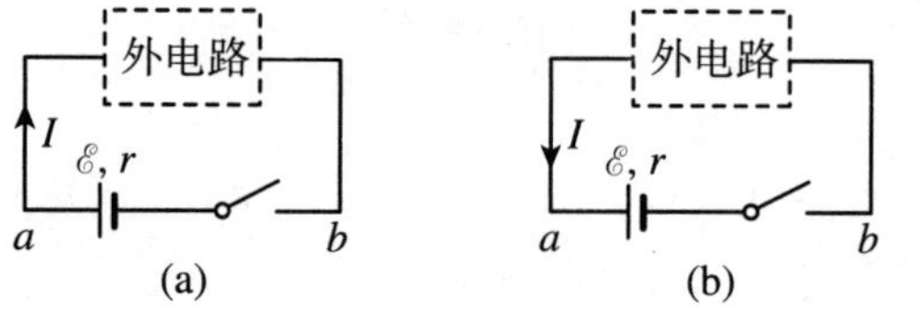

图 10-6

对图 10-6(b), 由 $a \to b$ 非静电力做负功, 有

$$ItU_{ab} - It\mathscr{E} = I^2 rt$$

则

$$U_{ab} = \mathscr{E} + Ir \quad \text{或} \quad U_{ba} = -U_{ab} = -\mathscr{E} - Ir$$

由此,虽然电势差实际是静电场(稳恒电场)中两点的电势差值,但在计算电路中两点间的电势差时,也可以通过含有电源的部分计算,即含源电路欧姆定律.

含源电路欧姆定律:电路中任意两点间的电势差等于连接这两点的任一支路上各电路元件电势下降的代数和.经过电阻时,若选取支路方向与电流方向一致,则电势下降,取为正;反之为负.经过电源时,若选取支路方向为从电源正极到负极,则电势下降,取为正;反之为负.例如图 10-7 所示电路,a,b 间的电势差为

$$U_a - U_b = \mathscr{E}_1 + I_1(r_1 + R_1) - \mathscr{E}_2 - I_2(r_2 + R_2) + I_3 R_3$$

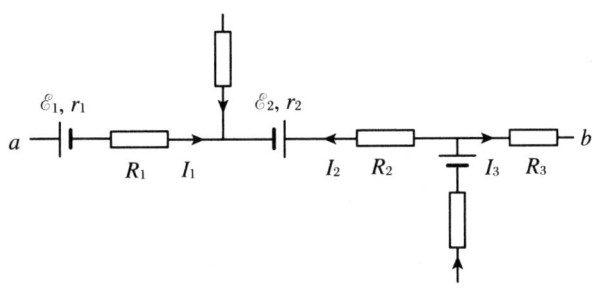

图 10-7

例 10-4 电路如图 10-8 所示,已知 $\mathscr{E}_1 = 12$ V,$\mathscr{E}_2 = 8$ V,$\mathscr{E}_3 = 9$ V,$r_1 = r_2 = r_3 = 1$ Ω,$R_1 = R_2 = R_3 = R_4 = 2$ Ω,$R_5 = 3$ Ω.试求 U_{ab},U_{cd}.

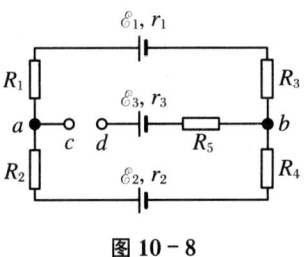

图 10-8

解 设电流为逆时针方向,则

$$I = \frac{\mathscr{E}_1 - \mathscr{E}_2}{r_1 + R_1 + R_2 + r_2 + R_4 + R_3} = 0.4 (\text{A})$$

$$U_{ab} = I(R_2 + r_2 + R_4) + \mathscr{E}_2 = 10 (\text{V})$$

$$U_{cd} = U_{ab} - \mathscr{E}_3 = 1 (\text{V})$$

练习 10-5 图 10-9(a)所示电路中,电池电压不变,而电源电压 U 可以改变,发现在电源电压 $U = 3$ V 时无电流通过电源.试求电源电压为多少时电池不放电.通过灯泡的电流随灯泡两端电压的变化关系如图 10-9(b)所示,不计电池内阻.

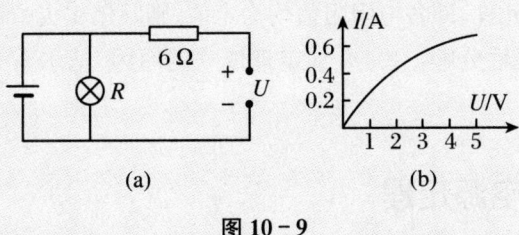

图 10-9

10.2.3 基尔霍夫方程组

不能用串并联求解的电路称为复杂电路. 串联部分称为支路, 串联支路电流相等; 多条支路连接点称为节点; 支路组成的闭合通路称为回路; 不可再分的回路称为网孔.

解复杂电路的基本方法是列基尔霍夫方程组, 也可利用等效电源定理、叠加定理、Y-△变换、对称性简化化为简单电路来求解.

基尔霍夫方程组包括节点电流方程组和回路电压方程组.

节点电流方程组: 汇合于任一节点的电流的代数和为零(取流入节点为正, 流出节点为负, 或反之), 或流入节点的电流之和等于流出节点的电流之和. 它的理论基础是稳恒条件. n 个节点可列 $n-1$ 个独立方程.

回路电压方程组: 沿任一闭合回路环绕一周, 电势降落代数和为零. 它的理论基础是恒定电场满足环路定理. n 个网孔可列 n 个独立方程; 各回路至少有一段电路是其他回路未涉及的, 方程才独立.

未知电流方向时可设, 若求出为负值, 则电流方向与所设相反.

例 10-5 图 10-10 所示的电路中, $\mathscr{E}_1$ 是内阻可不计的电源, $\mathscr{E}_2$ 是有一定内阻的电源, 此时, 有一电流通过 $\mathscr{E}_2$. 若现在使 $\mathscr{E}_2$ 的电动势增加 1.5 V, 但仍要保持通过 $\mathscr{E}_2$ 的电流不变, 电源 $\mathscr{E}_1$ 的电动势必须增加几伏? 电路中各电阻值如图中所标示.

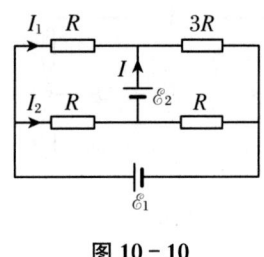

图 10-10

解 如图设电流, 设 $\mathscr{E}_2$ 内阻为 r, 由基尔霍夫定律得
$$I_1 R - Ir + \mathscr{E}_2 - I_2 R = 0$$
$$Ir - \mathscr{E}_2 + (I_1 + I)3R + (I - I_2)R = 0$$
$$I_2 R + (I_2 - I)R - \mathscr{E}_1 = 0$$

联立解得
$$I = \frac{4\mathscr{E}_2 - \mathscr{E}_1}{5R + r}$$

要使电流 I 不变, $\mathscr{E}_2$ 增加 1.5 V 时, $\mathscr{E}_1$ 应增加 6 V.

基尔霍夫方程组在含有非线性元件的电路中也是成立的.

若电路中无非线性元件, 即各电阻阻值均为定值, 则基尔霍夫方程组是关于电流分布的线性代数方程组, 可以线性分解, 这是叠加定理成立的原因. 基尔霍夫方程组可导出等效电源定理、叠加定理等.

10.2.4 等效电源定理

等效电源定理包括等效电压源定理和等效电流源定理, 证明从略.

1. 电压源和电流源　等效条件

只有电动势而无内阻的理想电源称为理想电压源,又称恒压源,不论外电路电阻如何变化,电源提供的电压不变.通常的实际电源($r \neq 0$)可称为电压源,它相当于恒压源与内阻 r 的串联.

不管外电路电阻如何变化,电源总提供一个不变的电流 I_0 的理想电源称为理想电流源或恒流源,恒流源内阻为无穷.通常的实际电源可称为电流源,它相当于恒流源与内阻 r 的并联.

实际电源既可以看成电压源,又可以看成电流源,两种处理完全等效.如图 10-11 所示,分别看作电压源、电流源时,外接相同负载 R,负载电流 I 应相等,则

$$I = \frac{\mathscr{E}}{R+r} = \frac{\mathscr{E}}{r} \frac{r}{R+r}$$

$$IR = (I_0 - I)r_0$$

故

$$I = I_0 \frac{r_0}{R + r_0}$$

对任意 R 均应满足;当 $R = 0$ 时,有

$$I = \frac{\mathscr{E}}{r}, \quad I = I_0$$

则

$$I_0 = \frac{\mathscr{E}}{r}$$

代回原式,解得

$$r_0 = r$$

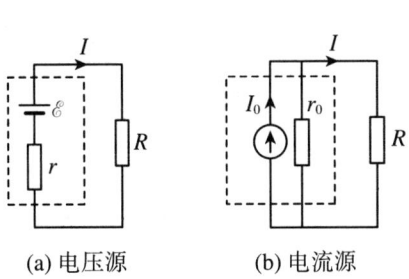

(a) 电压源　　(b) 电流源

图 10-11

即电流源的 I_0 等于电压源的短路电流,电流源内阻等于电压源内阻,称为等效条件.

2. 等效电压源定理(戴维南定理)

两端线性有源网络可以等效为一个电压源,其电动势等于两端的

等效电压源定理

开路电压,其内阻等于网络除去电动势后两端的电阻.

3. 等效电流源定理(诺顿定理)

利用等效条件,可以得到等效电流源定理:两端线性有源网络可以等效为一个电流源,其 I_0 等于两端短路时流过两端点的电流,其内阻等于网络除去电动势后两端的电阻.

10.2.5 叠加定理

一个线性原件的电路中有多个电源,则通过电路中任一支路的电流(或电压)等于各电源单独存在时在该支路产生的电流(或电压)之和,此时所有其他电源被替换为它们各自的电阻.这称为叠加定理.

叠加定理有可能简化计算,也可以用来考察增添个别电源对电路产生的影响.定理中的电源可以是电压源,也可以是电流源.对无源(线性)电阻网络求两点间电阻时,有时引入几个恒流源,利用叠加定理解题.

例 10-6 如图 10-12(a)所示, $\mathscr{E}_1 = 3 \text{ V}$, $\mathscr{E}_2 = 1 \text{ V}$, $r_1 = 10 \text{ } \Omega$, $r_2 = 20 \text{ } \Omega$, $R = 10 \text{ } \Omega$. 试分别用等效电压源定理、等效电流源定理、叠加定理计算流经 R 的电流.

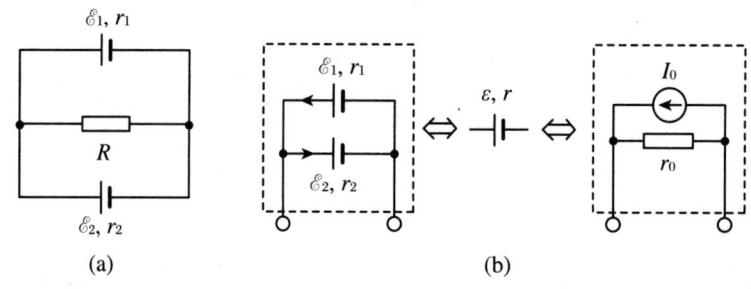

图 10-12

解 解法 1:等效电压源定理.将 $\mathscr{E}_1, r_1$ 和 $\mathscr{E}_2, r_2$ 等效为 $\mathscr{E}, r$,如图 10-12(b)所示,有

$$\mathscr{E} = Ir_2 + \mathscr{E}_2 = \frac{\mathscr{E}_1 - \mathscr{E}_2}{r_1 + r_2} r_2 + \mathscr{E}_2 = \frac{7}{3}(\text{V}), \quad r = \frac{r_1 r_2}{r_1 + r_2} = \frac{20}{3}(\Omega)$$

接入 R 后

$$I = \frac{\mathscr{E}}{R + r} = 0.14(\text{A}), \text{方向向右}$$

解法 2:等效电流源定理.将 $\mathscr{E}_1, r_1$ 和 $\mathscr{E}_2, r_2$ 等效为 I_0, r_0,如图 10-12(b)所示,有

$$I_0 = \frac{\mathscr{E}_1}{r_1} + \frac{\mathscr{E}_2}{r_2} = 0.35(\text{A}), \quad r_0 = \frac{r_1 r_2}{r_1 + r_2} = \frac{20}{3}(\Omega)$$

接入 R 后

$$I_0 \frac{r_0 R}{r_0 + R} = IR$$

故

$$I = 0.14(\text{A}),\text{方向向右}$$

解法 3：叠加定理. 仅 $\mathscr{E}_1$ 时，经 R 电流为

$$I_1 = \frac{\mathscr{E}_1}{r_1 + \frac{Rr_2}{R + r_2}} \frac{r_2}{R + r_2} = 0.12(\text{A})$$

仅 $\mathscr{E}_2$ 时，经 R 电流为

$$I_2 = \frac{\mathscr{E}_2}{r_2 + \frac{Rr_1}{R + r_1}} \frac{r_1}{R + r_1} = 0.02(\text{A})$$

故经 R 电流为

$$I = I_1 + I_2 = 0.14(\text{A}),\text{方向向右}$$

读者可自行再用基尔霍夫定律计算.

10.3 电桥　补偿电路

10.3.1 电桥

电桥指桥式电路，直流电桥又称为惠斯通电桥，主要用于精确测量电阻. 如图 10-13 所示，调节 R_3 的值，使电流表 G 电流为零，这时 A,B 电势相等，称电桥平衡，这时

$$I_3 = I_x, \quad I_1 = I_2, \quad I_3 R_3 = I_1 R_1, \quad I_x R_x = I_2 R_2$$

解得

$$\frac{R_3}{R_1} = \frac{R_x}{R_2}$$

则

$$R_x = \frac{R_2}{R_1} R_3$$

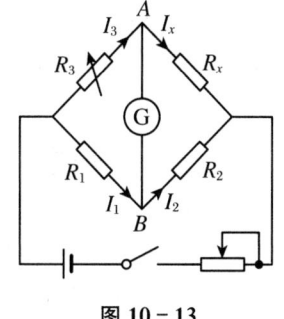

图 10-13

测量精确度取决于电流表 G 的精确度和电阻的精确度.

例 10-7　将 200 个电阻连成图 10-14 所示的电路，图中各 P 点是支路中连接两个电阻的导线上的点. 所有导线的电阻都可忽略. 现将一电动势为 $\mathscr{E}$,内阻为 r_0 的电源接到任意两个 P 点间，然后将任意一个没接电源的支路在 P 点处切断，发现流过电源的电流与没切

断前一样. 试确定这 200 个电阻 $R_1, R_2, \cdots, R_{100}, r_1, r_2, \cdots, r_{100}$ 应满足怎样的关系？导线 AB 和 CD 间的电压等于多少？

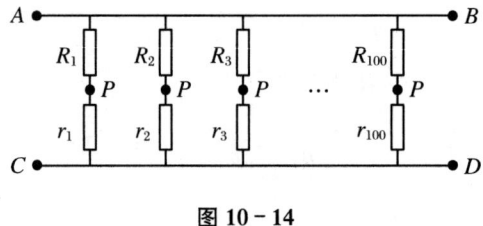

图 10-14

解 切断任意没接电源的 P 点，电源的电流不变，说明任意没接电源的支路均无电流，故导线 AB 与 CD 等势，即两者间电压为零；对有电流部分，设为 i, j，由电桥平衡条件得

$$\frac{R_i}{r_i} = \frac{R_j}{r_j}$$

电源接到任意两个 P 点间都如此，则 i, j 可取为任意两个不等的值，故

$$\frac{R_1}{r_1} = \frac{R_2}{r_2} = \frac{R_3}{r_3} = \cdots = \frac{R_{100}}{r_{100}}$$

此即为电阻应满足的关系.

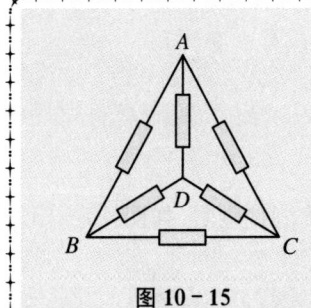

图 10-15

练习 10-6 六个外形相同的电阻，用导线连接如图 10-15 所示，已知其中五个电阻的阻值均精确地等于 $2\,\Omega$，另一个的阻值则与 $2\,\Omega$ 有明显差异，用欧姆表对图示网络测量三次，就可以找出这个与众不同的电阻. 试扼要说明测量方法和论据（必要时列出计算公式）.

10.3.2 补偿电路

电势差计是利用补偿法精确测量电源电动势的仪器.

要准确测量一个电源的电动势，必须在没有任何电流通过电源的情况下测定其路端电压，补偿法可以做到这一点. 如图 10-16(a) 所示，在可调电动势 $\mathscr{E}_0$ 被调节到 G 指针不偏转时，有待测电源电动势与可调电动势相等，即

$$\mathscr{E}_x = \mathscr{E}_0$$

实际采用图 10-16(b) 所示电路. $\mathscr{E}, R, ACB$ 组成的电路称为辅助回路，用来代替图 (a) 中 $\mathscr{E}_0$ 的功能，C 滑动相当于改变 $\mathscr{E}_0$. 辅助回路的工作电流标定为一定数值 I_0：

$$I_0 = \frac{\mathscr{E}}{(r+R)+R_{ACB}}$$

$\mathscr{E}_S$ 为标准电池, K 接 1 时调节 C 使 G 不偏转, 则此时辅助回路电流仍为 I_0, 标定此时 C 的位置; R 的作用是在电源 $\mathscr{E}$ 内阻发生变化时通过调节 R 使 $r+R$ 不变. 使用时 K 先接 1, C 置于标定位置, 调节 R 使 G 不偏转, 此时辅助回路已调节到工作电流 I_0; 然后 K 接 2, 调 C 使 G 不偏转, 则此时辅助回路电流仍为 I_0, 待测电源电动势为

$$\mathscr{E}_x = I_0 R_{AC}$$

在 ACB 上标定各电动势数值即可.

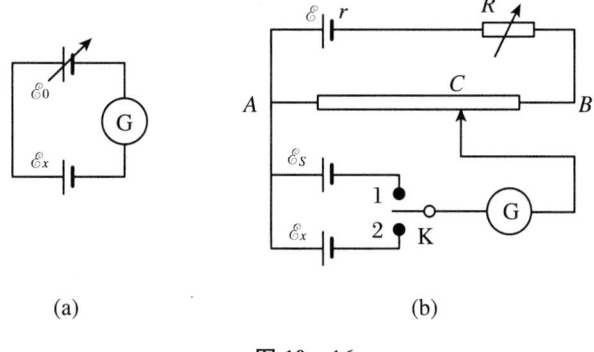

图 10-16

若不使用电势差计, 只应用补偿原理, 则 K 先接 1, 调 C 使 G 不偏转时 AC 段电阻设为 R_S; 然后 K 接 2, (不能改变 R) 调 C 使 G 不偏转时 AC 段电阻设为 R_x; 则两次辅助回路电流相等, 有

$$\mathscr{E}_S = IR_S, \quad \mathscr{E}_x = IR_x$$

则

$$\mathscr{E}_x = \frac{R_x}{R_S}\mathscr{E}_S$$

10.4 电 阻 网 络

无源电阻网络求总电阻, 除利用串并联外, 还可利用设流入流出电流求得电流分布、Y-△变换、对称性、引入恒流源、叠加定理等方法来解题, 或多种方法综合应用. 有源电阻网络求解, 根据需要利用串并联、电流分布法、Y-△变换、对称性、叠加定理等方法或多种方法综合应用来解题.

10.4.1 电流分布法

电流分布法即设出电流(若无电源则假设接入电源),利用基尔霍夫方程组求得电流分布,进而求出所求量.这是一种常规方法,但不一定是最简单的方法.

10.4.2 Y-△等效代换

如图 10-17 所示,电阻连接成 Y 形(或△形)时,若把其等效为△形(或 Y 形),就有可能将复杂电路化为简单电路.下面给出代换公式.

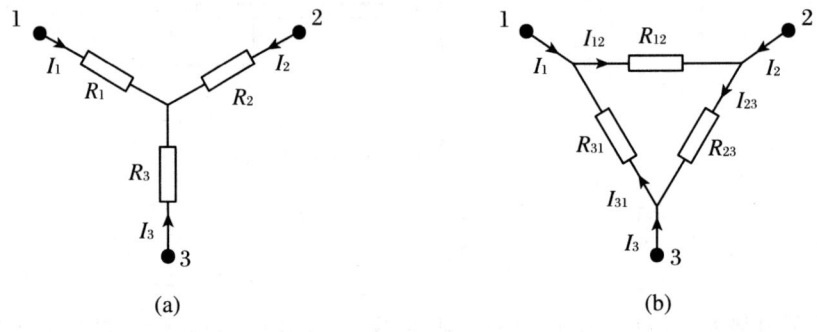

图 10-17

Y→△变换:

$$R_{12} = \frac{Y}{R_3}, \quad R_{31} = \frac{Y}{R_2}, \quad R_{23} = \frac{Y}{R_1}$$

其中

$$Y = R_1 R_2 + R_2 R_3 + R_3 R_1$$

△→Y 变换:

$$R_1 = \frac{R_{12} R_{31}}{\triangle}, \quad R_2 = \frac{R_{12} R_{23}}{\triangle}, \quad R_3 = \frac{R_{31} R_{23}}{\triangle}$$

其中

$$\triangle = R_{12} + R_{23} + R_{31}$$

推导:Y-△电路等效,故 Y,△电路在三端点电势 U_1, U_2, U_3 及电流 I_1, I_2, I_3 完全相同. Y 网络:

$$U_1 - U_2 = I_1 R_1 - I_2 R_2, \quad U_1 - U_3 = I_1 R_1 - I_3 R_3, \quad I_1 + I_2 + I_3 = 0$$

联立解得

$$I_1 = \frac{(R_2 + R_3) U_1 - R_3 U_2 - R_2 U_3}{R_1 R_2 + R_2 R_3 + R_3 R_1}$$

△网络：
$$I_{12} = \frac{U_1 - U_2}{R_{12}}, \quad I_{31} = \frac{U_3 - U_1}{R_{31}}$$
$$I_1 = I_{12} - I_{31} = \left(\frac{1}{R_{12}} + \frac{1}{R_{31}}\right)U_1 - \frac{1}{R_{12}}U_2 - \frac{1}{R_{31}}U_3$$

U_1, U_2, U_3 可任意变化仍能使 I_1 相等，故需各自系数分别相等，即可推得 Y→△变换；由 Y→△变换三个式子联立可推得△→Y 变换.

例 10-8 图 10-18(a)所示的电阻网络中，电阻 $R_1 = 1\ \Omega$，$R_2 = 2\ \Omega$，$R_3 = 3\ \Omega$. 试分别利用电流分布法、Y-△变换法求 R_{AB}.

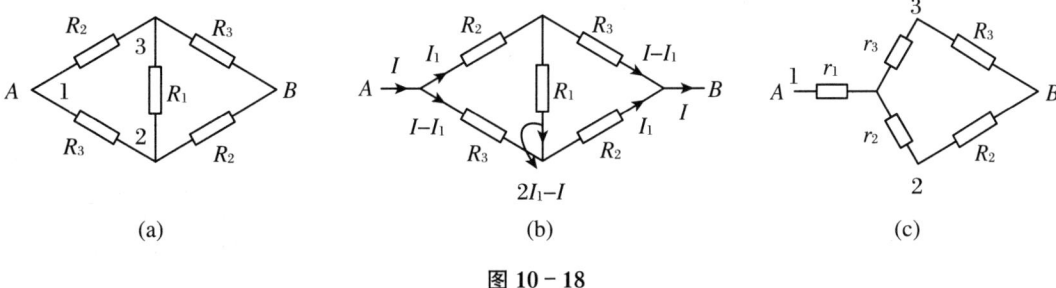

图 10-18

解 解法 1：电流分布法. 结合对称性设电流如图 10-18(b)所示，对左网孔
$$I_1 R_2 + (2I_1 - I)R_1 - (I - I_1)R_3 = 0$$
则
$$I_1 = \frac{R_1 + R_3}{R_2 + R_3 + 2R_1} I = \frac{4}{7} I$$
由 $A \to B$ 有
$$IR_{AB} = I_1 R_2 + (I - I_1)R_3$$
联立解得
$$R_{AB} = \frac{17}{7}(\Omega)$$

解法 2：Y-△变换法. 将 1, 2, 3 间做△→Y 变换，如图 10-18(c)所示，有
$$r_1 = \frac{R_2 R_3}{R_1 + R_2 + R_3} = 1(\Omega)$$
同理
$$r_2 = \frac{1}{2}(\Omega), \quad r_3 = \frac{1}{3}(\Omega)$$
故
$$R_{AB} = r_1 + \frac{(r_3 + R_3)(r_2 + R_2)}{r_3 + R_3 + r_2 + R_2} = \frac{17}{7}(\Omega)$$

注 并联电阻可以用并联符号"//"连接,上式也可写为

$$R_{AB} = r_1 + (r_3 + R_3) // (r_2 + R_2) = \frac{17}{7}(\Omega)$$

练习 10-7 如图 10-19(a)所示,等边 △ABC 的各边长 L_0 的电阻均为 r,按图 10-19(b),(c),(d)方式依次分割,电阻与边长成正比.试求:

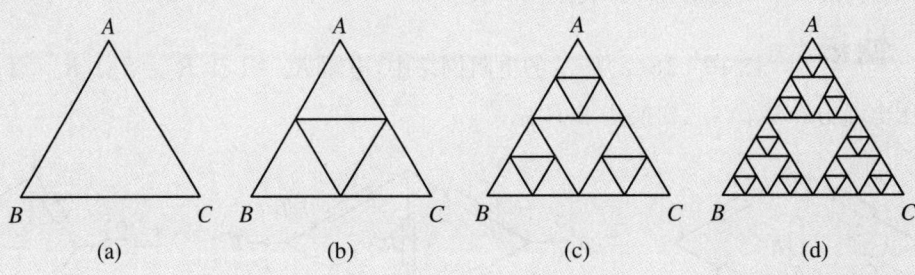

图 10-19

(1) 三次分割后,即图 10-19(d)中△ABC 任意两顶点间的电阻;

(2) n 次分割后,△ABC 任意两顶点间的电阻;

(3) n 次分割后,每个最小三角形边长设为 L,有总电阻 $R = kL^S$,k 是与 L,S 都无关的量,试求 S 的值.

练习 10-7

10.4.3 对称性简化

1. 镜像反射对称电阻网络

镜像反射对称电阻网络(若无源则假设接入电源),找到对称提供的等势点之后可采取的简化方式有:

(1) 若电阻两端等势,则此电阻对总电阻无贡献可拆掉(断路);

(2) 可合并等势点化为简单电路;

(3) 可拆分一点为两个等势点以化为简单电路(注意采用正确的拆分方式,确保拆分后的两个点等势).

立体网络有时有很好的对称性来直接找等势点,有时化为平面网络才方便找等势点.

例 10-9 (1) 图 10-20(a)所示的有阻金属丝网络中,每一段金属丝电阻均为 r,试求 AC 间的等效电阻;

(2) 图 10-20(b)所示的有阻金属丝网络中,每一段金属丝电阻均为 r,试求 AC 间的等效电阻.

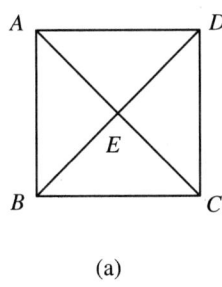
(a)

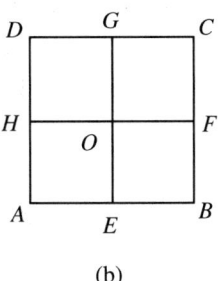
(b)

图 10-20

解 (1) 由对称性知 B,E,D 等势,故 BE,ED 间金属丝可拆除,如图 10-21(a)所示,则
$$R_{AC} = \frac{2}{3}r$$

(2) 解法1:将 O 点拆分为两个等势点 O_1, O_2,如图 10-21(b)所示,则
$$R_{AC} = \frac{1}{2}\left(r + \frac{2r}{2} + r\right) = \frac{3}{2}r$$

注 如果如图 10-21(c)所示将 O 点拆分为 O_1', O_2',则 O_1', O_2' 不等势,与原电路不等效,是错误的.

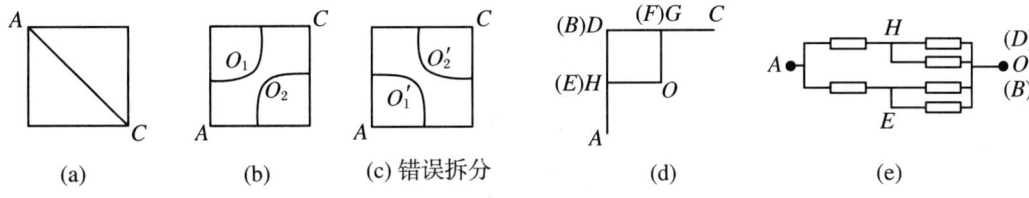

图 10-21

解法2:由对称性知 B,D 等势,E,H 等势,G,F 等势,以 AC 为轴翻折,使等势点合并,如图 10-21(d)所示,每段电阻均为 $r/2$,故
$$R_{AC} = \frac{r}{2} + \frac{\frac{r}{2} + \frac{r}{2}}{2} + \frac{r}{2} = \frac{3}{2}r$$

解法3:由对称性知 B,O,D 等势,合并这三点,$A \to BOD$ 的电阻为总电阻的 $1/2$,如图 10-21(e)所示,故
$$R_{AC} = 2\left[\left(r + \frac{r}{2}\right) \div 2\right] = \frac{3}{2}r$$

练习 10-8 图 10-22 所示的正方形网格由 24 个电阻 $r_0 = 8\,\Omega$ 的电阻丝构成，电池电动势 $\mathscr{E} = 6.0\,\text{V}$，内阻不计．试求通过电池的电流．

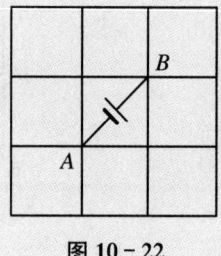

图 10-22

2. 旋转对称电阻网络

旋转对称电阻网络（若无源则假设接入电源），对称部分电压、电流相等．例如例 10-8 解法 2 中就利用旋转对称性简化了解答．

练习 10-9 将电阻 r_1, r_2, r_3, r_4 各 3 个共 12 个组成立方体系统，如图 10-23 所示，试求 A, B 间的等效电阻．

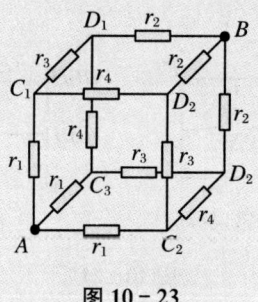

图 10-23

10.4.4　引入恒流源利用叠加定理

前面提到各电阻阻值均为定值时基尔霍夫方程组是关于电流分布的线性代数方程组，可以线性分解，故叠加定理成立．对无源电阻网络求两点间电阻时，常引入几个恒流源，利用叠加定理解题．

电流源、电压源可以相互替换，故也可以引入恒压源利用叠加定理解题，两者是一致的，只是引入恒流源更方便些．

例 10-10 无限网络如图 10-24（a），（b），（c）所示，每一段的电阻均为 r，试求各图

中 AB, AC 间的等效电阻.

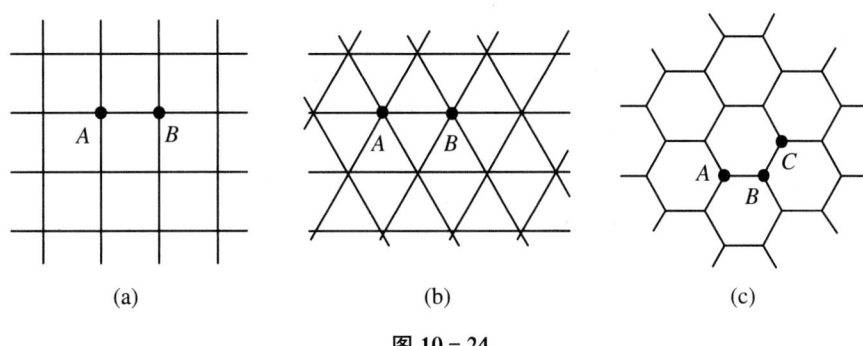

图 10 - 24

解 (a)图. 接入①:由 A 流入、无穷远处流出的恒流源 I;
接入②:由无穷远处流入、B 流出的恒流源 I;
根据电流叠加原理,两者叠加,等效于接入③:由 A 流入、B 流出的恒流源 I.
对①,由对称性知

$$I_{AB1} = \frac{1}{4}I, 向右$$

对②同理有

$$I_{AB2} = \frac{1}{4}I, 向右$$

故对③有

$$I_{AB} = I_{AB1} + I_{AB2} = \frac{1}{2}I, \quad U_{AB} = I_{AB}r = IR_{AB}$$

则

$$R_{AB} = \frac{1}{2}r$$

(b)图. A 入∞出的 I 与∞入 B 出的 I 叠加,等效于 A 入 B 出的 I,故

$$\left(\frac{1}{6}I + \frac{1}{6}I\right)r = IR_{AB}$$

则

$$R_{AB} = \frac{1}{3}r$$

(c)图. A 入∞出的 I 与∞入 B 出的 I 叠加,等效于 A 入 B 出的 I,故

$$\left(\frac{1}{3}I + \frac{1}{3}I\right)r = IR_{AB}$$

则

$$R_{AB} = \frac{2}{3}r$$

A 入∞出的 I 与∞入 C 出的 I 叠加,等效于 A 入 C 出的 I;对 A 入∞出的 I,有

$$I_{AB1} = \frac{1}{3}I, \quad I_{BC1} = \frac{1}{6}I$$

对 ∞ 入 C 出的 I 有

$$I_{BC2} = \frac{1}{3}I, \quad I_{AB2} = \frac{1}{6}I$$

则

$$I_{AB} = I_{BC} = \frac{1}{3}I + \frac{1}{6}I = \frac{1}{2}I$$

AC 间

$$I_{AB} \cdot 2r = IR_{AC}$$

则

$$R_{AC} = r$$

注 上题中(a),(b)无法通过此方法求不相邻两点间的等效电阻.

例 10-10 注

练习 10-10 三维立方无限网络如图 10-25 所示,每条细金属线的电阻阻值为 r,AB 粗金属线的电阻阻值为 R.试求 A,B 两端点间的等效电阻 R_{AB}.

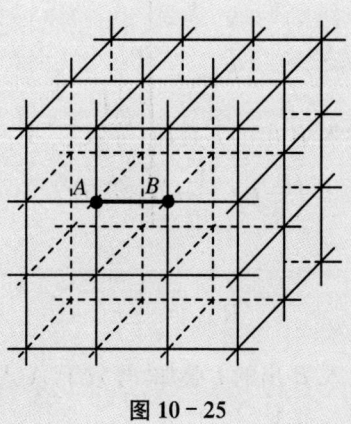

图 10-25

例 10-11 半径为 R 的薄壁球壳形导体,球心在 O 点,球面上有三点 A,B 和 C,三条球半径 OA,OB 和 OC 相互垂直.球面上 A,B 两点连有细导线,并由这两根细导线接至电源.已知通过电源的电流 I_0 进入球面 A 点,再由球面 B 点流出,如图 10-26(a)所示.试求

C 点处的电流密度.

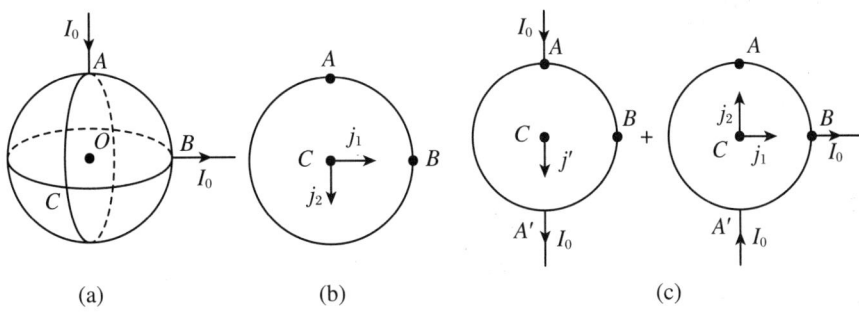

图 10 - 26

解 设 C 点的电流密度分量如图 10 - 26(b)所示,由对称性知 C 点的电流密度方向应与 AB 连线平行,即在 j_1,j_2 角平分线上,故

$$j_1 = j_2$$

原导体各处电流密度等价于由 A 入 A' 出的 I_0 与由 A' 入 B 出的 I_0 的叠加,如图 10 - 26(c)所示,则

$$j' = \frac{I_0}{2\pi R}, \quad j' - j_2 = j_2$$

解得

$$j_2 = \frac{I_0}{4\pi R} = j_1$$

故 C 处电流密度

$$j = \sqrt{2}\, j_2 = \frac{\sqrt{2}\, I_0}{4\pi R}, 向右下$$

练习 10 - 11 图 10 - 27 所示的内阻均为 r 的相同电阻丝组成的正十二面体框架有 20 个顶点,每一个顶点与三条棱相接.试分别求 A,B 间和 A,C 间的等效电阻.

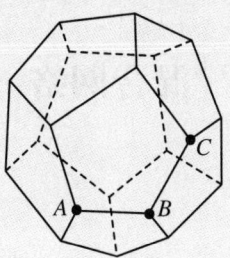

图 10 - 27

练习 10 - 11

10.4.5 极限法

包含无限多个电阻的二端无限电阻网络,若是由无限多个小网络元按相同方法连接而成的,则可采用极限法来求解.

例 10-12 图 10-28 所示为半无限电路,试求 A,B 间的电阻.

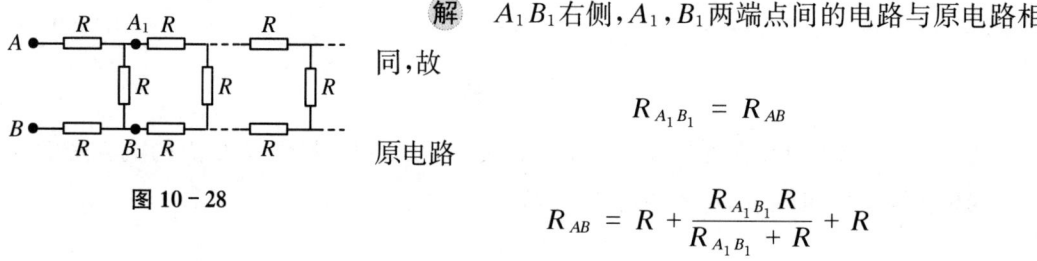

图 10-28

解 A_1B_1 右侧,A_1,B_1 两端点间的电路与原电路相同,故

$$R_{A_1B_1} = R_{AB}$$

原电路

$$R_{AB} = R + \frac{R_{A_1B_1} R}{R_{A_1B_1} + R} + R$$

联立解得

$$R_{AB} = (\sqrt{3} + 1)R$$

练习 10-12 电阻丝无限网络如图 10-29 所示,每段电阻丝的电阻均为 r,试求 A,B 间的等效电阻 R_{AB}.

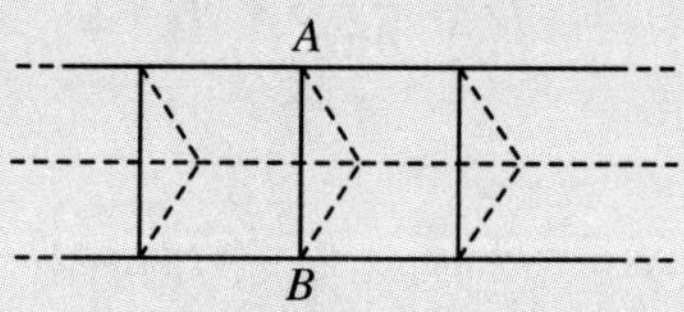

图 10-29

10.5 电容网络 混合网络

10.5.1 电容网络

电容网络(若无源可假设接入电源)稳定后无电流,满足:

(1) 孤岛电荷量保持不变,其中若各电容原来均不带电,则任一节点所连各极板电荷量之和为零;

(2) 沿任一环路电势降落代数和为零.

若用基尔霍夫方程组解题,则将支路电流方程组中的电流替换为电荷量即可.

电容网络除可利用串、并联外,还可利用"倒数电容"代换法、电容的 Y-△变换、(若无源可假设接入电源)电荷分布法、对称性、充入电荷量、叠加定理等方法来解题,或多种方法综合应用.

1. "倒数电容"代换法

引入"倒数电容"C^*：

$$C^* = \frac{1}{C} = \frac{U}{Q}$$

对比电阻

$$R = \frac{U}{I}$$

则 Q 与 I 相当(如串联电容器 Q 相同,并联电容器 $Q_{总}$ 为各电容器 Q 之和等),U 与 U 同量,C^* 与 R 在数学关系上同构.

电阻串、并联满足

$$串联\ R = \sum R_i, \quad 并联\ \frac{1}{R} = \sum \frac{1}{R_i}$$

电容串、并联满足

$$串联\ \frac{1}{C} = \sum \frac{1}{C_i}, \quad 并联\ C = \sum C_i$$

则"倒数电容"串、并联满足

$$串联\ C^* = \sum C_i^*, \quad 并联\ \frac{1}{C^*} = \sum \frac{1}{C_i^*}$$

与电阻的串、并联完全相同.

故引入"倒数电容"C^* 后,直流电源、电容网络的求解,完全类比于直流电源、电阻网络的求解.

2. 电容的 Y-△变换

如图 10-30 所示,可直接推导,也可由电阻 Y-△变换的结果和"倒数电容"法得到电容的 Y-△变换：

$$C_{12}^* = \frac{C_1^* C_2^* + C_2^* C_3^* + C_3^* C_1^*}{C_3^*}$$

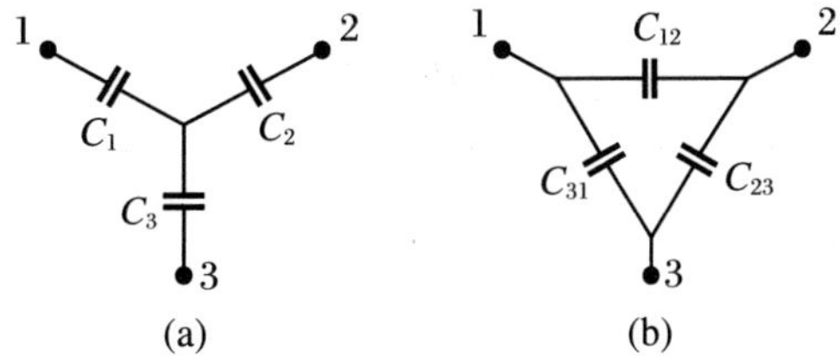

图 10-30

则
$$C_{12} = \frac{C_1 C_2}{C_1 + C_2 + C_3}, \quad C_{23}, C_{31} \text{ 略}$$

$$C_1^* = \frac{C_{12}^* C_{31}^*}{C_{12}^* + C_{23}^* + C_{31}^*}$$

故
$$C_1 = \frac{C_{12}C_{23} + C_{23}C_{31} + C_{31}C_{12}}{C_{23}}, \quad C_2, C_3 \text{ 略}$$

例 10-13 图 10-31 所示电容网络中各电容器电容均为 C，试求 A，B 间的等效电容.

解 设 AB 接入电源，由对称性设各电容器电荷量如图 10-31 所示，对左网孔有

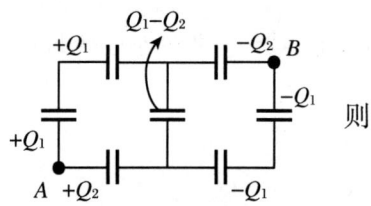

图 10-31

$$\frac{Q_1}{C} \cdot 2 + \frac{Q_1 - Q_2}{C} - \frac{Q_2}{C} = 0$$

则
$$Q_2 = \frac{3}{2} Q_1$$

由 $A \to B$ 有
$$\frac{Q_1 + Q_2}{C_{AB}} = \frac{Q_2}{C} + \frac{Q_1}{C} \cdot 2$$

则
$$C_{AB} = \frac{5}{7} C$$

练习 10-13 试求图 10-32 所示的无限电容网络相邻两节点间的等效电容，已知每个电容器的电容为 C.

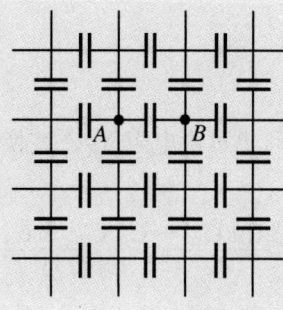

图 10-32

10.5.2 混合网络

对有直流电源、电阻、电容的混合网络,稳定后有电容器的地方无电流,但电容器上储存电荷量.可先找出有电流部分求出电流分布,再求电容器电荷量等待求量.

例 10-14 阻值为 R 的四个等值电阻,电容为 $1\ \mu F$ 的四个电容器以及四个电池在立方体框架的各边上连接起来,如图 10-33(a)所示.各电池的电动势为 $\mathscr{E}_1 = 4\ V, \mathscr{E}_2 = 8\ V, \mathscr{E}_3 = 12\ V, \mathscr{E}_4 = 16\ V$,它们的内阻可忽略.

(1) 试求各个电容器的电压和电量;
(2) 若 D' 点与 B 点之间短路,试求 C_2 上的电量.

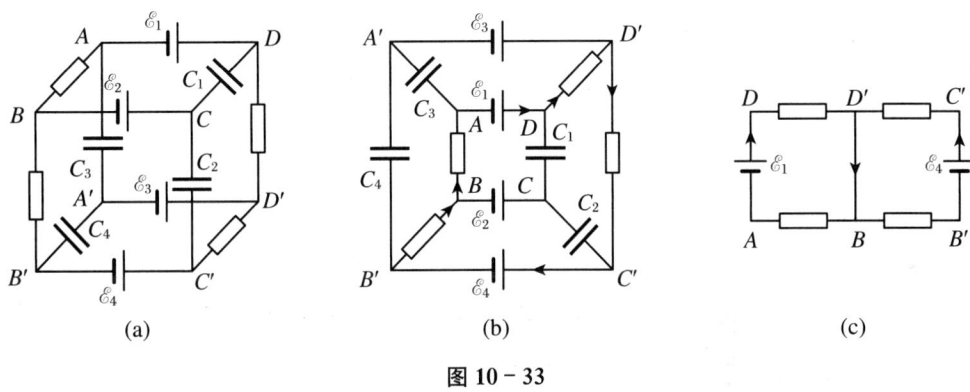

图 10-33

解 (1) 化为平面图,如图 10-33(b)所示,仅 $ADD'C'B'BA$ 回路有电流

$$I = \frac{\mathscr{E}_1 - \mathscr{E}_4}{4R} = -\frac{3}{R}$$

取 D 为电势零点,由 $A \to D$ 得

$$U_A - 0 = -\mathscr{E}_1 = -4(V)$$

由 $A'D'D$ 得

$$U_{A'} - 0 = -\mathscr{E}_3 - IR = -9(V)$$

由 $B'BA$ 得

$$U_{B'} - U_A = I \cdot 2R$$

则

$$U_{B'} = -10(V)$$

由 CBA 得

$$U_C - U_A = \mathscr{E}_2 + IR$$

则

$$U_C = 1(V)$$

由 $C'B'$ 得

$$U_{C'} - U_{B'} = \mathscr{E}_4$$

则

$$U_{C'} = 6(\text{V})$$

故各电容器

$$U_1 = |U_C - U_D| = 1(\text{V}), \quad Q_1 = CU_1 = 1(\mu\text{C})$$
$$U_2 = |U_C - U_{C'}| = 5(\text{V}), \quad Q_2 = CU_2 = 5(\mu\text{C})$$
$$U_3 = |U_A - U_{A'}| = 5(\text{V}), \quad Q_3 = CU_3 = 5(\mu\text{C})$$
$$U_4 = |U_{A'} - U_{B'}| = 1(\text{V}), \quad Q_4 = CU_4 = 1(\mu\text{C})$$

(2) 有电流部分如图 10-33(c)所示,经 $BB'C'D'$ 电流为

$$I = \frac{\mathscr{E}_4}{2R} = \frac{8}{R}$$

由图 10-33(a)中 $CBB'C'$ 得

$$U_C - U_{C'} = \mathscr{E}_2 + IR - \mathscr{E}_4 = 0$$

则

$$Q_2 = 0$$

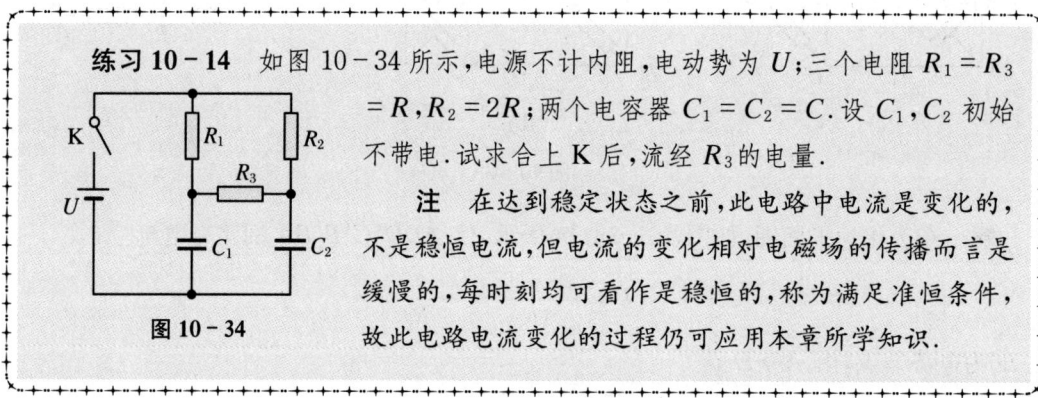

练习 10-14 如图 10-34 所示,电源不计内阻,电动势为 U;三个电阻 $R_1 = R_3 = R$,$R_2 = 2R$;两个电容器 $C_1 = C_2 = C$. 设 C_1,C_2 初始不带电. 试求合上 K 后,流经 R_3 的电量.

注 在达到稳定状态之前,此电路中电流是变化的,不是稳恒电流,但电流的变化相对电磁场的传播而言是缓慢的,每时刻均可看作是稳恒的,称为满足准恒条件,故此电路电流变化的过程仍可应用本章所学知识.

图 10-34

10.6 物质导电性

10.6.1 金属中的电流

金属导电是自由电子导电,自由电子定向运动的平均速度称为平均漂移速度,记为 v,有

$$j = nev, \quad I = j \cdot S = nevS_\perp$$

由上式可估算 v 数值一般为 10^{-5} m/s 的数量级,远小于无规则热运动速率(10^5 m/s 数

量级),更远小于电(场)的传播速率(即光速).金属导电时,只是在很大的无规则运动上附加一个速率甚小的定向运动.

欧姆定律的微观解释:在图 10-35 所示的金属左右两端加上电压 U,自由电子不发生碰撞时有

$$e\frac{U}{l} = ma$$

则

$$a = \frac{eU}{ml}$$

图 10-35

自由电子每次与金属晶格碰撞后运动方向变得无序,从平均效应来看定向漂移从零开始.设两次碰撞间隔为 τ,则定向漂移速率为两次碰撞间的平均速度

$$v = \frac{1}{2}a\tau = \frac{eU\tau}{2ml}$$

又

$$I = nevS = \frac{ne^2\tau S}{2ml}U$$

由欧姆定律

$$I = \frac{U}{R}$$

有

$$R = \frac{2ml}{e^2 nS\tau}, \quad \rho = \frac{2m}{e^2 n\tau}$$

温度升高时,无规则热运动加剧,τ 减小,R(或 ρ)增大,即金属电阻(率)随温度升高而增大.

以上是从经典电子论角度给出的解释,可得出概况,但与实验结果有较大偏差,只有用量子理论来解释才能与实验相符.

例 10-15 用长为 $l = 500$ m 的细铜线绕制成半径为 $r = 25$ cm 的线圈,线圈以角速度 $\omega = 300$ rad/s 绕自己的轴线(垂直于线圈平面)旋转.一只用来测量电量的冲击电流计通过滑动触点与线圈连接.整个电路的总电阻为 $R = 21$ Ω.当线圈突然停止时,通过冲击电流计的电量为 $q = 10$ nC.试求铜导线内载流子的荷质比.

解 以线圈为参考系,线圈突然停止时,载流子受的惯性切向力等效于恒定电场力,即

$$e\frac{U}{l} = -m\frac{d\omega}{dt}r$$

$$q = \int_0^t \frac{U}{R}dt = -\frac{mrl}{eR}\int_\omega^0 d\omega = \frac{mrl\omega}{eR}$$

故

$$\frac{e}{m} = \frac{l}{qR}r\omega = 1.8 \times 10^{11} \text{(C/kg)}$$

10.6.2 液体中的电流

液态金属导电是电子导电,与固态金属相似,此处不讨论.此处研究电解质的水溶液和熔融液体导电,导电的是正、负离子,导电中伴随化学变化.除阴、阳两极外,电流为通过截面的阴、阳离子的电荷量之和除以时间;阴、阳极处只有一种离子电荷量.外电场不太大时,电解液中的电流遵从欧姆定律;阴、阳极板处由于发生电能和化学能的转化,不遵从欧姆定律.

法拉第在研究电解作用时,在大量实验结果基础上总结出了电解定律.

法拉第第一电解定律:极板处析出物质的质量 m 与通电时间 t 和电流 I 成正比.表达式为

$$m = KIt = Kq$$

K 称为电化当量,与析出物质种类有关.

法拉第第二电解定律:电化当量 K 与化学当量 M/n 成正比.表达式为

$$K = \frac{M}{Fn}$$

M 为摩尔质量,n 为化合价,F 称为法拉第当量,$F = 9.65 \times 10^4$ C/mol.

发现电解定律时,人们还不了解物质的分子、原子结构,也不知道电子的存在.由电解定律可测定电子电量 $e = F/N_A$.

练习 10-15 图 10-36 所示是广泛应用于电子技术中的"水银钟"的核心部分,在封口的毛细管内有两段水银柱,它们被一小滴 HgI_2 电解液隔开,毛细管的内径 $d = 0.3$ mm,管子与 $R = 390$ kΩ 的电阻串联,再接到电动势为 $\mathscr{E} = 10$ V 的电池上."水银钟"用作小型定时装置,运行时间计算器,也用作库仑测量器测量长时间内通过电路的电量.已知水银 $M = 201 \times 10^{-3}$ kg/mol,$\rho = 13.6 \times 10^3$ kg/m³.

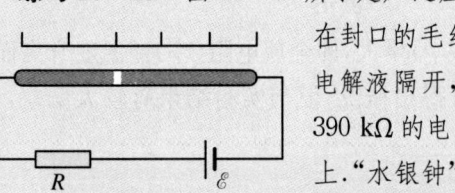

图 10-36

(1) HgI_2 液滴向左还是向右移动?

(2) 若"水银钟"标尺上的一个刻度长度为 1 cm,它指示多长时间?

10.6.3 气体、真空中的电流

使用外加手段,如射线照射或加热使气体电离后导电,称为被激导电,能使气体电离的物质称为电离剂.

外场足够强的情况下,即使没有电离剂也能发生的气体放电现象称为自激放电.几种常见的自激放电形式有辉光放电、弧光放电、火花放电、电晕放电.

接近真空时电子运动几乎碰不到气体分子,近乎不产生气体电离效应.真空电子管的阴极极板通常采用容易逸出电子的材料做成,称为电子射线管.阴极极板金属内部自由电子不断做热运动,总有一部分热运动电子克服阻力做功(即逸出功)逸出金属表面,常温下逸出的电子数极少,对阴极加热可使逸出的电子数更多.电子经阴极和阳极的作用形成很细的加速电子束,即真空中的电流是由阴极发出的高速电子构成的,称为阴极射线.示波器就是用阴极射线管和偏转极板制成的.

例 10-16 电弧是气体自激放电的一种形式,它具有下降的伏安特性曲线,即电流强度越大,电弧的两个电极之间的电压 U_A 越小:

$$U_A = a + \frac{b}{I}$$

图 10-37(a)中,"稳流"电阻 R 和弧光灯串联,接到电动势 $\mathscr{E} = 200$ V 的电源两端,电阻 R 的作用是使弧光灯发光稳定.忽略电源内阻和导线电阻,试求能使弧光灯稳定发光且释放的功率不小于电源消耗功率的一半的电阻 R 的值.设常量 $a = 55$ V, $b = 50$ W.

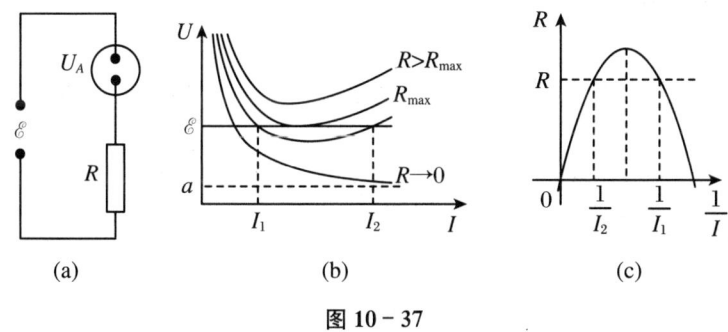

图 10-37

解 弧光灯和电阻上的电压设为 U,则

$$U = a + \frac{b}{I} + IR$$

又

$$U = \mathscr{E}$$

将这两个函数在图像中作出,如图 10-37(b)所示,在两者有交点时在交点处发光;以上两式约去 U 整理得

$$RI^2 - (\mathscr{E} - a)I + b = 0 \qquad ☆$$

能发光需

$$\Delta = (\mathscr{E} - a)^2 - 4Rb \geqslant 0$$

即

$$R \leqslant \frac{(\mathscr{E} - a)^2}{4b} = 105.1(\Omega)$$

在 $0<R<105.1\ \Omega$ 时,有两个发光电流 $I_1<I_2$.

稳定发光指电路中电流或某段电路电压意外有了偏差时,偏差会自动消失;从功率角度思考,电源输出功率为
$$P_{\mathcal{E}} = \mathcal{E}I$$
外电路消耗功率为
$$P_{外} = UI = RI^2 + aI + b$$
由于 $R>0, a>0, I>0$,因此可知 $P_{外}$ 随电流的增大而增大;工作时应有 $P_{\mathcal{E}} = P_{外}$.

在 I_2 处,使 I 稍增加,由图 10-37(b) 知 U 稍增加,而 $\mathcal{E}$ 不变,可知
$$P_{外} > P_{\mathcal{E}}$$
电源供给功率不足,会使 $P_{外}$ 减小,可知应会使电流减小,即使电流回复至 I_2;

使 I 稍减小,则 U 稍减小,而 $\mathcal{E}$ 不变,可知
$$P_{外} < P_{\mathcal{E}}$$
电源供给功率过量,会使 $P_{外}$ 增大,可知应会使电流增大,即使电流回复至 I_2.

综上,I_2 为稳定发光位置.

再考虑 I_1,使 I 稍增加,则 U 稍减小,而 $\mathcal{E}$ 不变,可知
$$P_{外} < P_{\mathcal{E}}$$
电源供给功率过量,会使 $P_{外}$ 增大,可知应会使电流进一步增大,更加偏离 I_1,故 I_1 为不稳定发光位置.

同理可分析 $R=0, R=105.1\ \Omega$ 均不能稳定发光. 即在 $0<R<105.1\ \Omega$ 时,弧光灯可在 I_2 稳定发光. 功率要求满足
$$I_2\left(a + \frac{b}{I_2}\right) \geqslant \frac{1}{2}\mathcal{E}I_2$$
则
$$\frac{1}{I_2} \geqslant 0.9\ \text{A}^{-1}$$

☆式整理为
$$R = -50\left[\left(\frac{1}{I} - 1.45\right)^2 - 1.45^2\right]$$

作出 R-$\frac{1}{I}$ 图像,如图 10-37(c) 所示;其中
$$\frac{1}{I} = 1.45\ \text{A}^{-1}$$
对应
$$R_{\max} = 105.1\ \Omega$$
在 $0<R<105.1\ \Omega$ 时,一个 R 对应两个发光电流,则
$$\frac{1}{I_1} > \frac{1}{I_2}$$

由之前分析可知应取 I_2，故只用此图像对称轴左侧部分，由图像得出 $\dfrac{1}{I_2} \geqslant 0.9$ A^{-1} 时，

$$R \geqslant -50[(0.9-1.45)^2 - 1.45^2] = 90(\Omega)$$

综上，应取

$$90\ \Omega \leqslant R < 105.1\ \Omega$$

10.6.4　半导体导电

导电能力介于导体和绝缘体之间的一类物质称为半导体，如硅、锗、砷化镓等物质．半导体载流子有两种：一种是电子导电，即半导体材料中的自由电子的运动；一种是"空穴"导电，这是一种失去电子的共价键位（空穴）因被束缚电子填补的运动．纯净半导体中自由电子和空穴很少，导电性差．如果加热、光照或掺入微量杂质，会大大改善其导电性，即半导体的热敏特性、光敏特性、杂敏特性．

1. N 型半导体和 P 型半导体

电子导电型半导体称为 N 型半导体，空穴导电型半导体称为 P 型半导体．例如在四价硅中掺入五价磷，一些硅原子被磷原子代替，它与硅原子组成共价键时多出一个价电子，常温下很容易激发成为自由电子，自由电子浓度比空穴大得多，主要靠电子导电，形成 N 型半导体．四价硅中掺入三价硼，一些硅原子被硼原子代替，它与硅原子组成共价键时少一个价电子，附近的束缚电子很容易来填补，从而形成一个空穴，形成 P 型半导体．

2. 晶体二极管

利用特殊掺杂工艺使一块纯净半导体一边成为 N 型半导体，一边成为 P 型半导体，在交界面上，由于电子和空穴向对方的扩散运动，在交界处形成具有特殊性质的区域，称为 PN 结．PN 结有单向导电性，加正向电压（$U_P > U_N$）时，PN 结导通；加反向电压（$U_P < U_N$）时，PN 结截止，不导电．引出电极，装上管壳，便制成晶体二极管．二极管的结构和符号如图 10-38 所示．

图 10-38　　　　半导体导电

理想二极管正向电阻可视为零，反向电阻可视为无穷大．

3. 晶体三极管

晶体三极管有 PNP 和 NPN 两类，结构和符号如图 10-39(a)，(b)所示. 它有三个电极：发射极 e，基极 b，集电极 c. 图中发射极箭头表示电流方向.

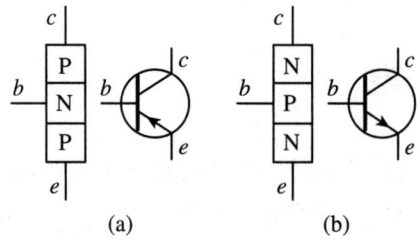

图 10-39

晶体三极管有两个厚薄不同的 PN 结调控通过三极的电流，具有放大电流或电压变化的作用. 如图 10-40 所示接入电路，在输入端加一个电信号，在输出端 R_c 上就会得到一个放大的电信号. 发射极电流等于基极和集电极电流之和，且基极电流远小于集电极电流，即

$$I_e = I_b + I_c, \quad I_b \ll I_c$$

基极电流有微小变化时，集电极电流有较大变化，故有放大作用，放大系数为

$$\beta = \frac{\Delta I_c}{\Delta I_b} \approx \frac{I_c}{I_b}$$

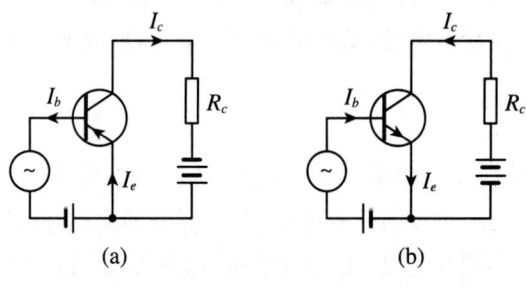

图 10-40

例 10-17 在图 10-41 所示的电路中，在条形磁铁向螺线管内插入的瞬时，微安表与电压表的读数将怎样变化？

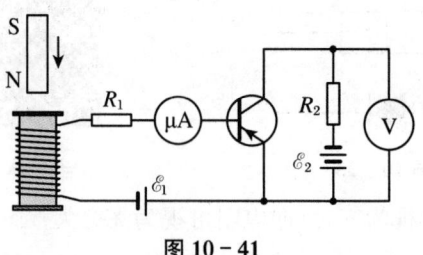

图 10-41

解 磁铁插入时,感应电动势与 $\mathscr{E}_1$ 同向,使发射结正向电压增大,载流子扩散增强,于是基极电流 I_b 增大,即微安表示数增大.

三极管有电流放大作用,使集电极电流 I_c 增大,电压表示数
$$U = \mathscr{E}_2 - I_c(r_2 + R_2)$$
故电压表示数减小.

10.6.5 超导现象

某些材料在温度很低时电阻突然降为零,这种现象称为超导现象.

超导体有"理想导电性"(即"零电阻特性")和"完全抗磁性"两个特性,完全抗磁性指超导体内部一定无磁场.

第 10 章习题

10-1 如习图 10-1 所示,平行板电容器极板面积为 S,中间充满两层介质,厚度、相对介电常数和电阻率分别为 $d_1, \varepsilon_{r1}, \rho_1$ 和 $d_2, \varepsilon_{r2}, \rho_2$,两端加恒定不变的电压 V.忽略边缘效应,试求稳定后:

(1) 两种介质中的电场强度;
(2) 通过电容器的电流强度;
(3) 两层介质分界面上的总电荷面密度;
(4) 两层介质分界面上的自由电荷面密度.

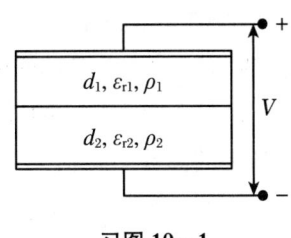

习图 10-1

10-2 半径分别为 $a, b(a<b)$ 的两个同心金属球面中间填充了电导率为 σ,介电常数为 ε 的介质.设在 $t=0$ 时,内球上突然出现了总电量 q_0.之后的电流或电场虽然不是稳恒的,但每一时刻都近似与稳恒电路一致(称为准恒电路).试计算之后过程中:

(1) 介质中的电流;
(2) 此电流产生的焦耳热.

10-3 气体放电管在通过被激放电的情况下,流经的电流强度 I 与两电极间电压 U 存

在非线性关系,所以它是一个非线性元件.为了简化讨论,把气体放电管中流经的电流强度 I 与管子两电极间电压 U 视为存在习图 10-2(a)所示的理想化关系.现在,把这个气体放电管与电阻 $R=10^7\ \Omega$ 的电阻器串联,接到充电至电压 $U_{C0}=300\ V$,电容 $C=10^{-3}\ F$ 的电容器上,如习图 10-2(b)所示.试求在电容器完全放电时间内气体放电管释放的热量.电路与上题一致,为准恒电路.

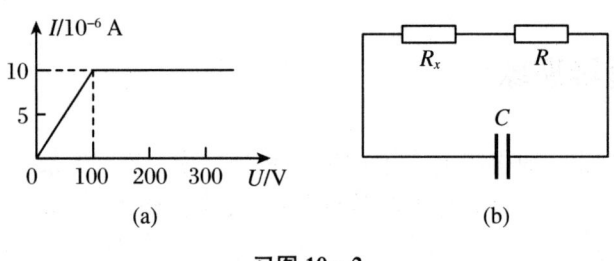

习图 10-2

10-4 350 km 长的海底电缆 AB 绝缘外皮在某处受损.为了探查其受损位置做如下测量:

(1) 使 B 端开路,在 A 端与地之间接入电动势为 220 V 的电池,测得 B 端对地的电压 $U_1=40\ V$;

(2) 使 A 端开路,在 B 端与地之间接入电动势为 220 V 的电池,测得 A 端对地的电压 $U_2=50\ V$.

根据以上测量结果,试计算破损位置距 A 端的距离.不计电池内阻和电池接地电阻,破损处和地之间的电阻不可忽略.

10-5 如习图 10-3 所示,电灯泡的电阻为 $R_0=2\ \Omega$,正常工作电压为 $U_0=4.5\ V$,由电动势 $U=6\ V$ 且内阻可忽略的电池供电.利用一滑线变阻器(电位器)将灯泡与电池相连,使系统的效率不低于 $\eta=0.6$,小灯泡正常工作.试计算可变电阻阻值的取值范围及它应承受的最大电流,求出效率最大的条件并计算最大效率.

10-6 习图 10-4 所示的电路中,包含有 50 只不同的安培表,以及 50 只相同的伏特表.第 1 只伏特表的读数为 $U_1=9.6\ V$,第 1 只安培表的读数为 $I_1=9.5\ mA$,第 2 只安培表的读数为 $I_2=9.2\ mA$.试求所有伏特表的读数的总和.

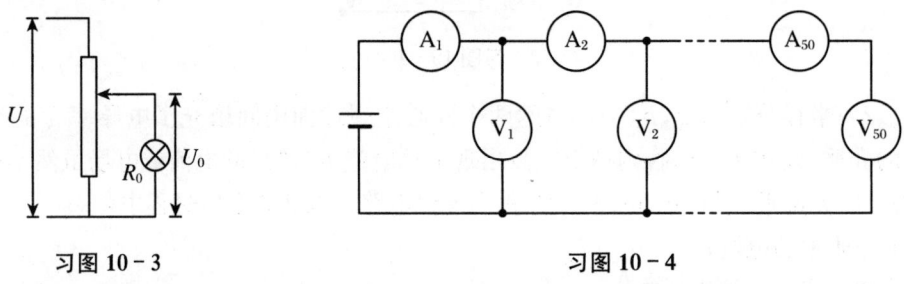

习图 10-3　　　　　　　　习图 10-4

10-7 三只相同的金属圆圈两两正交地连成习图 10-5 所示的形状,每一只金属圈截断后两端点间的电阻为 R.试求图中 A,B 两点间的等效电阻 R_{AB}.

10-8 习图 10-6 所示的有阻金属丝网络中,每一段金属丝的电阻值为 r. 试求等效电阻 $R_{AB}, R_{MN}, R_{AM}, R_{AN}$.

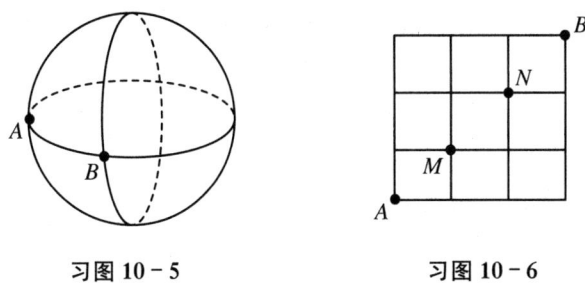

习图 10-5　　　　　习图 10-6

10-9 在空间中有 n 个点,记为 $1,2,3,\cdots,n$. 任意两点间均用一电阻为 R 的导线连接. 再把点 1 和点 n 接到电动势为 $\mathscr{E}$,内阻为 r 的电源上. 试求流过连接点 1 和点 n 的电阻 R 上的电流强度的大小.

10-10 田字形电阻丝网络如习图 10-7 所示,每小段金属丝的电阻均为 r,试求网络中 A,B 两点间的等效电阻.

10-11 如习图 10-8 所示,很大的电阻材料的平面表面上垂直地并排插四根金属针,相邻针间距离均为 d. 外边两针接电源,中间两针接电压表. 设流过电源的电流为 I,电压表读数为 U. 试求材料的电阻率 ρ.

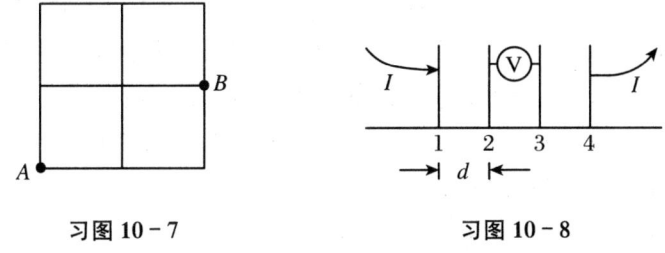

习图 10-7　　　　　习图 10-8

10-12 习图 10-9 所示的内阻均为 r 的相同电阻丝组成的正二十面体框架,它有 12 个顶点,每一个顶点与 5 条棱相接. 试求它相邻两点间的等效电阻.

10-13 习图 10-10 所示的无限旋转内接正方形金属丝网络由一种粗细一致、材料均匀的金属丝构成,其中每一个内接正方形的顶点都在外侧正方形四边中点上. 已知最外侧正方形边长为 l,单位长度金属丝的电阻为 r_0. 试求网络中:

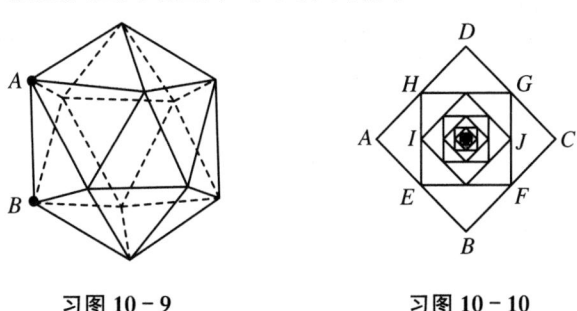

习图 10-9　　　　　习图 10-10

(1) A,C 间的等效电阻 R_{AC}；

(2) E,G 间的等效电阻 R_{EG}.

10-14 如习图 10-11 所示，各电容器的电容均为 C，试求 A,B 间的等效电容.

10-15 习图 10-12 所示的正立方体框架，12 条棱电阻均为 R，5 个电容均为 C，两个电池的电动势分别为 $\mathscr{E}_1 = 2I_0 R, \mathscr{E}_2 = I_0 R$. 电池内阻不计，电容器接入前不带电. 试求：

(1) AB 棱上的电流 I_{AB}；

(2) $A'B'$ 棱上电容器的带电量 $Q_{A'B'}$.

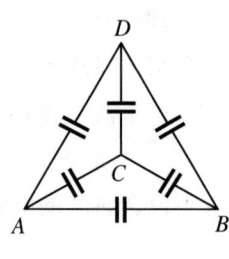
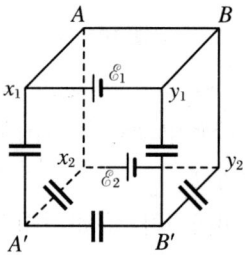

习图 10-11　　　　　习图 10-12

10-16 晶体三极管的基极 B、发射极 E 和集电极 C 的电势分别用 U_B, U_E, U_C 表示. 理想硅 NPN 开关三极管的性能如下：当 $U_B - U_E \geqslant 0.6\,\text{V}$ 时，三极管完全导通，即发射极 E 和集电极 C 之间相当于用导线直接接通；当 $U_B - U_E < 0.6\,\text{V}$ 时，三极管切断，即发射极 E 和集电极 C 之间完全不通. 开关三极管只有完全导通与关断两个状态. 习图 10-13(a) 所示是一个有实际用途的电路，Ⅰ 和 Ⅱ 都是理想的硅 NPN 开关三极管.

(1) 在习图 10-13(b) 中画出电压 U_2 随输入电压 U_1 变化的图线；

(2) 举出此电路一个可能的应用.

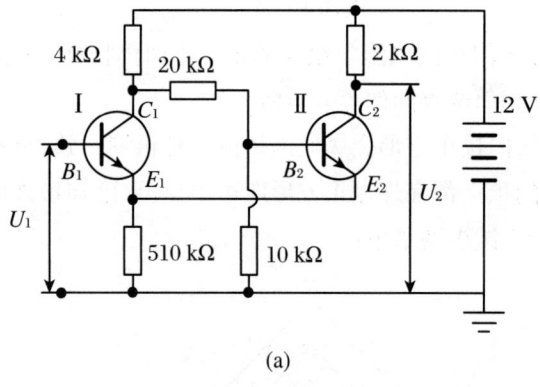
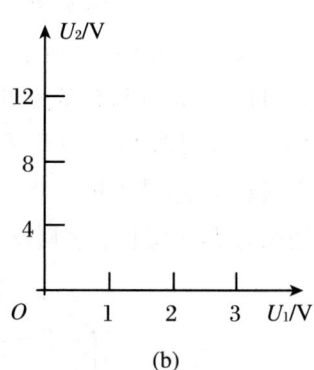

习图 10-13

第 10 章练习详解及习题答案

练习 10-1 设通电时每个金属小球堆积电荷 Q,则电场与真空中静电场一致,小球的电势为

$$U \approx \frac{Q}{4\pi\varepsilon_0 R}$$

每个小球 $r(R<r \ll l)$ 处

$$E = \frac{Q}{4\pi r^2 \varepsilon_0} = \rho j$$

故总电流为三小球电流之和

$$I = 3 \cdot j 4\pi r^2 = \frac{3Q}{\varepsilon_0 \rho}$$

则

$$R = \frac{U}{I} = \frac{\rho}{12\pi R}$$

练习 10-2 若球形电极埋在无限大导体内,则由对称性,电流线、电场线均沿径向对称分布. 去掉上半部分,即题目情境,设大地中电流线、电场线仍径向对称,如答图 10-1 所示,则

$$j_{2n} = j_{3n} = 0$$

满足边界条件,按唯一性定理,此即为其电流线、电场线分布,故

$$R = \int_a^\infty \rho \frac{\mathrm{d}r}{2\pi r^2} = \frac{\rho}{2\pi a}$$

答图 10-1

练习 10-3 (1) 由题意可知

$$I_A = I_B$$
$$U_A + U_B = 220 \text{(V)}$$

以 $U=110$ V 为对称轴作两图线的对称图像,分别与另一图像相交,如答图 10-2 所示,有

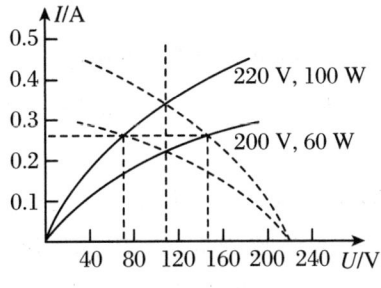

答图 10-2

$$I_A = I_B = 0.26 \text{ A}$$
$$U_A = 70 \text{ V}, \quad U_B = 150 \text{ V}$$

故
$$P_A = 70 \times 0.26 \approx 18(\text{W})$$
$$P_B = 150 \times 0.26 \approx 39(\text{W})$$

练习 10 - 4 内、外球壳间应有稳定的电流 I，则
$$j = \sigma E = KE^2, \quad I = j4\pi r^2$$

故
$$E = \sqrt{\frac{I}{4\pi r^2 K}}$$

两球壳间
$$V = \int_a^b E \mathrm{d}r = \sqrt{\frac{I}{4\pi K}} \int_a^b \frac{\mathrm{d}r}{r} = \sqrt{\frac{I}{4\pi K}} \ln\frac{b}{a}$$

故
$$I = \frac{4\pi K V^2}{\left(\ln\dfrac{b}{a}\right)^2}$$

练习 10 - 5 当 $U = 3$ V 时无电流通过电源，不计电池内阻，由电池、电阻、电源回路可知电池电动势
$$\mathscr{E} = 3 \text{ V}$$

由电池、灯泡回路可知灯泡两端电压恒为
$$U_R = \mathscr{E} = 3 \text{ V}$$

由图 10 - 9(b) 可知灯泡
$$I_R = 0.55 \text{ A}$$

电池不放电时，由灯泡、电阻、电源回路可知
$$U = U_R + I_R \cdot 6 \text{ Ω} = 6.3(\text{V})$$

练习 10 - 6 假设 AD 为不同电阻，则测 BC 间电阻时，A，D 为等势点，不会有电流流过，可拆除，故测得电阻为 0.5 Ω；若 AD 不是不同电阻，则测得 BC 间不为 0.5 Ω. 故设计如下：

(1) 测 BC 间电阻，若为 0.5 Ω，则 AD 间为不同电阻.

(2) 若不为 0.5 Ω，则 AD 间为 2 Ω，并记下 R_{BC} 的值；再测 AC 间电阻，若为 0.5 Ω，则 BD 间为不同电阻.

(3) 若仍不为 0.5 Ω，则 BD 间也为 2 Ω，并记下 R_{AC} 的值. 再测 AB 间电阻，若为 0.5 Ω，则 CD 间为不同电阻. 若仍不为 0.5 Ω，则当 $R_{AB} = R_{AC}$ 时，BC 间为不同电阻；当 $R_{AB} = R_{BC}$ 时，AC 间为不同电阻；当 $R_{BC} = R_{AC}$ 时，AB 间为不同电阻.

练习 10-7 将第 $i+1$ 次分割与第 i 次分割得到的图形相比较,可看出第 $i+1$ 次分割图形为 3 个第 i 次分割图形的组合,只是每边边长均变为第 i 次的 $1/2$。答图 10-3(a)所示为第 i 次分割,未画出内部形状;答图 10-3(b)所示为第 $i+1$ 次分割,i' 表示构造与 i 完全一致但每边长为 i 的 $1/2$ 的网络,则 i' 的两端点间电阻为 i 的 $1/2$;为方便应用第 i 次的 $\triangle ABC$ 两端点间的电阻,作 $\triangle \to Y$ 变换,如答图 10-3(a′),(b′)所示.

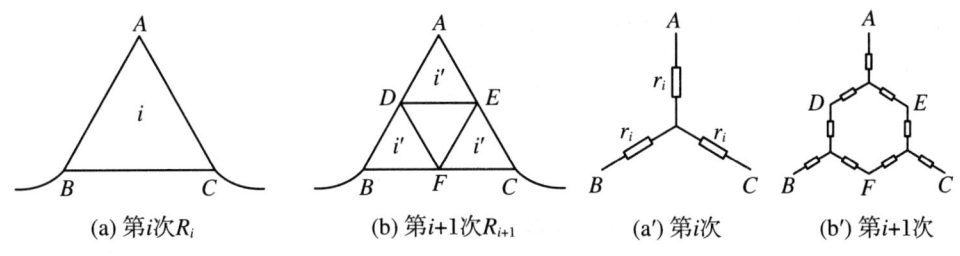

答图 10-3

设第 i 次分割后 BC 间的电阻为 R_i,对(a′)有

$$r_i = \frac{1}{2}R_i$$

则(b′)中每个电阻阻值为

$$r_{i'} = \frac{1}{2}r_i = \frac{1}{4}R_i$$

故第 $i+1$ 次分割后 BC 间的电阻为

$$R_{i+1} = r_{i'} + \frac{4\times 2}{4+2}r_{i'} + r_{i'} = \frac{5}{6}R_i$$

第 0 次分割即未分割三角形 BC 间的电阻为

$$R_0 = \frac{2}{3}r$$

(1) 3 次分割后

$$R_3 = R_0 \left(\frac{5}{6}\right)^3 = \frac{125}{324}r$$

(2) n 次分割后

$$R_n = \left(\frac{5}{6}\right)^n \cdot \frac{2}{3}r$$

(3) 0 次分割后

$$\frac{2}{3}r = kL_0^S$$

n 次分割后

$$\left(\frac{5}{6}\right)^n \frac{2}{3}r = k\left(\frac{L_0}{2^n}\right)^S$$

两式相比得

$$\left(\frac{6}{5}\right)^n = 2^{nS}$$

故
$$S = \log_2 \frac{6}{5}$$

练习 10-8 由对称性,关于 AB 对称的点等势,以 AB 为轴翻折合并等势点,再拆分 C 点为两个等势点,如答图 10-4 所示,每段电阻为
$$R = \frac{1}{2}r_0$$

故
$$\frac{1}{R_{AB}} = \frac{1}{2R} + \frac{1}{2R + R + 2R}$$

则
$$R_{AB} = \frac{10}{7}R = \frac{40}{7}(\Omega)$$

故
$$I = \frac{\mathscr{E}}{R_{AB}} = 1.05(A)$$

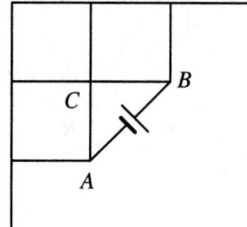 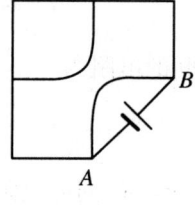

答图 10-4

练习 10-9 解法 1:将系统绕 AB 转过 $120°$ 的倍数时与原系统一致,故若从 A 流入、B 流出电流 I,各 r_1, r_2 均有
$$I_1 = I_2 = \frac{1}{3}I$$

相等,故 C_1, C_2, C_3 等势,D_1, D_2, D_3 等势;合并等势点,有
$$R_{AB} = \frac{r_1}{3} + \left(\frac{3}{r_3} + \frac{3}{r_4}\right)^{-1} + \frac{r_2}{3} = \frac{1}{3}\left(r_1 + r_2 + \frac{r_3 r_4}{r_3 + r_4}\right)$$

解法 2:对称性结合电流分布法.由对称性得
$$I_1 = I_2 = \frac{1}{3}I$$

对顶面,如答图 10-5 所示,有
$$I_1 = I_3 + I_4, \quad I_3 r_3 + I_2 r_2 - I_2 r_2 - I_4 r_4 = 0$$

则
$$I_3 = \frac{r_4}{3(r_3 + r_4)}I$$

对 AC_1D_1B 有
$$I_1 r_1 + I_3 r_3 + I_2 r_2 = IR_{AB}$$

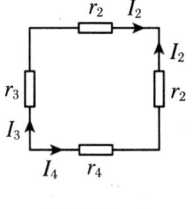

答图 10-5

则
$$R_{AB} = \frac{1}{3}\left(r_1 + r_2 + \frac{r_3 r_4}{r_3 + r_4}\right)$$

练习 10-10 将 AB 间的金属线 R 看作 r 与 R' 并联,即
$$\frac{1}{R} = \frac{1}{r} + \frac{1}{R'}$$

先去掉 R',则无限网络各金属线阻值均为 r,设此时 AB 间阻值为 R'_{AB},令 I 由 A 入 ∞ 出,再令 I 由 ∞ 入 B 出,叠加后等效于 I 由 A 入 B 出,则
$$\left(\frac{1}{6}I + \frac{1}{6}I\right)r = IR'_{AB}$$

故
$$R'_{AB} = \frac{1}{3}r$$

再在 AB 间并入 R',则 R'_{AB} 与 R' 并联电阻即为所求 R_{AB}:
$$R_{AB} = \left(\frac{1}{R'_{AB}} + \frac{1}{R'}\right)^{-1} = \frac{Rr}{2R + r}$$

练习 10-11 ① 将 19 个电流均为 I 的恒流源接入,使 $19I$ 从 A 流入框架,从其他 19 个顶点每个顶点流出 I,由对称性得
$$I_{AB1} = \frac{19}{3}I$$

再将 19 个电流均为 I 的恒流源接入,使 $19I$ 从 B 流出框架,从其他 19 个顶点每个顶点流入 I,由对称性得
$$I_{AB2} = \frac{19}{3}I$$

两者叠加,等效于 $20I$ 从 A 流入、B 流出框架,此时
$$I_{AB} = I_{AB1} + I_{AB2} = \frac{38}{3}I$$

AB 间有
$$I_{AB}r = 20IR_{AB}$$

则
$$R_{AB} = \frac{19}{30}r$$

② 使 $19I$ 从 A 流入,从其他 19 个顶点每个顶点流出 I,则

$$I_{AB1} = \frac{19}{3}I, \quad I_{BC1} = \frac{1}{2}\left(\frac{19}{3}I - I\right) = \frac{8}{3}I$$

使 $19I$ 从 C 流出,从其他 19 个顶点每个顶点流入 I,则

$$I_{AB2} = \frac{8}{3}I, \quad I_{BC2} = \frac{19}{3}I$$

两者叠加,等效于 $20I$ 从 A 流入、C 流出框架,此时

$$I_{AB} = I_{BC} = \left(\frac{19}{3} + \frac{8}{3}\right)I = 9I$$

AC 间有

$$20IR_{AC} = 9I \cdot 2r$$

则

$$R_{AC} = \frac{9}{10}r$$

练习 10-12 设有电流 I 从 A 流入、B 流出,由对称性可知背面长条电阻丝各节点等势,故背面长条电阻丝可删去,等效为答图 10-6(a)所示;由对称性,再将答图 10-6(a)中电阻丝网络以 AB 为轴翻折,合并等势点,如答图 10-6(b)所示,AB 间除去 $2r/3$ 外其余部分电阻设为 R,由自相似性知

$$R = \frac{r}{2} \times 2 + \frac{R \cdot \frac{1}{3}r}{R + \frac{1}{3}r} = \frac{3 + \sqrt{21}}{6}r$$

故

$$R_{AB} = \frac{R \cdot \frac{2}{3}r}{R + \frac{2}{3}r} = \frac{2\sqrt{21}}{21}r$$

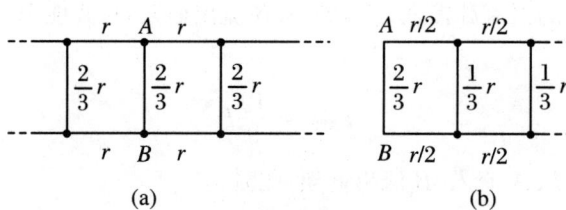

答图 10-6

练习 10-13 解法 1:对每边电阻为 r 的电阻网络前已求得

$$R_{AB} = \frac{1}{2}r$$

做代换,有

$$C_{AB}^* = \frac{1}{2}C^*$$

故
$$C_{AB} = 2C$$

解法 2：A 入 ∞ 出，充入电荷量 Q，则
$$Q_{AB1} = \frac{1}{4}Q$$

左正右负；∞ 入 B 出，充入电荷量 Q，则
$$Q_{AB2} = \frac{1}{4}Q$$

左正右负；叠加后等效于 A 入 B 出，充入 Q，故
$$\frac{Q}{C_{AB}} = \frac{Q_{AB1} + Q_{AB2}}{C}$$

则
$$C_{AB} = 2C$$

练习 10-14 设 R_1, R_2, R_3 流过的电量分别为 Q_1, Q_2, Q_3，稳定后 C_1, C_2 带电量相等，为
$$Q = CU$$

由支路电流方程组可得
$$Q_1 - Q_3 = Q, \quad Q_2 + Q_3 = Q$$

对右上网孔，如答图 10-7 所示，由回路电压方程得
$$i_1 R_1 + i_3 R_3 - i_2 R_2 = 0$$

故
$$\int_0^t (i_1 R_1 + i_3 R_3 - i_2 R_2) \mathrm{d}t = 0$$

即
$$Q_1 + Q_3 - Q_2 = 0$$

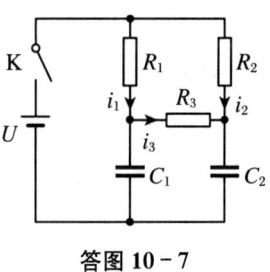

答图 10-7

联立解得
$$Q_3 = \frac{1}{4}CU$$

练习 10-15 (1) 电解液左端
$$\mathrm{Hg} - 2\mathrm{e}^- = \mathrm{Hg}^{2+}$$

右端
$$\mathrm{Hg}^{2+} + 2\mathrm{e}^- = \mathrm{Hg}$$

故 HgI_2 向左移动.

(2) 液滴移动 $x = 1$ cm，发生反应的汞
$$m = \rho \pi \left(\frac{d}{2}\right)^2 x$$

通过电量

$$q = \frac{m}{M} N_A \cdot 2e$$

电流
$$I = \frac{\mathscr{E}}{R}$$

故时间
$$t = \frac{q}{I} = \frac{2 N_A e \rho \pi \left(\frac{d}{2}\right)^2 x R}{M \mathscr{E}} \approx 100 \text{(h)}$$

10 - 1　(1) $E_1 = \dfrac{\rho_1 V}{\rho_1 d_1 + \rho_2 d_2}$, $E_2 = \dfrac{\rho_2 V}{\rho_1 d_1 + \rho_2 d_2}$;

(2) $I = \dfrac{VS}{\rho_1 d_1 + \rho_2 d_2}$;

(3) $\sigma = \dfrac{\varepsilon_0 V(\rho_2 - \rho_1)}{\rho_1 d_1 + \rho_2 d_2}$;

(4) $\sigma_0 = \dfrac{\varepsilon_0 V(\varepsilon_{r2} \rho_2 - \varepsilon_{r1} \rho_1)}{\rho_1 d_1 + \rho_2 d_2}$.

10 - 2　(1) $I = \dfrac{\sigma q_0}{\varepsilon} e^{-\frac{\sigma}{\varepsilon} t}$;

(2) $Q = \dfrac{q_0^2}{8\pi\varepsilon}\left(\dfrac{1}{a} - \dfrac{1}{b}\right)$.

10 - 3　25 J.

10 - 4　199 km.

10 - 5　$R \geqslant 8.53\ \Omega$; $I_{\max} = 2.81$ A; 可变电阻干路部分阻值为 3.375 Ω, 下半部分趋于无穷时效率最大, $\eta_{\max} = 0.75$.

10 - 6　304 V.

10 - 7　$\dfrac{5}{48} R$.

10 - 8　$R_{AB} = \dfrac{13}{7} r$, $R_{MN} = \dfrac{5}{7} r$, $R_{AM} = \dfrac{97}{112} r$, $R_{AN} = \dfrac{145}{112} r$.

10 - 9　$\dfrac{2\mathscr{E}}{2R + nr}$.

10 - 10　$\dfrac{29}{24} r$.

10 - 11　$\dfrac{2\pi U d}{I}$.

10 - 12　$\dfrac{11}{30} r$.

10-13 (1) $R_{AC} = \dfrac{\sqrt{3}-\sqrt{2}+1}{2}lr_0$;

(2) $R_{EG} = (\sqrt{3}-\sqrt{2})lr_0$.

10-14 $2C$.

10-15 (1) $\dfrac{3}{5}I_0$;

(2) $\dfrac{3}{5}I_0RC$.

10-16 (1) 如答图 10-8 所示;

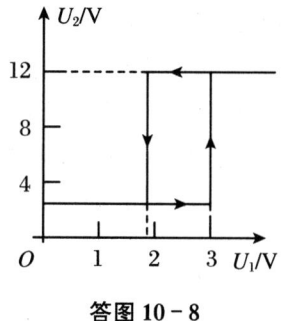

答图 10-8

(2) 可能的应用:控制水塔自动上水,冰箱自动启动等.

第 11 章 稳恒磁场

由稳恒电流产生的磁场称为稳恒磁场,也称为静磁场.但此处"静"的含义与"静电场"中不同,它并不是静止"磁荷"产生的磁场.自然界存在单独的正电荷和负电荷,但磁单极子(单独存在的正磁荷或负磁荷)的存在性迄今为止尚未得到确定的结论.现代普遍认为磁场是由电流或变化的电场产生的,磁感线是闭合的,从而麦克斯韦方程组关于磁场的方程具有第 13 章最后部分给出的形式;若未来找到了磁单极子,则由其产生的磁场磁感线不闭合,麦克斯韦方程组就需要修正了.

11.1 磁感应强度 毕奥-萨伐尔定律

11.1.1 磁感应强度 B 的叠加原理

1. 磁感应强度

为了描述磁场,引入磁感应强度矢量 B.(由于历史原因,"磁场强度"名称已用于 H 矢量.)

根据运动电荷在磁场中的受力情况来定义 B.实验证明,在磁场中,粒子速度 v 与某一特定方向平行时,受力 $F = 0$;v 与上述特定方向夹角为 $\theta(0<\theta<\pi)$ 时,F 大小与垂直于该特定方向的速度分量 $v_\perp = v\sin\theta$ 成正比,$F \propto qv_\perp$,且比例系数与 $q,v_\perp$ 大小无关;F 方向一定既与 v 垂直,又与上述特定方向垂直,即 F 垂直于 v 与该方向构成的平面.基于此,则比例系数可定义为磁场强弱,且磁场有方向,故定义为

$$F = qv \times B$$

B 即磁感应强度;B 的大小为

$$B = \frac{F}{qv_\perp}$$

B 的方向为:正运动电荷 F 与 $v \times B$ 同向,负运动电荷 F 与 $v \times B$ 反向.

2. B 的叠加原理

磁感应强度 B 为矢量,叠加遵从矢量叠加法则,即
$$B = \sum B_i$$

11.1.2 毕奥-萨伐尔定律

对于电流产生的磁场,为了求出任意形状的线电流所激发的磁场,我们可以把电流看成无穷多小段电流的集合,各小段电流称为电流元,表示为 Idl. 毕奥和萨伐尔做了一些载流导线对磁极作用的实验,拉普拉斯分析了他们的实验资料,找出了电流元的磁场公式,如图 11-1 所示,有

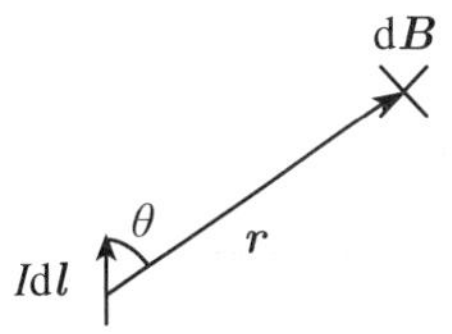

$$dB = \frac{\mu_0}{4\pi} \frac{Idl \times e_r}{r^2} = k \frac{Idl \times e_r}{r^2}$$

称为毕奥-萨伐尔定律,简称毕-萨定律;其中
$$\mu_0 = 4\pi \times 10^{-7} (\text{T} \cdot \text{m/A})$$

图 11-1

称为真空磁导率,则
$$k = \frac{\mu_0}{4\pi} = 10^{-7} (\text{T} \cdot \text{m/A})$$

(与静电力常量不同),且有
$$c = \frac{1}{\sqrt{\varepsilon_0 \mu_0}} \approx 3 \times 10^8 (\text{m/s})$$

可以得到电流元在空间的磁场大小为:在电流元 Idl 直线上的点
$$dB = 0$$

垂线上的点
$$dB = \frac{\mu_0}{4\pi} \frac{Idl}{r^2}$$

位矢 r 与 Idl 交角为 θ 的点
$$dB = \frac{\mu_0}{4\pi} \frac{Idl\sin\theta}{r^2}$$

根据 B 的叠加原理,任意线电流激发的总磁感应强度为
$$B = \int_L dB = \frac{\mu_0}{4\pi} \int_L \frac{Idl \times e_r}{r^2}$$

可以类比引力场强度与电场强度
$$g = -G\frac{M}{r^2}e_r, \quad E = \frac{1}{4\pi\varepsilon_0}\frac{Q}{r^2}e_r, \quad dB = \frac{\mu_0}{4\pi}\frac{Idl \times e_r}{r^2}$$

毕-萨定律适用于计算稳定电流产生的稳恒磁场,不能随意推广到非稳恒情况,在可视为似稳磁场时也可应用.如低速运动的电荷可以应用,但高速运动电荷的磁场计算结果与实

验不相符,误差与 v^2/c^2 同数量级.同样在电流变化太快、导线快速移动时不适用.

例11-1 (1) 试求半径为 R,通有电流 I 的载流圆环圆心的磁感应强度、轴线上的磁感应强度、远离载流圆环的轴线上的磁感应强度.

(2) 如图 11-2(a)所示,AB 为有限长载流直导线,电流为 I,P 点与有限长载流导线两端点 A,B 的连线与 P 到 AB 的垂线的交角分别为 θ_A,θ_B,P 点到导线所在直线的距离为 r,试求 P 点的磁感应强度;若为无限长载流导线,电流为 I,试求距导线 r 处的磁感应强度.

(3) 试求有限长及无限长载流密绕螺线管轴线上的磁场,已知螺线管半径为 R,单位长度上的匝数为 n,电流为 I.

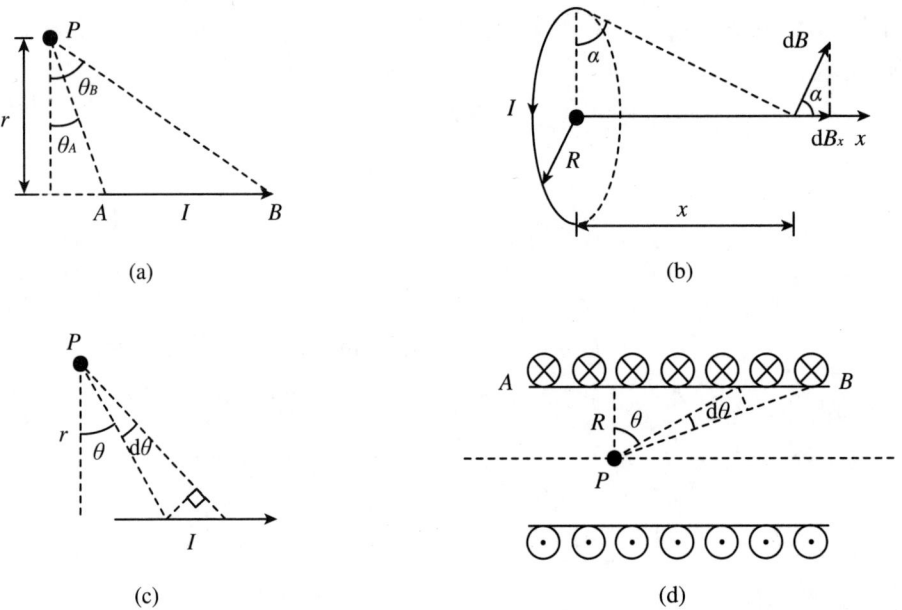

图 11-2

解 (1) 圆心处和轴线上磁场方向垂直于圆环平面,符合右手定则:伸出右手,弯曲的四指沿电流环绕方向,拇指指向为轴线和圆心处磁感应强度的方向;圆心处磁感应强度大小为

$$B = \frac{\mu_0}{4\pi} \frac{I 2\pi R}{R^2} = \frac{\mu_0}{2} \frac{I}{R}$$

如图 11-2(b)所示,由对称性,轴线上 x 处合磁感应强度应沿 x 轴,有

$$dB_x = \frac{\mu_0}{4\pi} \frac{I dl}{R^2 + x^2} \cos\alpha = \frac{\mu_0}{4\pi} \frac{I dl}{R^2 + x^2} \frac{R}{\sqrt{R^2 + x^2}} = \frac{\mu_0}{4\pi} \frac{IR dl}{(R^2 + x^2)^{\frac{3}{2}}}$$

$$B = \int_0^B dB_x = \frac{\mu_0}{4\pi} \frac{IR}{(R^2 + x^2)^{\frac{3}{2}}} \int_0^{2\pi R} dl = \frac{\mu_0}{2} \frac{R^2 I}{(R^2 + x^2)^{\frac{3}{2}}}$$

其中,在远离圆环的轴线上,即 $x \gg R$ 时

$$B = \frac{\mu_0}{2}\frac{R^2 I}{x^3} = \frac{\mu_0}{2\pi}\frac{\pi R^2 I}{x^3}$$

考虑到方向可写作

$$\boldsymbol{B} = \frac{\mu_0}{2\pi}\frac{I\boldsymbol{S}}{x^3}, \quad \boldsymbol{S} = \pi R^2 \boldsymbol{e}_n, \quad x \gg R$$

其中 $\boldsymbol{S}$(或 $\boldsymbol{e}_n$)方向用右手定则确定.

注 远处除轴线上的磁场用毕-萨定律计算很烦琐,可以等效为磁偶极子,仿照电偶极子在远处的电场计算.读者可在阅读 11.3 节最后部分"磁荷观点""电流环与磁偶极子的'等效'"后自行尝试.

(2) 各电流元在 P 点磁感应强度方向相同,均垂直纸面向外,故 P 点 $\boldsymbol{B}$ 垂直纸面向外;如图 11-2(c)所示,θ 处 $\mathrm{d}\theta$ 微元在 P 点,有

$$\mathrm{d}B = \frac{\mu_0}{4\pi}\frac{I\frac{r}{\cos\theta}\mathrm{d}\theta}{(r/\cos\theta)^2} = \frac{\mu_0}{4\pi}\frac{I\cos\theta\mathrm{d}\theta}{r} = \frac{\mu_0}{4\pi}\frac{I\mathrm{d}\sin\theta}{r}$$

(注意电荷均匀分布的线段在空间的场强可等效为带电圆弧,但有限长载流导线不能等效于载流圆弧).则

$$B = \int_0^B \mathrm{d}B = \frac{\mu_0}{4\pi}\frac{I}{r}\int_{\theta_A}^{\theta_B}\mathrm{d}\sin\theta = \frac{\mu_0}{4\pi}\frac{I}{r}(\sin\theta_B - \sin\theta_A)$$

若为无限长导线,则

$$B = \frac{\mu_0}{4\pi}\frac{I}{r}[\sin 90° - \sin(-90°)] = \frac{\mu_0}{2\pi}\frac{I}{r}$$

(3) 各环形电流在轴线上的磁场方向相同,符合右手定则;如图 11-2(d)所示,对 P 点 θ(取从垂直轴线顺时针转动为正)处 $\mathrm{d}\theta$ 对应的环形电流有

$$\mathrm{d}I = nI \cdot \frac{\frac{R}{\cos\theta}\mathrm{d}\theta}{\cos\theta} = \frac{nIR}{\cos^2\theta}\mathrm{d}\theta$$

$$\mathrm{d}B = \frac{\mu_0}{2}\frac{R^2 \mathrm{d}I}{(R/\cos\theta)^3} = \frac{1}{2}\mu_0 nI\cos\theta\mathrm{d}\theta = \frac{1}{2}\mu_0 nI\mathrm{d}\sin\theta$$

故(注意 θ_A, θ_B 的正负)

$$B = \int_0^B \mathrm{d}B = \frac{1}{2}\mu_0 nI\int_{\theta_A}^{\theta_B}\mathrm{d}\sin\theta = \frac{1}{2}\mu_0 nI(\sin\theta_B - \sin\theta_A)$$

对无限长密绕螺线管

$$B = \frac{1}{2}\mu_0 nI[\sin 90° - \sin(-90°)] = \mu_0 nI$$

注 无限长密绕螺线管内部为匀强磁场,$B = \mu_0 nI$,不只轴线上如此;外部无磁场,$B = 0$.半无限长密绕螺线管端点中心

$$B = \frac{1}{2}\mu_0 nI(\sin 90° - 0) = \frac{1}{2}\mu_0 nI$$

或利用无限长密绕螺线管的结论,由对称性和叠加得到.

练习 11-1 如图 11-3 所示,电流 I 自远处沿直导线 MP 从 P 点流入圆环,从 Q 点沿直导线 QN 流出圆环到远处。MP,QN 的延长线均通过环心 O,$\angle POQ = \theta$,全部导线由粗细相同的同一种均匀材料制成。试求圆环中心 O 点的磁感应强度。

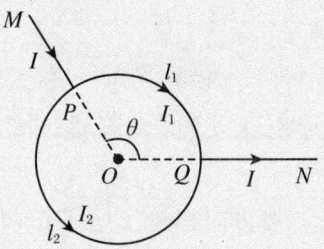

图 11-3

练习 11-2 单位长度电阻等于 R_0 的均匀细金属导线做成一个圆环,圆环绕过中心垂直于圆面的轴做匀加速转动,角加速度为 β。试计算在环中心的磁感应强度 B 的值。已知电子电量为 $-e$,质量为 m。

练习 11-2

11.2 磁场的高斯定理和安培环路定理

11.2.1 磁通量 磁通叠加原理

这里略去磁感线的内容。

$$\Phi = \iint_S \boldsymbol{B} \cdot \mathrm{d}\boldsymbol{S} = \iint_S B \mathrm{d}S \cos\theta$$

称为磁通量;磁通量为标量,$\mathrm{d}\boldsymbol{S}$ 的方向为其法线并预先规定为正向的一方,θ 为 $\boldsymbol{B}$ 与 $\mathrm{d}\boldsymbol{S}$ 的夹角。

磁感应强度 B 又称为磁通密度,即磁场中某点通过垂直磁场单位面积的磁通量,表达式为

$$B = \frac{\mathrm{d}\Phi}{\mathrm{d}S_\perp}$$

磁通量可形象地理解为穿过面 S 的磁感线的条数,与磁感线密处磁感应强度大、磁感线稀处磁感应强度小一致。

由 B 的叠加原理得
$$d\Phi = B \cdot dS = \left(\sum B_i\right) \cdot dS = \sum B_i \cdot dS = \sum d\Phi_i$$
即磁通量可叠加.

闭合面的磁通量为
$$\Phi = \oiint_S B \cdot dS$$
通常规定从闭合面穿出方向为 dS 的正方向.

11.2.2 磁场高斯定理

由于磁感线为封闭曲线,故通过任意一个闭合曲面的磁通量恒为零,即
$$\oiint_S B \cdot dS = 0$$
称为磁场的高斯定理.它不仅适用于稳恒磁场,也适用于一般磁场,是麦克斯韦方程组中的一个方程.磁场高斯定理说明磁场是无源场.

例 11-2 有一个对 z 轴柱对称的磁场,如图 11-4(a)所示,其沿 z 轴方向分量满足 $dB_z/dz = k$(k 为常量),试求此磁场垂直于 z 轴方向的磁感应强度分量大小 $B_\perp$.

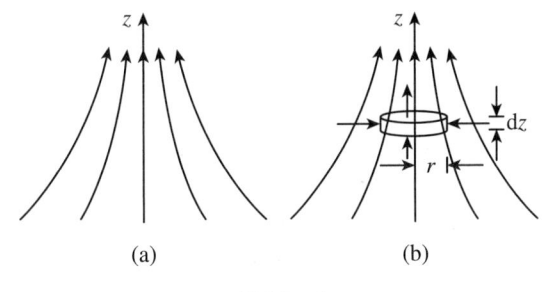

图 11-4

解 由对称性,如图 11-4(b)所示取高斯面,由高斯定理得
$$dB_z \pi r^2 = B_\perp 2\pi r dz$$
已知
$$\frac{dB_z}{dz} = k$$
解得磁场在距 z 轴 r 处
$$B_\perp = \frac{1}{2} kr$$
与 z 无关.

11.2.3 磁场安培环路定理

由于磁感线为封闭曲线,故其环路积分不一定为零,即磁场不是势场,没有磁势能(但有磁场能).

稳恒磁场中 B 的环路积分满足安培环路定理:稳恒磁场中 B 沿闭合曲线的环路积分等于穿过闭合曲线的电流强度代数和的 μ_0 倍;表达式为

$$\oint_L \boldsymbol{B} \cdot \mathrm{d}\boldsymbol{l} = \mu_0 \sum_{L内} I$$

它说明磁场是有旋场.电流 I 的符号规定为:当 I 方向与 L 绕向成右手螺旋关系时, I 取正号;反之取负号.

应用上式需满足:电流及其分布不随时间变化,因为如果电流突然变化,由于电磁场传播需要一定的时间,环路的 B 不可能马上变化;空间中不能有变化的电场,因为变化的电场也会产生磁场,改变环路积分的结果.

磁场安培环路定理可由毕-萨定律和 B 叠加定理导出,两者是等价的,两者的关系类似于静电场高斯定理与点电荷场强公式和 E 叠加定理的关系.当电流分布具有某种对称性时,恰当地选取积分回路利用磁场安培环路定理计算磁场一般比用毕-萨定律和 B 叠加定理方便.

由于推导环路定理过于烦琐,此处只用长直载流导线来验证.如图 11-5 所示,取任意包含 I 的闭合曲线 L,有

$$\oint_L \boldsymbol{B} \cdot \mathrm{d}\boldsymbol{l} = \oint_L B \mathrm{d}l_\perp = \oint_L \frac{\mu_0}{2\pi} \frac{I}{r} r \mathrm{d}\theta = \int_0^{2\pi} \frac{\mu_0 I}{2\pi} \mathrm{d}\theta = \mu_0 I$$

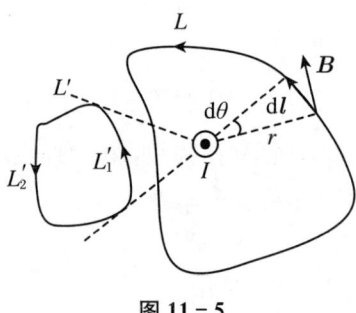

图 11-5

若改变绕行方向,则

$$\oint_L \boldsymbol{B} \cdot \mathrm{d}\boldsymbol{l} = \mu_0(-I)$$

稳恒磁场安培环路定理成立;如图 11-5 所示,取任意不包含 I 的闭合曲线 L',过 I 作其两端切线将其分成 L_1', L_2',有

$$\oint_{L'} \boldsymbol{B} \cdot \mathrm{d}\boldsymbol{l} = \int_{L_1'} \boldsymbol{B} \cdot \mathrm{d}\boldsymbol{l} + \int_{L_2'} \boldsymbol{B} \cdot \mathrm{d}\boldsymbol{l} = \frac{\mu_0 I}{2\pi} \left(\int_{L_1'} \mathrm{d}\theta + \int_{L_2'} \mathrm{d}\theta \right) = 0$$

也是成立的.

例 11-3 （1）无限长载流直导线通有电流 I，试计算空间各处的磁感应强度大小.

（2）无限长载流圆柱体，电流为 I，截面半径为 R，电流均匀分布于截面内，试求各处磁感应强度大小；若将已知电流为 I 改为已知电流密度 j 沿圆柱体，在导体内处处相等，试求各处磁感应强度.

（3）无限长载流圆柱面，电流为 I，沿侧面均匀分布，圆柱截面半径为 R，试求各处磁感应强度大小.

（4）无限大均匀载流平面，线电流密度（即垂直电流方向上单位长度的电流强度）为 i，试求各处磁感应强度大小.

（5）载流无限长直密绕螺线管，截面半径为 R，单位长度上的匝数为 n，通有电流 I，试证明其内部为匀强磁场，外部 $B = 0$.

解 （1）由对称性，如图 11-6(a)所示取环路，有
$$B 2\pi r = \mu_0 I$$
则
$$B = \frac{\mu_0}{2\pi} \frac{I}{r}$$

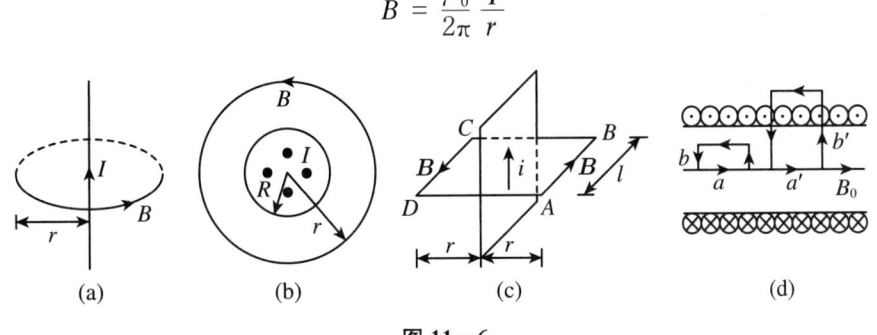

图 11-6

（2）由对称性，如图 11-6(b)所示取环路，当 $r \geqslant R$ 时
$$B 2\pi r = \mu_0 I$$
则
$$B = \frac{\mu_0}{2\pi} \frac{I}{r}$$

当 $r \leqslant R$ 时
$$B 2\pi r = \mu_0 \frac{I}{\pi R^2} \pi r^2$$
则
$$B = \frac{\mu_0}{2\pi} \frac{I}{R^2} r$$

在 $r = R$ 两侧连续变化；改用电流密度 j 表示，当 $r \geqslant R$ 时

$$B = \frac{\mu_0}{2\pi} \frac{j\pi R^2}{r} = \frac{\mu_0}{2} \frac{jR^2}{r}$$

考虑到方向，写为

$$\boldsymbol{B} = \frac{\mu_0}{2} \frac{R^2}{r^2} \boldsymbol{j} \times \boldsymbol{r} \quad (r \geqslant R)$$

当 $r \leqslant R$ 时

$$B = \frac{\mu_0}{2\pi} \frac{j\pi R^2}{R^2} r = \frac{\mu_0}{2} jr$$

考虑到方向，写为

$$\boldsymbol{B} = \frac{\mu_0}{2} \boldsymbol{j} \times \boldsymbol{r} \quad (r \leqslant R)$$

(3) 同(2)问取环路，当 $r > R$ 时

$$B 2\pi r = \mu_0 I$$

则

$$B = \frac{\mu_0}{2\pi} \frac{I}{r}$$

当 $r < R$ 时

$$B 2\pi r = 0$$

则

$$B = 0$$

在柱面两侧 $\boldsymbol{B}$ 变化不连续.

(4) 由对称性可知磁感应强度方向应平行于载流平面且垂直于电流方向，如图 11-6(c) 所示，距载流平面为 r 取环路，有

$$B \cdot 2l = \mu_0 il$$

则

$$B = \frac{1}{2} \mu_0 i$$

与到载流平面的距离无关，两侧为方向相反的匀强磁场.

(5) 由对称性，内部、外部（若有）$\boldsymbol{B}$ 方向均与轴线平行，离轴线等距处 $\boldsymbol{B}$ 大小、方向相同；前已用毕-萨定律导出其轴线上各处的磁场均为

$$B_0 = \mu_0 nI$$

如图 11-6(d)所示建立过轴线的两个环路，轴线和内部（$r < R$）环路

$$B_0 a - B_r a = 0$$

则

$$B_r = B_0 = \mu_0 nI$$

轴线和外部（$r > R$）环路

$$B_0 a' - B_r a' = \mu_0 In a'$$

则
$$B_r = 0$$

即内部为匀强磁场,外部磁场为零.(对载流长直密绕螺线管,可直接近似取外部 $B=0$,利用环路定理计算内部磁场.)

练习 11-3 如图 11-7 所示,半径为 R_1 的无限长圆柱导体内部挖去半径为 R_2($R_2<R_1$)的无限长圆柱体,两者的轴 O_1 与 O_2 平行,通入沿轴向的均匀的电流密度 j.试求挖空部分的磁感应强度.

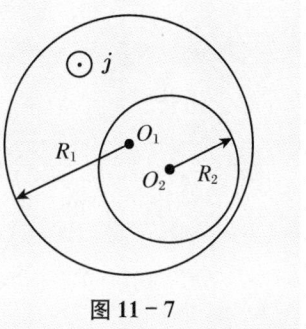

图 11-7

11.3 安培力 载流线圈的磁矩

11.3.1 安培力

磁场对载流导线的力称为安培力,其表达式为安培首先由实验得出.电流元所受安培力表达式为
$$d\boldsymbol{F} = I d\boldsymbol{l} \times \boldsymbol{B}$$
则载流导线所受安培力为
$$\boldsymbol{F} = \int_L I d\boldsymbol{l} \times \boldsymbol{B}$$
在匀强磁场中,当有限长载流导线是由 a 点至 b 点的任意曲线时
$$\boldsymbol{F} = \int_{a \to b} I d\boldsymbol{l} \times \boldsymbol{B} = I \left(\int_{a \to b} d\boldsymbol{l} \right) \times \boldsymbol{B} = I \boldsymbol{l}_{a \to b} \times \boldsymbol{B}$$
即一个任意弯曲的载流导线在匀强磁场中所受的安培力,等效于弯曲导线起点到终点载有同样电流的直导线所受的安培力;由此可知任意载流回路在匀强磁场中受的合力必为零.

例 11-4 试求载流长直导体薄圆筒单位面积所受的安培力.已知电流强度为 I,薄圆筒半径为 R.

解 筒壁附近内、外侧

$$B(R_-) = 0$$
$$B(R_+)2\pi R \approx \mu_0 I$$

则

$$B(R_+) = \frac{\mu_0}{2\pi}\frac{I}{R}$$

在侧壁取面电流元 $R\mathrm{d}\varphi,\mathrm{d}z$,俯视图如图 11-8(a)所示,其电流为

$$\mathrm{d}I = \frac{\mathrm{d}\varphi}{2\pi}I$$

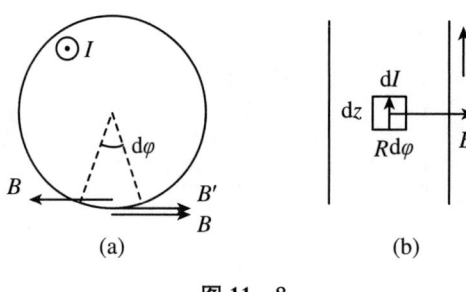

图 11-8

其在筒内、外侧附近产生的磁场设为 B,除面电流元外其余电流在面电流元处磁场设为 B',有

$$B(R_-) = B' - B, \quad B(R_+) = B' + B$$

解得

$$B' = B = \frac{\mu_0}{4\pi}\frac{I}{R}$$

如图 11-8(b)所示,面电流元受力垂直指向轴心,有

$$\mathrm{d}F = \mathrm{d}I\mathrm{d}zB' = \frac{1}{8\pi^2}\frac{\mu_0 I^2 \mathrm{d}\varphi \mathrm{d}z}{R}$$

故筒侧壁单位面积受力指向轴心,大小为

$$p = \frac{\mathrm{d}F}{R\mathrm{d}\varphi\mathrm{d}z} = \frac{1}{8\pi^2}\frac{\mu_0 I^2}{R^2}$$

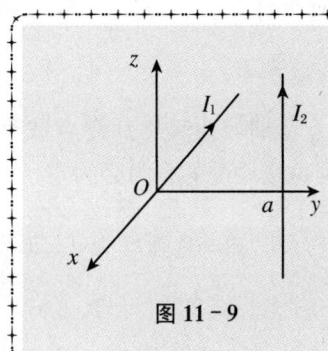

图 11-9

练习 11-4 两条相互垂直的导线距离为 a,分别载有电流 I_1,I_2,分别位于 x 轴沿 x 负方向,与 y 轴相交于 $y=a$ 处沿 z 正方向,如图 11-9 所示。对 I_2 上 z 取 $[-l/2,l/2]$ ($l \ll a$) 的一小段电流,试求作用在这一小段上的净力和净力矩。

11.3.2 载流线圈的磁矩

闭合载流线圈在匀强磁场中受力虽然为零,但可能受力矩的作用.如图 11-10 所示,匀强磁场 B 中有一载流矩形线圈,边长分别为 l_1,l_2,通有电流 I,线圈平面法线方向单位矢量 n 与电流 I 方向成右手螺旋关系.则 ad,bc 所受磁场力等大、反向、共线,效果相互抵消;ab,cd 所受磁场力等大、反向,但不共线,形成一对力偶,线圈所受力(偶)距的方向沿 z 轴,大小为

$$M = l_1\sin\theta \cdot F = l_1\sin\theta \cdot Il_2B = BIS\sin\theta$$

其中 S 为线圈围成的面积;如果线圈有 N 匝,则

$$M = NBIS\sin\theta$$

考虑力矩方向,可写为矢量形式

$$M = NIS n \times B$$

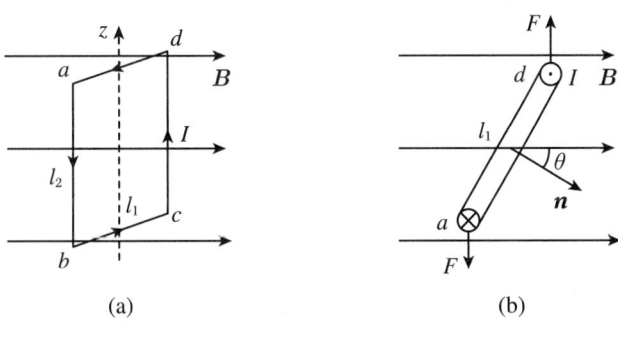

图 11-10

此式虽然由矩形线圈推出,但对任意平面形状的线圈,可以用无限多个矩形窄条平面线圈分割,从而得到同样的结果,故它适用于匀强磁场中的任意形状的平面载流线圈.

其中,$NISn$ 是描述一个任意形状平面载流线圈本身性质的物理量,称为此线圈的磁矩,用 m 表示,即

$$m = NISn$$

它的大小等于电流、线圈围成的面积、匝数三者的乘积,方向与电流成右手螺旋关系.

则平面载流线圈在匀强磁场中所受的力矩为

$$M = m \times B$$

其效果总是让磁矩 m 转向匀强磁场 B 的方向.

磁矩是描述载流线圈或微观粒子磁性的物理量,磁铁、载流回路、电子、分子、行星等都具有磁矩.电子、质子一类磁矩是由于自旋而产生的.一个系统的净磁矩是所有磁矩的矢量和.

载流线圈在磁场中转动时所产生的动生电动势会改变线圈中的电流,因此不同于电场中的电偶极子,对于磁场中载流线圈的磁矩,通常不引入势能的概念.而粒子的磁矩是描述

粒子内禀特征的一个基本物理量,是一个常量,在磁场中转动时粒子磁矩大小不变,因此可以定义势能.

例 11-5 五角星形平面线圈交叉处彼此绝缘,通以电流 I,处于匀强磁场 B 中,线圈平面与 B 的夹角为 θ,试求线圈所受力矩的大小. 已知中间五边形面积为 S_1,四周每个三角形面积为 S_2.

解 如图 11-11 所示,看作两个线圈,两线圈法向方向相同,与 B 夹角为 $90°-\theta$,故

$$M = I(S_1 + S_1 + 5S_2)B\cos\theta = I(2S_1 + 5S_2)B\cos\theta$$

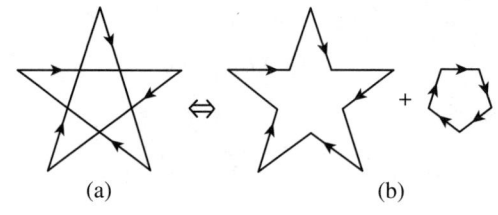

图 11-11

练习 11-5 质量为 m、边长为 a 的正方形刚体导线框架,一边的中点用绳悬挂,框架中通有电流 I. 系统处在竖直向上的匀强磁场 B 中,试确定线框的平衡位置.

将磁矩 m 与电偶极矩 $p = ql$ 做一个对比. 如图 11-12(a)所示,有

$$M = m \times B$$

如图 11-12(b)所示,有

$$M = l \times qE = p \times E$$

可知磁矩 m 与电偶极矩 p 相当,磁感应强度 B 与电场强度 E 相当,可以等效代换,即载流线圈可视为"磁偶极子",其在匀强磁场中的力矩与电偶极子在匀强电场中的力矩是相当的.

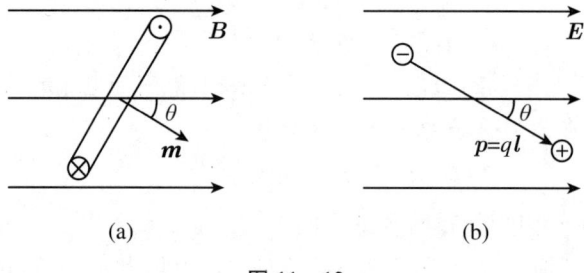

图 11-12

实际上载流线圈在远处的磁场与电偶极子在远处的电场也是一致的(证明略去),可以尝试据此计算载流线圈在远处的磁场. 不同之处为电偶极子内部电场线由正电荷指向负电荷,电场线是中断的;而载流线圈内部磁感线方向与前者相反,且连续不中断.

1. 磁荷观点

从历史的发展来看，磁的理论起初是建立在磁的库仑定律基础上的，它与电的库仑定律平行，把磁极看作磁荷积累的地方，把小磁针看作磁偶极子，两端带正、负"磁荷"。设 N 极带 $+q_\mathrm{m}$ 磁荷，S 极带 $-q_\mathrm{m}$ 磁荷，库仑在得到电的库仑定律后，用精心设计的实验证明磁荷间的作用力满足

$$F = \frac{1}{4\pi\mu_0} \frac{q_{\mathrm{m}1} q_{\mathrm{m}2}}{r^3} r$$

进而定义磁场强度矢量

$$H = \frac{F}{q_{\mathrm{m}0}}$$

其中 $q_{\mathrm{m}0}$ 为试探磁荷。

在此基础上，对磁介质问题，静电场的各种物理量、规律和公式都可以平行地移植过来，称为磁荷观点，用来计算磁介质问题比分子电流观点更方便。

后来才建立起分子电流的理论，小磁针等价于通电小螺线管，称为分子电流观点。分子电流观点更符合磁介质微观本质的现代认识。

真空中磁场强度与磁感应强度的关系为

$$B = \mu_0 H$$

电流元产生的磁场强度即由实验得到的毕奥-萨伐尔定律为

$$\mathrm{d}H = \frac{1}{4\pi} \frac{I\mathrm{d}l \times e_r}{r^2}$$

由此可推导电流产生磁场的磁场强度满足的安培环路定理和高斯定理，与磁荷产生磁场的磁场强度满足的安培环路定理和高斯定理是不一致的，前者的场为无源有旋场，后者为有源无旋场。

在磁荷观点中，H 是描述磁场的物理量，B 是引入的辅助物理量；在分子电流观点中，B 是描述磁场的物理量，H 是引入的辅助物理量。

2. 电流环与磁偶极子的"等效"

（1）电流环与磁偶极子在远处产生的磁场是一致的。磁偶极子的磁偶极矩与电流环的磁矩关系为

$$p_\mathrm{m} = \mu_0 m$$

仿照电偶极子远处电场的计算，先计算（电流环等效的）磁偶极子在远处空间的"磁势"，再计算"磁势"梯度的负值即可计算出远处各点的磁场强度。

电流环在远处
磁场的计算

（2）电流环与磁偶极子在匀强磁场中的力和力矩是一致的：

$$M = p_\mathrm{m} \times H$$

11.4 带电粒子在电磁场中的运动

11.4.1 洛伦兹力

磁场对运动电荷的力称为洛伦兹力,表达式为

$$f = qv \times B$$

它是由洛伦兹在建立经典电子论时作为一个基本假设提出的,已被大量实验所证实.洛伦兹力不做功.安培力是洛伦兹力的宏观表现,是洛伦兹力垂直于电流方向分力的合力.

11.4.2 带电粒子在匀强磁场中的运动

以下均不计重力作用.这里略去匀速圆周运动的内容.

1. 等距螺旋线运动

粒子速度 v_0 与匀强磁场 B 斜交成 θ 角时,如图 11-13 所示,粒子平行于 B 方向的分运动为匀速直线运动:

$$v_{/\!/} = v_0 \cos\theta$$

垂直于 B 方向的分运动为匀速圆周运动:

$$v_\perp = v_0 \sin\theta, \quad R = \frac{mv_\perp}{qB} = \frac{mv_0\sin\theta}{qB}, \quad T = \frac{2\pi m}{qB}$$

合运动为等距螺旋线,螺距为

$$h = v_{/\!/} T = \frac{2\pi m v_0 \cos\theta}{qB}$$

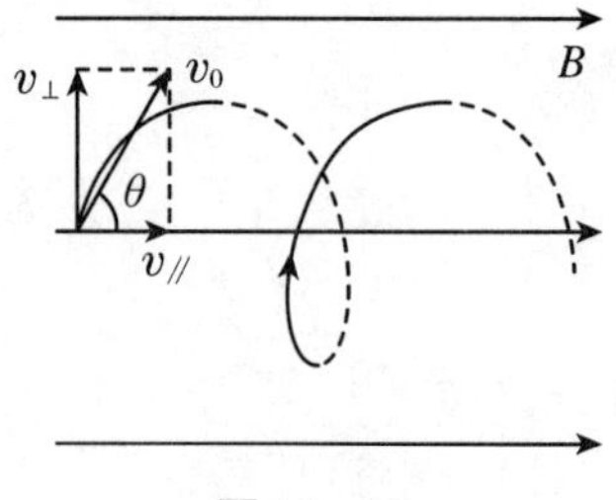

图 11-13

例 11-6 如图 11-14(a)所示,S 为离子源,它能均匀地向各方向持续地大量发射正离子,离子的质量、带电量和速率分别为 m,q 和 v_0,在离子源右侧有一半径为 R 的圆屏,OO' 是通过圆屏的圆心且垂直于屏面的轴线,S 位于轴线上 O 点左侧.离子源和圆屏所在空

间有一范围足够大的匀强磁场,磁感应强度为 B,方向垂直于圆屏向右.在发射的离子中,有的离子不管 SO 的距离如何变化,总能打到圆屏面上.试求这类离子的数目与总发射离子数之比.不考虑离子间的相互作用和碰撞.

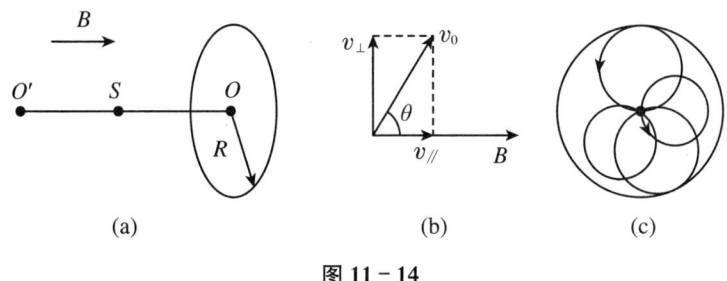

图 11 - 14

解 如图 11 - 14(b)所示,发射速度与 B 夹角为 θ 的离子

$$v_{\perp} = v_0 \sin \theta$$

对应圆周运动分运动

$$r = \frac{mv_{\perp}}{qB}$$

总能打到屏上的离子如图 11 - 14(c)所示,需满足

$$r \leqslant \frac{1}{2}R$$

即

$$\frac{mv_0 \sin \theta}{qB} \leqslant \frac{1}{2}R$$

① 若 $\frac{mv_0}{qB} \leqslant \frac{1}{2}R$,则右向离子全部打在屏上,故比值为

$$k = \frac{1}{2}$$

② 若 $\frac{mv_0}{qB} > \frac{1}{2}R$,则打在屏上的离子满足

$$\sin \theta \leqslant \sin \theta_{\max} = \frac{qBR}{2mv_0}$$

分布在立体角

$$\Omega = 2\pi(1 - \cos \theta_{\max})$$

故比值为

$$k = \frac{\Omega}{4\pi} = \frac{1}{2}\left[1 - \sqrt{1 - \left(\frac{qBR}{2mv_0}\right)^2}\right]$$

2. 磁聚焦

一束速度大小相同且与 B 方向夹角 θ_i 很小但不同的带电粒子流从同一点出发,由图

11-13 可知某粒子

$$v_{/\!/} \approx v_0, \quad v_\perp \approx v_0\theta$$

各粒子将沿不同的螺旋线前进,但经

$$h \approx \frac{2\pi m v_0}{qB}$$

后又重新汇聚,与一束近轴光线经透镜后聚焦的现象类似,故称为磁聚焦.

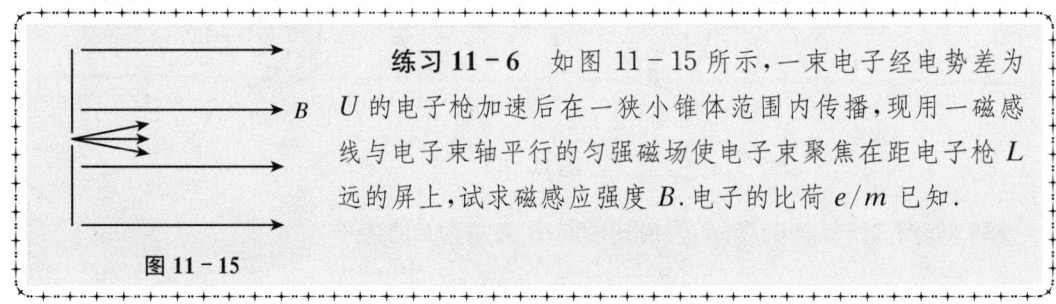

练习 11-6 如图 11-15 所示,一束电子经电势差为 U 的电子枪加速后在一狭小锥体范围内传播,现用一磁感线与电子束轴平行的匀强磁场使电子束聚焦在距电子枪 L 远的屏上,试求磁感应强度 B.电子的比荷 e/m 已知.

图 11-15

11.4.3 带电粒子在非均匀磁场中的运动

磁镜

如图 11-16 所示,带电粒子在非均匀磁场中向磁场较强方向运动时,螺旋线的半径不断减小,且洛伦兹力总有一指向磁场较弱方向的分力,有可能使粒子沿磁场方向速度减小到零掉头反转.如果磁场两端很强,中间很弱,则能迫使粒子局限在一定范围内往返运动,好似遇到镜面反射一样,故称这种装置为磁镜.磁镜主要用于磁约束技术,在可控核聚变装置中,利用磁镜将高温等离子气体约束在磁瓶中,可以使核聚变稳定进行.

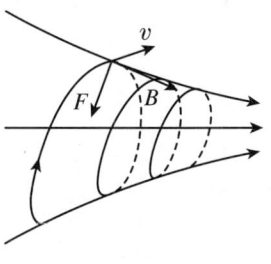

图 11-16

例 11-7 (1) 带电量为 q、质量为 m 的带电粒子在匀强磁场 B 中做快速回旋运动,其分运动形成一电流环,该电流环的磁矩 μ 称为粒子的回旋磁矩.试写出回旋磁矩大小的表达式,设带电粒子回旋速度在垂直于磁感应强度方向的分量为 $v_\perp$.

(2) 对于非匀强磁场,只要磁场的非均匀尺度远大于带电粒子的回旋半径,粒子的运动可近似看成绕磁感线的螺旋运动.运动中粒子速率虽保持不变,但是磁场的非均匀性将破坏 $v_{/\!/}$ 和 $v_\perp$ 的不变性.理论和实验均已证明,对于任意随空间、时间缓慢变化的磁场,运动带电粒子的磁矩必守恒.试证明一种简单情形下运动带电粒子的回旋磁矩 μ 为一个守恒量:磁场 B 不随时间变化,仅随空间缓慢变化,且磁场相对 z 轴对称,如图 11-17(a)所示,粒子在紧邻 z 轴附近绕 z 轴做螺旋运动.

(3) 图 11-17(b)所示的磁场区域中磁感应强度 B 的大小沿 z 轴从左向右由强变弱又变强,对称面为 PP'.已知 z 轴上 O 点的磁感应强度大小为 B_0,两端 M,M' 点的磁感应强度为 B_M.现有一束质量均为 m、电量均为 q、速度大小均为 v_0 的粒子,在 O 点以与 z 轴成不同的投射角 α 向右半空间发射.设磁场足够强,粒子只能在紧邻 z 轴的磁感线围成的截面积很小的磁管内运动,试分析具有不同投射角 α 的粒子在磁场区 MM' 的运动情况.

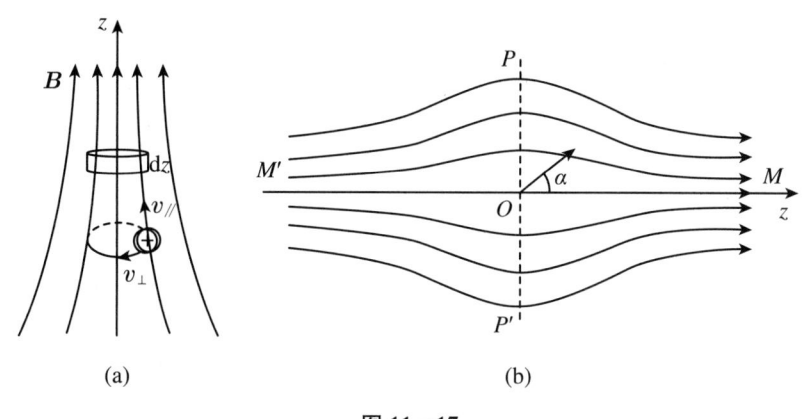

图 11-17

解 (1) 粒子速度平行磁场的速度分量 $v_{\parallel}$ 不构成磁矩,垂直磁场的速度分量 $v_{\perp}$ 相当于电流环,则

$$T = \frac{2\pi m}{qB}, \quad I = \frac{q}{T} = \frac{q^2 B}{2\pi m}, \quad r = \frac{mv_{\perp}}{qB}$$

故回旋磁矩为

$$\mu = I\pi r^2 = \frac{q^2 B}{2\pi m}\pi \left(\frac{mv_{\perp}}{qB}\right)^2 = \frac{mv_{\perp}^2}{2B}$$

(2) 取柱坐标系,粒子紧邻 z 轴,故

$$B \approx B_z, \quad r \approx \frac{mv_{\perp}}{qB}$$

在图 11-17(a)中作薄高斯圆柱面,由高斯定理得

$$0 = B_r 2\pi r \mathrm{d}z + \mathrm{d}B_z \pi r^2 \approx B_r 2\pi r \mathrm{d}z + \mathrm{d}B \pi r^2$$

则

$$B_r = -\frac{r}{2}\frac{\mathrm{d}B}{\mathrm{d}z}$$

粒子在 z 方向由牛顿定律得

$$qv_{\perp} B_r \approx m \frac{\mathrm{d}v_{\parallel}}{\mathrm{d}t}$$

即

$$-qv_{\perp}\frac{mv_{\perp}}{2qB}\frac{\mathrm{d}B}{\mathrm{d}z} \approx m \frac{\mathrm{d}v_{\parallel}}{\mathrm{d}t}$$

亦即
$$-\frac{v_\perp^2}{2B}\mathrm{d}B \approx \frac{\mathrm{d}v_\parallel}{\mathrm{d}t}\mathrm{d}z = v_\parallel \mathrm{d}v_\parallel = \frac{1}{2}\mathrm{d}v_\parallel^2$$

则
$$\frac{\mathrm{d}B}{B} = -\frac{\mathrm{d}v_\parallel^2}{v_\perp^2}$$

洛伦兹力不做功，粒子速度大小 v 不变，则
$$v_\parallel^2 = v^2 - v_\perp^2$$

则
$$\mathrm{d}v_\parallel^2 = -\mathrm{d}v_\perp^2$$

故
$$\frac{\mathrm{d}B}{B} = \frac{\mathrm{d}v_\perp^2}{v_\perp^2}$$

积分得
$$\ln B = \ln v_\perp^2 + C_1$$

故
$$\frac{v_\perp^2}{B} = C$$

则回旋磁矩 $\mu = \dfrac{mv_\perp^2}{2B}$ 守恒.

(3) 向右侧运动时
$$B\uparrow, \quad \mu = \frac{mv_\perp^2}{2B} \text{ 守恒} \Rightarrow v_\perp \uparrow$$
$$R \approx \frac{mv_\perp}{qB} = \frac{2\mu}{qv_\perp} \Rightarrow R\downarrow$$

做 $R\downarrow$ 的螺旋线运动；洛伦兹力不做功，粒子速度大小 v_0 不变，则
$$v_\parallel^2 = v_0^2 - v_\perp^2 \Rightarrow v_\parallel \downarrow$$

到 M 处时，由磁矩守恒和速率不变得
$$\frac{(v_0\sin\alpha)^2}{B_0} = \frac{v_{M\perp}^2}{B_M}, \quad v_{M\parallel}^2 = v_0^2 - v_{M\perp}^2 = v_0^2\left(1 - \frac{B_M}{B_0}\sin^2\alpha\right)$$

若 $v_{M\parallel}^2 > 0$，即 $\alpha < \arcsin\sqrt{\dfrac{B_0}{B_M}}$，则粒子将从 M 冲出磁力管；

若 $v_{M\parallel}^2 \leqslant 0$，即 $\alpha \geqslant \arcsin\sqrt{\dfrac{B_0}{B_M}}$，则粒子将来回振荡，被束缚在管内，其中 $\alpha = \arcsin\sqrt{\dfrac{B_0}{B_M}}$ 时，粒子在 M 处做圆周运动但不稳定，会偏离原平面，继而向磁场弱的区域运动；

当 $\alpha = 90°$ 时,粒子将在 PP' 面内稳定地做 $R = \dfrac{mv_0}{qB}$ 的匀速圆周运动.

练习 11-7 如图 11-18 所示,长为 L,截面半径为 R 的圆柱体内,沿轴流过均匀电流 I,忽略边缘效应,已知 $L \gg R$. 一束质量为 m,电量为 $+q$ 的粒子以速度 v 平行于柱轴从左端入射,不考虑粒子间的相互作用及与圆柱体内部微粒的作用,且忽略圆柱体内的电场.

(1) 忽略粒子在圆柱体内的径向移动距离及粒子轴向速度变化,试证明通过圆柱体后粒子将聚焦于一点;

(2) 考虑粒子在圆柱体内的径向运动而不计粒子轴向速度的变化,试求粒子聚焦在圆柱右端所需满足的条件.

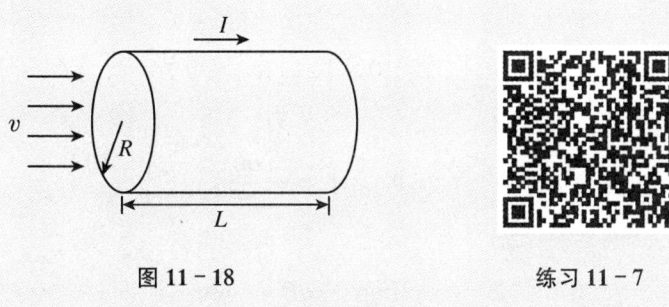

图 11-18   练习 11-7

11.4.4 带电体的旋轮线运动

例 11-8 空间有一足够大的水平匀强磁场 B,一质量为 m、带电量为 $+q$ 的带电微粒由静止释放,重力加速度为 g. 以释放点为坐标原点,建立图 11-19(a)所示的坐标系,试求微粒 x,y 方向的运动方程.

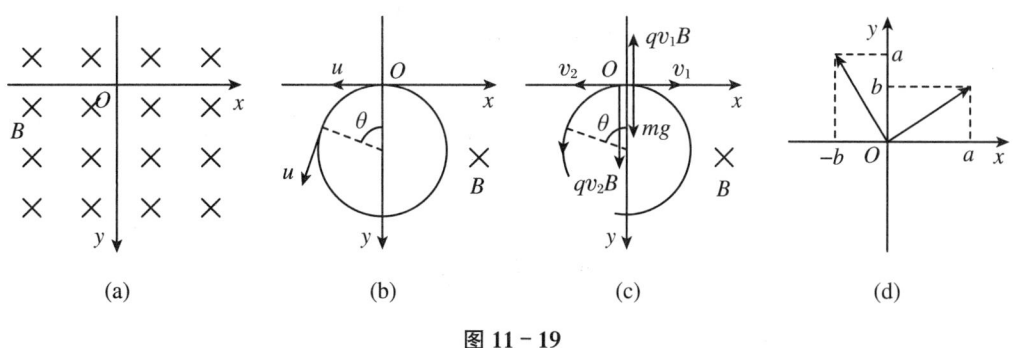

图 11-19

解 解法 1: x, y 方向分别由牛顿定律得

$$m\dot{v}_x = qv_y B \qquad ☆$$
$$m\dot{v}_y = mg - qv_x B \qquad □$$

☆式再对时间求导得

$$m\ddot{v}_x = qB\dot{v}_y$$

代入□式得

$$\ddot{v}_x + \frac{q^2 B^2}{m^2}\left(v_x - \frac{mg}{qB}\right) = 0$$

则可设

$$v_x = A\cos\left(\frac{qB}{m}t + \varphi\right) + \frac{mg}{qB}$$

代入初始条件

$$v_x|_{t=0} = 0, \quad \dot{v}_x|_{t=0} = 0$$

解得

$$\varphi = 0, \quad A = -\frac{mg}{qB}$$

故

$$v_x = -\frac{mg}{qB}\cos\frac{qB}{m}t + \frac{mg}{qB}$$

代入☆式得

$$v_y = \frac{mg}{qB}\sin\frac{qB}{m}t$$

积分并利用初始条件得

$$x = -\frac{m^2 g}{q^2 B^2}\sin\frac{qB}{m}t + \frac{mg}{qB}t, \quad y = \frac{m^2 g}{q^2 B^2}\left(1 - \cos\frac{qB}{m}t\right)$$

解法 2：由牛顿第二定律得

$$q\boldsymbol{v} \times \boldsymbol{B} + m\boldsymbol{g} = m\frac{\mathrm{d}\boldsymbol{v}}{\mathrm{d}t}$$

令

$$\boldsymbol{v}_1 = -\frac{mg}{qB}\boldsymbol{i}$$

则

$$q\boldsymbol{v}_1 \times \boldsymbol{B} = m\boldsymbol{g}$$

令

$$\boldsymbol{u} = \boldsymbol{v} + \boldsymbol{v}_1$$

则

$$qu \times B = m\frac{dv}{dt} = m\frac{du}{dt}$$

故 u 对应匀速圆周运动,其角速度为

$$\omega = -\frac{qB}{m}$$

初始 $v(t=0) = 0$,故

$$u(t=0) = v_1 = -\frac{mg}{qB}i$$

图 11-19(b)所示为 u 对应的轨迹,则

$$u_x = u\cos\omega t = -\frac{mg}{qB}\cos\frac{qB}{m}t, \quad u_y = u\sin\omega t = \frac{mg}{qB}\sin\frac{qB}{m}t$$

故

$$v_x = u_x - v_1 = -\frac{mg}{qB}\left(\cos\frac{qB}{m}t - 1\right), \quad v_y = u_y = \frac{mg}{qB}\sin\frac{qB}{m}t$$

之后同解法 1.

解法 3:分解为 v_1 的匀速直线运动和 v_2 的匀速圆周运动的叠加;如图 11-19(c)所示,v_1 沿 x 正方向

$$qv_1 B = mg$$

则

$$v_1 = \frac{mg}{qB}, \quad x_1 = v_1 t = \frac{mg}{qB}t$$

由初始条件确定 v_2:

$$0 = v_1 + v_2 \quad (t=0)$$

则

$$v_2 = v_1 = \frac{mg}{qB}$$

v_2 的圆周运动

$$R = \frac{mv_2}{qB} = \frac{m^2 g}{q^2 B^2}, \quad \omega = \frac{qB}{m}$$

则

$$x_2 = -R\sin\omega t = -\frac{m^2 g}{q^2 B^2}\sin\frac{qB}{m}t, \quad y_2 = R(1-\cos\omega t) = \frac{m^2 g}{q^2 B^2}\left(1-\cos\frac{qB}{m}t\right)$$

故原运动 x, y 方向运动学方程分别为

$$x = x_1 + x_2 = \frac{mg}{qB}t - \frac{m^2 g}{q^2 B^2}\sin\frac{qB}{m}t, \quad y = y_2 = \frac{m^2 g}{q^2 B^2}\left(1-\cos\frac{qB}{m}t\right)$$

分析:还可采用复数解法. 将平面直角坐标系改造为复数坐标系,以 y 为虚轴,原坐标系中矢量 $r = ae_x + be_y$ 在复数坐标系中表示为

则有
$$\tilde{r} = a + ib$$

$$i\tilde{r} = -b + ia$$

如图 11-19(d)所示，$i\tilde{r}$ 为 $\tilde{r}$ 逆时针旋转 $90°$；同理，$-i\tilde{r}$ 为 $\tilde{r}$ 顺时针旋转 $90°$，$i^2\tilde{r}$ 为 $\tilde{r}$ 逆时针旋转 $180°$. 本题中洛伦兹力与速度均在 Oxy 平面内，且两者垂直，采用复数法可方便解决问题.

另外，由欧拉公式可知
$$\tilde{r} = a + ib = \sqrt{a^2 + b^2}\,e^{i\varphi}, \quad \tan\varphi = \frac{b}{a}$$

将其与 $e^{i\theta}$ 相乘得到
$$e^{i\theta}\tilde{r} = \sqrt{a^2 + b^2}\,e^{i(\varphi+\theta)}$$

即 $\tilde{r}$ 逆时针转过了 θ. 而上一段的分析中 $\tilde{r}$ 乘以 i 也恰为乘以 $e^{i\frac{\pi}{2}}$，乘以 $-i$ 也恰为乘以 $e^{-i\frac{\pi}{2}}$.

解法 4：复数法. 由牛顿第二定律得
$$m\frac{d\tilde{v}}{dt} = img - iq\tilde{v}B = -iqB\left(\tilde{v} - \frac{mg}{qB}\right)$$

即
$$\frac{d\tilde{v}}{\tilde{v} - \frac{mg}{qB}} = -\frac{iqB}{m}dt$$

例 11-8 解法 4

积分得
$$\ln\left(\tilde{v} - \frac{mg}{qB}\right) = -i\frac{qB}{m}t + \tilde{C}_1$$

则
$$\tilde{v} = \tilde{C}e^{-i\frac{qB}{m}t} + \frac{mg}{qB}$$

代入初始条件 $\tilde{v}(t=0) = 0$ 得
$$\tilde{C} = -\frac{mg}{qB}$$

故
$$\tilde{v} = \frac{mg}{qB}\left(1 - e^{-i\frac{qB}{m}t}\right)$$

(即为逆时针旋转的匀速圆周运动叠加 x 方向的匀速直线运动)，故

$$\tilde{r} = \int_0^t \tilde{v}\,dt = \frac{mg}{qB}\left[t + \frac{m}{iqB}\left(e^{-i\frac{qB}{m}t} - 1\right)\right] = \frac{mg}{qB}t - i\frac{m^2g}{q^2B^2}\left(\cos\frac{qB}{m}t - i\sin\cos\frac{qB}{m}t - 1\right)$$
$$= \frac{mg}{qB}t - \frac{m^2g}{q^2B^2}\sin\frac{qB}{m}t + i\frac{m^2g}{q^2B^2}\left(1 - \cos\frac{qB}{m}t\right)$$

故 x, y 方向的运动方程分别为

$$x = \frac{mg}{qB}t - \frac{m^2g}{q^2B^2}\sin\frac{qB}{m}t, \quad y = \frac{m^2g}{q^2B^2}\left(1 - \cos\frac{qB}{m}t\right)$$

另外,如果换为相对此参考系以 $v_1 = mg/(qB)$ 沿 x 正方向运动的惯性系,则带电体做匀速圆周运动,等价于带电微粒沿 x 负方向 $v_2 = mg/(qB)$ 的初速度只受到 $f = qv_2B$ 的洛伦兹力作用,这是为什么? 我们将在 11.5 节 "相对低速运动的两惯性系间的电磁场变换" 中给出解释及相应的解法.

由这道例题可知,带电体在正交的均匀磁场、均匀电场(或均匀重力场)中运动时,若初速度为零,或与磁场垂直但恒力(电场力或重力)与洛伦兹力不平衡,则做旋轮线(或称摆线、滚线)运动. 解决方法之一为分解为匀速直线运动与匀速圆周运动的叠加,称为配速法. 以电磁场中运动的正电荷为例,如图 11-20 所示,令

$$\boldsymbol{v}_0 = \boldsymbol{v}_1 + \boldsymbol{v}_2$$

其中 $\boldsymbol{v}_1$ 满足

$$q\boldsymbol{v}_1 \times \boldsymbol{B} = q\boldsymbol{E}$$

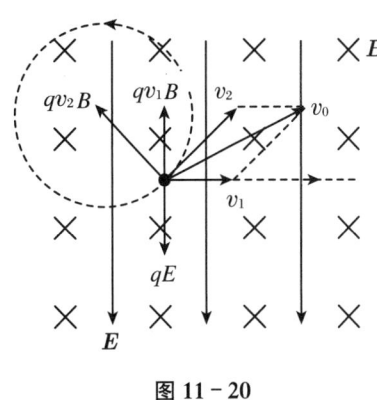

图 11-20

以 $\boldsymbol{v}_1$ 做匀速直线运动; $q\boldsymbol{v}_2 \times \boldsymbol{B}$ 使之以

$$R = \frac{mv_2}{qB}, \quad T = \frac{2\pi m}{qB}$$

做匀速圆周运动.

若初速度与磁场不垂直,则与磁场垂直分速度对应旋轮线运动,与磁场共线分速度对应匀速直线运动,叠加即可.

若均匀磁场、均匀电场(或重力场)不正交,则将均匀电场(或重力场)分解到与磁场垂直、共线方向,磁场方向做匀变速直线运动,垂直磁场平面内仍然是旋轮线运动,叠加即可.

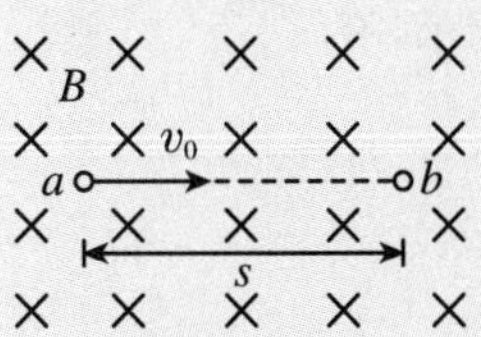

练习 11-8 如图 11-21 所示,在空间中有一范围足够大的水平匀强磁场 B, 在磁场区域内有 a 和 b 两点,相距 s, ab 连线水平且垂直于磁场. 一质量为 m、电量为 q 的带正电粒子从 a 以初速度 v_0 对着 b 射出. 为使粒子能经过 b 点,试问 v_0 可取什么值? 已知重力加速度为 g.

图 11-21

例 11-9 如图 11-22(a)所示,坐标系 $Oxyz$ 的 x 轴和 z 轴位于纸面内, y 轴垂直于纸面向里(未画出). 两无限大金属板分别位于 $x = -d$ 和 $x = d$ 处. 匀强磁场 B 的方向平行于 Oxz 平面,与 z 轴夹角为 α. 在坐标原点 O 处,有一电荷量为 $q(q>0)$、质量为 m 的带电粒子,以沿 y 轴正方向的初速度 v_0 开始运动. 不计重力作用.

(1) 若两极板间未加电场，欲使该粒子在空间上恰好能到达极板(但不与板接触)，则初速度应为多大？所需的最短时间 t_0 是多少？

(2) 若在两极板间沿 x 轴正方向加上一场强为 E 的匀强电场，使该粒子能在(1)中所求得的时间 t_0 到达极板，则该粒子的初速度 v_0 应为多大？若 $\alpha = \pi/4$，试求粒子到达极板时粒子的坐标．

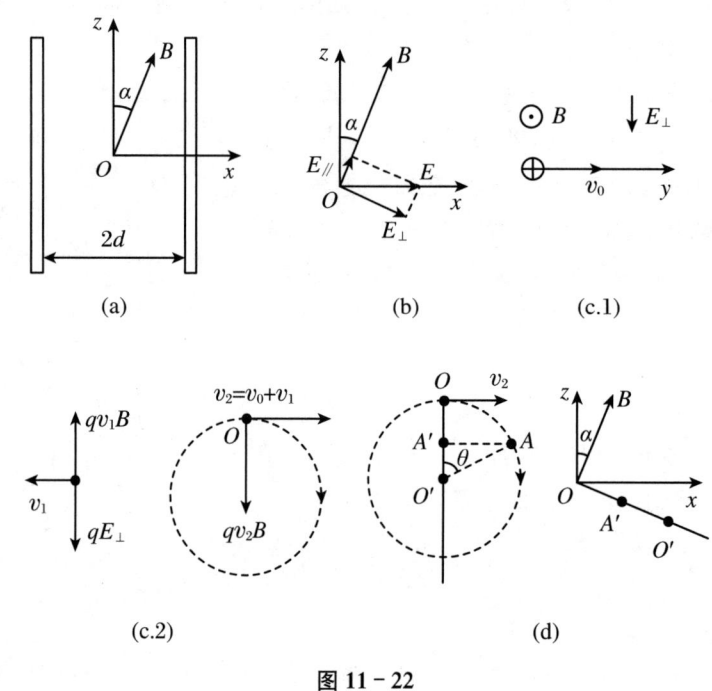

图 11-22

解 (1) 解答略，答案为

$$v_0 = \frac{qBd}{2m\cos\alpha}, \quad t_0 = \frac{\pi m}{qB}$$

(2) 将电场分解到与磁场平行和垂直方向，如图 11-22(b)所示，有

$$E_{/\!/} = E\sin\alpha, \quad E_\perp = E\cos\alpha$$

$E_{/\!/}$(或 B)方向做匀加速直线分运动，有

$$a_{/\!/} = \frac{qE_{/\!/}}{m} = \frac{qE\sin\alpha}{m}$$

垂直磁场方向的运动，逆着磁场的方向看，如图 11-22(c.1)所示，配速如图 11-22(c.2)所示，$-y$ 方向以 v_1 做匀速直线分运动，有

$$qv_1 B = qE_\perp$$

则

$$v_1 = \frac{E\cos\alpha}{B}$$

在垂直于磁场的平面内以 v_2 做匀速圆周分运动,有

$$v_2 = v_0 + v_1 = v_0 + \frac{E\cos\alpha}{B}, \quad R = \frac{mv_2}{qB}, \quad \omega = \frac{qB}{m}$$

其在 Oxz 平面内的投影如图 11-22(d)所示,有

$$\overline{OA'} = R(1 - \cos\omega t)$$

则

$$x_2 = \overline{OA'}\cos\alpha$$

故合运动在 x 方向的运动为

$$x = \frac{1}{2}a_{/\!/}t^2\sin\alpha + x_2 = \frac{1}{2}\frac{qE\sin^2\alpha}{m}t^2 + \frac{m}{qB}\left(v_0 + \frac{E\cos\alpha}{B}\right)\left(1 - \cos\frac{qB}{m}t\right)\cos\alpha$$

代入 $x|_{t=t_0} = d$ 得

$$v_0 = \frac{2qB^2 d - mE(4\cos^2\alpha + \pi^2\sin^2\alpha)}{4mB\cos\alpha}$$

y, z 方向分别为

$$y = -v_1 t + R\sin\omega t = -\frac{E\cos\alpha}{B}t + \frac{m}{qB}\left(v_0 + \frac{E}{B}\cos\alpha\right)\sin\frac{qB}{m}t$$

$$z = \frac{1}{2}a_{/\!/}t^2\cos\alpha - \overline{OA'}\sin\alpha = \frac{qE\sin 2\alpha}{4m}t^2 - \frac{m}{qB}\left(v_0 + \frac{E}{B}\cos\alpha\right)\left(1 - \cos\frac{qB}{m}t\right)\sin\alpha$$

代入 $v_0, t_0, \alpha = \pi/4$,解得

$$y = -\frac{\sqrt{2}\pi mE}{2qB^2}, \quad z = -d + \frac{\pi^2 mE}{2qB^2}$$

故坐标为 $\left(d, -\frac{\sqrt{2}\pi mE}{2qB^2}, -d + \frac{\pi^2 mE}{2qB^2}\right)$.

也可直接列 x, y, z 方向牛顿第二定律解微分方程组;还可将坐标系绕 y 轴旋转 α,建立 $Ox'y'z'$ 坐标系,其中 y 与 y' 重合,z' 方向做匀加速直线运动,不影响在 $Ox'y'$ 面内的分运动,在 $Ox'y'$ 的分运动可以利用配速法、复数法、矢量法等方法求解,到达极板的坐标利用坐标变换转换回原坐标系.请读者自行尝试.

11.4.5 简说正则动量、正则角动量守恒

1. 正则动量守恒

粒子在匀强磁场中,如果只受洛伦兹力作用,则有

$$d\boldsymbol{p} = q\boldsymbol{v}\times\boldsymbol{B}dt = qd\boldsymbol{r}\times\boldsymbol{B}$$

即

$$d(\boldsymbol{p} - q\boldsymbol{r}\times\boldsymbol{B}) = 0$$

故
$$p - qr \times B = C$$

这样我们就找到了粒子在匀强磁场中运动时的一个守恒矢量,它是一种正则动量;有时也采用它的分量式,或者直接列动量定理分量式积分得到分量上的守恒量.

例 11-10 如图 11-23 所示,空间有沿着 z 方向的匀强磁场 B,有一粒子以某一初速度从坐标原点出发,粒子质量为 m,电量为 q,粒子除受到洛伦兹力外还受到正比于速度的阻力 $-kv$,最后粒子停在了 $(a,b,0)$ 的位置. 试求粒子的初速度. 不计重力影响.

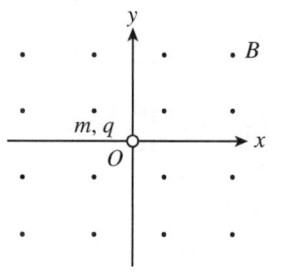

图 11-23

解 解法 1:由动量定理得
$$m\mathrm{d}v = (qv \times B - kv)\mathrm{d}t$$
即
$$\mathrm{d}(mv) = \mathrm{d}(qr \times B - kr)$$
得正则角动量守恒
$$mv - qr \times B + kr = C$$
初到停下其分量式分别为
$$mv_{0x} = -qBb + ka, \quad mv_{0y} = qBa + kb, \quad mv_{0z} = 0$$
解得
$$v_{0x} = \frac{1}{m}(ka - qBb), \quad v_{0y} = \frac{1}{m}(kb + qBa), \quad v_{0z} = 0$$

解法 2:由于粒子只在 Oxy 平面内运动,故可用复数法. 由动量定理得
$$m\mathrm{d}\tilde{v} = (-\mathrm{i}q\tilde{v}B - k\tilde{v})\mathrm{d}t = -(k + \mathrm{i}qB)\mathrm{d}\tilde{r}$$
从初始到停下积分得
$$0 - m\tilde{v}_0 = -(k + \mathrm{i}qB)(\tilde{r} - 0)$$
解得
$$\tilde{v}_0 = \frac{1}{m}(k + \mathrm{i}qB)(a + \mathrm{i}b) = \frac{1}{m}[(ka - qBb) + \mathrm{i}(kb + qBa)]$$

例 11-10

即
$$v_{0x} = \frac{1}{m}(ka - qBb), \quad v_{0y} = \frac{1}{m}(kb + qBa), \quad v_{0z} = 0$$

练习 11-9 带电粒子进入介质中,受到的阻力跟它的速度成正比. 在粒子完全停止前,所通过的路程为 $S_1 = 10$ cm;如果在介质中有一个跟粒子速度垂直的磁场,当粒子以跟原来相同的初速度进入这一带有磁场的介质时,则它停止在距入射点的距离为 $S_2 = 6$ cm 的位置上;如果磁场强度减少 1/2,那么该粒子应停在离入射点多远的位置 S_3?

2. 正则角动量守恒

考虑一种较简单的情形,相关条件如图 11-24 所示,粒子受洛伦兹力作用,则粒子对定点 O 的角动量、洛伦兹力对定点 O 的力矩均垂直于纸面,由角动量定理得

$$\mathrm{d}(rmv_\theta) = r(qv_r B)\mathrm{d}t = qBr\,\mathrm{d}r = \mathrm{d}\left(\frac{1}{2}qBr^2\right)$$

即

$$\mathrm{d}\left(rmv_\theta - \frac{1}{2}qBr^2\right) = 0 \quad \text{或} \quad rmv_\theta - \frac{1}{2}qBr^2 = C$$

这样我们找到了粒子关于定点 O 的一个守恒量,它是一种正则角动量.

如图 11-25 所示,若磁场沿 z 方向,带正电粒子速度在 Oxy 平面内,则由于带电粒子受洛伦兹力方向的特点有 x 方向的速度带来 y 方向的加速度(洛伦兹力),y 方向的速度带来 x 方向的加速度(洛伦兹力). 由于这种特点,在有平移或旋转对称性时,可对对称性方向列动量定理或角动量定理微分形式,然后直接积分来解题,或者找到运动中的守恒量(即沿对称性方向的正则动量或正则角动量守恒式).

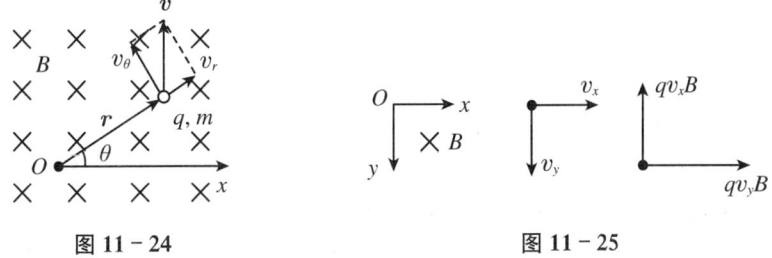

图 11-24   图 11-25

例 11-11 图 11-26(a)所示为两个很长的平行边界磁场区域,宽度分别为 l_1, l_2,磁感应强度分别为 B_1, B_2,方向均垂直纸面向内. 一带正电粒子电量为 q,质量为 m,以 v_0 的初速度垂直于边界和磁场射入.

(1) 粒子速度满足什么条件才能通过这两个磁场?
(2) 若能通过,试求射出右边界时的速度方向.

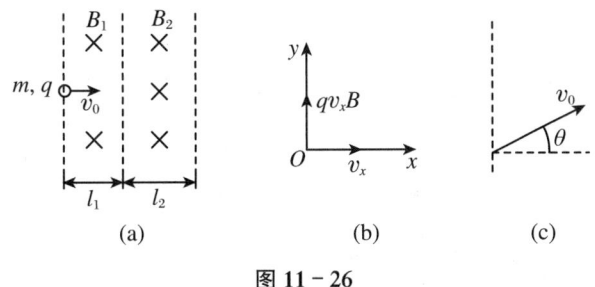

图 11-26

解 磁场有上下平移对称性,故对上下方向(平行于边界方向)列动量定理方程,如图 11-26(b)所示建系.

(1)
$$m\mathrm{d}v_y = qv_x B\mathrm{d}t = qB\mathrm{d}x$$

积分得从初始态到出磁场区域
$$mv_y = qB_1 l_1 + qB_2 l_2 \qquad \text{☆}$$

(或先积分得正则角动量守恒 $mv_y - qBx = C$),需
$$v_y < v_0$$

即
$$v_0 > \frac{q}{m}(B_1 l_1 + B_2 l_2)$$

(2) 射出时如图 11-26(c)所示,设速度斜向上与初速度夹角为 θ,洛伦兹力不做功,故速度大小不变,有
$$v_y = v_0 \sin\theta$$

与☆式联立,解得
$$\sin\theta = \frac{q(B_1 l_1 + B_2 l_2)}{mv_0}$$

练习 11-10 如图 11-27 所示,空间有沿 y 正方向的匀强电场 E 和垂直纸面的磁场,磁感应强度沿 z 方向(z 轴未画出),大小为 $B = \alpha y$,α 为正的常数. 一带正电粒子电量为 q,质量为 m,在坐标原点由静止释放,试求粒子运动中 y 坐标的最大值 $y_{\max}$. 不计粒子重力作用.

练习 11-11 在地球表面附近足够宽广的空间中,存在着重力场和水平分层的均匀电磁场,如图 11-28 所示. 在此空间建立坐标系 $Oxyz$,Oxz 为水平面,Oxy 为竖直面,y 轴竖直向下,均匀重力场 $\mathbf{g} = g\mathbf{e}_y$,自 $y = 0$ 起,沿 y 等间距 d($d = 0.1$ m)的水平区域,有均匀电磁场区域和无电磁场区域相间排列,在有电磁场的区域中,其匀强电场的电场强度 $\mathbf{E} = -E\mathbf{e}_y$,匀强磁场的磁感应强度 $\mathbf{B} = B\mathbf{e}_z$,其中 $B = 0.1$ T,有一带电量为 $q = 2.0 \times 10^{-10}$ C、质量为 $m = 1.1 \times 10^{-10}$ kg 的带电粒子从坐标原点 O 由静止下落,且 $qE = mg$(取 $g = 10$ m/s^2). 试求带电粒子到达第几个有电磁场分布的区域时,不能从该区域的下方射出,并求粒子运动的最大速率.

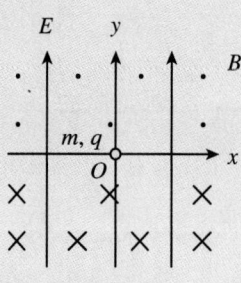

图 11-27

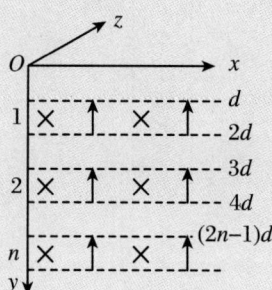

图 11-28

例11-12 一个实心圆柱形导体和一个中空圆柱形导体共轴放置,其间为真空.内柱体半径为 a,外柱体半径为 b,如图 11-29所示.外柱体相对于内柱体可具有正电位 V,称为阳极.在讨论的空间范围内可以存在一个匀强磁场,磁感应强度 $\boldsymbol{B}$ 的方向与柱体中央轴平行,垂直纸面向外.导体的感应电荷一律不予考虑.本题讨论电子在两个圆柱体之间真空中运动的动力学问题,在此将电子的静质量记为 m,电子的带电量记为 $-e$,电子一律从内柱体表面放出.

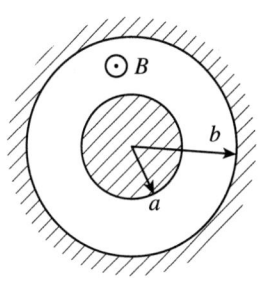

图 11-29

(1) 试求内柱体表面无初速度逸出的电子恰不能到达阳极时 B 的临界值 B_C;

(2) 加热内柱体,电子从内柱体逸出时有非零初速度,设沿轴分量为 v_B,径向向外分量为 v_r,逆时针角向分量为 v_φ,试求电子恰不到阳极的临界磁场 B_C.

解 对柱体轴有旋转对称性,对柱体轴列角动量定理

$$d(rmv_\varphi) = rev_r B dt = eBr dr$$

积分得正则角动量守恒

$$rmv_\varphi - \frac{1}{2}eBr^2 = C \qquad ☆$$

(1) 从逸出到恰到阳极,由☆式得

$$-\frac{1}{2}eB_C a^2 = bmv - \frac{1}{2}eB_C b^2$$

又由动能定理得

$$eV = \frac{1}{2}mv^2 - 0$$

联立解得

$$B_C = \frac{2b\sqrt{2eVm}}{e(b^2 - a^2)}$$

(2) 从逸出到恰到阳极,由☆式得

$$amv_\varphi - \frac{1}{2}eB_C a^2 = bmv - \frac{1}{2}eB_C b^2$$

其中 v 为恰到阳极时垂直于轴的平面内的速度,沿横向,沿轴方向的 v_B 不发生变化;又由动能定理得

$$eV = \frac{1}{2}m(v_B^2 + v^2) - \frac{1}{2}m(v_B^2 + v_\varphi^2 + v_r^2)$$

联立解得

$$B_C = \frac{2mb}{e(b^2 - a^2)}\left(\sqrt{v_r^2 + v_\varphi^2 + \frac{2eV}{m}} - v_\varphi \frac{a}{b}\right)$$

11.4.6 其他运动　霍尔效应

> **练习 11-12**　图 11-30 所示的无限大匀强磁场，磁感应强度为 B，方向垂直于纸面向内。质量为 m、带电量为 $-q(q>0)$ 的带电粒子以初速度 v_0 从 y 轴上的 P 点沿 x 轴正方向开始运动，运动中受到大小不变、方向与速度方向相反的阻力 F。已知出发点坐标为 $(0, mv_0/(qB))$，不计重力影响。
> (1) 试写出粒子运动的轨迹方程。
> (2) 粒子第一次到达 x 轴的时间和位置分别是多少？设粒子初速度与阻力的关系为
> $$qv_0 B = \left(\sqrt{3} + \frac{2}{3}\pi\right) F$$ 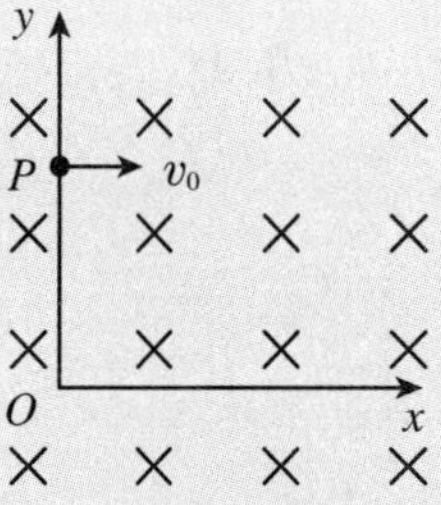
>
> 图 11-30
>
> 练习 11-12

这里略去速度选择器、质谱仪、回旋加速器、霍尔效应的内容。

注　载流子分别为正电荷、负电荷的霍尔元件，其通有相同方向电流，加相同方向磁场时，载流子偏转方向相同，从而霍尔电压的正负反而是相反的。

11.5　相对低速运动的两惯性系间的电磁场变换

若在参考系 S 中有一个静止的点电荷，则此电荷周围只有电场；在相对 S 匀速直线运动的参考系 S' 中，此点电荷匀速运动形成电流，则电荷周围既有电场又有磁场。故要研究电磁场，首先要选定参考系，在参考系变换时，电磁场量一般要发生变化。

1. 电荷量的不变性

许多事实表明，物体的带电量不会因物体的运动而变化，即电荷量是相对论不变量，故在不同的惯性系中,物体的带电量不会发生变化.

2. 电磁规律的协变性

根据相对性原理,在任何惯性系内,一切物理规律都是相同的,电磁学的基本规律——麦克斯韦方程组和洛伦兹力公式也遵守这一原理,即从一个惯性系变换到另一个惯性系时,(按照狭义相对论)在洛伦兹变换下保持不变.本章中的洛伦兹力只有磁场,不可能具有协变性,普遍的洛伦兹力公式应包括电场力,即

$$f = qE + qv \times B$$

E 既包括静电场,也包括涡旋电场.

3. 相对低速运动的两惯性系间的电磁场变换

我们现在根据洛伦兹力公式的协变性及电荷量的不变性导出相对低速运动的两惯性系间的电磁场变换,并只保留到真实结果的零阶.

例 11-13 设电磁场在惯性系 S 中的电场强度为 E,磁感应强度为 B,在惯性系 S' 中的电场强度为 E',磁感应强度为 B',S' 系相对 S 系的速度为 $\Delta v (|\Delta v| \ll c)$,试导出这两个惯性系间的电磁场变换.结果保留到零阶.

解 令一个带电粒子在电磁场中运动,只受电磁场力(洛伦兹力)作用,带电粒子的电荷量在两个参考系中应相同,设为 q;设粒子在 S 系中速度为 v,并取 $v \ll c$,粒子质量为 m,加速度 a 在两个参考系中相等,故由

$$f = ma$$

得两参考系中粒子所受洛伦兹力相等,故

$$q(E + v \times B) = q[E' + (v - \Delta v) \times B']$$

则

$$E + v \times (B - B') = E' - \Delta v \times B' \qquad ☆$$

☆式对任意 v 都成立,则 v 的系数应为零,故

$$B' = B$$

代回☆式,解得

$$E' = E + \Delta v \times B$$

这就是变换公式,分量式为

$B'_x = B_x, \quad B'_y = B_y, \quad B'_z = B_z$

$E'_x = E_x + \Delta v_y B_z - \Delta v_z B_y, \quad E'_y = E_y + \Delta v_z B_x - \Delta v_x B_z, \quad E'_z = E_z + \Delta v_x B_y - \Delta v_y B_x$

将电磁场分为电场部分和磁场部分只有相对的意义,这种划分与观察者所在的参考系有关,电磁场作为一个整体,在不同的惯性系中满足同样的规律.

> **练习 11-13** 请转换参考系并利用上述方法来求解例 11-8.

第 11 章习题

11-1 试求方程为

$$\frac{x^2}{A^2} + \frac{y^2}{B^2} = 1 \quad (A > B)$$

的椭圆形闭合导线中通以稳恒电流 I 时,椭圆焦点处磁感应强度的大小. A,B 为已知量.

11-2 绕在环面上的螺线形线圈叫作螺绕环,如习图 11-1 所示.设环的总匝数为 N,通过的电流为 I,试求磁场分布.

11-3 一 N 匝密绕的螺线管长为 L,半径为 r,且 $L \gg r$.当通有恒定电流 I 时,试求作用在长螺线管侧面上的压强 p.

11-4 长直导线载有电流 I_1,旁边有一单匝正方形线圈,边长为 $2a$,载有电流 I_2.线圈可绕平行于直导线的对称轴 O_1O_2 无摩擦转动,O_1O_2 到直导线的距离为 $b(b>a)$.电流方向如习图 11-2 所示.试求:

(1) 线圈在 θ 角位置时所受安培力的合力和合力矩;

(2) 线圈平衡时 θ 的值,并判定其平衡的稳定性.

11-5 如习图 11-3 所示,半径为 R 的平面塑料圆盘表面均匀带电,电荷面密度为 σ.圆盘绕其轴线 AA' 以角速度 ω 转动,匀强磁场 B 的方向垂直于转轴 AA'.试求圆盘所受的力矩.

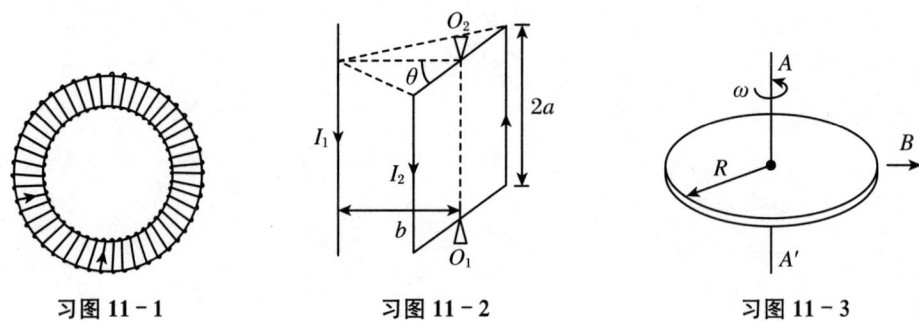

习图 11-1 习图 11-2 习图 11-3

11-6 (1987 年国际物理奥林匹克竞赛)如习图 11-4 所示,在螺绕环的平均半径 R 处有点源 P,从 P 点沿磁感线方向注入小孔径角为 $2\alpha_0(\alpha_0 \ll 1°)$ 的电子束,束中电子都是经电压 U_0 加速后从 P 点出发的.设螺绕环中磁场 B 的大小为常量,电子束中各电子间的相互作用可以忽略.

(1) 为了使电子束沿环形磁场运动,需要另外加一个使电子束偏转的均匀磁场 B_1,对于在环内沿半径为 R 的圆形轨道运动的一个电子,试计算所需的 B_1 的大小.

(2) 当电子束沿环形磁场运动时,为了使电子束绕一圈有四个聚焦点,即如习图 11-4 所示,每绕过 $\pi/2$ 的圆周角聚焦一次. 试问 B 应为多大?(此处可忽略 B_1,并可忽略磁场 B 的弯曲.)

(3) 如果没有偏转磁场 B_1,电子束便不可能维持在环平面附近,它将沿垂直于环平面的方向做总体的漂移运动而离开环平面:(a) 试证明:相对于注入半径 R,电子的径向偏离是有限大的;(b) 试确定漂移速度的指向.(电子束的孔径角可以忽略.)数据: $e/m = 1.76 \times 10^{-11}$ C/kg, $U_0 = 3$ kV, $R = 50$ mm.

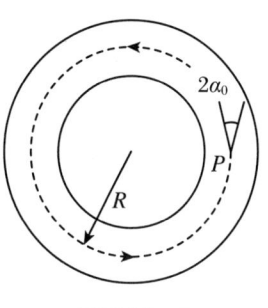

习图 11-4

11-7 如习图 11-5 所示,绝缘光滑水平面上有一质量 $m = 1$ g、带电量 $q = 4 \times 10^{-4}$ C 的小球 A. 水平面上方有互相正交的匀强磁场 B 和匀强电场 E, $E = 10$ N/C, $B = 5$ T. 小球 A 从静止开始运动,试求小球 A 在运动中其速度能达到的最大值. 设小球 A 在运动中不失去电荷,取重力加速度 $g = 10$ m/s^2.

11-8 空间某区域存在匀强电场和匀强磁场,在此区域建立直角坐标系 $Oxyz$,如习图 11-6 所示. 匀强电场的电场强度 $\boldsymbol{E}_1 = E_0 \boldsymbol{e}_x$,匀强磁场 $\boldsymbol{B} = B_0 \boldsymbol{e}_z$, E_0, B_0 为已知常量.

(1) 有一束带电量都为 $+q$、质量都为 m 的粒子,同时从 Oyz 平面内某点射出,它们的初速度均在 Oyz 平面内,速度的大小和方向各不相同. 试问经过多长时间这些粒子又能同时回到 Oyz 平面内?

(2) 现在该区域内再增加一个沿 z 方向随时间变化的电场,电场强度 $\boldsymbol{E}_2 = (E_0 \cos \omega t) \boldsymbol{e}_z$,其中 $\omega = qB_0/m$. 若有一电荷量为 $+q$、质量为 m 的粒子,在 $t = 0$ 时刻从坐标原点 O 射出,初速度 $\boldsymbol{v}_0$ 在 Oyz 平面内,即 $\boldsymbol{v}_0 = (0, v_{0y}, v_{0z})$,试求此后该粒子的坐标随时间变化的规律.

不计粒子所受重力及各带电粒子间的相互作用,也不考虑变化的电场产生的磁场.

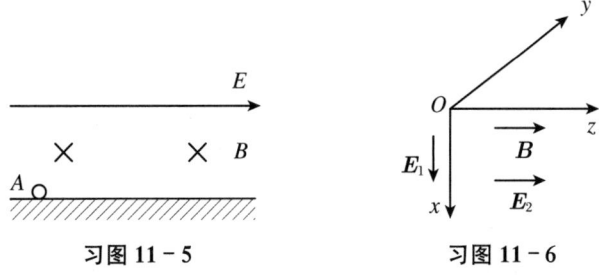

习图 11-5　　　　习图 11-6

11-9 如习图 11-7 所示,质量均为 m、电量分别为 $-q$ 和 $+q$ 的两个带电质点相距 $2R$. 开始时,系统的质心静止地位于坐标原点 O 处,且两带电质点在 Oxy 平面上绕质心 C 沿顺时针方向做圆周运动. 设当系统处于图示位置时,规定为 $t = 0$ 时刻,从该时刻起在所讨

论的空间加上沿 z 轴方向的弱匀强磁场 B. 试求质心 C 的速度分量 v_x 和 v_y 随时间 t 的变化关系、位置 x 和 y 随时间 t 的变化关系,定性画出质心 C 的运动轨迹. 设两带电质点绕质心的圆周运动保持不变,忽略一切万有引力. 两质点间的相互作用力视为库仑力.

11-10　如习图 11-8 所示,真空中有无限长直导线通以向左的电流 I,其上方有一个质量为 m、电荷量为 $+q$ 的带电粒子,以 v_0 的初速度平行于长直导线向右射出,射出时距长直导线的距离为 r_0. 试求粒子距导线的最远距离. 不计重力作用.

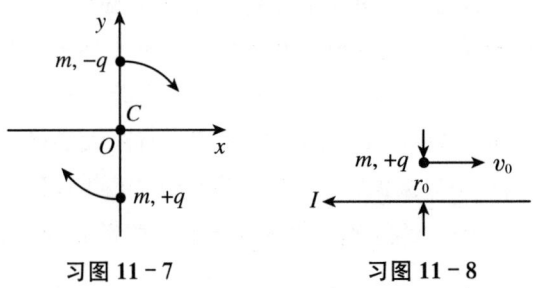

习图 11-7　　　　　习图 11-8

11-11　空间存在交替的匀强磁场和电场,宽度均为 d,如习图 11-9 所示,磁感应强度为 B,电场强度为 E. 一质量为 m、电荷量为 q 的带电粒子以初速度 $v_0 = \sqrt{2Eqd/m}$ 正射入磁场,之后带电粒子交替在磁场和电场中运动. 试求粒子运动过程中的最大速率. 不计重力作用.

11-12　如习图 11-10 所示,半径为 R,质量为 m,均匀带电的绝缘介质圆环在自身竖直平面内沿平直光滑水平面运动,开始圆环以速度 v_0 自右向左无转动地做平动. 桌面上方垂直于环面的竖直空间分界面 O_1O_2 左侧是垂直于环面的水平均匀磁场区域,磁感应强度为 B. 为了使圆环在完全进入磁场区后能在桌面上无滑动滚动,试问圆环上总电量应为多大?

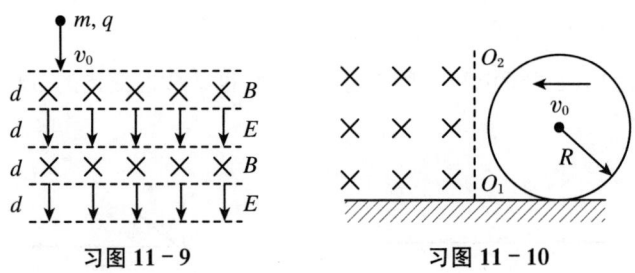

习图 11-9　　　　　习图 11-10

11-13　一个初始未充电的电容器的两个极板之间的距离为 d,有一磁感应强度为 B 的磁场,平行于电容器的极板,如习图 11-11 所示. 当电中性的相对介电常数为 ε_r 的液体以速度 v 流过两个极板之间时,连接在电容器两个极板间的电压表的读数是多少?

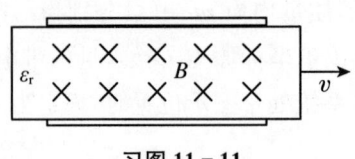

习图 11-11

第 11 章练习详解及习题答案

练习 11-1 MP,QN 在 O 点不产生磁场；两圆弧电流之比为

$$\frac{I_1}{I_2} = \frac{R_2}{R_1} = \frac{l_2}{l_1}$$

在环心产生的磁场方向相反，大小之比为

$$\frac{B_1}{B_2} = \frac{kI_1 l_1/r^2}{kI_2 l_2/r^2} = 1$$

故环心磁感应强度

$$B_O = 0$$

练习 11-2 在圆环参考系中，自由电子的惯性切向力等效于非静电力，设圆环半径为 r，则

$$m\beta r = eK$$

形成的电流为

$$I = \frac{K 2\pi r}{R_0 2\pi r} = \frac{m\beta r}{eR_0}$$

带来电流的是电子相对于原子核的定向移动速率，故切换回地面系，圆环中的电流仍为此值，所以环心的磁感应强度为

$$B = \frac{\mu_0}{4\pi} \frac{I 2\pi r}{r^2} = \frac{\mu_0 m \beta}{2eR_0}$$

练习 11-3 可看作半径为 R_1 的圆柱体通以 j 与半径为 R_2 部分通以 $-j$ 的叠加；对通有 j 的圆柱体，内部距轴线为 r 处建立环路，有

$$B \cdot 2\pi r = \mu_0 j \pi r^2$$

则

$$B = \frac{\mu_0}{2} jr$$

考虑到方向，写为

$$\boldsymbol{B} = \frac{\mu_0}{2} \boldsymbol{j} \times \boldsymbol{r}$$

则挖空部分某点 P 如答图 11-1 所示，有

$$\boldsymbol{B} = \frac{\mu_0}{2}(\boldsymbol{j} \times \overrightarrow{O_1 P} - \boldsymbol{j} \times \overrightarrow{O_2 P}) = \frac{\mu_0}{2} \boldsymbol{j} \times \overrightarrow{O_1 O_2}$$

为一个常矢量，故挖空部分为匀强磁场．

练习 11-4 I_1 在 $(0,a,z)$ 处

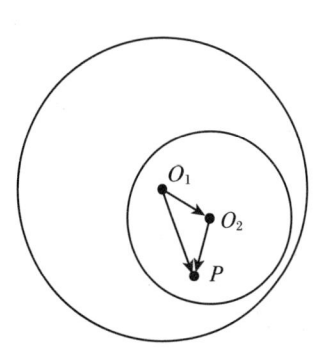

答图 11-1

$$B = \frac{\mu_0}{2\pi}\frac{I_1}{r^2}(-i \times r) = \frac{\mu_0}{2\pi}\frac{I_1}{a^2+z^2}[-i \times (aj+zk)] = \frac{\mu_0}{2\pi}\frac{I_1}{a^2+z^2}(zj-ak)$$

I_2 在 $(0,a,z)$ 处的电流元 $I_2\mathrm{d}z$ 受力

$$\mathrm{d}F = I_2\mathrm{d}zk \times B = -\frac{\mu_0}{2\pi}\frac{I_1I_2}{a^2+z^2}z\mathrm{d}z \cdot i$$

可知
$$\mathrm{d}F_z = -\mathrm{d}F_{-z}$$

故所求净力为
$$F = \int_{z=-a\to a}\mathrm{d}F = 0$$

力矩等于多对力偶矩之和，$\pm z$ 处一对 $\mathrm{d}z$ 的力偶矩为

$$\mathrm{d}M = 2zk \times \mathrm{d}F = -\frac{\mu_0 I_1 I_2}{\pi}\frac{z^2}{a^2+z^2}\mathrm{d}z \cdot j$$

利用 $|z| \leqslant \frac{l}{2} \ll a$ 做近似，有

$$a^2 + z^2 \approx a^2$$

则所求净力矩为

$$M = \int_{z=0\to\frac{l}{2}}\mathrm{d}M \approx -\frac{\mu_0 I_1 I_2}{\pi a^2}\int_0^{\frac{l}{2}}z^2\mathrm{d}z \cdot j = -\frac{\mu_0 I_1 I_2 l^3}{24\pi a^2}j$$

练习 11-5 如答图 11-2 所示，线圈所受磁场力合力为零，故线框平衡时重力与绳拉力合力应为零，所以绳竖直；再由线框对悬挂点力矩平衡得

$$m \times B + r \times mg = 0$$

即

$$Ia^2 B\cos\varphi - \frac{a}{2}mg\sin\varphi$$

解得

$$\tan\varphi = \frac{2aIB}{mg}$$

答图 11-2

练习 11-6 各电子平行于磁场的速度近似相等，有

$$v_{/\!/} \approx \sqrt{\frac{2eU}{m}}$$

各电子垂直于磁场的圆周运动周期相等，有

$$T = \frac{2\pi m}{eB}$$

聚焦于屏上需满足

$$L = v_{/\!/} \cdot kT \quad (k = 1,2,\cdots)$$

解得

$$B = \frac{2\pi k}{L}\sqrt{\frac{2mU}{e}} \quad (k = 1,2,\cdots)$$

练习 11-7 (1) 圆柱体内距轴 $r<R$ 处的磁场,由环路定理得

$$B2\pi r = \mu_0 \frac{I}{R^2} r^2$$

则

$$B = \frac{\mu_0 I}{2\pi R^2} r$$

从距轴 r 射入的粒子,如答图 11-3(a)所示,忽略径向移动和轴向速度变化,则所受力近似为恒力,垂直指向轴线,有

$$F = qvB = \frac{qv\mu_0 I}{2\pi R^2} r$$

经过圆柱体用时

$$t = \frac{L}{v}$$

进入到出射,指向轴线方向由动量定理得

$$Ft = mv_n$$

则

$$v_n = \frac{q\mu_0 IL}{2\pi R^2 m} r$$

再次到达轴线时距右端距离为

$$x = v\frac{r}{v_n} = \frac{2\pi R^2 mv}{q\mu_0 IL}$$

为定值,故聚焦于一点,于轴线上柱体右侧 x 处.

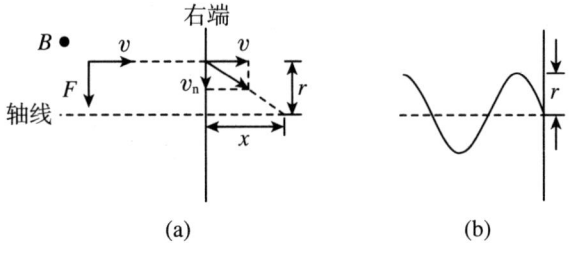

答图 11-3

(2) 不计粒子轴向速度变化,则径向受力考虑方向为

$$F = -\frac{qv\mu_0 I}{2\pi R^2} r$$

故径向做简谐运动,如答图 11-3(b)所示;周期为

$$T = 2\pi\sqrt{\frac{m2\pi R^2}{qv\mu_0 I}}$$

聚焦在右端需满足

$$t = (2n+1)\frac{T}{4} \quad (n = 0,1,2,\cdots)$$

即

$$L = (2n+1)\frac{\pi R}{2}\sqrt{\frac{2\pi m v}{q\mu_0 I}} \quad (n = 0,1,2,\cdots)$$

练习 11-8 配速法. 如答图 11-4 所示, 令

$$\boldsymbol{v}_0 = \boldsymbol{v}_1 + \boldsymbol{v}_2$$

其中 v_1 满足

$$q\boldsymbol{v}_1 \times \boldsymbol{B} = m\boldsymbol{g}$$

故

$$v_1 = \frac{mg}{qB}$$

以 v_1 做匀速直线分运动；$q\boldsymbol{v}_2 \times \boldsymbol{B}$ 使之以 v_2 做匀速圆周分运动, 周期为

$$T = \frac{2\pi m}{qB}$$

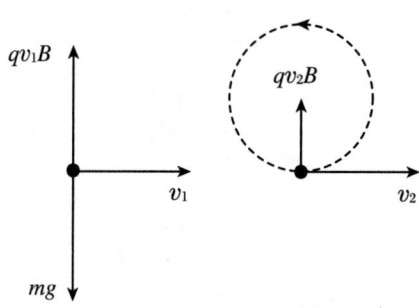

答图 11-4

若 $v_0 = v_1 = \dfrac{mg}{qB}$, 即 $v_2 = 0$, 则以 v_0 做匀速直线运动, 必过 b 点；

若 $v_0 \neq v_1 = \dfrac{mg}{qB}$, 则需匀速圆周分运动经整数个周期

$$t = NT \quad (N = 1,2,3,\cdots)$$

故

$$s = v_1 t = N \cdot \frac{2\pi m^2 g}{q^2 B^2} \quad (N = 1,2,3,\cdots)$$

与 v_0 无关. 即：

① 若 $s \neq N \cdot \dfrac{2\pi m^2 g}{q^2 B^2}(N=1,2,3,\cdots)$, 则需 $v_0 = \dfrac{mg}{qB}$, 匀速直线经过 b 点；

② 若 $s = N \cdot \dfrac{2\pi m^2 g}{q^2 B^2}(N=1,2,3,\cdots)$, 则粒子以任何速度 v_0 射出, 均能经过 b 点.

练习 11-9 解法 1：设
$$f = -kv$$
有磁场时，由动量定理得
$$m\mathrm{d}v = (qv \times B - kv)\mathrm{d}t = q\mathrm{d}r \times B - k\mathrm{d}r$$
从初始态到停止，积分得
$$-mv_0 = -kr + qr \times B$$
如答图 11-5 所示，故有
$$(kS)^2 + (qBS)^2 = (mv_0)^2$$
无磁场时、有磁场且磁场未减少时分别为
$$(kS_1)^2 = (mv_0)^2, \quad (kS_2)^2 + (qBS_2)^2 = (mv_0)^2$$
解得
$$k = \frac{mv_0}{10}, \quad qB = \frac{2mv_0}{15}$$

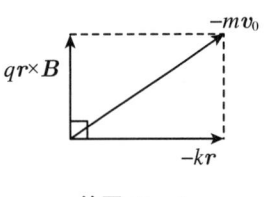

答图 11-5

磁场减少为 1/2 时
$$(kS_3)^2 + \left(q\frac{B}{2}S_3\right)^2 = (mv_0)^2$$
解得
$$S_3 = \frac{30}{\sqrt{13}} \approx 8.32(\mathrm{cm})$$

解法 2：复数法. 由动量定理得
$$-k\tilde{v}\mathrm{d}t + \mathrm{i}q\tilde{v}B\mathrm{d}t = m\mathrm{d}\tilde{v}$$
积分得
$$-k\tilde{S} + \mathrm{i}qB\tilde{S} = -m\tilde{v}_0$$
故有
$$(kS)^2 + (qBS)^2 = (mv_0)^2$$
之后同解法 1.

练习 11-10 电磁场区域沿 x 方向有平移对称性，对此方向列动量定理方程得
$$m\mathrm{d}v_x = qv_y B\mathrm{d}t = \alpha qy\mathrm{d}y$$
积分并利用初始条件得
$$mv_x = \frac{1}{2}\alpha qy^2$$
(或得正则角动量守恒 $mv_x - \frac{1}{2}\alpha qy^2 = C$)；只有电场力做功
$$qEy = \frac{1}{2}m(v_x^2 + v_y^2)$$
y 坐标最大时
$$y = y_{\max}, \quad v_y = 0$$

三式联立得
$$y_{max} = \sqrt[3]{\frac{8mE}{\alpha^2 q}}$$

练习 11-11 (1) 设恰运动至第 n 个电磁场区域下端时速度变为 x 方向；由 x 方向的平移对称性，对 x 方向列动量定理方程得
$$m\mathrm{d}v_x = qv_yB\mathrm{d}t = qB\mathrm{d}y$$

积分得
$$mv = qBnd$$

电磁场区域重力与电场力相平衡，做功为零，等效于只在无电磁场区域重力做功；初始态到第 n 个电磁场区域下端，由功能关系得
$$mgnd = \frac{1}{2}mv^2 - 0$$

联立推得
$$n = \frac{2m^2g}{q^2B^2d} = 60.5$$

故应取第 $N=61$ 个区域时不能从该区域下方射出；在第 $N=61$ 个区域时速度最大，经过了 $N=61$ 个无电磁场区域，由功能关系得
$$mgNd = \frac{1}{2}mv_{max}^2$$

则
$$v_{max} = \sqrt{122gd} = \sqrt{122}\,(\mathrm{m/s})$$

练习 11-12 此种问题，采用自然坐标系来解更方便. 切向加速度
$$a_t = -\frac{F}{m}$$

为定值，故切向速度
$$v = v_0 + a_t t = v_0 - \frac{F}{m}t$$

运动时间设为 t_{max}，则
$$0 = v_0 - \frac{F}{m}t_{max}$$

故
$$t_{max} = \frac{mv_0}{F}$$

法向满足
$$qvB = m\frac{v^2}{\rho}$$

则

$$\rho = \frac{mv}{qB} = \frac{m}{qB}\left(v_0 - \frac{F}{m}t\right)$$

曲率半径 ρ 随时间均匀减小；v 或 ρ 转动的角速度为

$$\omega = \frac{v}{\rho} = \frac{qB}{m}$$

为定值，故 v 与 x 夹角大小

$$\theta = \omega t = \frac{qB}{m}t$$

综上，粒子做曲率半径均匀减小、速率均匀减小、角速度不变的曲线运动.

续解法 1：(1) 积分计算轨迹，如答图 11-6(a) 所示，有

$$v_x = v\cos\theta = \left(v_0 - \frac{F}{m}t\right)\cos\omega t$$

$$v_y = -v\sin\theta = \left(\frac{F}{m}t - v_0\right)\sin\omega t$$

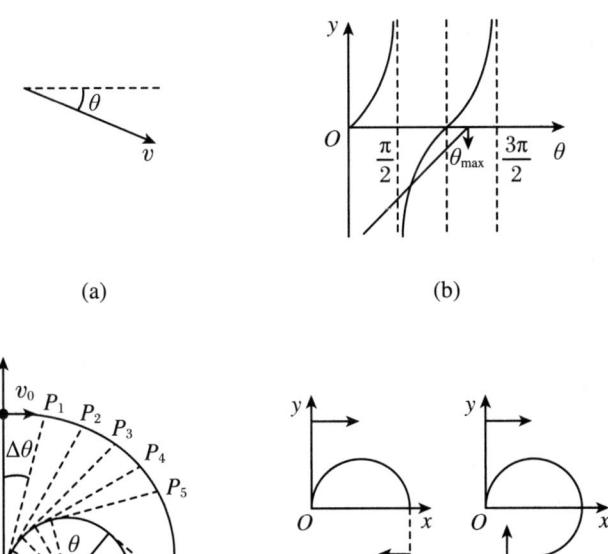

答图 11-6

则

$$x = \int_0^t v_x \mathrm{d}t = \frac{1}{\omega}\int_0^t \left(v_0 - \frac{F}{m}t\right)\mathrm{d}\sin\omega t = \frac{1}{\omega}\left(v_0 - \frac{F}{m}t\right)\sin\omega t \Big|_0^t - \frac{1}{\omega}\int_0^t \sin\omega t\, \mathrm{d}\left(v_0 - \frac{F}{m}t\right)$$

$$= \left(\frac{mv_0}{qB} - \frac{F}{qB}t\right)\sin\frac{qB}{m}t + \left(1 - \cos\frac{qB}{m}t\right)\frac{mF}{q^2B^2}$$

$$y = \frac{mv_0}{qB} + \int_0^t v_y \mathrm{d}t = \frac{mv_0}{qB} + \left[\left(\frac{mv_0}{qB} - \frac{F}{qB}t\right)\cos\frac{qB}{m}t - \frac{mv_0}{qB}\right] + \frac{mF}{q^2B^2}\sin\frac{qB}{m}t$$

$$= \left(\frac{mv_0}{qB} - \frac{F}{qB}t\right)\cos\frac{qB}{m}t + \frac{mF}{q^2B^2}\sin\frac{qB}{m}t$$

其中
$$0 \leqslant t \leqslant t_{\max}$$

(2) 转过的角度
$$\theta = \omega t$$

需
$$0 \leqslant \theta \leqslant \omega t_{\max} = \frac{qB}{m}\frac{mv_0}{F} = \frac{qv_0B}{F}$$

代入
$$qv_0B = \left(\sqrt{3} + \frac{2}{3}\pi\right)F$$

得
$$0 \leqslant \theta \leqslant \theta_{\max} = \sqrt{3} + \frac{2}{3}\pi \approx 1.22\pi$$

到 x 轴时
$$y = 0$$

故
$$\tan\theta = -\left(\frac{mv_0}{qB} - \frac{F}{qB}t\right)\bigg/\frac{mF}{q^2B^2} = \frac{qB}{m}t - \frac{qv_0B}{F} = \omega t - \left(\sqrt{3} + \frac{2}{3}\pi\right) = \theta - \theta_{\max}$$

如答图 11-6(b)所示，作 $y = \tan\theta$ 和 $y = \theta - \theta_{\max}$ 图像，交点为到 x 轴时转过的角度 θ，由图像可知只有一个可取 θ 值，即只能到达一次 x 轴，计算器在 $\pi/2 < \theta < 1.22\pi$ 之间赋值解超越方程得

$$\theta \approx 2.09$$

故第一次到 x 轴时间为
$$t = \frac{\theta}{\omega} = \frac{2.09m}{qB}$$

代入 x 表达式得第一次到 x 轴位置为
$$x \approx \frac{3.01mF}{q^2B^2}$$

续解法 2：(1) 如答图 11-6(c)所示，初始
$$\rho_0 = \frac{mv_0}{qB} = \overline{PO}$$

故初始曲率中心位于 O 点；将运动分解为无数个转过相同微元角度 $\Delta\theta = \omega\Delta t \to 0$ 的运动，设 $P_1, P_2, P_3, \cdots$ 的曲率中心分别为 $O_1, O_2, O_3, \cdots$，过 $O_1, O_2, O_3, \cdots$ 分别作 $\rho_1, \rho_2, \rho_3, \cdots$ 的垂线，垂线间夹角均为

$$\Delta\theta = \omega\Delta t$$

又
$$\overline{OO_1} = \overline{O_1O_2} = \overline{O_2O_3} = \cdots = |\Delta\rho| = \frac{F}{qB}\Delta t$$

均相等，可知各垂线交于同一点 C，即曲率中心做匀速圆周运动，有

$$v_\rho = \frac{\overline{OO_1}}{\Delta t} = \frac{F}{qB}, \quad \omega_\rho = \omega = \frac{qB}{m}, \quad R = \frac{v_\rho}{\omega_\rho} = \frac{mF}{q^2B^2}$$

相当于不可伸长的绳 OP 在圆柱 R 上的绕行，且速率均匀减小，故

$$x = R(1-\cos\theta) + \rho\sin\theta = \frac{mF}{q^2B^2}\left(1-\cos\frac{qB}{m}t\right) + \left(\frac{mv_0}{qB} - \frac{F}{qB}t\right)\sin\frac{qB}{m}t$$

$$y = R\sin\theta + \rho\cos\theta = \frac{mF}{q^2B^2}\sin\frac{qB}{m}t + \left(\frac{mv_0}{qB} - \frac{F}{qB}t\right)\cos\frac{qB}{m}t$$

其中
$$0 \leqslant t \leqslant t_{\max}$$

（2）转过的角度

$$\theta_{\max} = \omega t_{\max} = \frac{qB}{m}\frac{mv_0}{F} = \sqrt{3} + \frac{2}{3}\pi \approx 1.22\pi \quad (0 \leqslant \theta \leqslant \theta_{\max})$$

如答图 11-6(d)所示，由 $\theta_{\max} > \pi$ 可知粒子能到达并越过 x 轴，由 $\theta_{\max} < 1.5\pi$ 可知粒子不能第 2 次到达 x 轴；粒子到达 x 轴时如答图 11-6(c)所示，设转过 θ，有

$$\theta R + \rho = \frac{mv_0}{qB}$$

即
$$R\theta + R\tan(\pi - \theta) = \frac{mv_0}{qB}$$

代入 R 及 $qv_0B = \left(\sqrt{3} + \frac{2}{3}\pi\right)F$，整理得

$$\theta + \tan(\pi - \theta) = \sqrt{3} + \frac{2}{3}\pi$$

故
$$\theta = \frac{2}{3}\pi$$

则
$$t = \frac{\theta}{\omega} = \frac{2\pi m}{3qB}, \quad x = R + \frac{R}{\cos(\pi - \theta)} = \frac{3mF}{q^2B^2}$$

练习 11-13 选择参考系 S'，使电场力与重力相平衡，此时粒子等效只受磁场力而做匀速圆周运动，设所选参考系 S' 相对原参考系 S 的速度为 $\boldsymbol{v}$，各坐标轴一致，初始 O, O' 重合，应有

$$\boldsymbol{E} = -\frac{m\boldsymbol{g}}{q} = \boldsymbol{v} \times \boldsymbol{B}$$

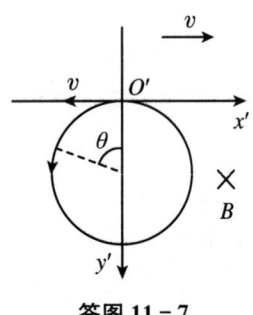

答图 11-7

故 v 应沿 x 正方向,大小为
$$v = \frac{mg}{qB}$$

如答图 11-7 所示,粒子在此参考系中以 v 沿 x 负方向出发,等效只受磁场力而做圆周运动,有
$$\omega = \frac{qB}{m}, \quad R = \frac{mv}{qB} = \frac{m^2 g}{q^2 B^2}$$

则在 S' 系中
$$x' = -R\sin\omega t, \quad y' = R(1-\cos\omega t)$$

转换回 S 系有
$$x = x' + vt = -R\sin\omega t + vt = -\frac{m^2 g}{q^2 B^2}\sin\frac{qB}{m}t + \frac{mg}{qB}t$$
$$y = y' = \frac{m^2 g}{q^2 B^2}\left(1 - \cos\frac{qB}{m}t\right)$$

11-1 $\dfrac{\mu_0 IA}{2B^2}$.

11-2 环内距圆心 r 处 $B = \dfrac{\mu_0 NI}{2\pi r}$,环外 $B = 0$.

11-3 $p = \dfrac{\mu_0 N^2 I^2}{2L^2}$.

11-4 (1) 如答图 11-8 所示建系,则线圈所受合力为
$$f = \frac{\mu_0 a I_1 I_2}{\pi} \frac{2a\cos\theta(a^2-b^2)\boldsymbol{i} + 2a\sin\theta(a^2+b^2)\boldsymbol{j}}{(a^2+b^2)^2 - 4a^2 b^2\cos^2\theta}$$

线圈对 $O_1 O_2$ 轴的合力矩大小为
$$M = \frac{\mu_0 a^2 b I_1 I_2 \sin\theta}{\pi} \frac{2(a^2+b^2)}{a^4 + b^4 - 2a^2 b^2\cos\theta}$$

以与电流方向相同为正向.

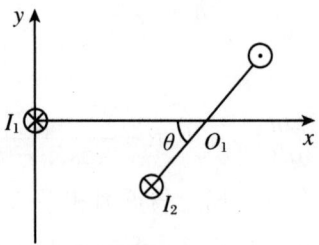

答图 11-8

(2) $\theta_1 = 0$ 处为稳定平衡,$\theta_2 = \pi$ 处为不稳定平衡.

11-5 力矩大小 $M = \frac{1}{4}\pi\omega\sigma R^4 B$,方向垂直纸面向内.

11-6 (1) 0.37×10^{-2} T；

(2) 1.48×10^{-2} T；

(3) (a) 证明略；(b) 垂直纸面向内.

11-7 7.4 m/s.

11-8 (1) $t = N\cdot\frac{2\pi m}{qB_0}(N=1,2,\cdots)$；

(2) $x = \frac{m}{qB_0}\left(v_{0y}+\frac{E_0}{B_0}\right)\left(1-\cos\frac{qB_0}{m}t\right)$, $y = -\frac{E_0}{B_0}t+\frac{m}{qB_0}\left(v_{0y}+\frac{E_0}{B_0}\right)\sin\frac{qB_0}{m}t$, $z = v_{0z}t+\frac{mE_0}{qB_0^2}\left(1-\cos\frac{qB_0}{m}t\right)$.

11-9

$$v_x = \frac{qBR}{m}\left(1-\cos\frac{q}{2R}\sqrt{\frac{k}{mR}}t\right), \quad v_y = -\frac{qBR}{m}\sin\frac{q}{2R}\sqrt{\frac{k}{mR}}t$$

$$x = \frac{qBR}{m}t - 2BR^2\sqrt{\frac{R}{km}}\sin\frac{q}{2R}\sqrt{\frac{k}{mR}}t, \quad y = 2BR^2\sqrt{\frac{R}{km}}\left(1-\cos\frac{q}{2R}\sqrt{\frac{k}{mR}}t\right)$$

质心轨迹如答图 11-9 所示.

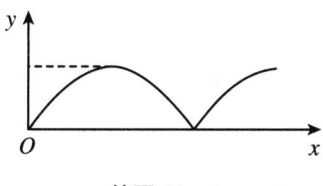

答图 11-9

11-10 $r_0 \mathrm{e}^{\frac{4\pi m v_0}{q\mu_0 I}}$.

11-11 若 $\frac{2mE}{qB^2 d}$ 为整数,则 $v_{\max} = \frac{2E}{B}$；

若 $\frac{2mE}{qB^2 d}$ 不为整数,则 $v_{\max} = \left(v_0^2 + \left[\frac{2mE}{qB^2 d}\right]\frac{2qEd}{m}\right)^{\frac{1}{2}}$,其中[ ]为取整符号.

11-12 $\frac{\sqrt{2}mv_0}{BR}$.

11-13 $Bvd\left(1-\frac{1}{\varepsilon_\mathrm{r}}\right)$.

第 12 章 电磁感应

12.1 电磁感应定律

12.1.1 电磁感应现象

奥斯特发现电流的磁效应后,科学家们开始思考与探索如何由磁生电.法拉第经过长时间实验探索后发现:当穿过闭合回路的磁通量发生变化时,闭合回路中就会产生感应电流,这种现象称为电磁感应现象.

电磁感应现象的实质是磁通量的变化产生感应电动势,回路不闭合时虽无稳定感应电流,却有感应电动势.

12.1.2 楞次定律

楞次在概括了大量实验结果的基础上,得到了确定感应电流方向的法则——楞次定律.楞次定律的内容:感应电流的效果总是阻碍引起感应电流的原因.

利用楞次定律可以判断感应电流(或感应电动势)的方向.感应电流取楞次定律所述的方向是能量守恒和转化定律的必然结果.

12.1.3 法拉第电磁感应定律

纽曼、韦伯在对理论和实验进行严格分析后,提出了感应电动势满足的规律,称为法拉第电磁感应定律.内容:回路中的感应电动势与磁通量的变化率成正比.国际单位制中其表达式为

$$\mathscr{E} = -\frac{d\Phi}{dt}$$

负号反映了感应电动势的方向.

如果回路是由 N 匝导线串联而成的,则每匝导线都会产生感应电动势,回路的感应电动势为

$$\mathscr{E} = -\sum_{i=1}^{N}\frac{\mathrm{d}\Phi_i}{\mathrm{d}t} = -\frac{\sum_{i=1}^{N}\mathrm{d}\Phi_i}{\mathrm{d}t} = -\frac{\mathrm{d}\Psi}{\mathrm{d}t}$$

其中

$$\Psi = \sum \Phi_i$$

称为全磁通或磁通匝链数.

若每匝磁通量相同,则

$$\mathscr{E} = -N\frac{\mathrm{d}\Phi}{\mathrm{d}t} = -\frac{\mathrm{d}(N\Phi)}{\mathrm{d}t}$$

感应电动势包括动生电动势和感生电动势.导体在稳恒磁场中运动产生的电动势称为动生电动势,磁场随时间变化在导体中产生的电动势称为感生电动势.两种情况都有时产生的电动势是这两种电动势的混合,此时

$$\mathscr{E} = -\frac{\mathrm{d}\Psi}{\mathrm{d}t} \quad \text{或} \quad \mathscr{E} = \mathscr{E}_{动生} + \mathscr{E}_{感生}$$

均可计算电动势;动生、感生电动势将在后面学习.

电磁感应与电路结合类问题,发生电磁感应的部分作为电源,利用法拉第电磁感应定律得出 $\mathscr{E}$,变为解电路的问题.还可与牛顿定律、动量定理、动能定理、功能关系、能量转化、角动量定理等结合.

例 12-1 如图 12-1(a)所示,空间有水平匀强磁场,磁感应强度为 B,半径为 r,电阻为 R 的金属圆环绕垂直磁场的对称轴以角速度 ω 匀速旋转(俯视逆时针旋转),A 点在圆环顶端,AC 所对的圆心角为 θ.设电感可忽略.以圆环平行于磁场为计时起点,试求 t 时刻:

(1) 圆环中的电流 I;

(2) $\overset{\frown}{AC}$ 上的电动势;

(3) A,C 两点间的电势差 U_{AC}.

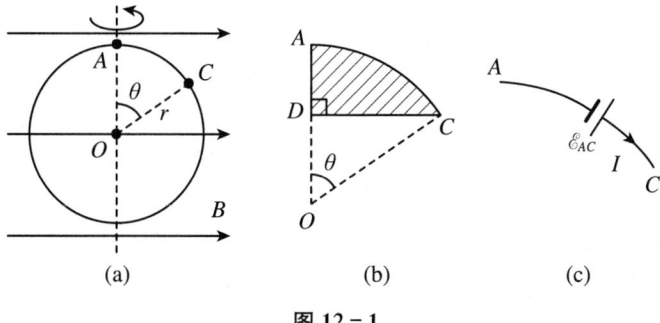

图 12-1

解 (1) 取零时刻顺时针为正方向，t 时刻

$$\Phi = -B\pi r^2 \sin\omega t, \quad \mathscr{E} = -\frac{\mathrm{d}\Phi}{\mathrm{d}t} = B\pi r^2 \omega \cos\omega t, \quad I = \frac{\mathscr{E}}{R} = \frac{B\pi r^2 \omega}{R}\cos\omega t$$

(2) 如图 12-1(b)所示，AD，CD 不切割磁感线，故 $ACDA$ 回路的感应电动势等于 $\overset{\frown}{AC}$ 的电动势，即

$$\Phi_{ACDA} = -B\left(\frac{1}{2}\theta r^2 - \frac{1}{2}r\cos\theta \cdot r\sin\theta\right)\sin\omega t = -\frac{1}{4}(2\theta - \sin 2\theta)Br^2\sin\omega t$$

$$\mathscr{E}_{AC} = -\frac{\mathrm{d}\Phi_{ACDA}}{\mathrm{d}t} = \frac{1}{4}(2\theta - \sin 2\theta)Br^2\omega\cos\omega t$$

(3) $\overset{\frown}{AC}$ 部分电路如图 12-1(c)所示，有

$$U_{AC} = I \cdot \frac{\theta}{2\pi}R - \mathscr{E}_{AC} = -\frac{1}{4}Br^2\omega\sin 2\theta\cos\omega t$$

> **练习 12-1** 质量为 m 的磁铁在金属管中以速度 v 匀速下落，金属管等效电阻为 R，试求金属管中的等效电动势．

12.2 动生电动势

12.2.1 动生电动势的表达式

导线 L 在稳恒磁场中运动时，设导线某部分微元 $\mathrm{d}l$ 速度为 v，所处位置磁感应强度为 B，载流子电荷量为 q，载流子所受的洛伦兹力为产生动生电动势的非静电力，即

$$q\boldsymbol{v} \times \boldsymbol{B} = q\boldsymbol{K}$$

则

$$\boldsymbol{K} = \boldsymbol{v} \times \boldsymbol{B}$$

$\boldsymbol{K}$ 为非静电场强；对电动势有贡献的是 $\boldsymbol{K}$ 沿导线的分量，故导线 L 上的动生电动势为

$$\mathscr{E} = \int_L \boldsymbol{K} \cdot \mathrm{d}\boldsymbol{l} = \int_L (\boldsymbol{v} \times \boldsymbol{B}) \cdot \mathrm{d}\boldsymbol{l}$$

$\mathscr{E}$ 的正、负代表电动势的方向，若 $\mathscr{E}>0$，则 $\mathscr{E}$ 方向与沿 L 的积分方向一致，导线沿 L 的积分方向的末位置为电源的正极．$\mathscr{E}$ 的方向也可用高中的右手定则判断．

导线中有电流时，虽然载流子(相对导线)有沿导线的运动，但一方面载流子(相对导线)沿导线的定向移动速度非常小，另一方面载流子(相对导线)沿导线的分速度所受洛伦兹力垂直于导线，对沿导线的电动势没有贡献，故上式仍然是正确的，v 只需代入导线的速度．

导体在稳恒磁场中运动时，若无自感或自感可忽略，则产生的电动势只有动生电动势，

用法拉第电磁感应定律计算的电动势与此处计算结果是一致的.

当产生动生电动势的部分作为电源组成闭合回路时,外力克服洛伦兹力垂直于导线的分力(即安培力)做的功,等于洛伦兹力沿导线的分力做的功,将其他形式的能转换为电能,洛伦兹力做的总功为零.在产生动生电动势的过程中,洛伦兹力起传递能量的作用.

12.2.2 动生电动势的求解

例 12-2 如图 12-2 所示,匀强磁场沿 z 轴正方向,磁感应强度大小为 B;导体棒 ab 长为 l,与 Oxy 平面夹角为 θ,在 Oxy 平面内投影与 y 轴夹角为 α,以速度 v 沿 y 轴正方向运动.试求导体棒 ab 上的感应电动势.

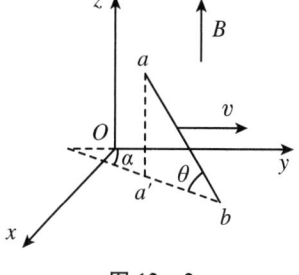

图 12-2

解 解法 1:$\boldsymbol{B} = (0,0,B)$,$\boldsymbol{v} = (0,v,0)$,设 $\boldsymbol{l}_{ab} = (x,y,z)$,则由 $a \to b$ 有
$$\mathscr{E} = (\boldsymbol{v} \times \boldsymbol{B}) \cdot \boldsymbol{l}_{ab} = (Bv,0,0) \cdot (x,y,z) = Bvx$$
其中
$$x = \overline{ba'}\sin\alpha = l\cos\theta\sin\alpha$$
故
$$\mathscr{E} = Blv\cos\theta\sin\alpha$$
$\mathscr{E} > 0$,故电动势方向为 $a \to b$.

解法 2:$\boldsymbol{B}$ 与 $\boldsymbol{v}$ 垂直,只需找 l 既垂直于 $\boldsymbol{B}$ 又垂直于 $\boldsymbol{v}$ 的分量,即 x 方向长度
$$x = l\cos\theta\sin\alpha$$
故
$$\mathscr{E} = Bvx = Blv\cos\theta\sin\alpha$$
方向由 $\boldsymbol{v} \times \boldsymbol{B}$ 沿棒的分量方向确定或由右手定则判断,为 $a \to b$.

当导体棒在匀强磁场中绕棒或其延长线上某点转动切割磁感线时,计算其动生电动势可积分计算;由于棒上各点速度线性变化,也可取平均速度按平动切割来计算,平均速度等于两端点速度和的一半.

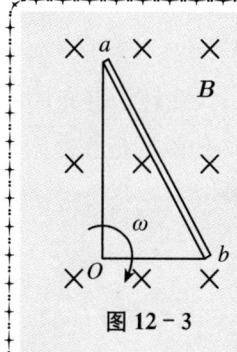

图 12-3

练习 12-2 如图 12-3 所示,直角三角形 Oab,直角边是两根绝缘介质棒,斜边 ab 是一根细金属棒,$\overline{Ob} = \overline{ab}/2 = l$.三角形置于匀强磁场中,磁感应强度为 $\boldsymbol{B}$,方向垂直于三角形平面并指向纸内.令三角形绕过 O 点并与 $\boldsymbol{B}$ 平行的轴匀速转动,转动角速度为 ω.试问 a 与 b 两点间的电势差 $U_{ab} = U_a - U_b$ 为多大?

12.2.3 电动机与反电动势

以定子提供稳恒磁场、转子通电受安培力而转动的电动机为例.

电动机通电转动时,载流子所受洛伦兹力垂直于导线的分力(即安培力)做正功,沿导线的分力做负功,将电能转化为其他形式的能,洛伦兹力做的总功为零.

电动机通电转动时,转子在磁场中运动,故也会产生动生电动势,动生电动势大小正比于转子的角速度,即

$$\mathscr{E} = k\omega$$

k 由电动机中定子磁场、转子绕组匝数决定,在电动机设计制作完毕后是一定的.

电动机工作时产生的动生电动势方向与回路中供电电源的电动势相反,故又称为反电动势,反电动势消耗了电路中的电能,但并不是一种损耗,反电动势相关的那部分电能转化为机械能. 设电动机正常工作时电流为 I,两端电压为 U,产生反电动势大小为 $\mathscr{E}$,内阻为 r,则电动机部分从电路的角度可列式

$$It(U - \mathscr{E}) = I^2 rt$$

即

$$I\mathscr{E} = IU - I^2 r \qquad ☆$$

从能量转化的角度可列式

$$IU = I^2 r + P_{\text{机}}$$

即

$$P_{\text{机}} = IU - I^2 r \qquad △$$

则克服反电势做的功等于电能转化为机械能的多少,也可从洛伦兹力不做功的角度推导,它也等于安培力做的正功.

在有阻力作用时,☆式仍成立,但△式应改为

$$IU - P_{\text{阻}} = I^2 r + P_{\text{机}}$$

即

$$P_{\text{机}} = IU - I^2 r - P_{\text{阻}} = I\mathscr{E} - P_{\text{阻}}$$

电动机与反电动势

其中 $P_{\text{阻}}$ 为克服阻力做功的功率.

例 12-3 由 $U = 12$ V 电源供电的电动机,在空转时电流 $I_1 = 4$ A,在转子静止时电流 $I_2 = 24$ A,试求利用此电动机可获得的最大有用机械功率. 设电动机内的磁场是永磁体产生的,即恒定不变,在转子轴承处的摩擦力矩与转子速度和机械负载无关.

解 转子动生电动势大小与角速度成正比,设为

$$\mathscr{E} = k\omega$$

完全停止时

$$R = \frac{U}{I_2} = 0.5 \ \Omega$$

空转时

$$UI_1 = I_1^2 R + M_f \omega_1, \quad U = k\omega_1 + I_1 R$$

解得

$$\omega_1 = \frac{10}{k}, \quad M_f = 4k$$

由题目知M_f保持不变,有负载时

$$UI = I^2 R + M_f \omega + P_{机}, \quad U = k\omega + IR$$

解得

$$I = 2(12 - k\omega), \quad P_{机} = -2k^2\omega^2 - 20k\omega = -2(k\omega - 5)^2 + 50$$

故当

$$k\omega = 5$$

即

$$\omega = \frac{5}{k}$$

时获得最大有用机械功率,为

$$P_{机max} = 50 \ \text{W}$$

此时电流为

$$I = 14 \ \text{A}$$

练习 12-3 直流发电机定子的磁场恒定,不计电阻及摩擦等损耗.将它的电枢(转子)线圈与电阻 R 连接,在转子转轴上缠绕足够长的轻绳并悬挂质量为 m 的重物,如图 12-4(a)所示,重物最后以速率 v_1 匀速下落.其余条件不变,现将一电动势为 $\mathscr{E}$、内阻不计的电源接入电路中,如图 12-4(b)所示.

(1) 若电源电动势方向(即由负极到正极的方向)与(a)电流方向一致,试求最终重物速度的大小和方向;

(2) 若电源电动势方向与(a)电流方向相反,试求最终重物速度的大小和方向.

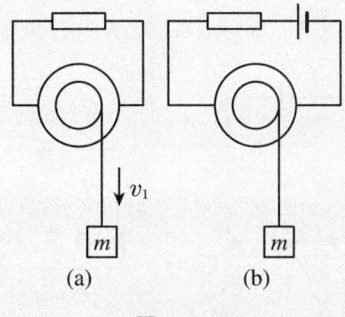

图 12-4

练习 12-4 如图 12-5 所示,转轮 1 和 2 的轮廓都是很薄的良导体,每个转轮都有四根轮辐,每根轮辐的长度为 l,电阻为 r.两轮都可绕各自的轴转动,转轴与纸面垂直.两轮的边缘通过电刷用导线连接,两轮轴亦通过电刷用导线连接.整个装置放在磁感应强度为 B 的匀强磁场中,磁场方向垂直纸面向里.转轮 2 的边缘与一阻力闸 A 接触.今设法使转轮 1 以恒定的角速度 ω_1 旋转,假定电刷的阻力和导线的电阻都可忽略不计,而阻力闸与轮 2 之间的阻力恒为 F,则在转轮 2 转动起来并达到稳定时,试求:

(1) 转轮 2 的角速度 ω_2;

(2) 使转轮 1 做恒定角速度 ω_1 旋转所需的功率.

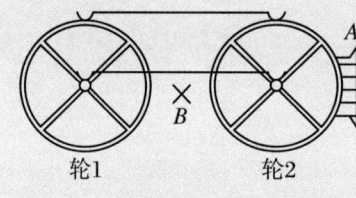

图 12-5

12.2.4 综合应用

说明:本章电路均满足似稳条件,为似稳电路,稳恒电路的所有结论都成立.似稳条件内容下章给出.

例 12-4 不计电流产生的磁场.

(1) 如图 12-6(a) 所示,水平放置的光滑导体轨道,间距为 l,左端接一电容为 C 的电容器和一个阻值为 R 的电阻,右端足够长,轨道上与轨道垂直放置一根导体棒,质量为 m. 空间有足够大的竖直向下的匀强磁场,磁感应强度大小为 B. 轨道、导体棒、导线的电阻可忽略. 突然给导体棒一个向右的速度 v_0,试求最终导体棒的速度 v 及电容器带电量 Q.

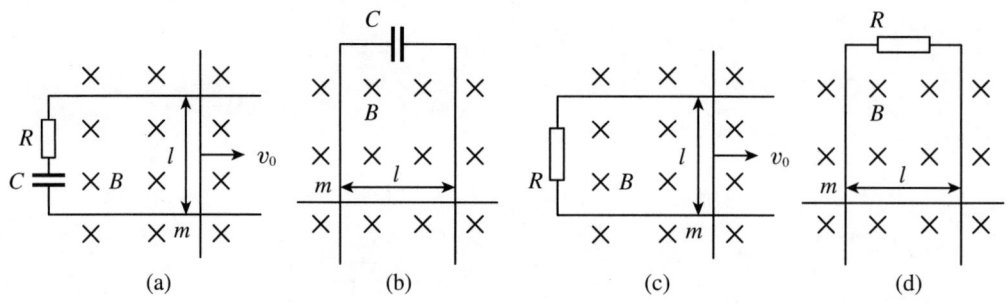

图 12-6

(2) 如图 12-6(b)所示,将以上装置竖直放置,电容器在顶端,去掉电阻,磁场改为水平方向并与轨道垂直,由静止释放导体棒,试求棒速度与时间的关系;已知重力加速度为 g.

(3) 将(1)中的电容器拆掉,如图 12-6(c)所示,试求棒能运动多远.

(4) 将(2)中的电容器改为阻值为 R 的电阻,如图 12-6(d)所示,试求棒速度与时间的关系.

解 (1) 棒受安培力作用,由动量定理得

$$-iBl\,dt = m\,dv$$

对电容器有

$$dQ = i\,dt \qquad ☆$$

联立得

$$-Bl\,dQ = m\,dv$$

积分得

$$-BlQ = mv - mv_0$$

稳定时电路中应无电流:

$$Blv = \frac{Q}{C}$$

例 12-4(1)

两式联立,解得稳定时

$$v = \frac{m}{m + B^2 l^2 C}v_0, \quad Q = \frac{BlCmv_0}{m + B^2 l^2 C}$$

(2) 棒由动量定理得

$$(mg - ilB)\,dt = m\,dv$$

与☆式联立并积分得

$$mgt - BlQ = mv$$

对电路有

$$\frac{Q}{C} = Blv$$

联立解得

$$v = \frac{mg}{m + B^2 l^2 C}t$$

即做匀加速直线运动.

(3) 解法 1:对棒有

$$-ilB\,dt = m\,dv$$

对电路有

$$i = \frac{Blv}{R}$$

故

$$-\frac{B^2l^2}{R}v\mathrm{d}t = m\mathrm{d}v \qquad \triangle$$

即

$$-\frac{B^2l^2}{R}\mathrm{d}x = m\mathrm{d}v$$

从开始到停下，积分得

$$-\frac{B^2l^2}{R}x_{\max} = -mv_0$$

故

$$x_{\max} = \frac{mRv_0}{B^2l^2}$$

解法 2：△式即

$$-\frac{B^2l^2}{mR}\mathrm{d}t = \frac{\mathrm{d}v}{v}$$

积分得

$$-\frac{B^2l^2}{mR}t = \ln\frac{v}{v_0}$$

则

$$v = v_0 \mathrm{e}^{-\frac{B^2l^2}{mR}t}$$

故

$$x = \int_0^t v\mathrm{d}t = \frac{mRv_0}{B^2l^2}(1 - \mathrm{e}^{-\frac{B^2l^2}{mR}t})$$

最终停下，故当 $t \to \infty$ 时

$$x_{\max} = \frac{mRv_0}{B^2l^2}$$

（4）由动量定理得

$$\left(mg - \frac{B^2l^2v}{R}\right)\mathrm{d}t = m\mathrm{d}v$$

即

$$\frac{B^2l^2}{mR}\mathrm{d}t = -\frac{\mathrm{d}v}{v - \frac{mgR}{B^2l^2}}$$

积分得

$$\frac{B^2l^2}{mR}t = -\ln\frac{v - \frac{mgR}{B^2l^2}}{-\frac{mgR}{B^2l^2}} = -\ln\left(1 - \frac{B^2l^2v}{mgR}\right)$$

解得速度

$$v = \frac{mgR}{B^2 l^2}(1 - e^{-\frac{B^2 l^2}{mR}t})$$

最终以最大速度匀速运动，最大速度为

$$v_{\max} = \frac{mgR}{B^2 l^2}$$

练习 12-5 如图 12-7 所示，水平光滑导轨宽度为 l，回路总电阻为 R，电容为 C，初始时电容器电荷量为 Q_0，两板电性图中已标出，金属棒质量为 m，磁场磁感应强度为 B，方向竖直向下. 不计电流产生的磁场. 试求：

(1) 闭合开关 K 之后平衡时棒的速度 $v_{\max}$；
(2) 整个过程的焦耳热；
(3) v, Q, i 随时间变化的规律.

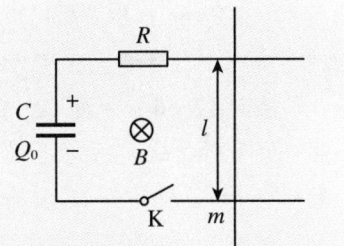

图 12-7

例 12-5 如图 12-8(a) 所示，置于同一水平面内的两根足够长、相距 l 的光滑金属平行导轨间，有两根中间均接入电容 C 的完全相同金属棒 1, 2 垂直导轨放置在导轨上，两中间带电容的棒质量均为 m，整个装置处于竖直向下的匀强磁场 B 中. 突然给棒 1 一个平行于导轨向右的速度 v_0，试求末状态棒 1, 2 的速度 v_1, v_2. 不计电流产生的磁场，回路电阻不能忽略.

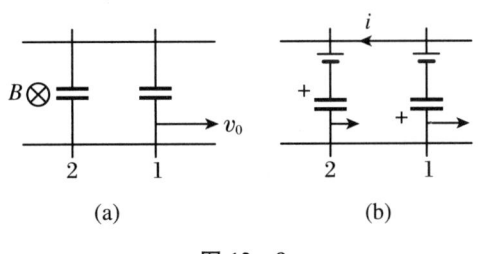

图 12-8

解 如图 12-8(b) 所示，取向右为正方向，对两根棒分别由动量定理得

$$-ilB\mathrm{d}t = m\mathrm{d}v_1, \quad ilB\mathrm{d}t = m\mathrm{d}v_2$$

两电容器被充电，任意时刻带电量相同，有

$$\mathrm{d}Q = i\mathrm{d}t$$

联立并积分，有

$$-lB\int_0^Q \mathrm{d}Q = m\int_{v_0}^{v_1} \mathrm{d}v_1, \quad lB\int_0^Q \mathrm{d}Q = m\int_0^{v_2} \mathrm{d}v_2$$

得

$$-BlQ = m(v_1 - v_0), \quad BlQ = mv_2$$

（或将其中一个替换为系统动量守恒.）末状态无电流,对于回路

$$v_1 lB - v_2 lB = \frac{Q}{C} \cdot 2$$

联立解得

$$Q = \frac{Blv_0 mC}{2(m + B^2 l^2 C)}, \quad v_1 = \frac{2m + B^2 l^2 C}{2(m + B^2 l^2 C)}v_0, \quad v_2 = \frac{B^2 l^2 C}{2(m + B^2 l^2 C)}v_0$$

练习 12-6 如图 12-9 所示,在与匀强磁场区域 B 垂直的水平面上有两根足够长的平行导轨,在它们上面放着两根垂直于导轨的平行导体棒,每根长度均为 l,质量均为 m,电阻均为 R,其余部分电阻不计.导体棒可在导轨上无摩擦地运动,开始时左棒静止,右棒获得向右的初速度 v_0.不计电流产生的磁场.试求：

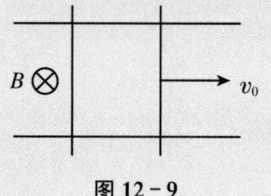

(1) 两棒最终速度,电路中生热多少；
(2) 通过两棒的电量；
(3) 两棒间距离增量的上限；
(4) 右棒运动速度 v_1 随时间的变化.

图 12-9

例 12-6 如图 12-10 所示,有一水平方向的匀强磁场,磁感应强度 B 很大.一个半径为 R、厚度为 $D(D \ll R)$ 的金属圆盘,在此磁场中竖直下落,盘面始终在竖直平面内并与磁场 B 的方向平行.设金属圆盘的电阻为零,密度为 $\rho = 9 \times 10^3$ kg/m³,所受空气阻力可忽略.为使圆盘在磁场中下落的加速度比没有磁场时减小千分之一,试问 B 应为多大？

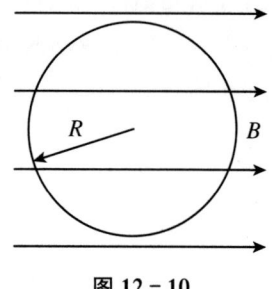

图 12-10

解 解法1：电阻为零,故厚度方向载流子合力为零,圆盘下落速度为 v 时,

$$qE = qvB$$

电场由两圆形底面聚集电荷提供,故

$$E = \frac{Q}{\varepsilon_0 \pi R^2}$$

则

$$Q = \varepsilon_0 \pi R^2 Bv$$

厚度方向电流为

$$i = \frac{dQ}{dt} = \varepsilon_0 \pi R^2 B \frac{dv}{dt} = \varepsilon_0 \pi R^2 Ba$$

安培阻力使之加速度减小千分之一,故

$$iDB = \frac{1}{1000}mg$$

其中

$$a = \frac{999}{1000}g, \quad m = \rho 4\pi R^2 D$$

联立解得

$$B = \sqrt{\frac{\rho}{999\varepsilon_0}} \approx 10^6 \, (\text{T})$$

解法 2：圆盘厚度方向切割磁感线产生动生电动势

$$\mathscr{E} = BDv$$

电阻为零，故厚度方向

$$U = \mathscr{E}$$

又

$$U = \frac{Q}{\varepsilon_0 \pi R^2}D$$

则

$$Q = \varepsilon_0 \pi R^2 Bv$$

之后同解法 1.

12.3　感生电动势　感生电场

12.3.1　感生电动势的表达式与感生电场

因磁场随时间变化而在导体中产生的感应电动势称为感生电动势. 根据法拉第电磁感应定律，因磁场变化在静止回路 L 中产生的感生电动势为

$$\mathscr{E}_{感} = -\frac{\mathrm{d}\Phi}{\mathrm{d}t} = -\frac{\mathrm{d}}{\mathrm{d}t}\iint_S \boldsymbol{B} \cdot \mathrm{d}\boldsymbol{S} = -\iint_S \frac{\partial \boldsymbol{B}}{\partial t} \cdot \mathrm{d}\boldsymbol{S}$$

1855 年麦克斯韦提出感生电场假设：变化的磁场在其周围空间激发一种电场，称为感生电场. 无论空间是否有导体存在，变化的磁场总是在空间激发感生电场，有导体存在时，感生电场对导体中自由电荷的感生电场力作为非静电力，引起感生电动势，感生电场场强 $\boldsymbol{E}_{感}$ 即为产生感生电动势的非静电场强度 $\boldsymbol{K}$. 即

$$\mathscr{E}_{感} = \int_-^+ \boldsymbol{E}_{感} \cdot \mathrm{d}\boldsymbol{l}$$

若有一导体回路，则

$$\mathscr{E}_{感} = -\iint_S \frac{\partial \boldsymbol{B}}{\partial t} \cdot \mathrm{d}\boldsymbol{S} = \oint_L \boldsymbol{E}_{感} \cdot \mathrm{d}\boldsymbol{l}$$

可知感生电场沿闭合回路的线积分一般不等于零,说明感生电场不是保守场(或势场),其电场线既无起点也无终点,是闭合曲线,像旋涡一样,故感生电场又称为涡旋电场,其与静电场截然不同.某些特殊的变化的磁场系统,可由上式求出感生电场的场强分布.

12.3.2 圆柱区域平行于轴的均匀磁场发生变化时的感生电场

例 12-7 如图 12-11(a)所示,在半径为 R 的柱形区域内,分布着与轴平行的均匀磁场,磁场方向垂直纸面向内,磁感应强度随时间均匀变化,$k = dB/dt (k>0)$.

(1) 试求空间的感生电场分布;

(2) 如图 12-11(b)所示,金属棒 ab 为垂直于磁场的某截面圆上的一条弦,长为 l,试求棒上的感应电动势,并说明金属棒哪端电势高;

(3) 如图 12-11(c)所示,将金属棒 ab 沿棒平移,使棒一半在磁场区域,一半在磁场区域以外,试求棒上的感应电动势,并说明金属棒哪端电势高.

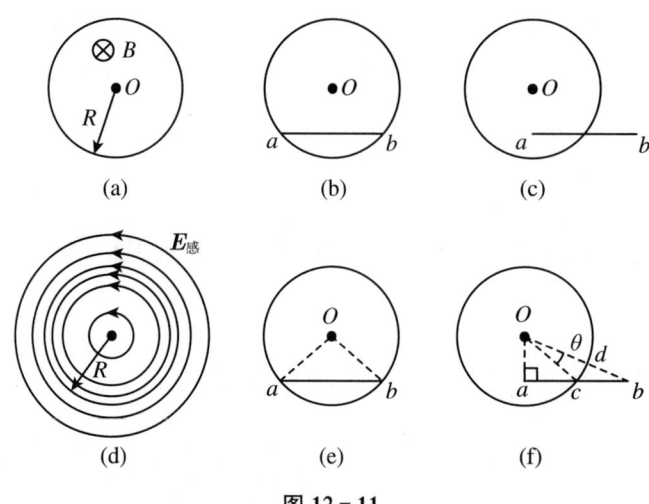

图 12-11

解 (1) 在垂直磁场截面内若置以轴为圆心的导体圆环,则圆环中有感应电动势;由对称性,圆环处感生电场必沿切向且等大,设圆环半径为 r,有

$$\mathscr{E}_{感} = E_{感} 2\pi r = \begin{cases} \dfrac{dB}{dt}\pi r^2 & (r \leqslant R) \\ \dfrac{dB}{dt}\pi R^2 & (r > R) \end{cases}$$

则

$$E_{感} = \begin{cases} \dfrac{1}{2}kr & (r \leqslant R) \\ \dfrac{kR^2}{2r} & (r > R) \end{cases}$$

矢量形式为

$$E_{\text{感}} = \begin{cases} \dfrac{1}{2}\boldsymbol{r} \times \boldsymbol{k} & (r \leqslant R) \\ \dfrac{R^2}{2r^2}\boldsymbol{r} \times \boldsymbol{k} & (r > R) \end{cases}, \text{其中 } \boldsymbol{k} = \dfrac{\mathrm{d}\boldsymbol{B}}{\mathrm{d}t}$$

感生电场线如图 12-11(d)所示,为同心圆环,径向分量为零.

(2) 如图 12-11(e)所示,连接 Oa,Ob,由于感生电场沿径向分量为零,故在半径 Oa,Ob 上电动势为零,所以闭合 $\triangle Oab$ 上的电动势等于金属棒 ab 上的电动势,由法拉第电磁感应定律得

$$\mathscr{E} = k S_{\triangle Oab} = k\,\frac{1}{2}l\sqrt{R^2 - \left(\frac{l}{2}\right)^2} = \frac{1}{4}kl\sqrt{4R^2 - l^2}$$

可判断 b 端电势高.

(3) 如图 12-11(f)所示,ab 与磁场边界圆交点为 c,连接 Oa,Ob,Oc,Ob 与圆交点为 d,同理 Oa,Ob 上电动势为零,故闭合 $\triangle Oab$ 上的电动势等于金属棒 ab 上的电动势,三角形内有磁场的区域才对电动势有贡献,故

$$\mathscr{E} = k(S_{\triangle Oac} + S_{\text{扇}Ocd})$$

扇形

$$\theta = \arctan\frac{l}{\sqrt{R^2 - (l/2)^2}} - \arctan\frac{l/2}{\sqrt{R^2 - (l/2)^2}}$$
$$= \arctan\frac{2l}{\sqrt{4R^2 - l^2}} - \arctan\frac{l}{\sqrt{4R^2 - l^2}}$$

$$S_{\text{扇}Ocd} = \frac{1}{2}\theta R^2,\quad S_{\triangle Oac} = \frac{1}{2}\frac{l}{2}\sqrt{R^2 - (l/2)^2} = \frac{1}{8}l\sqrt{4R^2 - l^2}$$

故

$$\mathscr{E} = k\left[\frac{1}{8}l\sqrt{4R^2 - l^2} + \frac{1}{2}R^2\left(\arctan\frac{2l}{\sqrt{4R^2 - l^2}} - \arctan\frac{l}{\sqrt{4R^2 - l^2}}\right)\right]$$

仍是 b 端电势高.

练习 12-7 如图 12-12 所示,柱轴互相平行的两无限长圆柱面半径分别为 R_1 和 R_2,小圆柱面在大圆柱面内($R_1 > R_2$),两轴间距离为 d. 已知两圆柱面之间存在与轴平行的均匀磁场,磁感应强度随时间线性增长,即 $\boldsymbol{B} = \boldsymbol{B}_0 + \boldsymbol{k}t$,$\boldsymbol{B}_0$,$\boldsymbol{k}$ 均为常矢量. 今在无磁场的小圆柱面内过 O_2 点与 O_1O_2 成交角 $60°$ 放置一根长为 L ($L < 2R_2$)的金属棒 AO_2C,试求棒两端间感生电动势的大小.

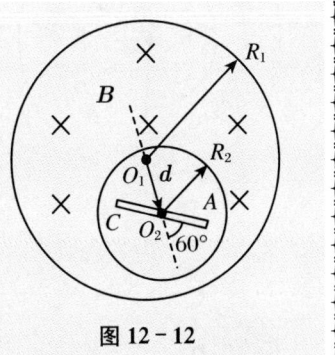

图 12-12

例 12-8 如图 12-13 所示,空间中有一个半径为 R 的柱形磁场区域可视为无限长,内有垂直于纸面的均匀磁场,但随时间衰减,$\mathrm{d}B/\mathrm{d}t = -k$. 在远处向此磁场区域轴线发射一个质量为 m、带电量为 q 的粒子,初速度为 v_0,粒子受涡旋电场影响发生了偏转,恰好在 θ 处与此区域边界相切. 试求相切时的速度 v 的大小.

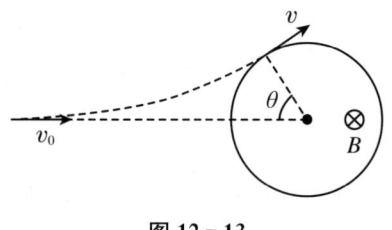

图 12-13

解 发射到相切的轨迹对应电动势为(径向无电动势)

$$\mathscr{E} = \left|\frac{\mathrm{d}B}{\mathrm{d}t}\right| \frac{1}{2}\theta R^2 = \frac{1}{2}k\theta R^2$$

此过程中涡旋电场力做正功,

$$W = q\mathscr{E} = \frac{1}{2}k\theta R^2 q$$

由动能定理得

$$W = \frac{1}{2}mv^2 - \frac{1}{2}mv_0^2$$

解得

$$v = \sqrt{\frac{k\theta R^2 q}{m} + v_0^2}$$

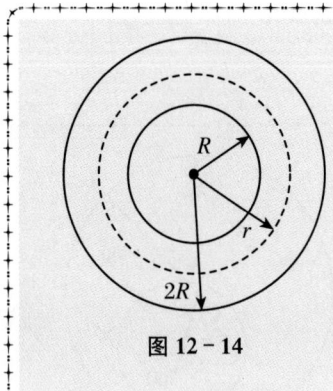

图 12-14

练习 12-8 此为电子感应加速器的模型. 一个长螺线管内部有另一个同轴的长螺线管,半径分别为 $2R$ 和 R,两螺线管单位长度具有相同的圈数,且初时都没有电流. 在同一瞬时,电流开始在两个螺线管中线性地增长,任意时刻,通过里边螺线管的电流为外边螺线管中电流的两倍且方向相同. 由于增长的电流,一个处于两个螺线管之间初始静止的带电粒子开始沿一条圆轨道运动,如图 12-14 所示,试求该圆轨道的半径 r.

例 12-9 如图 12-15(a)所示,质量为 m、半径为 R、长为 $l(R \ll l)$ 的匀质长圆柱体均匀带电,体电荷密度为 $+\rho$. 圆柱体绕其轴线 z 轴以 ω_0 的初始角速度、β 的角加速度匀加速旋转.不计边界效应和电磁辐射.试求：

(1) 圆柱体内、外的磁感应强度 $\boldsymbol{B}$；

(2) 圆柱体内、外的电场强度 $\boldsymbol{E}$；

(3) 为保持圆柱体以恒角速度 β 旋转，外力矩为多大？

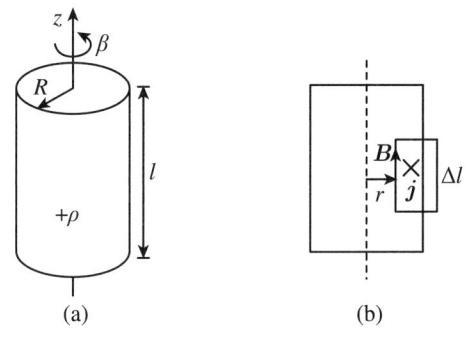

图 12 - 15

解 电荷分布不变，产生静电场；电荷随柱转动，产生电流，电流产生磁场；转动角速度变化，电流变化，磁场变化，产生感生电场.

(1) 解法 1：柱内距轴 r 处
$$j = \rho v = \rho(\omega_0 + \beta t)r \quad (r \leqslant R)$$

柱外由磁场环路定理和对称性可知无磁场，即
$$B = 0, \quad r > R$$

柱内磁场平行于轴线，如图 12-15(b)所示取环路，有
$$B\Delta l = \mu_0 \int_r^R j \Delta l \, \mathrm{d}r$$

则
$$B = \mu_0 \int_r^R j \, \mathrm{d}r = \mu_0 \rho(\omega_0 + \beta t) \int_r^R r \, \mathrm{d}r = \frac{1}{2}\mu_0 \rho(\omega_0 + \beta t)(R^2 - r^2)$$

方向沿 z 正方向，即
$$\boldsymbol{B} = \frac{1}{2}\mu_0 \rho(\omega_0 + \beta t)(R^2 - r^2)\boldsymbol{e}_z \quad (r \leqslant R)$$

解法 2：看作无数同轴螺线管. $r \to r + \mathrm{d}r$ 的螺线管在其外部无磁场，即
$$B = 0 \quad (r > R)$$

在其内部
$$\mathrm{d}B = \mu_0 n \mathrm{d}I = \mu_0 j \mathrm{d}r = \mu_0 \rho(\omega_0 + \beta t)r \mathrm{d}r$$

故柱内 r 处磁场为 $r \to R$ 的无数层同轴螺线管在内部磁场的叠加
$$B = \int_0^B \mathrm{d}B = \mu_0 \rho(\omega_0 + \beta t) \int_r^R r \, \mathrm{d}r = \frac{1}{2}\mu_0 \rho(\omega_0 + \beta t)(R^2 - r^2) \quad (r \leqslant R)$$

(2) 静电场 $\boldsymbol{E}_1$：场强垂直于轴向外，柱内 r 处取长 l 的高斯圆柱面，由静电场高斯定理得
$$E_1 2\pi r l = \frac{\rho \pi r^2 l}{\varepsilon_0}$$

则
$$E_1 = \frac{\rho r}{2\varepsilon_0} e_r \quad (r \leqslant R)$$

柱外
$$E_1 2\pi r l = \frac{\rho \pi R^2 l}{\varepsilon_0}$$

则
$$E_1 = \frac{\rho R^2}{2\varepsilon_0 r} e_r \quad (r > R)$$

感生电场 E_2:柱内 r 处圆周内的磁通量
$$\Phi = \int_0^r B 2\pi r \mathrm{d}r = \frac{1}{2}\mu_0 \rho(\omega_0+\beta t) 2\pi \int_0^r (R^2-r^2) r \mathrm{d}r$$
$$= \frac{1}{4}\pi\mu_0\rho(\omega_0+\beta t)r^2(2R^2-r^2)$$

由法拉第电磁感应定律得
$$E_2 2\pi r = \frac{\mathrm{d}\Phi}{\mathrm{d}t}$$

则
$$E_2 = -\frac{1}{8}\mu_0\rho\beta r(2R^2-r^2) e_\theta \quad (r \leqslant R)$$

柱外 r 处
$$\Phi = \frac{1}{4}\pi\mu_0\rho(\omega_0+\beta t)r^2(2R^2-R^2) = \frac{1}{4}\pi\mu_0\rho(\omega_0+\beta t)R^4$$
$$E_2 2\pi r = \frac{\mathrm{d}\Phi}{\mathrm{d}t}$$

则
$$E_2 = -\frac{\mu_0\rho\beta R^4}{8r} e_\theta \quad (r > R)$$

故柱内、外总电场 E 为
$$E = E_1 + E_2 = \begin{cases} \dfrac{\rho r}{2\varepsilon_0} e_r - \dfrac{1}{8}\mu_0\rho\beta r(2R^2-r^2) e_\theta & (r \leqslant R) \\ \dfrac{\rho R^2}{2\varepsilon_0 r} e_r - \dfrac{\mu_0\rho\beta R^4}{8r} e_\theta & (r > R) \end{cases}$$

不随时间变化,故不再产生磁场.

(3) 静电场、磁场带来力矩为零,涡旋电场力矩为
$$M_{涡} = -\int_0^R r E_2 \mathrm{d}q = -\int_0^R r \cdot \frac{1}{8}\mu_0\rho\beta r(2R^2-r^2) \cdot \rho 2\pi r l \mathrm{d}r$$
$$= -\frac{1}{4}\pi\mu_0\rho^2\beta l \int_0^R (2R^2-r^2)r^3 \mathrm{d}r = -\frac{1}{12}\pi\mu_0\rho^2\beta l R^6$$

圆柱转动惯量

$$I = \frac{1}{2}mR^2$$

由转动定律得

$$M_{外} + M_{涡} = I\beta$$

解得

$$M_{外} = \frac{\pi}{12}\mu_0\rho^2\beta l R^6 + \frac{1}{2}mR^2\beta$$

12.3.3 导体中电势差、电流的求解

虽然两点间的电势差是静电场中两点电势的差值,但在 10.2.2 小节"含源电路欧姆定律"中我们已经证明电势差也可以通过含有电源的部分来计算.

若电路中连有电压表,需注意连接电压表的导线上也可能有感生电动势,故电压表的示数一般不等于原未接电压表时电路中两点间的电势差.

例 12-10 如图 12-16(a)所示,磁感应强度 B 在圆柱内均匀分布,且以恒定速率随时间变化.若 dB/dt 已知(正的常数),试求以下情况 a, b 两点间的电势差($\overline{Oa} = \overline{Ob} = r$, a 和 b 均在圆柱内部):

(1) a, b 两点间用跨过第 2,3,4 象限并以 O 为圆心的圆弧导线相连接;
(2) a, b 两点间用跨过第 1 象限并以 O 为圆心的圆弧导线相连接;
(3) a, b 两点间无导线连接;
(4) a, b 在以 O 为圆心、r 为半径的均匀有阻导线上.

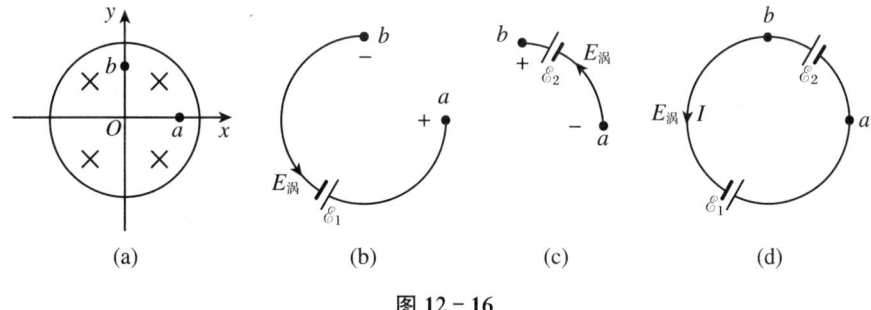

图 12-16

解 涡旋电场沿逆时针方向,圆柱内部

$$E_{涡}2\pi r = \frac{dB}{dt}\pi r^2$$

则

$$E_{涡} = \frac{r}{2}\frac{dB}{dt}$$

注意 $E_{涡}$ 是非静电场强.通过含源电路欧姆定律来计算:

(1) 如图 12-16(b)所示，稳定后无电流，沿 3/4 圆弧导线由 a 到 b，有

$$U_{ab} = \mathscr{E}_1 = E_{涡}\frac{3}{4}2\pi r = \frac{3}{4}\pi r^2 \frac{\mathrm{d}B}{\mathrm{d}t}$$

(2) 如图 12-16(c)所示，稳定后无电流，沿 1/4 圆弧导线由 a 到 b，有

$$U_{ab} = -\mathscr{E}_2 = -E_{涡}\frac{1}{4}2\pi r = -\frac{1}{4}\pi r^2 \frac{\mathrm{d}B}{\mathrm{d}t}$$

(3) 空间没有电荷分布，不存在静电场，故空间各点间都没有电势差，即

$$U_{ab} = 0$$

(4) 如图 12-16(d)所示，设总电阻为 R，稳定后由(1)(2)已求出

$$\mathscr{E}_1 = \frac{3}{4}\pi r^2 \frac{\mathrm{d}B}{\mathrm{d}t}, \quad \mathscr{E}_2 = \frac{1}{4}\pi r^2 \frac{\mathrm{d}B}{\mathrm{d}t}$$

则

$$I = \frac{\mathscr{E}_1 + \mathscr{E}_2}{R} = \frac{\pi r^2}{R}\frac{\mathrm{d}B}{\mathrm{d}t}$$

沿 1/4 圆弧导线由 a 到 b，有

$$U_{ab} = I\frac{R}{4} - \mathscr{E}_2 = \frac{\pi r^2}{R}\frac{\mathrm{d}B}{\mathrm{d}t}\frac{R}{4} - \frac{1}{4}\pi r^2 \frac{\mathrm{d}B}{\mathrm{d}t} = 0$$

或(1)(2)问根据稳定后无电流，得导线部分堆积电荷带来的静电力等于涡旋电场的涡旋电场力，故导线部分静电场沿导线并与涡旋电场方向相反，大小相等，然后在导线部分用静电场来计算(无导线部分静电场不易判断)；

(4)也可由对称性得到沿环形有阻导线无电荷堆积，故无静电场带来的电势降落，导线上各点是等势的，涡旋电场力与电阻阻力相平衡.

练习 12-9 如图 12-17 所示的由电阻丝组成的电路，圆半径为 a，各弦长 $\overline{AB} = \overline{BC} = \overline{CD} = \sqrt{2}a$，各电阻已标出，且 $2r_1 = r_2 = 2r$. 圆内部有垂直纸面向内的均匀磁场，磁感应强度 B 随时间 t 均匀减小，其变化率为 $-k$. 试求 A,C 两点间的电势差.

思考：如果整个空间而不只圆内部有这个变化的均匀磁场，电路各部分电流是否有变化？感生电场的电场线能画出吗？A,C 两点间的电势差还能计算吗？（答案：否，不能，不能.）

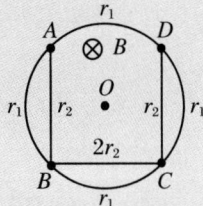

图 12-17

练习 12-9 思考

练习 12-10 半径为 a、电阻为 r 的均匀金属细圆环放在匀强磁场中,磁场方向垂直于圆面,磁感应强度大小随时间均匀增大,$dB/dt = b$. 在圆环上 P,Q 两点间用电阻不计的导线接入电压表. P,Q 对环心张角为 $\theta(\theta < \pi)$,电压表大小可忽略不计,外界磁场在电压表内部的电磁感应和磁力可忽略不计. 电压表接法有图 12-18 (a)和(b)两种.

(1) 若电压表可视为理想电压表,试问两种接法电压表示数各为多少?

(2) 若电压表电阻为 R,不能视为无穷大,试问两种接法电压表示数各为多少?

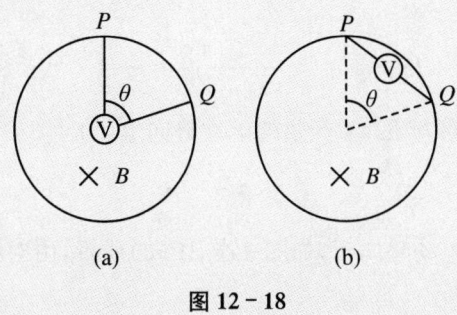

图 12-18

例 12-11 用七根相同的导体棒连接成的日字形闭合框架如图 12-19(a)所示,框架中两个正方形区域内分别有匀强磁场,且有 $B_左 = -B_右$,$B_左 = B_右 = B$,$dB/dt = k$(正的常量). 已知每根导体棒长为 a,电阻为 R.

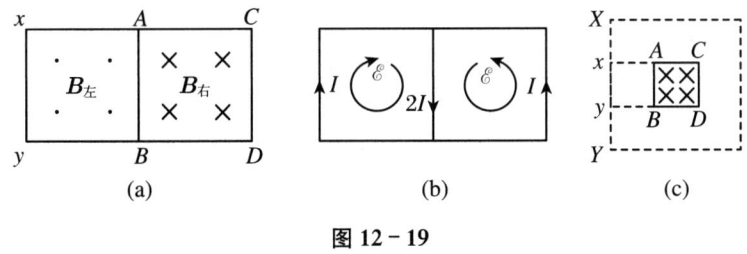

图 12-19

(1) 试求图中 A 点到 B 点的电压 U_{AB};

(2) 能否只利用(1)问求解 U_{AB} 时用到的数学知识,求解图中 x 点到 y 点的电压 U_{xy}?

解 (1) 由法拉第电磁感应定律可知左、右两正方形回路感应电动势相等,为

$$\mathscr{E} = ka^2$$

由对称性,设电流如图 12-19(b)所示,有

$$\mathscr{E} = 2IR + I \cdot 3R$$

解得

$$I = \frac{\mathscr{E}}{5R}$$

左磁场区域,由对称性可知其在 AB 产生的电动势向下,为

$$\mathscr{E}_{AB左} = \frac{1}{4}\mathscr{E}$$

右磁场区域同理,在 AB 产生的电动势向下,为

$$\mathscr{E}_{AB右} = \frac{1}{4}\mathscr{E}$$

所以

$$\mathscr{E}_{AB} = \mathscr{E}_{AB左} + \mathscr{E}_{AB右} = \frac{1}{2}\mathscr{E}, \quad 向下$$

故

$$U_{AB} = 2IR - \mathscr{E}_{AB} = \frac{2\mathscr{E}}{5} - \frac{1}{2}\mathscr{E} = -\frac{1}{10}\mathscr{E} = -\frac{1}{10}ka^2$$

(2) 由对称性,左磁场区域在 xy 产生的电动势向上,为

$$\mathscr{E}_{xy左} = -\frac{1}{4}\mathscr{E}$$

右磁场区域在 XY 产生的电动势向下,如图 12-19(c)所示,由对称性可知

$$\mathscr{E}_{XY右} = \frac{1}{4}\mathscr{E}$$

$\mathscr{E}_{xy右}$ 小于此值,但由于 xy 与 Xx(或 Yy)不对称,故无法由对称性计算;若要计算 $\mathscr{E}_{xy右}$,需先解出右磁场区域变化磁场激发的感生电场,然后沿 xy 积分才能解得,故无法只利用(1)问的方式解得.

注 截面为正方形的变化的均匀磁场在空间激发的电场并不是同心圆.

注

12.3.4 其他感生电场

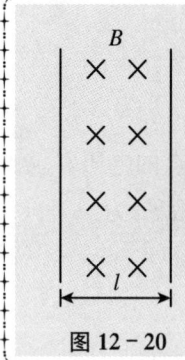

图 12-20

练习 12-11 图 12-20 所示的匀强磁场区域,磁场与纸面垂直向内,磁场左、右边界为平行的垂直于纸面的平面,距离为 l,磁场上、下无边界,延伸到无限远处.磁感应强度随时间均匀增大,$k = \mathrm{d}B/\mathrm{d}t > 0$.试求空间各处的感生电场场强.

12.3.5 迅速撤去磁场过程

例 12-12 如图 12-21(a)所示,光滑水平面上放置良好接触的直导线 MN 和半径为 r 的金属圆环. MN 固定不动,与环心 O 相距 $r/2$. 均匀磁场 B_0 垂直于水平面. 直导线和金属圆环单位长度电阻均为 r_0,金属环单位长度的质量为 m_0. 试求当磁场迅速撤去后,金属圆环的速度. 不计电流产生的磁场.

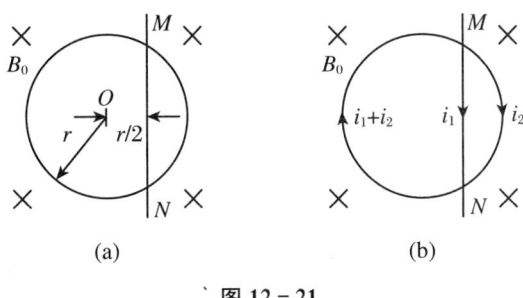

图 12-21

解 迅速撤去,故未发生位移;撤去磁场过程中设电流如图 12-21(b)所示,由题目可知劣弧所对圆心角为 $2\pi/3$;圆回路

$$(i_1 + i_2)\frac{4\pi}{3}rr_0 + i_2 \frac{2\pi}{3}rr_0 = -\frac{dB}{dt}\pi r^2$$

优弧,弦回路

$$(i_1 + i_2)\frac{4\pi}{3}rr_0 + i_1 \sqrt{3}\,rr_0 = -\frac{dB}{dt}\left(\frac{1}{2}\frac{4\pi}{3}r^2 + \frac{1}{2}\sqrt{3}\,r\frac{r}{2}\right)$$

联立解得

$$i_1 = -\frac{9\sqrt{3}}{16\pi + 36\sqrt{3}}\frac{r}{r_0}\frac{dB}{dt}, \quad i_2 = -\frac{8\pi + 12\sqrt{3}}{16\pi + 36\sqrt{3}}\frac{r}{r_0}\frac{dB}{dt}$$

金属环受力向左,有

$$F = (i_1 + i_2 - i_2)B\sqrt{3}\,r$$

金属环由动量定理得

$$Fdt = mdv$$

即

$$-\frac{9\sqrt{3}}{16\pi + 36\sqrt{3}}\frac{r}{r_0}dB \cdot B\sqrt{3}\,r = 2\pi rm_0 dv$$

积分

$$-\frac{9\sqrt{3}}{16\pi + 36\sqrt{3}}\frac{r}{r_0}\sqrt{3}\,r\int_{B_0}^{0}BdB = 2\pi rm_0\int_0^v dv$$

解得

$$v = \frac{27}{32\pi + 72\sqrt{3}} \frac{B_0^2 r}{2\pi m_0 r_0}$$

方向向左.

12.4 两种电动势兼有情况 感生、动生相对性

12.4.1 两种电动势兼有情况

两种电动势都有时,可直接用法拉第电磁感应定律计算,也可两种电动势分别计算再求和.

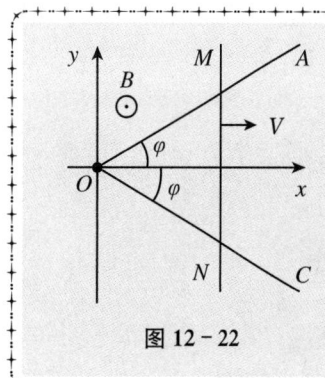

练习 12-12 如图 12-22 所示,Oxy 平面内有两根固定导体棒 OA,OC,与 Ox 夹角均为 φ. 空间中磁场的磁感应强度为 $\boldsymbol{B} = B_0 x e^{\alpha t} \boldsymbol{e}_z$,其中 B_0,α 为常量.导体棒 MN 也在 Oxy 平面内且与 Ox 垂直,在 $t=0$ 时,从 $x=0$ 开始以匀速 V 沿 x 正方向运动.OA,OC,MN 单位长度电阻均为 ρ,均足够长且没有接触电阻.试求任意时刻 $t(t \geqslant 0)$ 回路中的感应电流.忽略回路的电感.

图 12-22

12.4.2 感生、动生相对性

我们将感应电动势分为感生和动生两种,只有相对的意义.一根磁铁与一个线圈相对运动时,以磁铁为参考系,产生的是洛伦兹力引起的动生电动势;以线圈为参考系,产生的是磁场变化产生的涡旋电场力引起的感生电动势.同一物理过程在不同参考系中观察得到了不同的描述,暴露了经典电磁理论的严重缺陷:包含一种客观事物并不具有的不对称性.爱因斯坦在 1905 年创立狭义相对论的著名论文《论动体的电动力学》中一开始就举了这个例子,他认为物理学中同一物理过程因相对不同参考系而得到不同描述的这种不对称性不应该是现象所固有的,将电磁场分为电场部分和磁场部分只有相对的意义,这种划分与观察者所在的参考系有关,正如一个矢量在不同坐标系中有不同的分量一样;电磁场作为一个整体,在不同惯性系中满足同样的规律.爱因斯坦的这一思想使得他将相对性原理提升为物理学基本原理之一,在相对性原理和光速不变原理的基础上他演绎了狭义相对论.

例 12-13 (1)一根长为 l 的棒垂直于磁感应强度为 B 的匀强磁场,棒以与 B,l 均垂

直的速度 v 向右匀速运动,$v \ll c$,如图 12 - 23 所示.试求棒两端积聚的电荷带来的电势差.

(2) 若以棒为参考系,试求棒两端积聚的电荷带来的电势差.

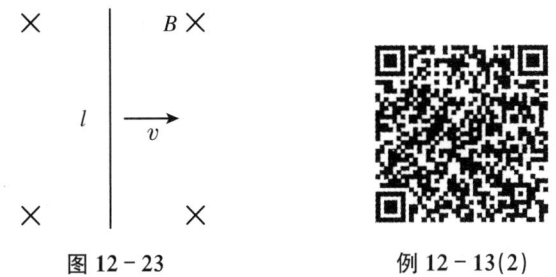

图 12 - 23　　　　例 12 - 13(2)

解　(1) 电动势为动生电动势,方向沿棒向上,大小为

$$\mathscr{E} = Blv$$

棒上端积聚正电荷,电势高,上下端电势差为

$$U = \mathscr{E} = Blv$$

(2) 在原参考系和棒参考系中,不仅电荷量有不变性,质量、加速度、力均近似不变;设原参考系中有一粒子 q 以 $\boldsymbol{v}'$ 运动,则由粒子在两参考系受力不变得

$$q\boldsymbol{v}' \times \boldsymbol{B} = q\boldsymbol{E}' + q(\boldsymbol{v}' - \boldsymbol{v}) \times \boldsymbol{B}'$$

即

$$\boldsymbol{v}' \times (\boldsymbol{B} - \boldsymbol{B}') = \boldsymbol{E}' - \boldsymbol{v} \times \boldsymbol{B}'$$

对任意(远小于光速的)$\boldsymbol{v}'$ 都成立,故棒参考系中

$$\boldsymbol{B}' = \boldsymbol{B}, \quad \boldsymbol{E}' = \boldsymbol{v} \times \boldsymbol{B}$$

即磁场不变,还有向上的电场;稳定后棒两端电荷产生的电场在棒中与此电场等大反向,棒上端积聚正电荷,带来的上下端电势差为

$$\mathscr{E} = lE' = Blv$$

需要指出的是:没有运动的磁场(或电场)这种东西,也不会有运动的场线.场(或场强)是空间某点的情况,磁体的运动只会带来空间各处变化的磁场和涡旋电场,而不会带来运动的场.洛伦兹力公式中的速度、电场强度、磁感应强度是观察者参考系中电荷的速度及电荷所处位置的场强度,洛伦兹力公式不会由于场源在运动而改变,而场强度会由于场源的运动而改变.某些题目提到"运动的磁场"是错误的,应为"产生磁场的装置(即场源)在运动".

练习 12 - 13　场源在空间中产生了垂直于纸面的不均匀磁场,如图 12 - 24 所示,空间各处磁感应强度与其 x 坐标相关,与 x 坐标的关系为 $B(x) = kx$(k 为常量).现让边长为 l、电阻为 R 的正方形金属框在如图处静止不动,而让场源向左以速度 v 运动起来,试求线框中的电流.

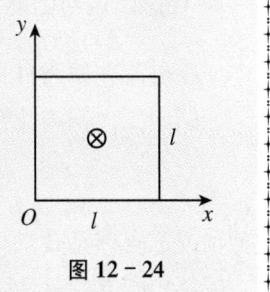

图 12 - 24

12.5 自感现象

12.5.1 自感电动势

1. 自感电动势　自感系数

回路中电流变化时,其激发的磁场通过回路自身的磁通量发生变化,使回路中产生阻碍自身电流变化的感生电动势,这种现象称为自感现象,产生的电动势称为自感电动势,有

$$\mathscr{E}_\text{自} = -\frac{d\Psi}{dt} = -\frac{d\Psi}{dI}\frac{dI}{dt}$$

其中 Ψ 为回路自身电流产生磁场通过回路自身的全磁通,称为自感磁通.

将

$$L = \frac{d\Psi}{dI}$$

定义为回路的自感系数,简称自感,也称为电感,它体现了自感电动势反抗电流改变的能力.

则自感电动势为

$$\mathscr{E}_\text{自} = -L\frac{dI}{dt}$$

负号表明:当电流增加时,自感电动势小于零,即自感电动势与电流方向相反,自感电动势阻碍电流增加;当电流减小时,自感电动势大于零,即自感电动势与电流方向相同,自感电动势阻碍电流减小.

自感系数在国际单位制中单位为亨利,简称亨,符号为 H;常用单位还有 mH、μH 等.

发生自感的线圈也可以视为用电器,当线圈不计电阻时,沿电流方向线圈两端电势差为

$$U_L = -\mathscr{E}_L = L\frac{dI}{dt}$$

2. 自感磁通与自感系数、电流的关系

回路电流在回路自身产生的全磁通(即自感磁通)Ψ 与 I 有关.

回路周围无铁磁性物质时,容易判断 Ψ 与 I 成线性关系,则

$$L = \frac{d\Psi}{dI} = \frac{\Psi}{I} \quad \text{或} \quad \Psi = LI$$

这种情况下自感系数仅与回路及周围介质分布有关,而与 I 无关.

回路周围有铁磁性物质时,Ψ 与 I 不成线性关系,则

$$L = \frac{\mathrm{d}\Psi}{\mathrm{d}I} \neq \frac{\Psi}{I}$$

这种情况下自感系数与 I 也有关,不再是常量.我们主要研究无铁磁性物质的情况.

> **练习 12-14** 试推导无铁芯的长直密绕螺线管的自感系数.已知螺线管长为 l,截面积为 S,单位长度上的匝数为 n.

例 12-14 电感为 L 的线圈圈数为 N,线圈面积为 S,线圈两端点用垂直于线圈圆形截面的导线连接起来.沿线圈轴线方向加一均匀外磁场,磁感应强度在 τ_1 时间内从零线性地增长到 B_0,然后在 τ_2 时间内又均匀地减为零.试问在 τ_1 和 τ_2 时间内各有多少电荷流过线圈?电路的欧姆电阻忽略不计.

解 解法 1:回路电压

$$0 = iR + \mathscr{E}$$

欧姆电阻不计,故

$$R = 0$$

则

$$\mathscr{E} = 0$$

又由法拉第定律

$$\mathscr{E} = \frac{\mathrm{d}\Psi}{\mathrm{d}t}$$

可知全磁通为恒量,结合初始条件知

$$\Psi \equiv 0$$

磁场为外磁场和线圈电流磁场的叠加,故

$$\Psi = NBS + LI = 0$$

则

$$I = -\frac{NBS}{L}$$

电流随磁感应强度线性变换,故 τ_1 时间内

$$q_1 = |\overline{I_1}\,\tau_1| = \frac{NB_0S}{2L}\tau_1$$

τ_2 时间内

$$q_2 = |\overline{I_2}\,\tau_2| = \frac{NB_0S}{2L}\tau_2$$

解法 2:磁场为外磁场和线圈电流磁场的叠加,感应电动势为二者引起的感应电动势的叠加;不计内阻,回路有

$$-\frac{d(NBS)}{dt} = L\frac{dI}{dt}$$

则

$$d(LI + NBS) = 0$$

初始 $I=0, B=0$,故

$$LI + NBS \equiv 0$$

之后同解法 1.

练习 12-15 如图 12-25 所示,正方形导线框 $abcd$ 在光滑水平面上,边长 $l = 0.8$ m,质量 $m = 100$ g,自感 $L = 10^{-3}$ V·s/A,电阻不计.该导线框的 bc 边在 $t = 0$ 时,从 $x = 0$ 处以初速 $v_0 = 4$ m/s 进入磁感应强度为 B 的有界匀强磁场区域.磁场区域宽度为 $S = 0.2$ m,B 方向与导线框平面垂直(图中指向纸内),大小为 $B = 0.5$ T.忽略空气阻力,试求:

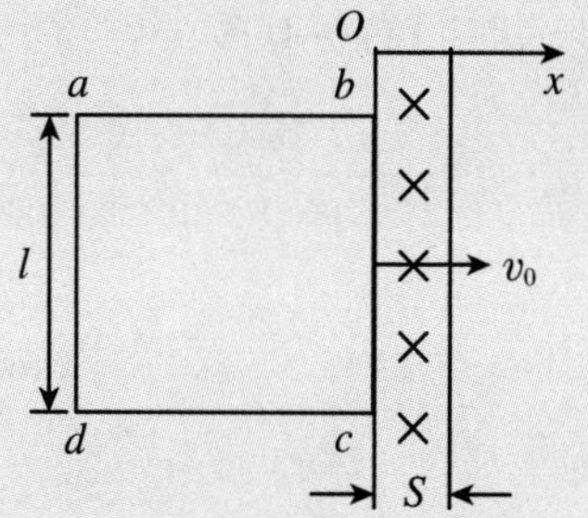

(1) $t = \pi/36$ s 时刻导线框 bc 的位置;

(2) 若初速度为 $4v_0/\sqrt{3}$,再求 $t = \pi/36$ s 时刻导线框 bc 的位置.

图 12-25

3. 电感器

利用自感现象工作的线圈称为自感线圈或电感器,它在电子、无线电技术中应用广泛,可以稳定电路中的电流,可与电容器组成谐振电路或滤波器等.

某些情况下发生的自感现象是有害的,如有大自感线圈的电路断开电源时,由于电流变化很快,会产生很大的自感电动势,以致击穿线圈本身绝缘保护,或在开关两端之间产生强烈电弧烧坏开关,需设法避免.

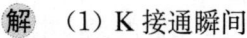
在图 12-26 所示的电路中,已知两电阻阻值分别为 R_1, R_2,线圈自感系数为 L(直流电阻不计),电源电动势为 $\mathscr{E}$,内阻为 r,不计回路的自感.试求:

(1) 电键 K 接通瞬间,流经 R_1 和 R_2 的电流,a,b 间的电压,以及线圈自感电动势.

(2) 电路稳定后,电键 K 突然打开瞬间,流经 R_1 和 R_2 的电流,a,b 间的电压,以及线圈自感电动势.

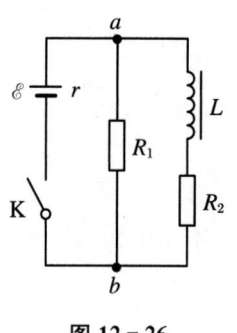

图 12-26

解 (1) K 接通瞬间

$$I_2 = 0, \quad I_1 = \frac{\mathscr{E}}{r+R_1}, \quad U_{ab} = I_1 R_1 = \frac{R_1}{r+R_1}\mathscr{E}$$

对 $\mathscr{E}, L, R_2$ 回路,沿顺时针方向

$$-\mathscr{E} - \mathscr{E}_L + I_1 r = 0$$

则

$$\mathscr{E}_L = -\frac{R_1}{r+R_1}\mathscr{E}$$

故自感电动势方向向上.

(2) 稳定后

$$I_L = \frac{\mathscr{E}}{r + \frac{R_1 R_2}{R_1 + R_2}} \frac{R_1}{R_1 + R_2} = \frac{\mathscr{E}R_1}{rR_1 + rR_2 + R_1 R_2}$$

K 断开瞬间,L 电流不变,则

$$I_1 = I_2 = I_L = \frac{\mathscr{E}R_1}{rR_1 + rR_2 + R_1 R_2}$$

其中 R_1 电流反向,故

$$U_{ab} = -I_1 R_1 = -\frac{R_1^2}{rR_1 + rR_2 + R_1 R_2}\mathscr{E}$$

R_1, L, R_2 回路沿顺时针,有

$$-\mathscr{E}_L + I_L(R_1 + R_2) = 0$$

则

$$\mathscr{E}_L = \frac{\mathscr{E}R_1(R_1 + R_2)}{rR_1 + rR_2 + R_1 R_2}$$

故自感电动势方向向下.

例 12-16 图 12-27 所示的电路中,已知电感 L,电阻 R,电源电动势 $\mathscr{E}$,电源内阻 r. 开始时电键 K 断开,试求电键闭合后通过电阻的电量. 不计电感线圈内阻,不计回路自感.

图 12-27

解 设电流如图 12-27 所示,L, R 回路有

$$L\frac{di_1}{dt} = i_2 R$$

故通过 R 的电量为

$$Q = \int_0^\infty i_2 dt = \int_0^{I_1} \frac{L}{R} di_1 = \frac{L}{R} I_1$$

i_1 由零逐渐变为稳定值 I_1,有

$$I_1 = \frac{\mathscr{E}}{r}$$

故

$$Q = \frac{L\mathscr{E}}{Rr}$$

练习 12-16 图 12-28 所示的电路中，已知 $\mathscr{E},R,r,L$，电源内阻不计，电感器内阻为 r。试问闭合电键 K 后，有多少电量通过理想导线 ab？不计回路自感。

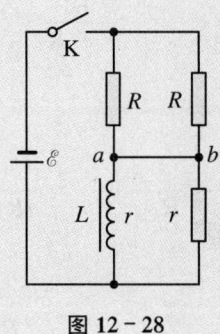

图 12-28

练习 12-17 不计回路的自感。

(1) 如图 12-29(a)所示，水平平行光滑导体轨道间距为 l，轨道左端接有电感为 L 的电感器，电感器右端垂直轨道放置一根质量为 m 的导体棒，空间有竖直向下的匀强磁场 B，不计任何电阻。现突然给导体棒一个平行于轨道的水平向右的速度 v_0，试求导体棒运动方程（即 x-t 关系）、电路中电流随时间变化方程（即 i-t 关系）。

(2) 将装置竖直放置，磁场改为水平并仍垂直于轨道（图中垂直于纸面向内），如图 12-29(b)所示。由静止释放导体棒，试求导体棒运动方程。

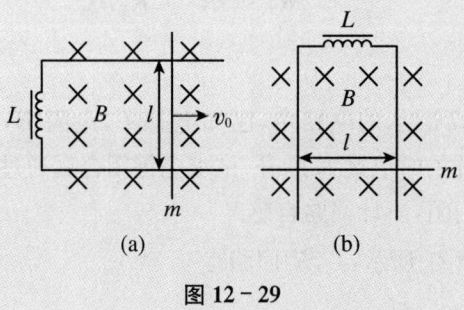

图 12-29

12.5.2 自感磁能 磁场能量密度

1. 自感磁能

一个自感为 L 的回路接通电源时，由于自感现象，电路中的电流并不能由零立刻变到

稳定值 I，而要经过一段时间.这段时间内，外电源的电动势不仅要供给电路中产生的焦耳热，还要反抗自感电动势做功，后一部分功将电能转化为载流回路的能量，即储存在磁场中的自感磁能.

推导如下：接通电源后，自感磁能增加等于反抗自感电动势的功

$$W_L = \int_0^I (-\mathscr{E}_L i)\mathrm{d}t = \int_0^I L\frac{\mathrm{d}i}{\mathrm{d}t}i\mathrm{d}t = \int_0^I Li\mathrm{d}i$$

在回路周围无铁磁性物质时，L 与 I 无关，为常量，则自感磁能表达式为

$$W_L = \frac{1}{2}LI^2$$

或切断电源时，电流由 I 减小到零，自感电动势与电流方向相同，自感磁能通过自感电动势做功释放出来，有

$$W_L = \int_I^0 \mathscr{E}_L i\mathrm{d}t = -\int_I^0 L\frac{\mathrm{d}i}{\mathrm{d}t}i\mathrm{d}t = -\int_I^0 Li\mathrm{d}i$$

在回路周围无铁磁性物质时同样得到自感磁能表达式为

$$W_L = \frac{1}{2}LI^2$$

线圈自感系数越大，阻碍电流变化的本领越强，线圈的自感系数能够体现线圈中电流的"惯性". 我们可以在此找到一种电学量与力学量的对应关系：

$$F = m\frac{\mathrm{d}v}{\mathrm{d}t}, \quad U = -\mathscr{E} = L\frac{\mathrm{d}I}{\mathrm{d}t}(\text{线圈内阻不计时})$$

$$p = mv, \quad \Psi = LI(\text{无铁磁性物质时})$$

$$E_k = \frac{1}{2}mv^2, \quad W_L = \frac{1}{2}LI^2(\text{无铁磁性物质时})$$

注意，电学量与力学量的对应不只这一种.

例 12-17 如图 12-30 所示，两条半径为 R 的半圆形金属导轨各自在竖直面内，其四个端点在同一水平面内且可连成矩形，两导轨相距 l. 两导轨其中一端接入电感为 L 的线圈，空间中有竖直向上的匀强磁场 B. 质量为 m 的金属棒可沿导轨自由滑动，初始静止于导轨的另一端（$\theta = 0$），然后在重力作用下下滑，忽略任何电阻及摩擦. 试证明：

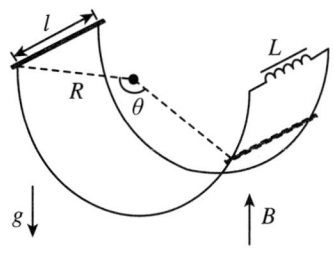

图 12-30

$$\tan\frac{\theta_m}{2}\sin^2\frac{\theta_m}{2} = \frac{mgL}{B^2l^2R}$$

式中 θ_m 为金属杆可以达到的极大角度,g 为重力加速度.不计回路的自感.

解 电路

$$BlR\frac{d\theta}{dt}\sin\theta - L\frac{dI}{dt} = 0$$

则

$$-BlR\,d\cos\theta - L\,dI = 0$$

积分并利用初始条件,设达 θ_m 时电流为 I,有

$$-BlR\int_0^{\theta_m}d\cos\theta - L\int_0^I dI = 0$$

即

$$BlR(1-\cos\theta_m) - LI = 0$$

由能量守恒得

$$mgR\sin\theta_m = \frac{1}{2}LI^2$$

联立得

$$mgR\sin\theta_m = \frac{1}{2}L\left[\frac{BlR(1-\cos\theta_m)}{L}\right]^2$$

即

$$\frac{mgL}{B^2l^2R} = \frac{(1-\cos\theta_m)^2}{2\sin\theta_m} = \tan\frac{\theta_m}{2}\sin^2\frac{\theta_m}{2}$$

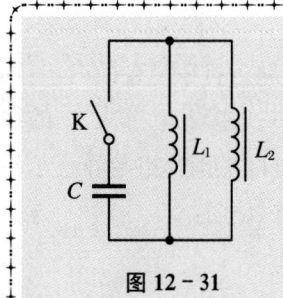

图 12-31

练习 12-18 如图 12-31 所示,在开关 K 断开时,给电容量为 C 的电容器充上电量 Q.试问闭合开关后,电感为 L_1 和 L_2 的线圈中的最大电流各是多少?不计两线圈间的互感及回路的自感.

2. 磁场能量密度

例 12-18 通电无铁芯的长直螺线管内磁感应强度为 B,试推导螺线管内的磁场能量密度.

解 设螺线管单位长度匝数为 n,通入的电流为 I,则

$$B = \mu_0 n I$$

设螺线管内部体积为 V,可推导(略去,见练习 12-14)

$$L = \mu_0 n^2 V$$

故自感磁能,即螺线管中的磁场能为

$$W_L = \frac{1}{2}LI^2 = \frac{1}{2}\mu_0 n^2 V \left(\frac{B}{\mu_0 n}\right)^2 = \frac{1}{2}\frac{B^2}{\mu_0}V$$

所以螺线管中的磁场能量密度为

$$\omega = \frac{W_L}{V} = \frac{1}{2}\frac{B^2}{\mu_0}$$

以上结果虽然由无铁芯长直螺线管中的均匀磁场推出,但也适用于其他无磁介质(即真空中)时的磁场. 即无磁介质时磁场能量密度为

$$\omega = \frac{1}{2}\frac{B^2}{\mu_0}$$

从而磁场能为

$$W = \int_V \omega \, dV$$

一般情况下磁场能量密度为

$$\omega = \frac{1}{2}\boldsymbol{B} \cdot \boldsymbol{H}$$

各向同性均匀磁介质中

$$\omega = \frac{1}{2}\frac{B^2}{\mu} = \frac{1}{2}\mu H^2 = \frac{1}{2}BH$$

12.6 互感现象

12.6.1 互感电动势

1. 互感电动势　互感系数

一个回路中电流变化时,它所产生的磁场会在临近的另一个回路产生感应电动势,这种现象叫作互感,产生的电动势称为互感电动势.

设有两个临近的回路 1,2,回路 1 电流变化,导致回路 2 中产生的互感电动势为

$$\mathscr{E}_{2(1)} = -\frac{\mathrm{d}\Psi_{2(1)}}{\mathrm{d}t} = -\frac{\mathrm{d}\Psi_{2(1)}}{\mathrm{d}I_1}\frac{\mathrm{d}I_1}{\mathrm{d}t} = -M_{2(1)}\frac{\mathrm{d}I_1}{\mathrm{d}t}$$

其中 $\Psi_{2(1)}$ 为回路 1 电流产生的磁场在回路 2 中的全磁通,称为回路 2 中的互感磁通;同理回路 2 电流变化在回路 1 中产生的互感电动势为

$$\mathscr{E}_{1(2)} = -\frac{\mathrm{d}\Psi_{1(2)}}{\mathrm{d}I_2}\frac{\mathrm{d}I_2}{\mathrm{d}t} = -M_{1(2)}\frac{\mathrm{d}I_2}{\mathrm{d}t}$$

可以证明(略去,要用到矢量分析,详见《新概念物理教程 电磁学》)

$$M = M_{1(2)} = M_{2(1)}$$

总是成立,故统一用 M 表示,称为这两个回路的互感系数,简称互感,单位与自感相同,为 H 或 mH,μH 等,则互感电动势分别为

$$\mathscr{E}_{2(1)} = -M\frac{\mathrm{d}I_1}{\mathrm{d}t}, \quad \mathscr{E}_{1(2)} = -M\frac{\mathrm{d}I_2}{\mathrm{d}t}$$

两回路相对位置固定不变,且周围无铁磁性物质时,互感 M 为常数,和电流无关,此时

$$M = \frac{\Psi_{2(1)}}{I_1} = \frac{\Psi_{1(2)}}{I_2}$$

有铁磁性物质时,互感还与电流有关,不再是常量.

2. 总感应电动势与自感、互感磁通方向的关系

自感中,一个线圈自身电流的方向与磁感线从自身哪个面穿过自身(即自感磁通的方向)的关系是一定的;而互感中 1 线圈电流的方向与 1 线圈电流的磁场从 2 线圈哪个面穿过线圈 2(即互感磁通的方向)并不一定,取决于 1,2 的位形.

(1) 两回路间既有自感又有互感时,若已知自感磁通与互感磁通方向的关系,一般将各自电流取为正,而用 M 表示互感的大小.

若自感磁通与互感磁通同向,则总感应电动势为

$$\mathscr{E}_1 = -\frac{\mathrm{d}\Psi_1}{\mathrm{d}t} = -\frac{\mathrm{d}(\Psi_{1(1)} + \Psi_{1(2)})}{\mathrm{d}t} = -\left(L_1\frac{\mathrm{d}I_1}{\mathrm{d}t} + M\frac{\mathrm{d}I_2}{\mathrm{d}t}\right)$$

其中 Ψ_1 为全磁通,$\Psi_{1(1)}$ 为自感磁通,$\Psi_{1(2)}$ 为互感磁通;同理

$$\mathscr{E}_2 = -\frac{\mathrm{d}\Psi_2}{\mathrm{d}t} = -\frac{\mathrm{d}(\Psi_{2(2)} + \Psi_{2(1)})}{\mathrm{d}t} = -\left(L_2\frac{\mathrm{d}I_2}{\mathrm{d}t} + M\frac{\mathrm{d}I_1}{\mathrm{d}t}\right)$$

若自感磁通与互感磁通反向,则总感应电动势为

$$\mathscr{E}_1 = -\frac{\mathrm{d}\Psi_1}{\mathrm{d}t} = -\frac{\mathrm{d}(\Psi_{1(1)} - \Psi_{1(2)})}{\mathrm{d}t} = -\left(L_1\frac{\mathrm{d}I_1}{\mathrm{d}t} - M\frac{\mathrm{d}I_2}{\mathrm{d}t}\right)$$

$$\mathscr{E}_2 = -\frac{\mathrm{d}\Psi_2}{\mathrm{d}t} = -\frac{\mathrm{d}(\Psi_{2(2)} - \Psi_{2(1)})}{\mathrm{d}t} = -\left(L_2\frac{\mathrm{d}I_2}{\mathrm{d}t} - M\frac{\mathrm{d}I_1}{\mathrm{d}t}\right)$$

电动势

练习 12-19 用同样导线沿同样立方体的边围成不同的线圈,其中图 12-32 (a),(b)线圈的自感分别为 L_1,L_2,试求图 12-32(c)所示线圈的自感.图中用粗黑线标出各线圈.

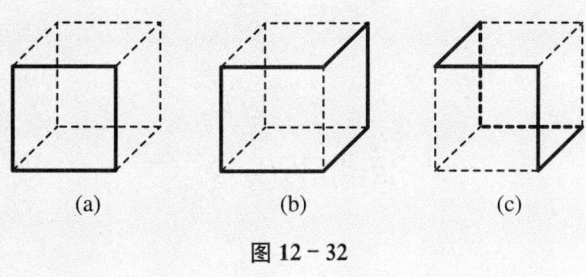

图 12-32

(2) 若不知自感磁通与互感磁通的方向关系,可以默认(或假设)自感磁通与互感磁通同向,有

$$\mathscr{E}_1 = -\left(L_1 \frac{\mathrm{d}I_1}{\mathrm{d}t} + M \frac{\mathrm{d}I_2}{\mathrm{d}t}\right), \quad \mathscr{E}_2 = -\left(L_2 \frac{\mathrm{d}I_2}{\mathrm{d}t} + M \frac{\mathrm{d}I_1}{\mathrm{d}t}\right)$$

若由此计算出的 I_1,I_2 正负号不同,则说明自感磁通与互感磁通是反向的.

例 12-19 两个相邻圆线圈 C_1,C_2 放置在同一个平面上,如图 12-33 所示.两线圈的自感系数均为 L,C_1 回路的总电阻为 R_1,C_2 回路的总电阻为 R_2.假设 C_1 回路产生的磁场穿过 C_2 回路的磁通量占穿过自身磁通量的比例为 x.在 C_1 的 a,b 两端加电压使该回路中的电流沿顺时针方向按 $i_1 = kt$(k 为常量,$k>0$)变化,试问:

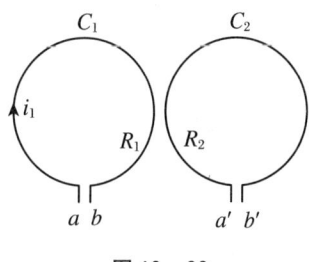

图 12-33

(1) C_2 闭合时,在任一时刻 t,a,b 两端的电压 U_1 应为多大? C_2 回路两端 a',b' 的电压 U_2 为多大?

(2) C_2 不闭合时,U_1,U_2 分别为多大?

解 由题意得

$$M = \frac{\mathrm{d}\Psi_{2(1)}}{\mathrm{d}t} = x \frac{\mathrm{d}\Psi_{1(1)}}{\mathrm{d}t} = xL$$

(1) C_2 闭合时,设自感磁通与互感磁通同向,即设 C_2 电流沿逆时针方向,对 C_2,任意时刻

$$U_2 = 0$$

即

$$L \frac{\mathrm{d}i_2}{\mathrm{d}t} + M \frac{\mathrm{d}i_1}{\mathrm{d}t} + i_2 R_2 = 0$$

即

$$L\frac{\mathrm{d}i_2}{\mathrm{d}t} + xLk + i_2 R_2 = 0$$

即

$$\mathrm{d}t + \frac{L}{R_2}\frac{\mathrm{d}i_2}{i_2 + \dfrac{xLk}{R_2}} = 0$$

$i_2(t=0)=0$,积分得

$$t + \frac{L}{R_2}\ln\frac{i_2 + \dfrac{xLk}{R_2}}{\dfrac{xLk}{R_2}} = 0$$

故

$$i_2 = \frac{xLk}{R_2}(\mathrm{e}^{-\frac{R_2}{L}t} - 1)$$

($i_2(t>0)<0$,表示 C_2 中电流应沿顺时针;)对 C_1 有

$$U_1 = L\frac{\mathrm{d}i_1}{\mathrm{d}t} + M\frac{\mathrm{d}i_2}{\mathrm{d}t} + i_1 R_1 = Lk + xL\frac{xLk}{R_2}\left(-\frac{R_2}{L}\right)\mathrm{e}^{-\frac{R_2}{L}t} + ktR_1$$

$$= kL - x^2 kL\mathrm{e}^{-\frac{R_2}{L}t} + kR_1 t$$

(2) C_1 没有互感

$$U_1 = L\frac{\mathrm{d}i_1}{\mathrm{d}t} + i_1 R_1 = kL + kR_1 t$$

C_2 只有互感

$$U_2 = M\frac{\mathrm{d}i_1}{\mathrm{d}t} = xkL$$

3. 耦合因数

回路 1,2 间的互感、各自的自感分别为

$$M = \frac{N_2 \mathrm{d}\Phi_{2(1)}}{\mathrm{d}I_1} = \frac{N_1 \mathrm{d}\Phi_{1(2)}}{\mathrm{d}I_2}, \quad L_1 = \frac{N_1 \mathrm{d}\Phi_{1(1)}}{\mathrm{d}I_1}, \quad L_2 = \frac{N_2 \mathrm{d}\Phi_{2(2)}}{\mathrm{d}I_2}$$

当两个回路均满足一个回路中电流所产生的磁感线全部穿入另一回路时,称为无漏磁或这两个回路是(理想)耦合的,此时有

$$\Phi_{1(1)} = \Phi_{2(1)}, \quad \Phi_{2(2)} = \Phi_{1(2)}$$

则无漏磁时

$$M = N_2 \frac{\mathrm{d}\Phi_{1(1)}}{\mathrm{d}I_1} = N_1 \frac{\mathrm{d}\Phi_{2(2)}}{\mathrm{d}I_2}$$

即

$$M = \frac{N_2}{N_1}L_1 = \frac{N_1}{N_2}L_2$$

推得

$$M = \sqrt{L_1 L_2}$$

若有漏磁,则

$$M < \sqrt{L_1 L_2}$$

一般情况下有

$$M = k \sqrt{L_1 L_2}$$

其中 $0 \leqslant k \leqslant 1$ 称为耦合因数. 显然, 若两个线圈相距甚远, 毫无磁耦合, 则 $k=0$, $M=0$.

> **练习 12-20** 在一个非磁性铁芯上绕两个完全相同的线圈,如图 12-34 所示. 其中一个线圈上连接有开关 K 和电动势为 $\mathscr{E}$ 的电池组;另一个线圈接有电阻为 R 的电阻器. 设每个线圈的自感均为 L, 把电池组当作理想电源, 导线电阻不计. 接通开关.
> (1) 计算在电阻为 R 的电阻器上消耗的电功率 P;
> (2) 计算流经电源的电流强度 I_1 随时间变化的关系;
> (3) 经过时间 T 后, 切断电源, 试问从此时起消耗在电阻器上的热量是多少?
> 提示: 非磁性铁芯是一种理想化的软铁芯, 线圈在不通电时, 铁芯中无任何剩磁; 线圈在通电时, 又是一个理想的铁芯(磁感线集中在铁芯内).

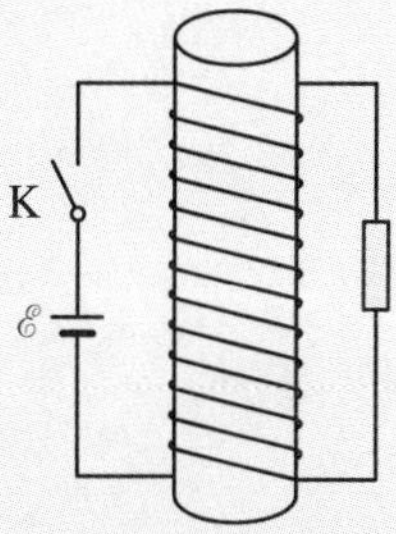

图 12-34

12.6.2 两线圈的串并联

设存在互感的两个线圈, 自感分别为 L_1, L_2, 互感为 M. 由这两个线圈串联或并联构成的新线圈的自感 L 与 L_1, L_2, M 及接法有关.

1. 同名端和异名端

当两线圈的电流从同名端流入(或流出)时, 则同一线圈的自感磁通和互感磁通同向. 反之, 若电流从两线圈的异名端流入(或流出)时, 则同一线圈的自感磁通和互感磁通反向.

如图 12-35 所示, (a)中 $1,1'$ 是同名端, $1,2'$ 是异名端; (b)中 $3,3'$ 是异名端, $3,4'$ 是同名端; (c)中 $5,5'$ 是异名端, $5,6'$ 是同名端.

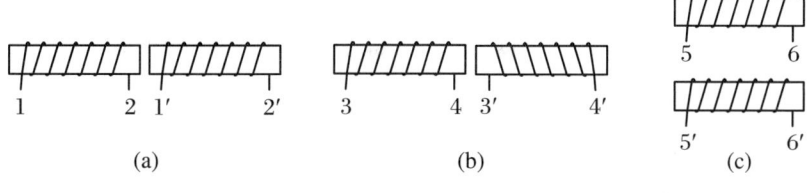

图 12-35

对两个存在互感的线圈,通常用实心圆点或星号标出一对同名端.

电流 I_1, I_2 分别流入 L_1, L_2 时,各自电动势分别为

$$\mathscr{E}_1 = -\left(L_1 \frac{\mathrm{d}I_1}{\mathrm{d}t} \pm M \frac{\mathrm{d}I_2}{\mathrm{d}t}\right), \quad \mathscr{E}_2 = -\left(L_2 \frac{\mathrm{d}I_2}{\mathrm{d}t} \pm M \frac{\mathrm{d}I_1}{\mathrm{d}t}\right)$$

由同名端流入时取加号,由异名端流入时取减号.

2. 两线圈的串联

两线圈串联时,异名端相接称为顺接,同名端相接称为反接,如图 12-36 所示.串联电流相等,设为 I.

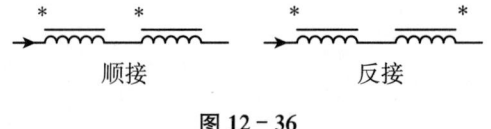

图 12-36

串联顺接时

$$\mathscr{E} = \mathscr{E}_1 + \mathscr{E}_2 = -\left(L_1 \frac{\mathrm{d}I}{\mathrm{d}t} + M \frac{\mathrm{d}I}{\mathrm{d}t}\right) - \left(L_2 \frac{\mathrm{d}I}{\mathrm{d}t} + M \frac{\mathrm{d}I}{\mathrm{d}t}\right) = -(L_1 + L_2 + 2M)\frac{\mathrm{d}I}{\mathrm{d}t}$$

顺接后新线圈

$$\mathscr{E} = -L \frac{\mathrm{d}I}{\mathrm{d}t}$$

故串联顺接时

$$L = L_1 + L_2 + 2M$$

串联反接时

$$\mathscr{E} = \mathscr{E}_1 + \mathscr{E}_2 = -\left(L_1 \frac{\mathrm{d}I}{\mathrm{d}t} - M \frac{\mathrm{d}I}{\mathrm{d}t}\right) - \left(L_2 \frac{\mathrm{d}I}{\mathrm{d}t} - M \frac{\mathrm{d}I}{\mathrm{d}t}\right) = -(L_1 + L_2 - 2M)\frac{\mathrm{d}I}{\mathrm{d}t}$$

故串联反接时

$$L = L_1 + L_2 - 2M$$

当 $M = 0$ 时,顺接、反接均有

$$L = L_1 + L_2$$

即两线圈无互感时,两串联线圈的总自感等于各自自感之和.

任何线圈自感均有

$$L \geqslant 0$$

故一定有

$$M \leqslant \frac{1}{2}(L_1 + L_2)$$

3. 两线圈的并联

两线圈并联,如图 12-37 所示.

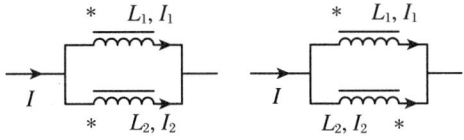

图 12-37

同名端相接时

$$\mathscr{E} = \mathscr{E}_1 = \mathscr{E}_2 = -\left(L_1 \frac{dI_1}{dt} + M \frac{dI_2}{dt}\right) = -\left(L_2 \frac{dI_2}{dt} + M \frac{dI_1}{dt}\right)$$

$$\frac{dI}{dt} = \frac{d(I_1 + I_2)}{dt} = \frac{dI_1}{dt} + \frac{dI_2}{dt}$$

联立推得

$$\mathscr{E} = -\frac{L_1 L_2 - M^2}{L_1 + L_2 - 2M} \frac{dI}{dt}$$

故

$$L = \frac{L_1 L_2 - M^2}{L_1 + L_2 - 2M}$$

异名端相接时,只需将 M 替换为 $-M$,故

$$L = \frac{L_1 L_2 - M^2}{L_1 + L_2 + 2M}$$

由 $L \geqslant 0$,串联中得到的 $M \leqslant \frac{1}{2}(L_1 + L_2)$,以及以上两个 L 可知

$$M \leqslant \sqrt{L_1 L_2}$$

即前文中

$$M = k\sqrt{L_1 L_2} \quad (0 \leqslant k \leqslant 1)$$

$k = 0$ 时,$M = 0$,即无耦合时,两并联接法均有

$$L = \frac{L_1 L_2}{L_1 + L_2} \quad 或 \quad \frac{1}{L} = \frac{1}{L_1} + \frac{1}{L_2}$$

$k = 1$ 时,即理想耦合时,若 $L_1 = L_2 = L_0$,则

$$M = \sqrt{L_1 L_2} = L_0$$

同名端相接时

$$L = \frac{L_0^2 - M^2}{2(L_0 - M)} = \frac{1}{2}(L_0 + M) = L_0$$

实际应用中很少碰到这种情况,无实际意义;除此特例外,任何两个理想耦合线圈并联之后总自感为零,即

$$L = 0$$

意味着短路. 变压器原、副线圈间接近理想耦合,k 值在 0.98 以上,若将绕组引线误接发生这类并联时,将会导致短路而烧坏变压器或损坏电源.

12.6.3 互感磁能

由功能关系可知,在建立电流的过程中抵抗互感电动势做的功等于互感磁能,即

$$W_{12} = -\int_0^\infty \mathscr{E}_{1(2)} i_1 \mathrm{d}t - \int_0^\infty \mathscr{E}_{2(1)} i_2 \mathrm{d}t = \int_0^\infty M \frac{\mathrm{d}i_2}{\mathrm{d}t} i_1 \mathrm{d}t + \int_0^\infty M \frac{\mathrm{d}i_1}{\mathrm{d}t} i_2 \mathrm{d}t$$

$$= M \int_0^\infty \frac{\mathrm{d}(i_1 i_2)}{\mathrm{d}t} \mathrm{d}t = M I_1 I_2$$

若推广到 k 个线圈,则

$$W_{互} = \frac{1}{2} \sum_{\substack{i=1 \\ i \ne j}}^{j} M_{ij} I_i I_j$$

自感磁能不可能是负的,互感磁能可正可负.

12.6.4 变压器

例 12-20 图 12-38 所示的变压器电路,开关 K 闭合后,试求流过检流计 G 的电量. 图中 R_1 计入了电源内阻和初级线圈的电阻,R_2 计入了检流计和次级线圈的电阻. M 是互感系数.图中变压器两黑点为同名端标志.

解 设电流如图,两回路分别有

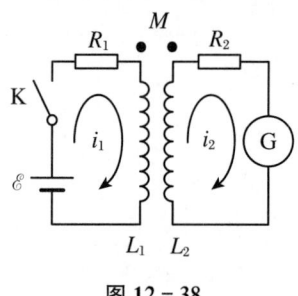

图 12-38

$$\mathscr{E} = i_1 R_1 + L_1 \frac{\mathrm{d}i_1}{\mathrm{d}t} - M \frac{\mathrm{d}i_2}{\mathrm{d}t}$$

$$0 = L_2 \frac{\mathrm{d}i_2}{\mathrm{d}t} - M \frac{\mathrm{d}i_1}{\mathrm{d}t} + i_2 R_2$$ ☆

初态均有电流为零,即

$$i_1(0) = i_2(0) = 0$$

末态电流已稳定不再变化,故末态时

$$\frac{\mathrm{d}i_2}{\mathrm{d}t} = \frac{\mathrm{d}i_1}{\mathrm{d}t} = 0$$

代入☆式得

$$i_1(\infty) = \frac{\mathscr{E}}{R_1}, \quad i_2(\infty) = 0$$

☆式的第二个式子化为

$$0 = L_2 \mathrm{d}i_2 - M \mathrm{d}i_1 + i_2 R_2 \mathrm{d}t = L_2 \mathrm{d}i_2 - M \mathrm{d}i_1 + R_2 \mathrm{d}Q$$

积分得

$$0 = L_2 [i_2(\infty) - i_2(0)] - M[i_1(\infty) - i_1(0)] + R_2 Q$$

解得

$$Q = \frac{M\mathscr{E}}{R_1 R_2}$$

第 12 章习题

12-1 如习图 12-1 所示,平行于纸面为竖直面,取垂直纸面向外为 x 轴(未画出),一块很长的薄导体平板沿 x 轴放置,板面位于水平位置,板的宽度为 L,电阻可忽略不计. $aebcfd$ 是圆弧形均匀导线,其电阻为 $3R$,圆弧所在的平面与 x 轴垂直.圆弧的两端 a 和 d 与导体板的两个侧面相接触,并可在其上滑动.圆弧 $ae=eb=cf=fd=(1/8)$圆周长,圆弧 $bc=(1/4)$圆周长.一内阻 $R_g=nR$ 的体积很小的电压表位于圆弧的圆心 O 处,电压表的两端分别用电阻可以忽略的直导线与 b 点和 c 点相连.整个装置处在磁感应强度为 B,方向竖直向上的匀强磁场中.当导体板不动而圆弧导线与电压表一起以恒定的速度 v 沿 x 轴方向平移运动时,试求:

(1) 电压表的读数;

(2) e 点与 f 点的电势差 U_e-U_f.

12-2 如习图 12-2 所示,一金属杆 AO 的质量为 m,长为 a,能绕水平轴 O 在竖直平面内转动,转动时 A 点在半径为 a 的圆环形导线上滑动.整个系统处在匀强磁场 B 中,矢量 B 垂直于圆环面与 O 轴平行.将转轴 O 和圆环接在电源上,整个回路的电阻为 R.忽略摩擦、回路电感以及金属杆与圆环的接触电阻.欲使金属杆以匀角速度 ω 旋转,电源电动势应按怎样的规律变化?

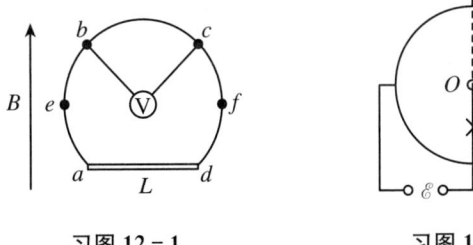

习图 12-1   习图 12-2

12-3 如习图 12-3 所示,电阻 R 和内阻为 r 的电动机并联接在恒流源两端,恒流源提供恒定的电流 I.不计一切摩擦.电源接通后,当电动机不带任何负载达到稳定时电动机转子角速度用 ω_0 表示.试求当电动机输出功率 P 最大时,ω 与 ω_0 之比以及此时电动机的发热功率.

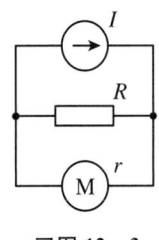

习图 12-3

12-4 用细铜丝制成的圆环在地磁场中绕其竖直直径转动,铜环处地磁场的磁感应强度为 $44.5\ \mu\text{T}$,方向与水平方向成 $60°$ 角向下.已知铜的密度为 $\rho_m=8.90\times10^3\ \text{kg/m}^3$,电阻率 $\rho=1.70\times10^{-8}\ \Omega\cdot\text{m}$.设空气和轴承处的摩擦忽略不计,并忽略自感效应(尽管这些效应本不应该忽略).试问:

(1) 其角速度从初始 $\omega_0=100\pi\ \text{rad/s}$ 降为零共约转了多少圈?

(2) 其角速度从初始值降到一半所需的时间为多少？

12-5 如习图12-4所示,电源的电动势为 U,电容器的电容为 C,K 是单刀双掷开关.MN,PQ 是两根位于同一水平面内的平行光滑长导轨,它们的电阻可忽略不计.两导轨间距为 L,导轨处在磁感应强度为 B 的均匀磁场中,磁场方向垂直于两导轨所在的平面并指向纸面向里的方向.l_1 和 l_2 是两根横放在导轨上的导体小棒,它们在导轨上滑动时与导轨保持垂直并接触良好,不计摩擦,两小棒的电阻相同,质量分别为 m_1 和 m_2,且 $m_1 < m_2$.开始时两根小棒均静止在导轨上,现将开关 K 先合向 1,然后合向 2.试求：

(1) 两根小棒最终的速度大小；

(2) 整个过程中的焦耳热损耗.

(当回路中有电流时,该电流所产生的磁场可以忽略不计.)

12-6 如习图12-5所示,两根平行水平导轨间距为 l,导轨光滑,处于竖直向下的匀强磁场 B 中.有 n 根相同的导体棒,质量均为 m,电阻均为 r,均垂直导轨放置,以向右为正方向,各导体棒初速度分别为 $v_1, v_2, \cdots, v_n$,设它们运动中不会相撞.试求稳定后棒 1 相对棒 n 的位移.忽略电流产生的磁场.

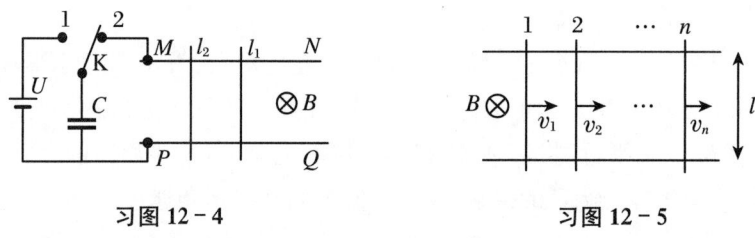

习图 12-4　　　　　　习图 12-5

12-7 如习图12-6(a),(b)所示,内横截面为矩形的管长为 l,宽为 a,高为 b.相距 a 的两侧面是电阻可略的导体,相距 b 的两侧面是绝缘体.匀强磁场垂直于两绝缘侧面,方向向上,大小为 B.有电阻率为 ρ 的水银通过矩形导管,假如横截面上各点流速相同.

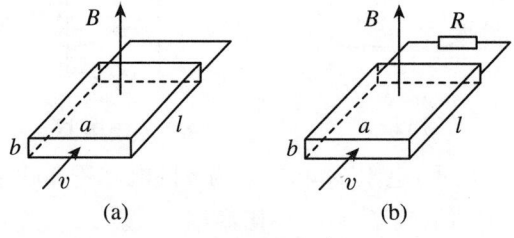

习图 12-6

(1) 如习图12-6(a)所示,将两导体侧面用导线短接.已知水银流速 v 和管两端的实际压强差成正比,外界加在管两端的压强差 p 与有无磁场无关,为一定值.试用无磁场存在时的水银流速 v_0 写出有磁场 B 存在时水银流速 v 的表达式.

(2) 如习图12-6(b)所示,将两导体侧面分别与负载电阻 R 的一端相接.已知水银流速与所受的摩擦力成正比,且无论有无磁场存在,都维持管两端作用在水银上的总压强差为 p.试用无磁场存在时的水银流速 v_0 写出有磁场 B 存在时水银流速 v 的表达式.

12-8 半径为 r、长为 $l(l\gg r)$ 的长直圆柱面均匀带电 $Q(Q>0)$，圆柱面中部同轴套有半径为 R 的固定光滑细绝缘环，环上穿有可沿环运动的质量为 m、带电量为 $q(q>0)$ 的静止小珠，如习图 12-7 所示。令圆柱面从 $t=0$ 开始以角加速度 β 绕其轴线顺时针匀加速转动。

(1) 若 $R>r(R\ll l)$，试定量讨论当 $t>0$ 时，环上小珠的运动状态以及小珠对环的作用力；

(2) 若 $R<r$，再定量讨论。

(重力忽略不计，带电小珠的运动对柱面内的磁场影响忽略不计。)

12-9 圆柱形区域内有平行于柱轴的匀强磁场，习图 12-8 所示为其垂直于磁场的一个截面，O_1 为圆心。一根光滑绝缘细空心管 MN 固定在此平面内且完全处于磁场中，O 为其中点，$O_1O\perp MN$，$\angle MO_1O=\theta_0$。建立如图所示的坐标系。管 MN 内有一质量为 m，带电量为 $q(q>0)$ 的光滑小球，当 $t=0$ 时它恰好静止在 M 位置。设 B 的正方向如图所示，其值为 $B=B_0\sin\omega t$，其中 B_0，ω 为正的常量。设 B 的这种变化规律恰好使小球在 MN 间做简谐振动。

(1) 试求 ω 与 m，q，θ_0，B_0 之间的关系；

(2) 设 MN 长为 $2R$，试确定管 MN 所受小球作用力 N_y 与小球位置 x 的关系。

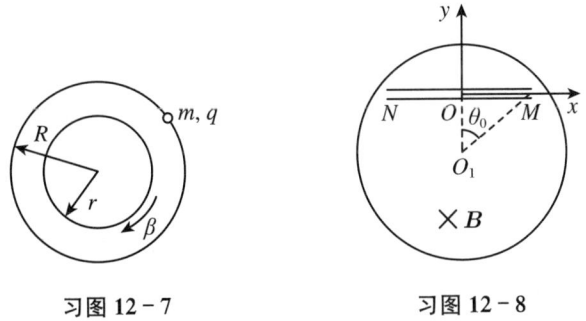

习图 12-7 习图 12-8

12-10 习图 12-9(a) 所示的正方形导线回路 $ABCD$ 内有垂直于回路平面向里的匀强磁场，磁感应强度 B 随时间均匀增大，回路中的感应电流为 $I=1.0$ mA。已知 AB 边、CD 边的电阻皆为零，DA 边的电阻为 $R_1=3.0$ kΩ，BC 边的电阻为 $R_2=7.0$ kΩ。

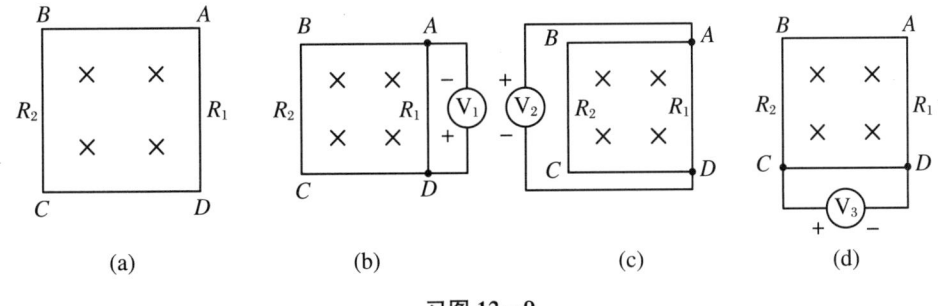

习图 12-9

(1) 试求以下正方形顶点间的电压：U_{AB}，U_{BC}，U_{CD}，U_{DA}；

(2) 大小可忽略、内阻可视为无穷的电压表和电阻不计的导线严格按照习图 12-9(b)，(c)，(d)三种方式分别接入电路，试求各自电压表读数 V_1, V_2, V_3.

12-11 如习图 12-10 所示，两个相同的金属细圆环，每个环半径为 R，质量为 m，电阻为 r. 它们接触良好地平放在光滑水平面上，交点 A 和 C 对环心的张角为 $\alpha = \pi/3$. 它们均处于竖直方向的匀强磁场 B_0 中. 如果突然撤去磁场，试求每个环获得的速度. 设撤去磁场的时间内环的位移不计.

12-12 如习图 12-11 所示，田字框可视为由 12 条长度均为 l、电阻均为 r 的细导体棒组成. 在 $x > 0$ 的半空间分布着随时间 t 均匀增长的匀强磁场，方向垂直于 Oxy 平面并指向纸内. 令田字框以恒定速度 v 沿平行于 x 轴的 bd 方向运动并进入磁场区域. 取 d 点在 y 轴上的时刻为 $t = 0$，磁感应强度为 $B = B_0 + kt$. 试求 t 时刻通过 Dd 和 dC 的电流. 忽略田字框的电感.

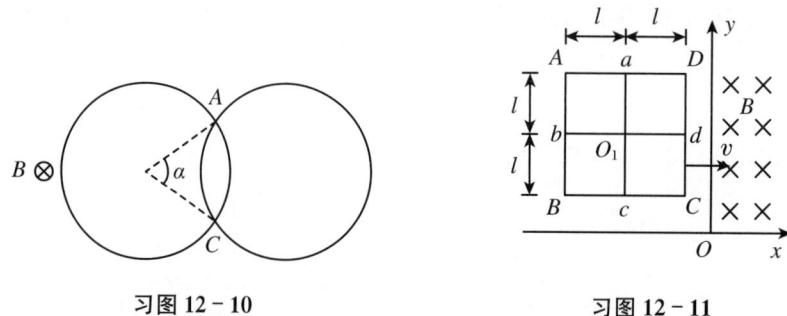

习图 12-10　　　　习图 12-11

12-13 如习图 12-12(a)所示，两根光滑的平行长直金属导轨置于水平面内，间距为 L，导轨左端接有阻值为 R 的电阻，一根质量为 m 的导体棒垂直跨接在导轨上，导轨和导体棒的电阻均不计，且接触良好. 导轨平面上一矩形区域内存在着竖直向下的匀强磁场，磁感应强度为 B，矩形区域足够大. 开始时，导体棒静止于磁场区域右端. 当产生磁场的源以速度 v_1 匀速向右移动时，导体棒随之开始运动，同时受到水平向左、大小为 f 的恒定阻力，并很快达到恒定速度.

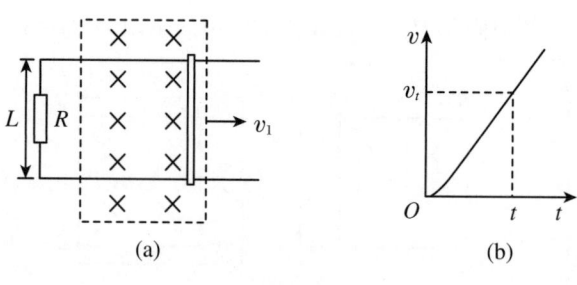

习图 12-12

(1) 试求导体棒所达到的恒定速度 v_2.
(2) 为使导体棒能随场源运动，阻力最大不超过多少？
(3) 导体棒以恒定速度运动时克服阻力做功的功率和电路中消耗的电功率各为多大？

(4) 若当 $t=0$ 时场源由静止开始水平向右做匀加速直线运动,经过较短时间后,导体棒也做匀加速直线运动,其 v-t 关系如习图 12-12(b) 所示.已知在时刻 t 导体棒的瞬时速度大小为 v_t,试求导体棒做匀加速直线运动时的加速度大小.

12-14 用直径为 1 mm 的超导材料制成的导线做成一个半径为 5 cm 的圆环,圆环处于超导状态.环内电流为 100 A.一年后检测发现圆环内电流的变化量小于 10^{-6} A.试估算该超导材料电阻率数量级的上限.真空磁导率为 $\mu_0 = 4\pi \times 10^{-7}$ N/A^2.

12-15 为了用一个电压为 $U=5$ V 的大功率电源给电动势 $\mathscr{E}=12$ V 的蓄电池充电,用电感为 $L=1$ H 的电感线圈、二极管 D 和自动开关 K 组成电路,如习图 12-13 所示.开关 K 可以周期性地自动接通和切断电路,接通和切断的时间 $\tau_1 = \tau_2 = \tau = 0.01$ s.蓄电池和电源内阻、开关 K 的接触电阻、二极管的正向电阻均可忽略.试求蓄电池充电的平均电流(不计回路自感).

12-16 如习图 12-14 所示,一个圆柱形小永久磁棒竖直放置,N 极在上,S 极在下,在竖直对称轴上离小磁棒中心距离为 z 处的磁感应强度分量为 $B_z = B_0/z^3$,其中 B_0 为 $z=1$ m 处 B_z 的值.一超导圆形小线圈自远处移至磁棒正上方,与棒共轴.设线圈的半径为 a,质量为 m,自感为 L,线圈只能上下运动.重力加速度为 g.

(1) 试求平衡时线圈离棒中心的高度 z_0,已知 $a \ll z_0$;
(2) 试求线圈受小扰动后做上下振动的周期(用 z_0 表示).

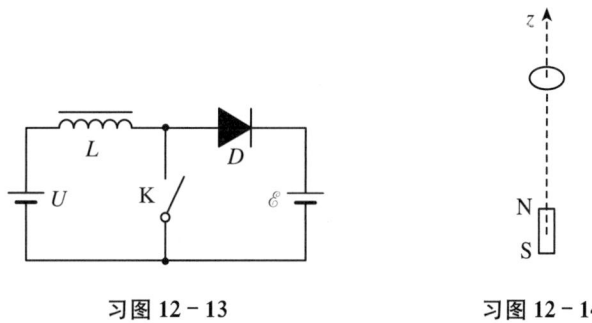

习图 12-13　　　　习图 12-14

12-17 习图 12-15 所示组成的电路系统,试证明:若 $R^2 = L/C$,不管电源的电动势 $\mathscr{E}$ 如何随时间变化,合上电键 K 后,A,B 两点间的电路就像一个欧姆电阻一样,并求出 A,B 间等效电阻 r 与 R 的关系.

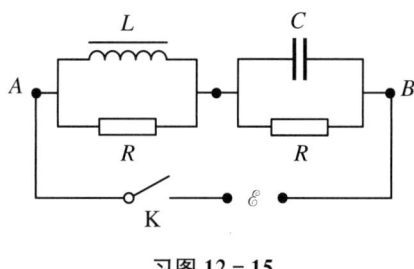

习图 12-15

12-18 一个 N 匝的螺旋状弹簧,线圈半径为 R,弹簧自然长度为 $x_0(x_0 \gg R)$,劲度系数为 k,电阻可忽略,运动中横截面积变化可忽略,形变不超弹性限度.

(1) 用外力维持其长度为原长,通入电流 I_0,将其两端短接后撤去外力,弹簧将振动起来,由于空气阻力作用,弹簧最终停止振动,静止于其平衡位置,试求最终弹簧的长度;若改为缓慢撤去外力,再求最终弹簧的长度.

(2) 将其与恒流源连接,恒流源电流为 I_0,初始用外力维持其长度为原长,然后缓慢撤去外力,试求最终弹簧长度满足的关系式.

12-19 两根足够长的平行导线间的距离为 20 cm,在导线中保持一大小为 20 A 而方向相反的恒定电流.

(1) 试求两导线间每单位长度的自感系数,设导线的半径为 1 mm.

(2) 若将导线分开到相距 40 cm,试求磁场对导线单位长度所做的功.

(3) 分开后,单位长度的磁能改变了多少?是增加还是减少?说明能量的来源.

12-20 两个完全相同的超导线圈 1 和 2,半径为 R,自感为 L,位于同一水平面上,彼此相距很远.从上往下看,每个线圈均通以逆时针电流 I.

(1) 现把两线圈相互移近(在同一平面内平移),直到无限接近(设线圈厚度可以忽略),如习图 12-16 所示.试问此时线圈中的电流是多少?系统始末状态电磁能量是多少?

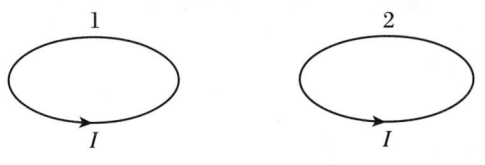

习图 12-16

(2) 接第(1)小题,将线圈 2 在垂直线圈方向,沿轴线拉开距离 R,并沿其一条直径旋转 $\pi/2$,试问此时两线圈中的电流是多少?

(3) 接第(2)小题,将线圈 2 沿上述直径同方向继续旋转 $\pi/2$,并将线圈 2 沿其轴线移近线圈 1.试证这种情况下线圈 2 不可能无限靠近线圈 1.

第 12 章练习详解及习题答案

练习 12-1 由能量守恒得

$$mgv = \frac{\mathscr{E}^2}{R}$$

故

$$\mathscr{E} = \sqrt{mgvR}$$

练习 12-2 解法 1：如答图 12-1(a)所示，c 为棒上的点，$\overline{Oc} \perp \overline{ab}$；将棒的运动分解为随同 c 点的平动和绕 c 的转动，前者不产生电动势，只需考虑后者：

$$\mathscr{E} = B2l \cdot \frac{1}{2}\left(\omega \frac{3}{2}l - \omega \frac{l}{2}\right) = Bl^2\omega$$

a 点电势高，故

$$U_{ab} = \mathscr{E} = Bl^2\omega$$

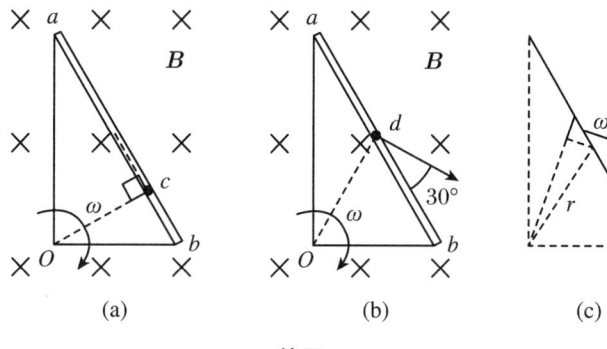

答图 12-1

解法 2：如答图 12-1(b)所示，d 为 $\overline{ab}$ 的中点；将棒的运动分解为随同点 d 的平动和绕 d 的转动，后者电动势为零，只需考虑前者：

$$U_{ab} = \mathscr{E} = B2l \cdot \omega l \sin 30° = Bl^2\omega$$

解法 3：B, v 已垂直，只需找出 $d\boldsymbol{l}$ 垂直于 B, v 的分量，即 $d\boldsymbol{l}$ 的 dr 分量，如答图 12-1(c) 所示，沿 ba 方向

$$d\mathscr{E} = B\omega r dr$$

故 $b \to a$ 有

$$\mathscr{E} = \int_l^{\sqrt{3}l} B\omega r dr = Bl^2\omega$$

a 电势高，则

$$U_{ab} = \mathscr{E} = Bl^2\omega$$

练习 12-3 两种情况下重物均匀速运动，故绳拉力相等，绳拉力对电枢转轴的力矩相等，即

$$T_1 = T_2 = mg, \quad M_{T1} = M_{T2}$$

两次转轴均匀速转动，且不计损耗，则两次均力矩平衡：

$$M_{T1} = M_{安1}, \quad M_{T2} = M_{安2}$$

则

$$M_{安1} = M_{安2}$$

即两次安培力力矩相等，由

$$\boldsymbol{M}_{安} = \int_L I d\boldsymbol{l} \times \boldsymbol{B} = I \int_L d\boldsymbol{l} \times \boldsymbol{B}$$

两次 $\mathrm{d}\boldsymbol{l}, \boldsymbol{B}$ 均无变化,安培力矩相等,故两次电路中电流大小和方向都相等,即
$$I_1 = I_2$$
(a)情况由功能关系得
$$mgv_1 = I_1^2 R \qquad ☆$$
(1) 由功能关系得
$$\mathscr{E}I_2 + mgv_2 = I_2^2 R$$
与☆式联立,解得
$$v_2 = v_1 - \mathscr{E}\sqrt{\frac{v_1}{mgR}}$$

分为三种情况:

当 $\varepsilon < \sqrt{mgRv_1}$ 时,以 $v_2 = v_1 - \mathscr{E}\sqrt{\dfrac{v_1}{mgR}}$ 向下匀速运动;

当 $\varepsilon = \sqrt{mgRv_1}$ 时,最终静止;

当 $\varepsilon > \sqrt{mgRv_1}$ 时,以 $v_2 = \mathscr{E}\sqrt{\dfrac{v_1}{mgR}} - v_1$ 向上匀速运动.

(2) 由功能关系得
$$-\mathscr{E}I_2 + mgv_2 = I_2^2 R$$
与☆式联立,解得
$$v_2 = v_1 + \mathscr{E}\sqrt{\frac{v_1}{mgR}}$$

以此速度向下匀速运动.

练习 12-4 (1) 对于轮 1
$$\mathscr{E}_1 = Bl\frac{1}{2}\omega_1 l = \frac{1}{2}B\omega_1 l^2, \quad r_1 = \frac{r}{4}$$
对于轮 2
$$\mathscr{E}_2 = \frac{1}{2}B\omega_2 l^2, \quad r_2 = \frac{r}{4}$$
轮 1(或轮 2)四根辐条电流之和为
$$I = \frac{\mathscr{E}_1 - \mathscr{E}_2}{r_1 + r_2}$$
轮 2 力矩平衡,有
$$\frac{l}{2}IlB = lF$$
联立解得
$$\omega_2 = \omega_1 - \frac{2Fr}{B^2 l^3}$$

(2) 轮 1 所需功率等于克服安培力的功率

$$P_1 = M_I \omega_1 = \frac{l}{2} IlB \omega_1 = lF\omega_1$$

或轮 1 所需功率等于其等效电源 1 的总功率

$$P_1 = I\mathscr{E}_1 = lF\omega_1$$

或轮 1 所需功率等于整个电路的电热功率与克服阻力 F 功率之和

$$P_1 = I^2(r_1 + r_2) + F\omega_2 l = lF\omega_1$$

练习 12-5 （1）如答图 12-2 所示，电流沿顺时针流向，棒、电容器分别有

$$ilBdt = mdv, \quad dQ = -idt$$

故

$$-BldQ = mdv \qquad ☆$$

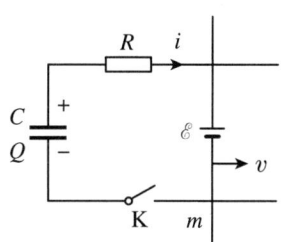

答图 12-2

从开始到平衡积分得

$$Bl(Q_0 - Q_{\min}) = mv_{\max}$$

平衡时无电流

$$\frac{Q_{\min}}{C} = v_{\max} Bl$$

联立解得

$$v_{\max} = \frac{BlQ_0}{B^2l^2C + m}, \quad Q_{\min} = \frac{B^2l^2C}{B^2l^2C + m}Q_0$$

（2）由能量守恒得焦耳热

$$Q_R = \frac{Q_0^2}{2C} - \frac{Q_{\min}^2}{2C} - \frac{1}{2}mv_{\max}^2 = \frac{Q_0^2}{2C}\frac{m}{B^2l^2C + m}$$

（3）☆式积分得

$$Bl(Q_0 - Q) = mv$$

即

$$v = \frac{BlQ_0}{m} - \frac{BlQ}{m}$$

回路电压

$$iR + vBl = -R\frac{dQ}{dt} + vBl = \frac{Q}{C}$$

两式联立消去 v 得

$$-R\frac{dQ}{dt} + Bl\left(\frac{BlQ_0}{m} - \frac{BlQ}{m}\right) = \frac{Q}{C}$$

即

$$-R\frac{dQ}{dt} = \frac{B^2l^2C + m}{mC}\left(Q - \frac{B^2l^2C}{B^2l^2C + m}Q_0\right)$$

分离变量并积分

$$\int_{Q_0}^{Q} \frac{dQ}{Q - \frac{B^2 l^2 C}{B^2 l^2 C + m} Q_0} = -\frac{B^2 l^2 C + m}{mRC} \int_0^t dt$$

解得

$$Q = \frac{m}{B^2 l^2 C + m} Q_0 e^{-\frac{B^2 l^2 C + m}{mRC} t} + \frac{B^2 l^2 C}{B^2 l^2 C + m} Q_0$$

故电流为

$$i = -\frac{dQ}{dt} = \frac{Q_0}{RC} e^{-\frac{B^2 l^2 C + m}{mRC} t}$$

速度为

$$v = \frac{BlQ_0}{m} - \frac{BlQ}{m} = \frac{Bl}{m}(Q_0 - Q) = \frac{Bl}{m} Q_0 \left(1 - \frac{m}{B^2 l^2 C + m} e^{-\frac{B^2 l^2 C + m}{mRC} t} - \frac{B^2 l^2 C}{B^2 l^2 C + m}\right)$$

$$= \frac{BlQ_0}{B^2 l^2 C + m}(1 - e^{-\frac{B^2 l^2 C + m}{mRC} t})$$

练习 12-6 （1）设右棒为 1，左棒为 2；最终两棒匀速，设速度分别为 V_1，V_2，回路无电流，则

$$V_1 Bl - V_2 Bl = 0$$

故

$$V_1 = V_2$$

两棒所受安培力等大反向，故系统动量守恒，从初始态到最终，有

$$mv_0 = mV_1 + mV_2$$

则

$$V_1 = V_2 = \frac{1}{2} v_0$$

生热

$$Q_{热} = \frac{1}{2} mv_0^2 - \frac{1}{2} 2mV_1^2 = \frac{1}{4} mv_0^2$$

（2）对于右棒

$$-ilBdt = -lBdQ = mdv_1 \qquad ☆$$

从初始态到最终，积分得

$$-lBQ = m(V_1 - v_0)$$

则

$$Q = \frac{mv_0}{2Bl}$$

即为通过两棒的电量。

（3）运动过程中电流为

$$i = \frac{Bl(v_1 - v_2)}{2R} \qquad △$$

△式代入☆式得

$$-\frac{B^2l^2(v_1-v_2)}{2R}\mathrm{d}t = -\frac{B^2l^2}{2R}\mathrm{d}x = m\mathrm{d}v_1 \qquad \square$$

从初始态到稳定，积分得

$$-\frac{B^2l^2}{2R}x_{\max} = m(V_1 - v_0)$$

则

$$x_{\max} = \frac{mv_0R}{B^2l^2}$$

此为距离增长的上限.

（4）运动中动量守恒

$$mv_0 = mv_1 + mv_2$$

则

$$v_2 = v_0 - v_1$$

代入□式得

$$-\frac{B^2l^2(v_1-v_0+v_1)}{2R}\mathrm{d}t = m\mathrm{d}v_1$$

整理并积分

$$\frac{B^2l^2}{mR}\int_0^t \mathrm{d}t = \int_{v_0}^{v_1}\frac{\mathrm{d}v_1}{v_1 - \frac{v_0}{2}}$$

解得

$$v_1 = \frac{v_0}{2}(\mathrm{e}^{-\frac{B^2l^2}{mR}t} + 1)$$

练习 12-7 可看作 R_1 区域内 $\boldsymbol{B}_1 = \boldsymbol{B}_0 + \boldsymbol{k}t$ 与 R_2 区域内 $\boldsymbol{B}_2 = -\boldsymbol{B}_0 - \boldsymbol{k}t$ 的叠加，两者在 R_2 区域内某点的感生电场强度分别为（证明略去）

$$\boldsymbol{E}_1 = \frac{1}{2}\boldsymbol{r}_1 \times \boldsymbol{k}, \quad \boldsymbol{E}_2 = -\frac{1}{2}\boldsymbol{r}_2 \times \boldsymbol{k}$$

如答图 12-3 所示，故合感生电场场强为

$$\boldsymbol{E} = \boldsymbol{E}_1 + \boldsymbol{E}_2 = \frac{1}{2}(\boldsymbol{r}_1 - \boldsymbol{r}_2) \times \boldsymbol{k} = \frac{1}{2}\boldsymbol{d} \times \boldsymbol{k}$$

即 R_2 区域内感生电场均匀，大小为

$$E = \frac{1}{2}dk$$

方向与 $\overline{O_1O_2}$ 垂直向右上；故棒两端感生电动势大小为

$$\mathscr{E} = EL\sin 60° = \frac{\sqrt{3}}{4}kLd$$

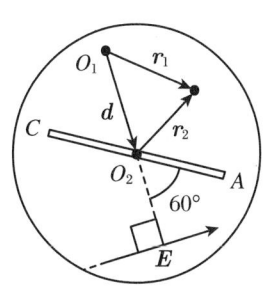

答图 12-3

A 端电势高.

练习 12 - 8 设内、外螺线管电流分别为

$$I_内 = 2kt, \quad I_外 = kt$$

两螺线管间距轴 r 处的涡旋电场

$$E2\pi r = \frac{d}{dt}(\mu_0 n I_内 \pi R^2 + \mu_0 n I_外 \pi r^2) = \pi k \mu_0 n (2R^2 + r^2)$$

则

$$E = \frac{k\mu_0 n}{2r}(2R^2 + r^2) \qquad ☆$$

粒子向心力

$$qv\mu_0 n I_外 = m\frac{v^2}{r}$$

则

$$v = \frac{k\mu_0 nqr}{m}t$$

粒子切向

$$qE = m\frac{dv}{dt} = k\mu_0 nqr$$

把☆式代入上式,解得

$$r = \sqrt{2}R$$

练习 12 - 9 设电流如答图 12-4 所示,对圆回路

$$k\pi a^2 = 2I_1 r_1 + (I_1 + I_2)r_1 + (I_1 + I_2 - I_3)r_1$$

即

$$k\pi a^2 = (4I_1 + 2I_2 - I_3)r$$

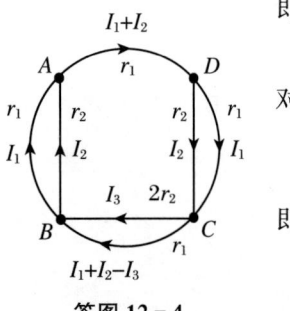

答图 12-4

对左网孔

$$k\left(\frac{1}{4}\pi a^2 - \frac{1}{2}a^2\right) = I_1 r_1 - I_2 r_2$$

即

$$\frac{1}{4}ka^2(\pi - 2) = (I_1 - 2I_2)r$$

对下网孔

$$\frac{1}{4}ka^2(\pi - 2) = (I_1 + I_2 - I_3)r_1 - I_3 2r_2 = (I_1 + I_2 - 5I_3)r$$

联立解方程组得

$$I_1 \approx 0.710\frac{ka^2}{r}, \quad I_2 \approx 0.213\frac{ka^2}{r}, \quad I_3 \approx 0.128\frac{ka^2}{r}$$

A, C 两点间沿弧 ABC 有

$$U_A - U_C = k\frac{1}{2}\pi a^2 - I_1 r_1 - (I_1 + I_2 - I_3)r_1 \approx 0.658 \times 10^{-2} ka^2$$

练习 12-10 解法 1:(1) 如答图 12-5 所示,理想电压表,故两接法均有

$$I_3 = 0, \quad I_1 = I_2 = \frac{b\pi a^2}{r}, \quad \mathscr{E}_1 = b\frac{\theta}{2\pi}\pi a^2 = \frac{\theta}{2}a^2 b$$

故

$$U_{PQ} = \mathscr{E}_1 - I_1 \frac{\theta}{2\pi} r = 0$$

这并不一定是电压表的示数,电压表示数实为自己的电压.

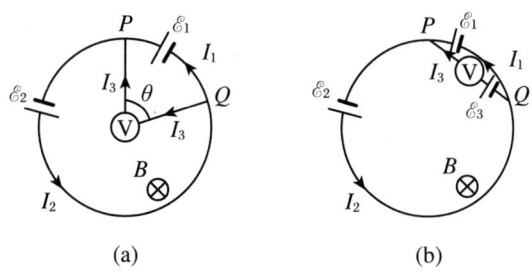

答图 12-5

(a)中由感生电场为同心圆可知沿半径的连接电压表的线上无电动势,则

$$U_{PQ} = U_V$$

故

$$U_V = 0$$

(b)中导线上电动势

$$\mathscr{E}_3 = b\frac{1}{2}a^2 \sin\theta = \frac{1}{2}a^2 b\sin\theta$$

沿导线

$$U_{PQ} = -U_V + \mathscr{E}_3$$

则

$$U_V = \frac{1}{2}a^2 b\sin\theta$$

(2) 电压表有电阻,求出流经电压表的电流就可根据欧姆定律求出电压表的电压.

(a)中连接电压表的线上无电动势,圆弧上电动势

$$\mathscr{E}_1 = \frac{\theta}{2}a^2 b, \quad \mathscr{E}_2 = b\frac{2\pi - \theta}{2\pi}\pi a^2 = \frac{2\pi - \theta}{2}a^2 b$$

电路由基尔霍夫定律得

$$I_1 + I_3 = I_2, \quad -\mathscr{E}_1 + I_1\frac{\theta}{2\pi}r - I_3 R = 0, \quad I_3 R + I_2\frac{2\pi - \theta}{2\pi}r - \mathscr{E}_2 = 0$$

联立解得

$$I_3 = 0$$

故

$$U_V = I_3 R = 0$$

(b)中
$$\mathscr{E}_1 = \frac{\theta}{2}a^2 b, \quad \mathscr{E}_2 = \frac{2\pi - \theta}{2}a^2 b, \quad \mathscr{E}_3 = \frac{1}{2}a^2 b\sin\theta$$

电路由基尔霍夫定律得

$$I_1 + I_3 = I_2, \quad -\mathscr{E}_1 + I_1\frac{\theta}{2\pi}r - I_3 R + \mathscr{E}_3 = 0, \quad I_3 R - \mathscr{E}_3 + I_2\frac{2\pi-\theta}{2\pi}r - \mathscr{E}_2 = 0$$

联立解得

$$I_3 = \frac{2\pi^2 a^2 b\sin\theta}{4\pi^2 R + (2\pi-\theta)\theta r}$$

故

$$U_V = I_3 R = \frac{2\pi^2 a^2 bR\sin\theta}{4\pi^2 R + (2\pi-\theta)\theta r}$$

解法 2：不接入电压表，即只有一个均匀细圆环时，可由对称性知
$$U_{PQ} = 0$$

(1) 接入理想电压表时，两种接法均有 $I_3 = 0$，圆环中电流不变，U_{PQ} 不变．之后同解法 1．

(2)(a)中连接电压表的线上无电动势，只是在等势点间接入了电压表，故
$$I_V = 0, \quad U_V = I_V R = 0$$

(b)中 PVQ 上有电动势；根据叠加原理，原圆环中的电动势在 PVQ 上不产生电流；PVQ 上的电动势在 PVQ 上的电流即此连接方式的电压表的电流，

$$\mathscr{E}_3 = \frac{1}{2}a^2 b\sin\theta, \quad I_3 = \frac{\mathscr{E}_3}{R + r_{并}}, \quad \frac{1}{r_{并}} = \frac{2\pi}{\theta r} + \frac{2\pi}{(2\pi-\theta)r}$$

解得

$$I_3 = \frac{2\pi^2 a^2 b\sin\theta}{4\pi^2 R + (2\pi-\theta)\theta r}$$

故

$$U_V = I_3 R = \frac{2\pi^2 a^2 bR\sin\theta}{4\pi^2 R + (2\pi-\theta)\theta r}$$

本题也可直接解第(2)问，然后代入 $R \to \infty$ 得到第(1)问答案．

练习 12-11 如答图 12-6 所示建立坐标系，由对称性知感生电场在 $x>0$ 处沿 y 轴正方向，在 $x<0$ 处沿 y 轴负方向，$|x|$ 相等处感生电场场强大小相同，$\pm x$ 处感生电场方向相反．故建立过 $\pm x$ 的矩形回路，两边长分别为 $2x, l'$，则

$$2El' = \begin{cases} k \cdot 2xl' & \left(x \leqslant \dfrac{l}{2}\right) \\ k \cdot ll' & \left(x > \dfrac{l}{2}\right) \end{cases}$$

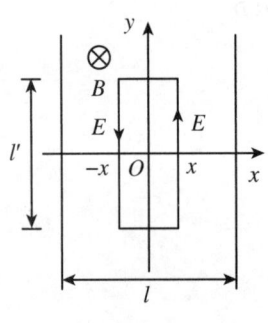

答图 12-6

解得
$$E = \begin{cases} kx & \left(x \leqslant \dfrac{l}{2}\right) \\ \dfrac{1}{2}kl & \left(x > \dfrac{l}{2}\right) \end{cases}$$

考虑到方向,则
$$\boldsymbol{E} = \begin{cases} kx\boldsymbol{j} & \left(|x| \leqslant \dfrac{l}{2}\right) \\ \dfrac{1}{2}kl\boldsymbol{j} & \left(|x| > \dfrac{l}{2}\right) \end{cases}$$

练习 12-12 解法 1:用法拉第电磁感应定律计算.设时刻 t 运动至 X 处,有
$$X = Vt$$

三角形回路电阻为
$$R = 2\rho V t \left(\tan \varphi + \dfrac{1}{\cos \varphi}\right)$$

三角形回路磁通量为
$$\Phi = \int_S B \mathrm{d}S = 2\int_0^X B_0 x \mathrm{e}^{\alpha t} \cdot x\tan\varphi \mathrm{d}x = 2B_0 \mathrm{e}^{\alpha t} \tan\varphi \cdot \dfrac{1}{3}X^3 = \dfrac{2}{3}B_0 V^3 \tan\varphi \cdot t^3 \mathrm{e}^{\alpha t}$$

则
$$\mathscr{E} = -\dfrac{\mathrm{d}\Phi}{\mathrm{d}t} = -\dfrac{2}{3}B_0 V^3 \tan\varphi \cdot t^2 \mathrm{e}^{\alpha t}(3 + \alpha t)$$

故电流为
$$i = \dfrac{\mathscr{E}}{R} = -\dfrac{B_0 V^2 \sin\varphi \cdot t \mathrm{e}^{\alpha t}(3 + \alpha t)}{3\rho(\sin\varphi + 1)}$$

电流或电动势绕行方向为顺时针.

解法 2:用动生电动势加感生电动势计算. t 时刻,动生电动势为
$$\mathscr{E}_{动} = -B_0 Vt\mathrm{e}^{\alpha t} \cdot 2Vt\tan\varphi \cdot V = -2B_0 V^3 \tan\varphi \cdot t^2 \mathrm{e}^{\alpha t}$$

感生电动势为
$$\mathscr{E}_{感} = -\int_S \dfrac{\partial B}{\partial t} \cdot \mathrm{d}S = -2\int_0^{Vt} B_0 x\alpha \mathrm{e}^{\alpha t} \cdot x\tan\varphi \mathrm{d}x = -B_0 \alpha \mathrm{e}^{\alpha t} \tan\varphi \cdot \dfrac{1}{3}(Vt)^3$$
$$= -\dfrac{2}{3}B_0 V^3 \alpha \tan\varphi \cdot t^3 \mathrm{e}^{\alpha t}$$

故总电动势为
$$\mathscr{E} = \mathscr{E}_{动} + \mathscr{E}_{感} = -\dfrac{2}{3}B_0 V^3 \tan\varphi \cdot t^2 \mathrm{e}^{\alpha t}(3 + \alpha t)$$

之后同解法 1.

练习 12-13 解法 1:取逆时针为电流正方向,电动势或电流与场源静止而线框以 v 匀速向右运动一致,这种情况下磁场不变,故没有感生电场,线框中只有动生电动势:
$$\mathscr{E} = B_{右}lv - B_{左}lv = \Delta B \cdot lv = k\Delta x \cdot lv = kl^2 v$$

$$I = \frac{\mathscr{E}}{R} = \frac{kl^2 v}{R}$$

或利用法拉第电磁感应定律计算.

解法 2:利用电磁场变换求电场场强:

$$B' = B = kx, \quad E' = vB = kvx$$

E' 沿 y 轴正方向,故

$$I = \frac{E_右 l - E_左 l}{R} = \frac{kvl(x_右 - x_左)}{R} = \frac{kl^2 v}{R}$$

练习 12-14 通以电流 I 时,其内部磁感应强度为

$$B = \mu_0 nI$$

螺线管全磁通为

$$\Psi = nl \cdot BS = \mu_0 n^2 lSI$$

故

$$L = \frac{\mathrm{d}\Psi}{\mathrm{d}I} = \mu_0 n^2 lS = \mu_0 n^2 V$$

其中 $V = lS$ 为螺线管的体积;可知自感系数 L 正比于单位长度上匝数的平方和体积.

练习 12-15 bc 边在磁场中时,不计电阻,故

$$\mathscr{E} = 0, \quad \Phi \equiv 0$$

即

$$LI = Blx$$

框受力

$$F = -IlB = -\frac{B^2 l^2}{L}x$$

故框简谐运动

$$\omega = \sqrt{\frac{B^2 l^2}{mL}} = \frac{Bl}{\sqrt{mL}} = 40(\mathrm{s}^{-1}), \quad T = \frac{2\pi}{\omega} = \frac{\pi}{20}(\mathrm{s})$$

(1) 振幅为

$$A = \frac{v_0}{\omega} = 0.1(\mathrm{m}) < S$$

bc 不会向右出磁场区域,故经过

$$t_1 = \frac{1}{2}T = \frac{\pi}{40}(\mathrm{s})$$

线框回到初位置并以 v_0 向左;在 $t = \pi/36$ s 时 bc 位于

$$x_1 = -v_0(t - t_1) = -\frac{\pi}{90}(\mathrm{m})$$

(2) 振幅为

$$A' = \frac{4v_0}{\sqrt{3}}/\omega = \frac{0.4}{\sqrt{3}}(\mathrm{m}) \approx 0.23(\mathrm{m}) > S$$

从初始到 bc 边运动至磁场右边
$$S = A'\sin \omega t_2$$
则
$$t_2 = \frac{\pi}{120}(\text{s})$$
故
$$v = \frac{4v_0}{\sqrt{3}}\cos \omega t_2 = \frac{8}{\sqrt{3}}(\text{m/s})$$

bc 边到达磁场右边到 ad 边到达磁场左边,线框匀速运动有
$$l - S = vt_3$$
则
$$t_3 \approx 0.130(\text{s})$$
由于
$$t_2 + t_3 = 0.156(\text{s}) > \frac{\pi}{36}(\text{s}) \approx 0.087(\text{s})$$
故 $t = \pi/36$ s 时 ad 边尚未到达磁场左边,bc 边位于
$$x_2 = S + v(t - t_2) = 0.483(\text{m})$$

练习 12-16 由于两个 R 两端电势差相等,故电流相等,设电流如答图 12-7 所示;对右下网孔
$$L\frac{\mathrm{d}i_L}{\mathrm{d}t} + i_L r = (2i + i_L)r$$

则
$$L\mathrm{d}i_L = 2ri\mathrm{d}t = 2r\mathrm{d}Q \qquad ☆$$

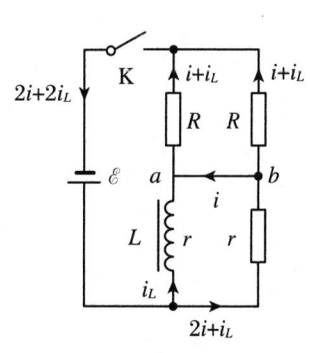

答图 12-7

i_L 由零增加至稳定值
$$I_L = \frac{\mathscr{E}}{R + r}$$

☆式积分
$$L\int_0^{I_L}\mathrm{d}i_L = 2r\int_0^Q \mathrm{d}Q$$
故
$$Q = \frac{LI_L}{2r} = \frac{L}{2r}\frac{\mathscr{E}}{R + r}$$

练习 12-17 (1) 取向右为正方向,棒受力
$$-ilB = m\ddot{x}$$
电路
$$vBl = L\frac{\mathrm{d}i}{\mathrm{d}t}$$
即

$$Bl\,dx = L\,di$$

初始电流为零,取初始 $x=0$,对上式积分

$$Bl\int_0^x dx = L\int_0^i di$$

则

$$Blx = Li \qquad \triangle$$

☆,△两式联立整理得

$$\ddot{x} + \frac{B^2 l^2}{mL}x = 0$$

故导体棒简谐运动

$$\omega = \frac{Bl}{\sqrt{mL}}, \quad A = \frac{v_0}{\omega} = \frac{v_0\sqrt{mL}}{Bl}$$

导体棒运动方程为

$$x = A\sin\omega t = \frac{v_0\sqrt{mL}}{Bl}\sin\frac{Bl}{\sqrt{mL}}t$$

代入△式,解得电流为

$$i = \frac{Bl}{L}x = v_0\sqrt{\frac{m}{L}}\sin\frac{Bl}{\sqrt{mL}}t$$

(2) 取向下为正方向,棒受力

$$mg - ilB = m\ddot{x} \qquad ★$$

电流从零开始变化,△式仍成立,△式与★式联立整理得

$$\ddot{x} + \frac{B^2 l^2}{mL}\left(x - \frac{mgL}{B^2 l^2}\right) = 0$$

故简谐运动

$$\omega = \frac{Bl}{\sqrt{mL}}$$

棒从静止开始运动,故 $x=0$ 为振幅最大处,它与平衡位置相距振幅,故

$$A = \frac{mgL}{B^2 l^2}$$

如答图 12-8 所示,导体棒运动方程为

$$x - \frac{mgL}{B^2 l^2} = -A\cos\omega t$$

答图 12-8

即

$$x = \frac{mgL}{B^2 l^2}\left(1 - \cos\frac{Bl}{\sqrt{mL}}t\right)$$

练习 12-18 对右网孔

$$L_1 \frac{\mathrm{d}i_1}{\mathrm{d}t} = L_2 \frac{\mathrm{d}i_2}{\mathrm{d}t}$$

则

$$L_1 \mathrm{d}i_1 = L_2 \mathrm{d}i_2$$

积分并利用初始电流为零得

$$L_1 i_1 = L_2 i_2$$

故 L_1, L_2 电流同时达到最大；由能量守恒可知 C 电量减为零时 L_1, L_2 电流最大，即

$$\frac{1}{2} \frac{Q^2}{C} = \frac{1}{2} L_1 I_{1m}^2 + \frac{1}{2} L_2 I_{2m}^2$$

又

$$L_1 I_{1m} = L_2 I_{2m}$$

联立解得

$$I_{1m} = Q\sqrt{\frac{L_2}{L_1(L_1+L_2)C}}, \quad I_{2m} = Q\sqrt{\frac{L_1}{L_2(L_1+L_2)C}}$$

(也可不用能量守恒而解电量、电流随时间变化规律,麻烦些,请读者自行尝试.)

练习 12-19 解法 1：各线圈通以相同电流 I 时，设一个电流为 I 的正方形通过自身的磁通量为 Ψ_1，通过相邻正方形的磁通量为 Ψ_2：(a)

$$\Psi_1 = L_1 I$$

(b)等效于两个电流为 I 的正方形线圈,有

$$2(\Psi_1 - \Psi_2) = L_2 I$$

则

$$\Psi_2 = \left(L_1 - \frac{1}{2}L_2\right)I$$

(c)等效于三个电流为 I 的正方形线圈,有

$$3(\Psi_1 - 2\Psi_2) = L_3 I$$

则

$$L_3 = 3(L_2 - L_1)$$

解法 2：相邻线圈的互感系数设为 M，对(b)有

$$L_2 = 2(L_1 - M)$$

则

$$M = L_1 - \frac{1}{2}L_2$$

对(c)有

$$L_3 = 3(L_1 - 2M) = 3(L_2 - L_1)$$

练习 12-20 由题意知两线圈理想耦合,故

$$M = \sqrt{L_1 L_2} = L$$

（1）两回路分别有

$$\mathscr{E} = L\frac{dI_1}{dt} + M\frac{dI_2}{dt}, \quad L\frac{dI_2}{dt} + M\frac{dI_1}{dt} + I_2 R = 0$$

故

$$\mathscr{E} + I_2 R = 0$$

则

$$I_2 = -\frac{\mathscr{E}}{R}$$

负号表示自感磁通与互感磁通反向；则电阻 R 上的电功率为

$$P = I_2^2 R = \frac{\mathscr{E}^2}{R}$$

（2）I_2 恒定，故

$$\mathscr{E} = L\frac{dI_1}{dt} + 0$$

即

$$\mathscr{E}dt = LdI_1$$

积分得

$$\mathscr{E}t = L(I_1 - I_{10})$$

当 $t=0$ 时磁通量不能突变，应为零，故

$$I_{10} = -I_2 = \frac{\mathscr{E}}{R}$$

联立解得

$$I_1 = \frac{\mathscr{E}}{L}t + \frac{\mathscr{E}}{R}$$

（3）线圈中磁场等效于一个线圈通以

$$I = I_1 + I_2 = \frac{\mathscr{E}}{L}t$$

产生的，切断电源时

$$I = \frac{\mathscr{E}}{L}T$$

磁场能

$$W = \frac{1}{2}LI^2 = \frac{\mathscr{E}^2}{2L}T^2$$

切断后以热的形式消耗在 R 上，故

$$Q = W = \frac{\mathscr{E}^2}{2L}T^2$$

第12章 电磁感应

12-1 (1) $\dfrac{nBLv}{3n+2}$;

(2) $\left(\dfrac{n+1}{3n+2}+\sqrt{2}-1\right)BLv$.

12-2 $\mathscr{E}=\dfrac{mgR}{Ba}\sin\omega t+\dfrac{1}{2}Ba^2\omega$.

12-3 $\dfrac{\omega}{\omega_0}=\dfrac{1}{2}$, $P_r=\dfrac{I^2R^2r}{4(R+r)^2}$.

12-4 (1) 6.1×10^7 圈;

(2) 8.5×10^5 s.

12-5 (1) 均为 $\dfrac{BLCU}{m_1+m_2+B^2L^2C}$;

(2) $\dfrac{(m_1+m_2)CU^2}{2(m_1+m_2+B^2L^2C)}$.

12-6 $\dfrac{mr}{B^2l^2}(v_n-v_1)$.

12-7 (1) $v=\dfrac{v_0}{1+\dfrac{B^2lv_0}{\rho p}}$;

(2) $v=\dfrac{v_0}{1+\dfrac{B^2lv_0}{\rho p+Rlbp/a}}$.

12-8 (1) 小珠做匀加速圆周运动,$a_\tau=\dfrac{\mu_0 Qq\beta r^2}{4\pi mlR}$,$v=\dfrac{\mu_0 Qq\beta r^2}{4\pi mlR}t$;小珠对环的作用力垂直于轴向外,大小为 $N=\dfrac{Qq}{2\pi\varepsilon_0 Rl}+\dfrac{\mu_0^2 r^4 q^2 Q^2}{16\pi^2 mR^3 l^2}\beta^2 t^2$.

(2) 小珠仍然做匀加速圆周运动,$a_\tau=\dfrac{\mu_0 Qq\beta R}{4\pi ml}$,$v=\dfrac{\mu_0 Qq\beta R}{4\pi ml}t$;小珠对环的作用力垂直于轴向内,大小为 $N=\dfrac{\mu_0^2 Q^2 q^2 \beta^2 R}{16\pi^2 ml^2}t^2$.

12-9 (1) $\omega=\dfrac{qB_0}{2m\tan\theta_0}$;

(2) $N_y=\dfrac{q\omega B_0}{2R}(3x^2-2R^2)$.

12-10 (1) $U_{AB}=U_{CD}=-2.5$ V,$U_{BC}=4.5$ V,$U_{DA}=0.5$ V;

(2) $V_1=3$ V,$V_2=3$ V,$V_3=0$.

12-11 右环获得向右的速度,左环获得向左的速度,大小均为 $v=\dfrac{9\sqrt{3}}{10}\dfrac{R^3B_0^2}{mr}$.

12-12 Dd 和 dC 的电流大小和方向都相同，方向向上，大小为：

当 $0 < t < \dfrac{l}{v}$ 时，$i = \dfrac{3(B_0 + 2kt)lv}{8r}$；

当 $\dfrac{l}{v} < t < \dfrac{2l}{v}$ 时，$i = \dfrac{(B_0 + 2kt)lv + 2kl^2}{8r}$；

当 $t > \dfrac{2l}{v}$ 时，$i = \dfrac{kl^2}{2r}$。

12-13 (1) $v_2 = v_1 - \dfrac{fR}{B^2 L^2}$；

(2) $f < \dfrac{B^2 L^2 v_1}{R}$；

(3) 克服阻力做功的功率为 $P_f = fv_1 - \dfrac{f^2 R}{B^2 L^2}$，电功率为 $P_电 = \dfrac{f^2 R}{B^2 L^2}$；

(4) $a = \dfrac{B^2 L^2 v_t + fR}{B^2 L^2 t - mR}$。

12-14 $\rho < 7.8 \times 10^{-29}\ \Omega \cdot \text{m}$。

12-15 8.9×10^{-3} A。

12-16 (1) $z_0 = \sqrt[7]{\dfrac{3\pi^2 a^4 B_0^2}{mgL}}$；

(2) $T = 2\pi \sqrt{\dfrac{z_0}{7g}}$。

12-17 证明略；$r = R$。

12-18 (1) $x = x_0 - \dfrac{\mu_0 N^2 \pi R^2 I_0^2}{2k x_0^2}$；$x = x_0 - \dfrac{\mu_0 N^2 \pi R^2 I_0^2}{2k x_0^2}$。

(2) $k(x - x_0) + \dfrac{\mu_0 N^2 \pi R^2 I_0^2}{2x^2} = 0$。

12-19 (1) 2.1×10^{-6} H；

(2) 5.5×10^{-5} J；

(3) 5.5×10^{-5} J，增加，磁场做功与磁能增加之和来自电源所做的功。

12-20 (1) $I_1 + I_2 = I$，初状态电磁能 $W_0 = LI^2$，末状态电磁能 $W = \dfrac{1}{2}LI^2$；

(2) 均为 I；

(3) 证明略。

第 13 章

暂态过程　交流电 电磁振荡和电磁波

自感与电阻组成的 LR 电路,在阶跃电压(即突变的电压,例如接通或断开电源瞬间)作用下,由于自感的作用,电流不会瞬间跃变;电容与电阻组成的 RC 电路,在阶跃电压作用下,电容上的电压也不会瞬间突变.这种在阶跃电压作用下,从初态到逐渐趋于稳态的过程叫作暂态过程.暂态过程不是稳恒过程.

交流电路中,电源电动势随时间变化,交流电路不是稳恒的.

电磁场的变化是以 $c = 3 \times 10^8$ m/s 量级的速度传播的,若暂态过程变化不快,交流电路满足 $l/c \ll 1/f$(l 为电路尺寸,f 为交流电频率),则可以认为每一时刻电磁场的分布与同一时刻电流、电荷分布的关系与稳恒电路是一致的,只不过它们一起同步地"缓慢"变化,这类电路叫作准恒电路或似稳电路.所满足的条件称为准恒条件或似稳条件.故准恒电路仍可用基尔霍夫方程组和欧姆定律来求解.

13.1　暂态过程

13.1.1　LR 电路的暂态过程

如图 13-1 所示的电路,当开关拨向 1 时

$$\mathscr{E} = L\frac{di}{dt} + iR$$

则

$$\frac{di}{i - \dfrac{\mathscr{E}}{R}} = -\frac{R}{L}dt$$

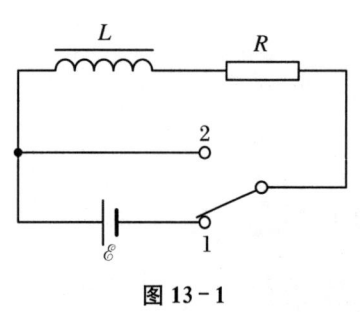

图 13-1

积分并利用 $i(t=0)=0$ 得

$$\ln\left(i-\frac{\mathscr{E}}{R}\right)-\ln\left(-\frac{\mathscr{E}}{R}\right)=-\frac{R}{L}t$$

则

$$i=\frac{\mathscr{E}}{R}(1-\mathrm{e}^{-\frac{R}{L}t})$$

可以看出,电流经过一指数增长过程逐渐达到稳定值

$$I_0=\frac{\mathscr{E}}{R}$$

其中

$$\tau=\frac{L}{R}$$

反映电流增长的快慢,称为 LR 电路的时间常量. 当 $t=\tau=L/R$ 时,$i\approx 0.63\mathscr{E}/R=0.63I_0$,即电流达稳定值的 63%.

电流达稳定时,若将开关与 1 断开,同时与 2 接通,则

$$L\frac{\mathrm{d}i}{\mathrm{d}t}+iR=0$$

即

$$\frac{\mathrm{d}i}{i}=-\frac{R}{L}\mathrm{d}t$$

积分并利用 $i(t=0)=\mathscr{E}/R$ 得

$$\ln i-\ln\frac{\mathscr{E}}{R}=-\frac{R}{L}t$$

故

$$i=\frac{\mathscr{E}}{R}\mathrm{e}^{-\frac{R}{L}t}$$

可以看出,电流经一指数减小过程逐渐达稳定值 $I=0$. 减小快慢同样用 LR 电路的时间常量 $\tau=L/R$ 来表征,当 $t=\tau=L/R$ 时,$i\approx 0.37\mathscr{E}/R$,即电流达初始值的 37%.

13.1.2 RC 电路的暂态过程

如图 13-2 所示的电路,开关拨向 1 时

$$\mathscr{E}=\frac{Q}{C}+\frac{\mathrm{d}Q}{\mathrm{d}t}R$$

则

$$\frac{\mathrm{d}Q}{Q-C\mathscr{E}}=-\frac{1}{RC}\mathrm{d}t$$

积分并利用 $Q(t=0)=0$,整理得

$$Q = C\mathscr{E}(1 - e^{-\frac{1}{RC}t})$$

稳定后(即电容器充满电时)

$$Q_0 = C\mathscr{E}$$

稳定后将开关与1断开,同时与2接通,有

$$\frac{Q}{C} + \frac{dQ}{dt}R = 0$$

即

$$\frac{dQ}{Q} = -\frac{1}{RC}dt$$

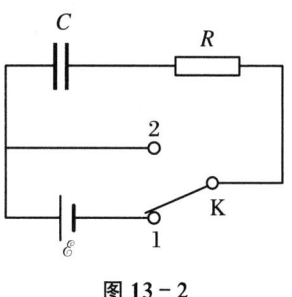

图 13-2

积分并利用 $Q(t=0) = C\mathscr{E}$,整理得

$$Q = C\mathscr{E}e^{-\frac{1}{RC}t}$$

可以看出 RC 电路充、放电时,电容器带电量按指数规律变化.

其中

$$\tau = RC$$

称为 RC 电路的时间常量.

充电时,经 $t = \tau = RC$,$Q = 0.63C\mathscr{E} = 0.63Q_0$,电容器电荷量已达稳定值的63%(电容器两端电压达稳定值的63%,电路中电流 i 衰减为初始值的37%);放电时,经 $t = \tau = RC$,$Q = 0.37C\mathscr{E} = 0.37Q_0$,电容器电荷量减小为初始值的37%(电容器两端电压减为初始值的37%,电路中电流 i 衰减为初始值的37%).

13.1.3 LRC 电路的暂态过程

如图 13-3 所示,有

$$L\ddot{Q} + R\dot{Q} + \frac{1}{C}Q = \begin{cases} \mathscr{E} & (\text{K 接于 1}) \\ 0 & (\text{K 接于 2}) \end{cases}$$

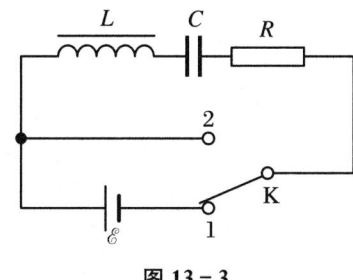

图 13-3

这是二阶常系数线性微分方程,阻尼度

$$\lambda = \frac{R}{2}\sqrt{\frac{C}{L}}$$

若 $\mathscr{E}, L, C$ 一定,则稳定时电容器电荷量一定,为
$$Q_0 = C\mathscr{E}$$
改变 R 的值,则 R 值使 $\lambda < 1$ 时为阻尼振荡情形;$\lambda = 1$ 时为临界阻尼情形,最快达到稳态;$\lambda > 1$ 时为过阻尼情形,充、放电进行得更缓慢,如图 13-4 所示.

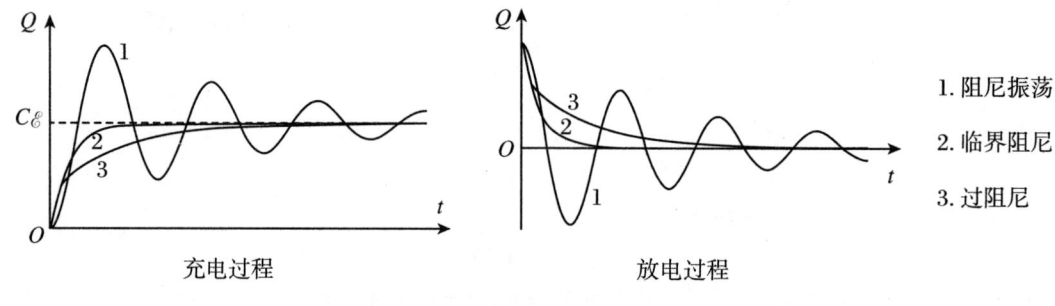

图 13-4

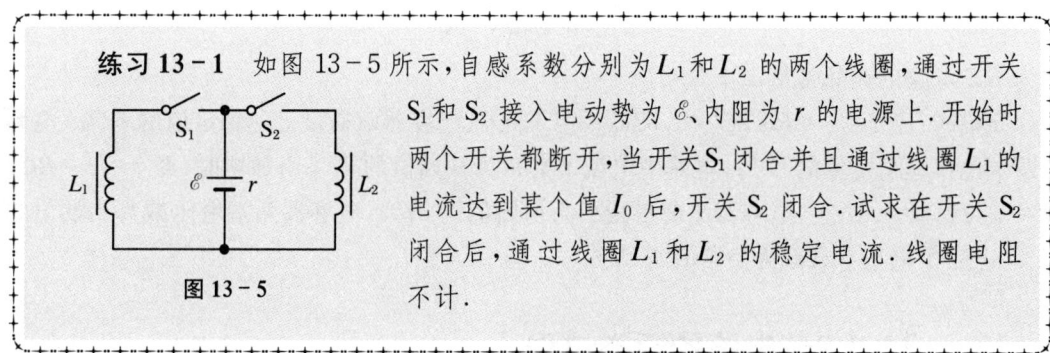

练习 13-1 如图 13-5 所示,自感系数分别为 L_1 和 L_2 的两个线圈,通过开关 S_1 和 S_2 接入电动势为 $\mathscr{E}$、内阻为 r 的电源上. 开始时两个开关都断开,当开关 S_1 闭合并且通过线圈 L_1 的电流达到某个值 I_0 后,开关 S_2 闭合. 试求在开关 S_2 闭合后,通过线圈 L_1 和 L_2 的稳定电流. 线圈电阻不计.

13.2 交 流 电

一个电路中,若电源的电动势随时间做周期性变化,则各段电路中的电压、电流都随时间做周期性变化,这种电路叫作交流电路.

无线电子设备中的各种电信号,大多数是交流电信号.例如市电是 50 Hz 的简谐波,电子示波器用来扫描的信号是锯齿波,电子计算机采用的信号是矩形波,激光通信用来载波的是尖脉冲,电台、电视台、通信系统采用的信号是调幅波和调频波.

虽然交流电波形多种多样,但最重要的是简谐交流电,因为任何非简谐式交流电都可以分解成一系列不同频率的简谐成分,且不同频率的简谐成分在线性电路中彼此独立,可线性叠加.

13.2.1 简谐交流电

电动势随时间变化的关系是余弦式函数的交流电叫作简谐交流电.

简谐交流电的瞬时值

$$e(t) = \mathcal{E}_0\cos(\omega t + \varphi_0), \quad u(t) = U_0\cos(\omega t + \varphi_0), \quad i(t) = I_0\cos(\omega t + \varphi_0)$$

其中 ω 为角频率,$\varphi = \omega t + \varphi_0$ 为相位,φ_0 为初相位.

简谐交流电的峰值,即 $\mathcal{E}_0, U_0, I_0$.

简谐交流电的有效值指其通过电阻时生热与其有效值的直流电相当.可自行计算其有效值与峰值的关系,结果为

$$\mathcal{E} = \mathcal{E}_0/\sqrt{2}, \quad U = U_0/\sqrt{2}, \quad I = I_0/\sqrt{2}$$

以下不做特殊说明时,交流电均指简谐交流电.

13.2.2 简谐交流电中的元件

简谐交流电中元件的阻抗定义为

$$Z = \frac{U_0}{I_0} = \frac{U}{I}$$

设元件两端所加的电压为

$$u(t) = U_0\cos(\omega t + \varphi_0)$$

元件的电压与电流的相位差设为 φ,即

$$\varphi = \varphi_u - \varphi_i$$

对电阻、电容器、电感器,分别计算 Z 和 φ:

1. 简谐交流电中的电阻 R

瞬时值

$$i(t) = \frac{u(t)}{R} = \frac{U_0}{R}\cos(\omega t + \varphi_0) = I_0\cos(\omega t + \varphi_0)$$

故相位差

$$\varphi = \varphi_u - \varphi_i = 0$$

即电阻的电压、电流同相.

阻抗为

$$Z_R = \frac{U_0}{I_0} = \frac{U}{I} = R$$

即电阻的阻抗就是它的电阻 R.

2. 简谐交流电中的电容器 C

瞬时值
$$q(t) = Cu(t) = CU_0\cos(\omega t + \varphi_0)$$
则
$$i(t) = \frac{\mathrm{d}q(t)}{\mathrm{d}t} = -\omega CU_0\sin(\omega t + \varphi_0) = \omega CU_0\cos\left(\omega t + \varphi_0 + \frac{\pi}{2}\right)$$
故相位差
$$\varphi = \varphi_u - \varphi_i = -\frac{\pi}{2}$$
即电容器的电压相位落后电流 $\pi/2$.

电容器的阻抗称为容抗，为
$$Z_C = \frac{U_0}{I_0} = \frac{U}{I} = \frac{1}{\omega C}$$

3. 简谐交流电中的电感器 L

瞬时值
$$u(t) = L\frac{\mathrm{d}i(t)}{\mathrm{d}t} = U_0\cos(\omega t + \varphi_0)$$
则
$$i(t) = \frac{U_0}{\omega L}\sin(\omega t + \varphi_0) = \frac{U_0}{\omega L}\cos\left(\omega t + \varphi_0 - \frac{\pi}{2}\right)$$

（积分实际得到 $i(t) = \frac{U_0}{\omega L}\sin(\omega t + \varphi_0) + I_直$，其中 $I_直$ 为常数，代表初始即有且恒定不变的直流成分，此处不考虑初始有直流成分，故不计 $I_直$.）故相位差
$$\varphi = \varphi_u - \varphi_i = \frac{\pi}{2}$$
即电感器的电压超前电流 $\pi/2$.

电感器的阻抗称为感抗，为
$$Z_L = \frac{U_0}{I_0} = \frac{U}{I} = \omega L$$

当多种元件组成电路并接入交流电时，可列微分方程来求解，也可采用两种简化的方法：矢量图解法或复数法. 相关知识若有遗忘可复习第 6 章 6.2 节和 6.4.1 小节.

13.2.3 矢量图解法

由于一个简谐量与一个旋转矢量（参考圆）对应，所以两个简谐量的合成也与两个旋转

矢量的合矢量相对应.例如两个具有相同频率的电压,对应两个同角速度旋转的矢量,合矢量也以同样角速度旋转,故合电压也具有相同的频率.以下图解均略去坐标轴.

1. 电阻、电容器、电感器的电压-电流相位关系表示

如图 13-6 所示,均略去了坐标轴,U_0,I_0 的 x 轴分量分别为瞬时值 u,i;U_0,I_0 或 U,I 的大小关系为

$$U_0 = I_0 Z \quad \text{或} \quad U = IZ$$

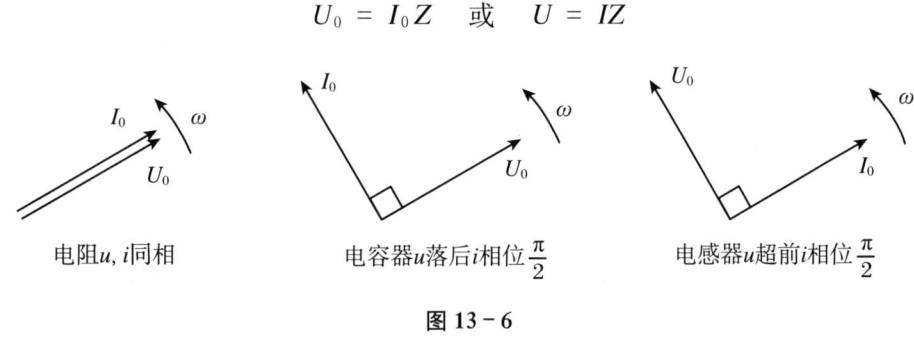

电阻 u,i 同相　　　电容器 u 落后 i 相位 $\dfrac{\pi}{2}$　　　电感器 u 超前 i 相位 $\dfrac{\pi}{2}$

图 13-6

2. 串联交流电路

串联交流电路电流瞬时值相等,故电流同相,作电流矢量;根据各元件各自的电压-电流相位关系,作出各元件的电压矢量;串联电路电压瞬时值等于各元件电压瞬时值之和,作电压矢量的和,即为总电压矢量.由矢量图可得所求电压或电流的值、总阻抗的值、总电压与电流的相位关系.

以 L,R,C 串联,加交流电压 $u = U_0 \cos(\omega t + \varphi)$ 为例,如图 13-7(a)所示;其矢量图如图 13-7(b)所示,图中略去峰值的下角标,则

$$U_L = IZ_L = I\omega L, \quad U_C = IZ_C = \frac{I}{\omega C}, \quad U_R = IR$$

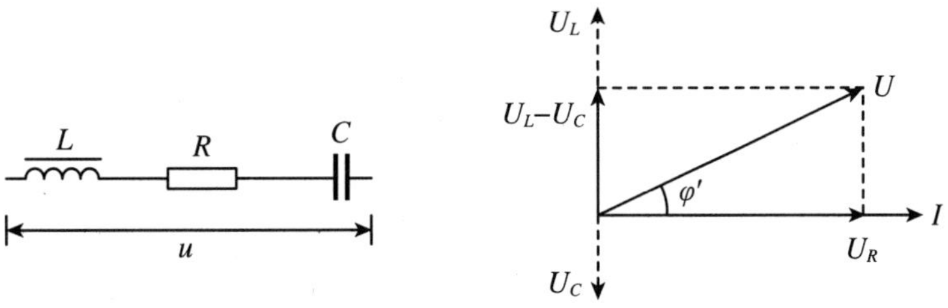

图 13-7

有总电压

$$U = \sqrt{U_R^2 + (U_L - U_C)^2} = I\sqrt{R^2 + \left(\omega L - \frac{1}{\omega C}\right)^2}$$

故总阻抗

$$Z = \sqrt{R^2 + \left(\omega L - \frac{1}{\omega C}\right)^2}$$

i 落后 u 相位 φ'，有

$$\tan \varphi' = \frac{U_L - U_C}{U_R} = \frac{\omega L - \frac{1}{\omega C}}{R}$$

故电流为

$$i = I_0 \cos(\omega t + \varphi - \varphi') = \frac{U_0}{Z} \cos(\omega t + \varphi - \varphi')$$

串联交流电路由于各元件电压有相位差，电压的有效值并不等于各元件电压有效值之和，总阻抗不等于各段阻抗之和.

3. 并联交流电路

并联交流电路两端电压瞬时值相等，故电压同相，作电压矢量；根据各元件各自的电压-电流相位关系，作出各元件的电流矢量；并联电路干路电流瞬时值等于各元件电流瞬时值之和，作电流矢量的和，即为总电流矢量.由矢量图可得所求电压或电流的值、总阻抗的值、电压与总电流的相位关系.

以 L, R, C 并联，加交流电压 $u = U_0 \cos(\omega t + \varphi)$ 为例，如图 13-8(a)所示；其矢量图如图 13-8(b)所示，图中也略去峰值的下角标，则

$$I_R = \frac{U}{R}, \quad I_L = \frac{U}{\omega L}, \quad I_C = U\omega C$$

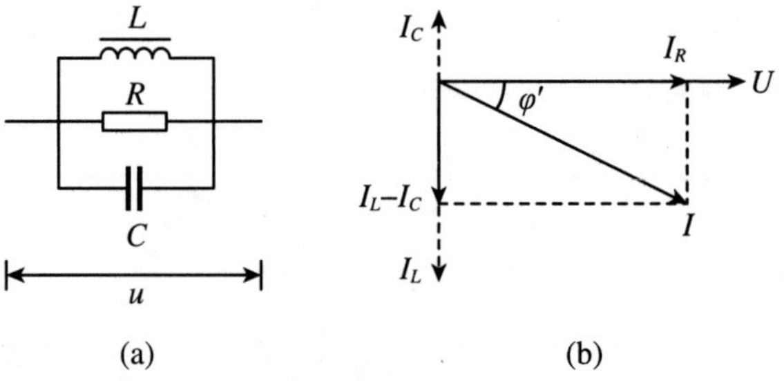

图 13-8

有

$$I = \sqrt{I_R^2 + (I_L - I_C)^2} = U\sqrt{\frac{1}{R^2} + \left(\frac{1}{\omega L} - \omega C\right)^2}$$

故总阻抗

$$Z = \frac{1}{\sqrt{\frac{1}{R^2} + \left(\frac{1}{\omega L} - \omega C\right)^2}}$$

i 落后 u 相位 φ'，有

$$\tan \varphi' = \frac{I_L - I_C}{I_R} = \frac{\frac{1}{\omega L} - \omega C}{\frac{1}{R}} = R\left(\frac{1}{\omega L} - \omega C\right)$$

故电流为

$$i = I_0\cos(\omega t + \varphi - \varphi') = \frac{U_0}{Z}\cos(\omega t + \varphi - \varphi')$$

并联交流电路由于各元件电流有相位差,电流的有效值并不等于各元件电流有效值之和,总阻抗倒数不等于各段阻抗倒数之和.

串、并联均有时,分别逐次应用即可.矢量图解法的优点是比较直观,缺点是可能涉及复杂的三角函数运算,不便于分析复杂的交流电路.

例 13-1 如图 13-9(a)所示的电路,已知所加电压为 $u = U_0\cos\omega t$,电阻或电感分别为 r, R, L. 试求干路电流.

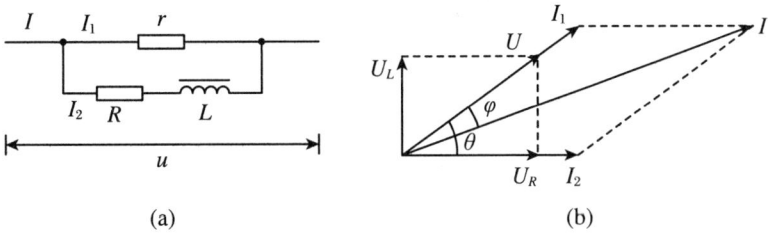

图 13-9

解 如图 13-9(b)所示,有

$$I_1 = \frac{U}{r}, \quad U = I_2\sqrt{R^2 + (\omega L)^2}, \quad \tan\theta = \frac{I_2\omega L}{I_2 R} = \frac{\omega L}{R}$$

$$I^2 = I_1^2 + I_2^2 + 2I_1 I_2\cos\theta = \frac{U^2}{r^2} + \frac{U^2}{R^2 + (\omega L)^2} + \frac{2U^2}{r\sqrt{R^2 + (\omega L)^2}}\frac{R}{\sqrt{R^2 + (\omega L)^2}}$$

$$= \frac{U^2[(R+r)^2 + (\omega L)^2]}{r^2[R^2 + (\omega L)^2]}$$

$$\frac{I_2}{\sin\varphi} = \frac{I}{\sin\theta}$$

则

$$\sin\varphi = \frac{\omega r L}{\sqrt{[(R+r)^2 + (\omega L)^2][R^2 + (\omega L)^2]}}$$

故干路电流为

$$I = \frac{U_0}{r}\sqrt{\frac{(R+r)^2 + (\omega L)^2}{R^2 + (\omega L)^2}}\cos(\omega t - \varphi)$$

例 13-1

13.2.4 复数法

复数法较为抽象,但对解决复杂交流电路问题比较方便.复数的实部包含了振幅信息和相位信息,对应瞬时值,瞬时值满足的关系也是复数满足的关系,例如串联电路总电压瞬时值等于各元件电压瞬时值之和,串联电路总复电压也等于各元件复电压之和.

1. 复电压　复电流　复阻抗

电压 $u(t) = U_0\cos(\omega t + \varphi)$ 对应复电压

$$\widetilde{U}(t) = U_0 e^{i(\omega t + \varphi)} = \widetilde{U}_0 e^{i\omega t}$$

其中 $\widetilde{U}_0$ 为电压复振幅,包含电压振幅和电压初相位信息:

$$\widetilde{U}_0 = U_0 e^{i\varphi}$$

电流 $i(t) = I_0\cos(\omega t + \varphi)$ 对应复电流

$$\widetilde{I}(t) = I_0 e^{i(\omega t + \varphi)} = \widetilde{I}_0 e^{i\omega t}$$

其中 $\widetilde{I}_0$ 为电流复振幅,包含电流振幅和电流初相位信息:

$$\widetilde{I}_0 = I_0 e^{i\varphi}$$

定义复阻抗 $\widetilde{Z}$:

$$\widetilde{Z} = \frac{\widetilde{U}}{\widetilde{I}} = \frac{\widetilde{U}_0}{\widetilde{I}_0} = \frac{U_0}{I_0} e^{i(\varphi_u - \varphi_i)}$$

它的模为阻抗

$$Z = \frac{U_0}{I_0} = \frac{U}{I}$$

它的幅角为电压与电流的相位差,也等于电压与电流的初相差

$$\varphi = \varphi_u - \varphi_i$$

又对于电阻、电感器、电容器分别有

$$Z_R = R, \quad Z_L = \omega L, \quad Z_C = \frac{1}{\omega C}$$

$$\varphi_R = 0, \quad \varphi_L = \frac{\pi}{2}, \quad \varphi_C = -\frac{\pi}{2}$$

故它们的复阻抗分别为

$$\widetilde{Z}_R = R, \quad \widetilde{Z}_L = i\omega L = \omega L e^{i\frac{\pi}{2}}, \quad \widetilde{Z}_C = -\frac{i}{\omega C} = \frac{1}{i\omega C} = \frac{1}{\omega C} e^{-i\frac{\pi}{2}}$$

复阻抗也可由定义得出.对于电阻

$$\widetilde{I} = \frac{\widetilde{U}}{R}$$

则
$$\widetilde{Z}_R = \frac{\widetilde{U}}{\widetilde{I}} = R$$

对于电感器
$$\widetilde{U} = L\frac{\mathrm{d}\widetilde{I}}{\mathrm{d}t}$$

即
$$\widetilde{U}_0 \mathrm{e}^{\mathrm{i}\omega t}\mathrm{d}t = L\mathrm{d}\widetilde{I}$$

积分并利用无直流成分得
$$\widetilde{I} = \frac{\widetilde{U}_0}{\mathrm{i}\omega L}\mathrm{e}^{\mathrm{i}\omega t} = \frac{\widetilde{U}}{\mathrm{i}\omega L}$$

则
$$\widetilde{Z}_L = \frac{\widetilde{U}}{\widetilde{I}} = \mathrm{i}\omega L$$

对于电容器
$$\widetilde{q} = C\widetilde{U} = C\widetilde{U}_0\mathrm{e}^{\mathrm{i}\omega t}$$

则
$$\widetilde{I} = \frac{\mathrm{d}\widetilde{q}}{\mathrm{d}t} = \mathrm{i}\omega C\widetilde{U}_0\mathrm{e}^{\mathrm{i}\omega t} = \mathrm{i}\omega C\widetilde{U}$$

故
$$\widetilde{Z}_C = \frac{\widetilde{U}}{\widetilde{I}} = \frac{1}{\mathrm{i}\omega C} = -\frac{\mathrm{i}}{\omega C}$$

2. 串联交流电路

串联交流电路中复电流 $\widetilde{I}$ 相等,总复电压等于各段复电压相加,故复阻抗
$$\widetilde{Z} = \frac{\widetilde{U}}{\widetilde{I}} = \frac{\widetilde{U}_1 + \widetilde{U}_2 + \cdots + \widetilde{U}_n}{\widetilde{I}} = \widetilde{Z}_1 + \widetilde{Z}_2 + \cdots + \widetilde{Z}_n$$

即串联电路的总复阻抗等于各元件复阻抗之和.

以 L,R,C 串联,加交流电压 $u = U_0\cos(\omega t + \varphi)$ 为例,如图 13-10(a)所示. 总复阻抗如图 13-10(b)所示,有
$$\widetilde{Z} = \widetilde{Z}_L + \widetilde{Z}_R + \widetilde{Z}_C = R + \mathrm{i}\left(\omega L - \frac{1}{\omega C}\right) = Z\mathrm{e}^{\mathrm{i}\varphi'}$$

其模即总阻抗
$$Z = \sqrt{R^2 + \left(\omega L - \frac{1}{\omega C}\right)^2}$$

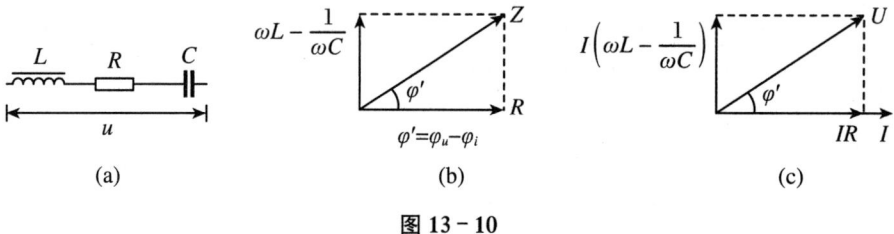

图 13 - 10

幅角 φ' 满足

$$\tan \varphi' = \frac{\omega L - \dfrac{1}{\omega C}}{R}$$

图 13 - 10(b) 与矢量图解图 13 - 10(c) 一致；复电压

$$\tilde{U} = \tilde{U}_0 e^{i\omega t}, \quad \tilde{U}_0 = U_0 e^{i\varphi}$$

故复电流

$$\tilde{I} = \frac{\tilde{U}}{\tilde{Z}} = \frac{\tilde{U}_0}{\tilde{Z}} e^{i\omega t} = \frac{U_0}{Z} e^{i(\varphi - \varphi')} e^{i\omega t} = \frac{U_0}{Z} e^{i(\omega t + \varphi - \varphi')}$$

所以电流为

$$I = \frac{U_0}{Z}\cos(\omega t + \varphi - \varphi') = \frac{U_0}{\sqrt{R^2 + \left(\omega L - \dfrac{1}{\omega C}\right)^2}}\cos(\omega t + \varphi - \varphi')$$

3. 并联交流电路

并联交流电路两端复电压 $\tilde{U}$ 相等，干路复电流等于各支路复电流之和，故复阻抗满足

$$\frac{1}{\tilde{Z}} = \frac{\tilde{I}}{\tilde{U}} = \frac{\tilde{I}_1 + \tilde{I}_2 + \cdots + \tilde{I}_n}{\tilde{U}} = \frac{1}{\tilde{Z}_1} + \frac{1}{\tilde{Z}_2} + \cdots + \frac{1}{\tilde{Z}_n}$$

即并联电路总复阻抗的倒数等于各复阻抗倒数之和．

以 L, R, C 并联，加交流电压 $u = U_0\cos(\omega t + \varphi)$ 为例，如图 13 - 11(a) 所示．复阻抗关系如图 13 - 11(b) 所示，有

$$\frac{1}{\tilde{Z}} = \frac{1}{\tilde{Z}_L} + \frac{1}{\tilde{Z}_R} + \frac{1}{\tilde{Z}_C} = \frac{1}{i\omega L} + \frac{1}{R} + i\omega C = \frac{1}{R} + i\left(\omega C - \frac{1}{\omega L}\right) = \frac{1}{Z e^{i\varphi'}} = \frac{1}{Z} e^{-i\varphi'}$$

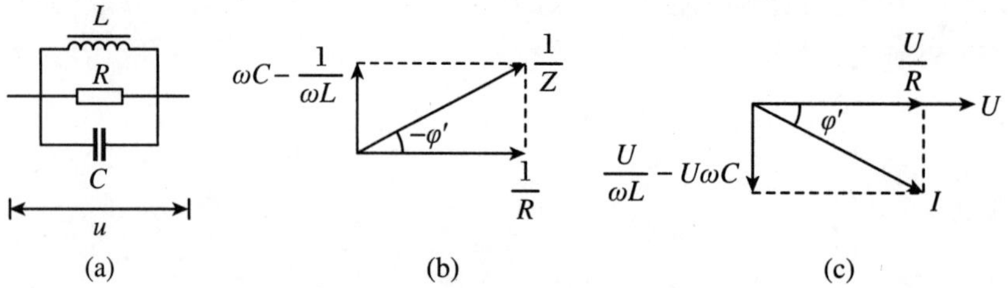

图 13 - 11

故总复阻抗
$$Z = 1 \bigg/ \sqrt{\left(\frac{1}{R}\right)^2 + \left(\omega C - \frac{1}{\omega L}\right)^2}$$

幅角 φ' 满足
$$\tan \varphi' = -\tan(-\varphi') = -\frac{\omega C - \dfrac{1}{\omega L}}{1/R} = R\left(\frac{1}{\omega L} - \omega C\right)$$

图 13-11(b) 与矢量图解图 13-11(c) 一致；复电压
$$\tilde{U} = \tilde{U}_0 \mathrm{e}^{\mathrm{i}\omega t}, \quad \tilde{U}_0 = U_0 \mathrm{e}^{\mathrm{i}\varphi}$$

故复电流
$$\tilde{I} = \frac{\tilde{U}}{\tilde{Z}} = \frac{\tilde{U}_0}{\tilde{Z}} \mathrm{e}^{\mathrm{i}\omega t} = U_0 \sqrt{\left(\frac{1}{R}\right)^2 + \left(\omega C - \frac{1}{\omega L}\right)^2} \mathrm{e}^{\mathrm{i}(\varphi - \varphi')} \mathrm{e}^{\mathrm{i}\omega t}$$
$$= U_0 \sqrt{\left(\frac{1}{R}\right)^2 + \left(\omega C - \frac{1}{\omega L}\right)^2} \mathrm{e}^{\mathrm{i}(\omega t + \varphi - \varphi')}$$

所以电流为
$$I = U_0 \sqrt{\left(\frac{1}{R}\right)^2 + \left(\omega C - \frac{1}{\omega L}\right)^2} \cos(\omega t + \varphi - \varphi')$$

若只求电流，可直接将各并联元件复电流相加，即
$$\tilde{I} = \tilde{I}_L + \tilde{I}_R + \tilde{I}_C = \tilde{U}\left(\frac{1}{\mathrm{i}\omega L} + \frac{1}{R} + \mathrm{i}\omega C\right) = \tilde{U}\left[\frac{1}{R} + \mathrm{i}\left(\omega C - \frac{1}{\omega L}\right)\right]$$
$$= U_0 \left[\frac{1}{R} + \mathrm{i}\left(\omega C - \frac{1}{\omega L}\right)\right] \mathrm{e}^{\mathrm{i}\omega t} \mathrm{e}^{\mathrm{i}\varphi} = U_0 \sqrt{\left(\frac{1}{R}\right)^2 + \left(\omega C - \frac{1}{\omega L}\right)^2} \mathrm{e}^{\mathrm{i}(\omega t + \varphi + \varphi'')}$$

其中
$$\tan \varphi'' = \frac{\omega C - \dfrac{1}{\omega L}}{\dfrac{1}{R}} = R\left(\omega C - \frac{1}{\omega L}\right)$$

则电流为
$$I = U_0 \sqrt{\left(\frac{1}{R}\right)^2 + \left(\omega C - \frac{1}{\omega L}\right)^2} \cos(\omega t + \varphi + \varphi'')$$

例 13-2 试用复数法求解例 13-1.

解 如图 13-12(a) 所示，有

$$\tilde{U} = U_0 \mathrm{e}^{\mathrm{i}\omega t}, \quad \tilde{I}_1 = \frac{\tilde{U}}{r} = \frac{U_0}{r} \mathrm{e}^{\mathrm{i}\omega t}$$

$$\tilde{I}_2 = \frac{\tilde{U}}{R + \mathrm{i}\omega L} = \frac{U_0 \mathrm{e}^{\mathrm{i}\omega t}}{\sqrt{R^2 + (\omega L)^2} \mathrm{e}^{\mathrm{i}\theta}} = \frac{U_0}{\sqrt{R^2 + (\omega L)^2}} \mathrm{e}^{\mathrm{i}(\omega t - \theta)}, \quad \tan \theta = \frac{\omega L}{R}$$

$$\tilde{I} = \tilde{I}_1 + \tilde{I}_2$$

例 13-2

图解 $\tilde{I}$,如图 13-12(b)所示,有

$$I = \sqrt{I_1^2 + I_2^2 + 2I_1I_2\cos\theta} = U_0\sqrt{\frac{1}{r^2} + \frac{1}{R^2+(\omega L)^2} + \frac{2}{r\sqrt{R^2+(\omega L)^2}}\frac{R}{\sqrt{R^2+(\omega L)^2}}}$$

$$= \frac{U_0}{r}\sqrt{\frac{(R+r)^2+(\omega L)^2}{R^2+(\omega L)^2}}$$

$$\frac{I_2}{\sin\varphi} = \frac{I}{\sin\theta}$$

即

$$\frac{U_0}{\sqrt{R^2+(\omega L)^2}\sin\varphi} = \frac{U_0}{r}\sqrt{\frac{(R+r)^2+(\omega L)^2}{R^2+(\omega L)^2}}\frac{\sqrt{R^2+(\omega L)^2}}{\omega L}$$

故

$$\sin\varphi = \frac{\omega rL}{\sqrt{[R^2+(\omega L)^2][(R+r)^2+(\omega L)^2]}}$$

则干路电流为

$$i = I\cos(\omega t - \varphi)$$

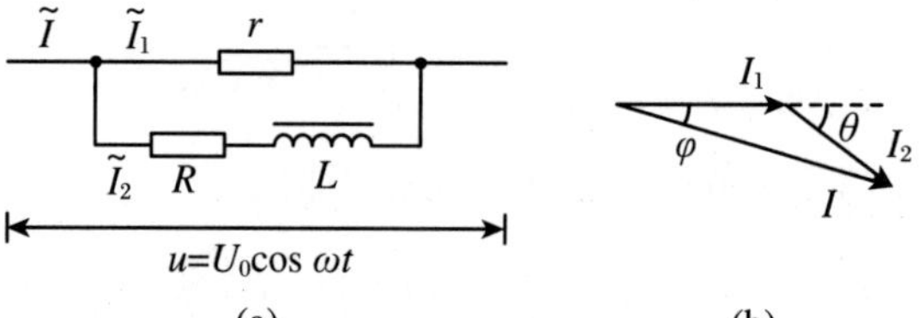

图 13-12

练习 13-2 图 13-13 所示的简谐交流电路中,电源输出电压为 U,频率为 f,线圈电感为 L,电阻阻值为 R,电容器电容为 C.其中频率 f 可调.

(1) 当频率调到 f_0 时回路中的电流最大(或负载总阻抗最小),试求 f_0;

(2) 设 $L = 0.10$ H, $C = 25.0 \times 10^{-12}$ F, $R = 10$ Ω, $U = 50$ mV,试求调节到 f_0 时电感元件上的电压,并与电源输出电压比较.

练习 13-3 图 13-14 所示的电路中,两电阻阻值相等,设为 $R_1 = R_2 = R$,电容设为 C,接入 36 V, 50 Hz 的交流电源上,两交流安培表 A_1 和 A_2 的示数分别为 0.3 A 和 0.2 A.试求电阻器的阻值以及电容器的电容.不计电源和两安培表的内阻.

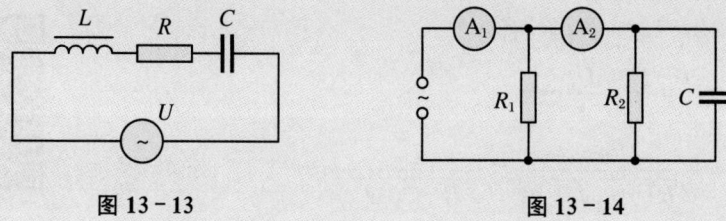

图 13-13　　　　　　图 13-14

4. 复杂交流电路　交路电桥

对复杂交流电路,仅靠串并联是不够的,需要用交流电的基尔霍夫方程组解决.

用复数表示的基尔霍夫方程组与直流电路形式上是一致的.虽然电源电动势方向、电路中电流方向在变化,但仍可"标定"电流的方向、电源的极性来应用基尔霍夫方程组.

例 13-3　图 13-15(a)所示的简谐交流电路,导线不计电阻,电阻均为 R,电感均为 L,电容均为 C,且它们间的关系为 $R = \sqrt{L/C}$,电源电动势的幅值为 V_0,频率为 $\omega = 1/\sqrt{LC}$,不计电源内阻.试求流过电路的总电流.

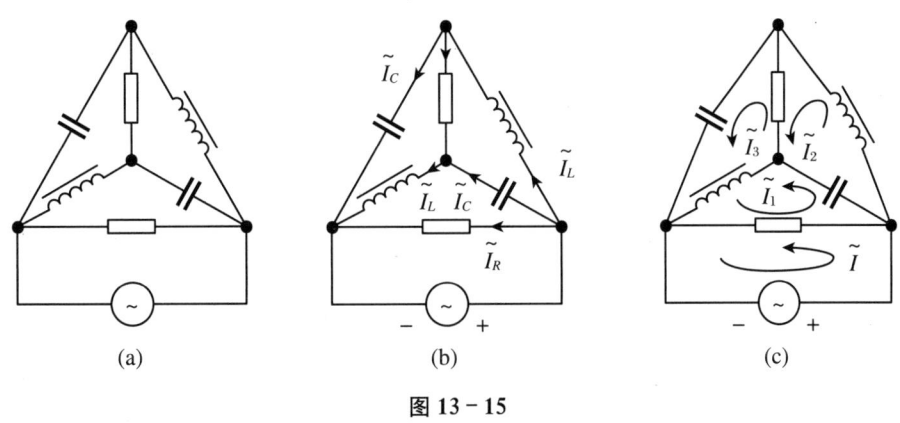

图 13-15

解　解法 1(×):设电源极性和由对称性设电流如图 13-15(b)所示,有

$$\tilde{Z}_L = \mathrm{i}\omega L = \mathrm{i}R, \quad \tilde{Z}_C = \frac{1}{\mathrm{i}\omega C} = -\mathrm{i}R$$

对右上网孔,最外圈回路分别有

$$\tilde{I}_L \tilde{Z}_L + (\tilde{I}_L - \tilde{I}_C)R - \tilde{I}_C \tilde{Z}_C = 0, \quad \tilde{\mathscr{E}} = \tilde{I}_L \tilde{Z}_L + \tilde{I}_C \tilde{Z}_C$$

即

$$\mathrm{i}\tilde{I}_L R + (\tilde{I}_L - \tilde{I}_C)R + \mathrm{i}\tilde{I}_C R = 0, \quad \tilde{\mathscr{E}} = \mathrm{i}\tilde{I}_L R - \mathrm{i}\tilde{I}_C R$$

解得

$$\tilde{I}_L = \frac{1-\mathrm{i}}{2}\frac{\tilde{\mathscr{E}}}{R}, \quad \tilde{I}_C = \frac{1+\mathrm{i}}{2}\frac{\tilde{\mathscr{E}}}{R}$$

又

$$\tilde{I}_R = \frac{\tilde{\mathscr{E}}}{R}$$

故总电流为

$$\tilde{I} = \tilde{I}_R + \tilde{I}_L + \tilde{I}_C = \frac{2\tilde{\mathscr{E}}}{R}$$

其有效值为
$$I = \frac{2V_0/\sqrt{2}}{R} = \frac{\sqrt{2}\,V_0}{R}$$

解法 2：设电源极性和各网孔电流如图 13-15(c)所示，有
$$\tilde{Z}_L = \mathrm{i}\omega L = \mathrm{i}R, \quad \tilde{Z}_C = \frac{1}{\mathrm{i}\omega C} = -\mathrm{i}R$$

对各网孔分别有
$$\tilde{\mathscr{E}} = R\tilde{I} - R\tilde{I}_1, \quad (\tilde{Z}_C + \tilde{Z}_L + R)\tilde{I}_1 - \tilde{Z}_C \tilde{I}_2 - \tilde{Z}_L \tilde{I}_3 - R\tilde{I} = 0$$
$$(\tilde{Z}_L + R + \tilde{Z}_C)\tilde{I}_2 - \tilde{Z}_C \tilde{I}_1 - R\tilde{I}_3 = 0, \quad (\tilde{Z}_C + \tilde{Z}_L + R)\tilde{I}_3 - \tilde{Z}_L \tilde{I}_1 - R\tilde{I}_2 = 0$$

整理得
$$\frac{\tilde{\mathscr{E}}}{R} = -\tilde{I}_1 + \tilde{I}, \quad \tilde{I}_1 + \mathrm{i}\tilde{I}_2 - \mathrm{i}\tilde{I}_3 - \tilde{I} = 0, \quad \mathrm{i}\tilde{I}_1 + \tilde{I}_2 - \tilde{I}_3 = 0, \quad -\mathrm{i}\tilde{I}_1 - \tilde{I}_2 + \tilde{I}_3 = 0$$

解得
$$\tilde{I} = \frac{2\tilde{\mathscr{E}}}{R}, \quad \tilde{I}_1 = \frac{\tilde{\mathscr{E}}}{R}, \quad \tilde{I}_2 - \tilde{I}_3 = -\mathrm{i}\frac{\tilde{\mathscr{E}}}{R}$$

故总电流有效值为
$$I = \frac{2V_0/\sqrt{2}}{R} = \frac{\sqrt{2}\,V_0}{R}$$

思考：解法 2 不能解出各电容器、电感器上的电流，而解法 1 可以，为什么？有没有一种解法是错的？

解法 1 是错的。解法 1 认为和直流电路一样，由对称性可知两电感器（或两电容器）的电流时刻相等；如果解法 1 不利用对称性，所列式子应该与解法 2 是等效的，必然会出现与解法 2 一致的结果；而利用对称性只是能够简化解题，并不会解出不同的结果，可知本题没有

思考

解法 1 认为的对称性。具体原因请扫描二维码查看。读者可自行尝试不用对称性按解法 1 方式解答。

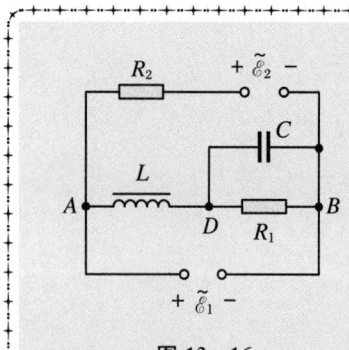

练习 13-4 图 13-16 所示的电路已达稳定状态。图中，两个无内阻电源的电动势（按图中标定的极性）分别为 $\mathscr{E}_1 = \mathscr{E}_0 \sin^2 \omega t$，$\mathscr{E}_2 = \mathscr{E}_0 \cos \omega t$，两个电阻 $R_1 = R_2 = R$，电感 $L = R/(2\omega)$，电容 $C = 1/(2\omega R)$。试求通过电阻 R_1 的电流 $i_1(t)$。

图 13-16

13.2.5 交流电的功率

1. 瞬时功率和平均功率　功率因数

交流电一般 $u(t)$ 与 $i(t)$ 间有相位差,设
$$i(t) = I_0\cos\omega t, \quad u(t) = U_0\cos(\omega t + \varphi)$$
φ 为电压与电流的相位差, R, L, C 元件 φ 分别为 $0, \pi/2, -\pi/2$,则瞬时功率为
$$p(t) = i(t)u(t) = U_0 I_0 \cos\omega t\cos(\omega t + \varphi) = \frac{1}{2}U_0 I_0 \cos\varphi + \frac{1}{2}U_0 I_0 \cos(2\omega t + \varphi)$$

电阻元件总是 $p(t) > 0$,消耗能量转化为焦耳热;电感、电容元件 $p(t)$ 时正时负, $p(t) > 0$ 时表示能量输入该元件,转化为磁场能或电场能, $p(t) < 0$ 时表示能量从该元件输出,即储存的磁场能或电场能被释放出来.

通常有实际意义的不是瞬时功率,而是它在一个周期内的平均值,即平均功率
$$\overline{P} = \frac{1}{2}U_0 I_0 \cos\varphi = UI\cos\varphi$$
其中 U, I 为有效值.

对电阻 $\overline{P} = UI$,对电容和电感 $\overline{P} = 0$,说明纯电感和纯电容不损耗能量.

普遍情形下,任意一个无源二端网络,它两端电压与其中电流之间的相位差
$$-\frac{\pi}{2} \leqslant \varphi \leqslant \frac{\pi}{2}$$
从而
$$0 \leqslant \cos\varphi \leqslant 1, \quad 0 \leqslant \overline{P} = UI\cos\varphi \leqslant UI$$
$\cos\varphi$ 称为该二端网络的功率因数.

任一无源二端网络可以等效为一个复阻抗
$$\widetilde{Z} = R + iX$$
其中 R 为电阻,必有
$$R \geqslant 0$$
X 称为电抗, $X < 0$ 的电抗称为容抗, $X > 0$ 的电抗称为感抗;这与前述电压、电流相位差取值范围为 $-\pi/2 \leqslant \varphi \leqslant \pi/2$ 是一致的.

即任何一个复阻抗相当于一个电阻与一个纯虚数阻抗(即电抗)的串联.一个仅有一些 L 和 C 的组合是一个纯电抗,其平均功率为零,不会有任何能量损失.

无源二端网络

简谐量的线性运算可用复数代替;复阻抗是用复电压、复电流定义的,故电压、电流、阻抗关系也可用复数代替;但功率是两个简谐量的乘积,不是线性的,故不能简单地用两个复数的乘积来运算,而应是电压、电流实部相乘. 对 $\widetilde{Z} = R + iX$,设复电流为

$$\tilde{I} = I_0 e^{i\omega t} = I_0(\cos\omega t + i\cdot\sin\omega t)$$

则复电压为

$$\tilde{U} = \tilde{I}\tilde{Z} = I_0(R\cos\omega t - X\sin\omega t) + iI_0(R\sin\omega t + X\cos\omega t)$$

其功率为

$$p(t) = I_0\cos\omega t \cdot I_0(R\cos\omega t - X\sin\omega t) = \frac{I_0^2}{2}(R + R\cos 2\omega t - X\sin 2\omega t)$$

平均功率为

$$\overline{P} = \frac{1}{2}I_0^2 R = I^2 R$$

平均能量损耗只取决于复阻抗的实部(即电阻部分),而与虚部(即电抗部分)无关.

2. 视在功率　有功功率

任何电器设备都标有一定的额定电压和额定电流(有效值),其乘积称为视在功率,用 S 表示:

$$S = UI$$

为区别起见,通常将其单位写成伏安或千伏安(V·A 或 kV·A).

实际功率(即平均功率)也称为有功功率,用 P 表示:

$$P = UI\cos\varphi, \quad P = S\cos\varphi$$

电力工程中应设法提高电器设备的功率因数,以便使视在功率一定的交流电源输出更多的实际功率;同时在相同的实际功率下可以减少供电电流,以减小电线中的损耗.而即将学习的谐振电路中利用的是电抗元件储存能量的作用,希望各种能量损耗越小越好,应减小功率因数.

例 13-4 已知一个电感性用电器在电压 $U = 220$ V,频率 $f = 50$ Hz 的电源下,消耗功率 $P = 100$ W,功率因数 $\cos\varphi = 0.6$,为将功率因数提高到 1,试问需并联多大的电容?

解 电感性用电器有

$$\tilde{Z}_L = Z_L e^{i\varphi} \quad (\varphi > 0)$$

其中 φ 为它的电压与电流的相位差,即为功率因数中的 φ,故

$$\varphi = \arccos 0.6$$

原电路

$$P = UI_L\cos\varphi$$

则

$$I_L = \frac{P}{U\cos\varphi}$$

并联电容后,电容支路

$$\tilde{I}_C = \tilde{U}i\omega C = i\tilde{U}\omega C$$

即电容电流超前电压 $\pi/2$；

总电流

$$\widetilde{I} = \widetilde{I}_L + \widetilde{I}_C$$

功率因数提高为 1，即 U,I 同相，如图 13-17 所示，故

$$\sin \varphi = \frac{I_C}{I_L} = U\omega C \Big/ \frac{P}{U\cos\varphi} = \frac{U^2 \omega C \cos \varphi}{P}$$

则

$$C = \frac{P \tan \varphi}{U^2 \omega} = \frac{P \tan \varphi}{U^2 2\pi f} = \frac{100 \times 4/3}{220^2 \times 2\pi \times 50}(\text{F})$$
$$\approx 8.8 \times 10^{-6}(\text{F}) = 8.8(\mu\text{F})$$

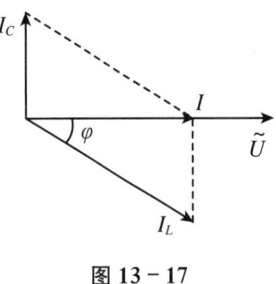

图 13-17

13.2.6 整流和滤波

1. 整流

把交流电变为直流电叫整流，通常利用二极管的单向导电性来达到整流的目的，整流后得到脉动直流电（单方向，但大小随时间变化的直流电），常用整流电路有半波整流电路、全波整流电路、桥式整流电路.

如图 13-18 所示，(a) 为半波整流，(d) 为 R 上输出的波形；(b) 为全波整流，(c) 为桥式整流，两者在 R 上输出的波形均为 (e). 半波整流输出的直流电脉动较大，全波整流变压器次级有中央抽头且二极管反向电压较高，桥式整流克服了两者的不足，是无线电技术中应用广泛的整流电路，只是需要的元件较多.

桥式整流

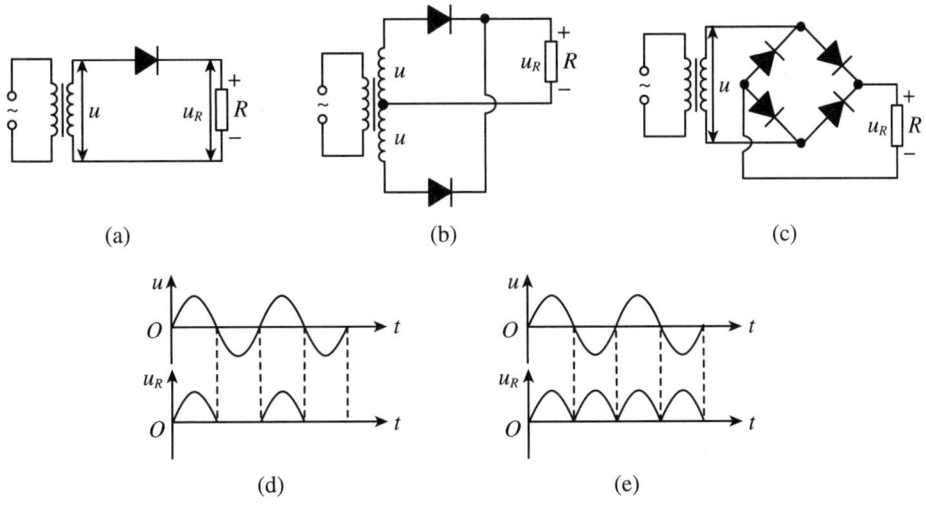

图 13-18

2. 滤波

脉动直流可看作一个直流成分和多个不同频率的交流成分的叠加,把脉动电流中交流成分滤掉变为比较平稳的直流电的过程称为滤波.常见的有电容滤波、电感滤波、π型滤波,分别如图 13-19(a),(b),(c)所示.(a)中大部分交流成分通过旁路电容被过滤掉,(b)中大部分交流成分降在线圈上,(c)将前两种结合起来,使负载电阻上电流、电压平稳效果更好.

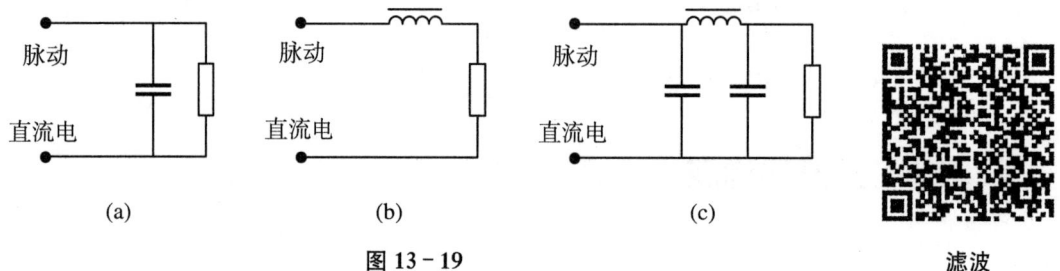

图 13-19   滤波

例13-5 如图 13-20(a)所示,蓄电池电动势为 $\mathscr{E}=7.5$ V,内阻不计,通过一个半波整流器为其充电.电路中二极管的电流-电压特性关系为

$$I = \begin{cases} 0.2U - 0.1 & (U \geqslant \mathscr{E}_0 = 0.5 \text{ V}) \\ 0 & (U < \mathscr{E}_0 = 0.5 \text{ V}) \end{cases}$$

已知变压器次级输出端的开路电压为 $u = U_0 \sin \omega t$,其中 $U_0 = 16$ V,$\omega = 100\pi$ s^{-1},次级线圈电阻 $r = 45$ Ω.

(1) 画出电路中电流随时间变化的关系;
(2) 确定在一个周期内电流流过电路的时间间隔;
(3) 试求二极管在时刻 $t_0 = 0.805$ s 时的电压;
(4) 试求蓄电池充电电流的平均值.

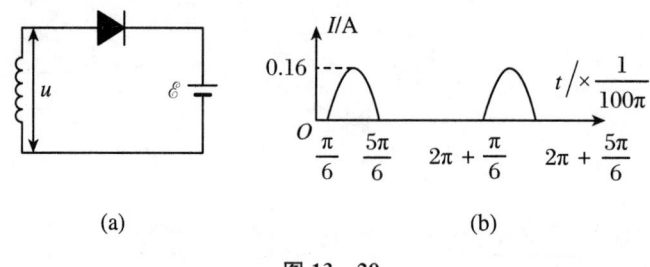

图 13-20

解 (1) $U > 0.5$ V 时

$$u = U + Ir + \mathscr{E}, \quad I = 0.2U - 0.1 > 0$$

联立解得

$$I = (0.32 \sin \omega t - 0.16) \text{ A} > 0$$

一个周期内满足条件的时间为
$$\frac{\pi}{6} < \omega t < \frac{5\pi}{6}$$
故图像如图 13-20(b)所示.

(2)
$$\omega \Delta t = \frac{5}{6}\pi - \frac{\pi}{6}$$
则
$$\Delta t = 6.7 \times 10^{-3} \text{ s}$$

(3)
$$I(t_0) = 0.32\sin(100\pi \times 0.805) - 0.16 = 0.16(\text{A})$$
$$I(t_0) = 0.2U(t_0) - 0.1$$
故
$$U(t_0) = 1.3 \text{ V}$$

(4) 一个周期内
$$\overline{I} = \int_{\frac{\pi}{6\omega}}^{\frac{5\pi}{6\omega}} I \mathrm{d}t \bigg/ \frac{2\pi}{\omega} = \frac{\omega}{2\pi}\int_{\frac{\pi}{6\omega}}^{\frac{5\pi}{6\omega}} \frac{I}{\omega}\mathrm{d}\theta = \frac{1}{2\pi}\int_{\frac{\pi}{6}}^{\frac{5\pi}{6}}(0.32\sin\theta - 0.16)\mathrm{d}\theta = 0.0349 \text{ A}$$

练习 13-5 图 13-21 所示表示 LC 半无穷梯形网络.

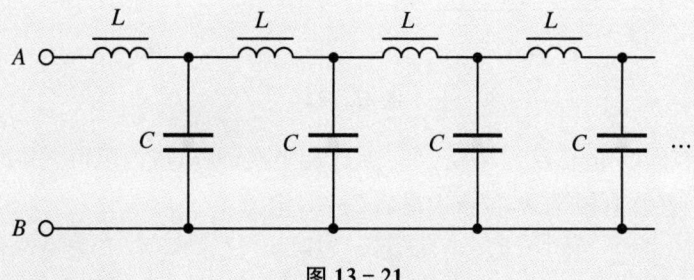

图 13-21

(1) 试求其 A,B 两端的输入复阻抗 $\widetilde{Z}_0$.

(2) 对图示 LC 半无穷梯形网络,存在一特征频率 ω_C,当频率为 ω 的输入交变信号满足 $\omega < \omega_C$ 时,将无衰减地通过网络,ω_C 称为截止频率,试求 ω_C.

(3) 当 $\omega < \omega_C$ 时,交变信号无衰减地通过图示网络,但有相位逐节落后.于是交变信号犹如波动沿网络逐节传播.设 $\omega \ll \omega_C$,每节 LC 网络的长度为 Δr,试求信号沿网络的传播速度 v.

13.2.7 三相交流电

1. 三相交流发电机　相电压与线电压

图 13-22(a)所示为三相交流发电机示意图，AX, BY, CZ 是三个完全相同的线圈，彼此相差 $2\pi/3$ 排列在圆周上．当磁铁以 ω 旋转时，它们的电动势相位依次滞后 $2\pi/3$，分别为

$$e_{AX}(t) = \mathscr{E}_0 \cos \omega t, \quad e_{BY}(t) = \mathscr{E}_0 \cos\left(\omega t - \frac{2}{3}\pi\right), \quad e_{CZ}(t) = \mathscr{E}_0 \cos\left(\omega t + \frac{2}{3}\pi\right)$$

这种交流电称为三相交流电，每个线圈称为一相．

实际中总是如图 13-22(a)中那样，把 X, Y, Z 三个接头短接在一起，引出一个公共接头 O，从而输出的引线有四根，A, B, C 引出的三根叫作端线，公共点 O 引出的叫作中线，称为三相四线制．还常常将中线接地，只引出 A, B, C 三根端线，称为三相三线制．

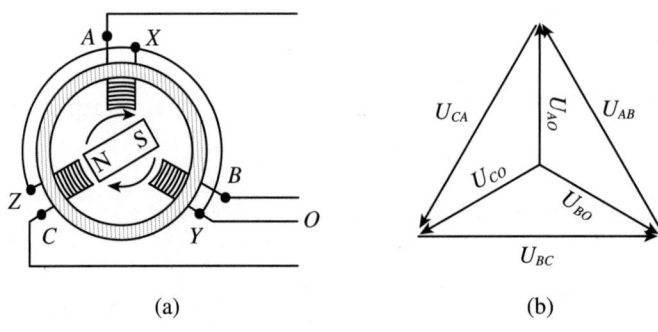

图 13-22

各端线与中线间的电压 U_{AO}, U_{BO}, U_{CO} 叫作相电压，发电机内阻可忽略时相电压等于各相的电动势，它们有效值相等，相位依次滞后 $2\pi/3$，记为

$$U_\varphi = U_{AO} = U_{BO} = U_{CO}$$

各端线彼此间电压 U_{AB}, U_{BC}, U_{CA} 叫作线电压，有效值也相等，记为

$$U_l = U_{AB} = U_{BC} = U_{CA}$$

作出电压矢量图，如图 13-22(b)所示，可知它们相位依次滞后 $2\pi/3$，且有

$$U_l = \sqrt{3} U_\varphi$$

通常采用的三相交流电 $U_l = 380 \text{ V}, U_\varphi = U_l/\sqrt{3} = 220 \text{ V}$．

2. 三相电路中负载的连接

三相电路中，负载有两种连接方式：星形连接（Y 连接）和三角形连接（△连接）．

星形连接如图 13-23(a)所示，相电压 $\tilde{U}_{ao}, \tilde{U}_{bo}, \tilde{U}_{co}$ 有效值相等，相位依次相差 $2\pi/3$，各相电流为

$$\tilde{I}_a = \frac{\tilde{U}_{ao}}{\tilde{Z}_a}, \quad \tilde{I}_b = \frac{\tilde{U}_{bo}}{\tilde{Z}_b}, \quad \tilde{I}_c = \frac{\tilde{U}_{co}}{\tilde{Z}_c}$$

若 $\tilde{Z}_a = \tilde{Z}_b = \tilde{Z}_c$, 则 $I_a = I_b = I_c$, 且相位依次相差 $2\pi/3$, 则中线电流

$$\tilde{I}_o = \tilde{I}_a + \tilde{I}_b + \tilde{I}_c = 0$$

此时中线可省去,变为三相三线制;若负载不对称,则 $\tilde{I}_o \neq 0$,中线不可省去,否则负载各相电压失去平衡,会损害用电器或电压不足.

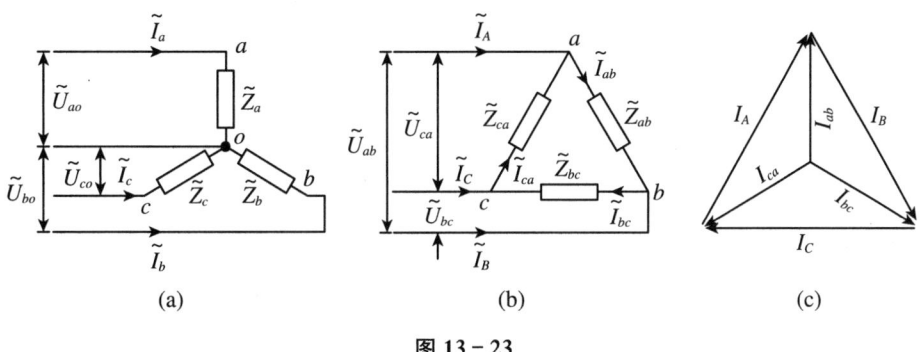

图 13 - 23

三角形连接如图 13 - 23(b)所示,相电压 $\tilde{U}_{ab}, \tilde{U}_{bc}, \tilde{U}_{ca}$ 有效值相等,相位依次相差 $2\pi/3$,各相电流为

$$\tilde{I}_{ab} = \frac{\tilde{U}_{ab}}{\tilde{Z}_{ab}}, \quad \tilde{I}_{bc} = \frac{\tilde{U}_{bc}}{\tilde{Z}_{bc}}, \quad \tilde{I}_{ca} = \frac{\tilde{U}_{ca}}{\tilde{Z}_{ca}}$$

而端线中的线电流为

$$\tilde{I}_A = \tilde{I}_{ab} - \tilde{I}_{ca}, \quad \tilde{I}_B = \tilde{I}_{bc} - \tilde{I}_{ab}, \quad \tilde{I}_C = \tilde{I}_{ca} - \tilde{I}_{bc}$$

若 $\tilde{Z}_{ab} = \tilde{Z}_{bc} = \tilde{Z}_{ca}$, 则相电流 $I_{ab} = I_{bc} = I_{ca}$, 且相位依次相差 $2\pi/3$; 线电流矢量图如图 13 - 23(c)所示, 线电流有效值相等, 相位依次相差 $2\pi/3$, 且线电流大小为相电流大小的 $\sqrt{3}$ 倍.

3. 感应电动机

感应电动机的原理是电磁驱动,即一个旋转的磁场驱动线圈同向转动.其中旋转磁场是由定子三相绕组产生的,如图 13 - 24(a)所示,有

$$B_1 = B_0 \cos \omega t$$
$$B_2 = B_0 \cos\left(\omega t - \frac{2}{3}\pi\right)$$
$$B_3 = B_0 \cos\left(\omega t + \frac{2}{3}\pi\right)$$

感应电动机

磁感应强度是矢量,不能直接代数相加,取 B_1 方向为实轴,垂直 B_1 方向为虚轴,则

$$B_x = B_1 - B_2\cos\frac{\pi}{3} - B_3\cos\frac{\pi}{3} = \frac{3}{2}B_0\cos\omega t$$

$$B_y = -B_2\sin\frac{\pi}{3} + B_3\sin\frac{\pi}{3} = -\frac{3}{2}B_0\sin\omega t$$

故

$$\widetilde{B} = B_x + \mathrm{i}B_y = \frac{3}{2}B_0(\cos\omega t - \mathrm{i}\sin\omega t) = \frac{3}{2}B_0\mathrm{e}^{-\mathrm{i}\omega t}$$

可知得到的是幅值为 $3B_0/2$，以角速度 ω 匀速转动的磁场.

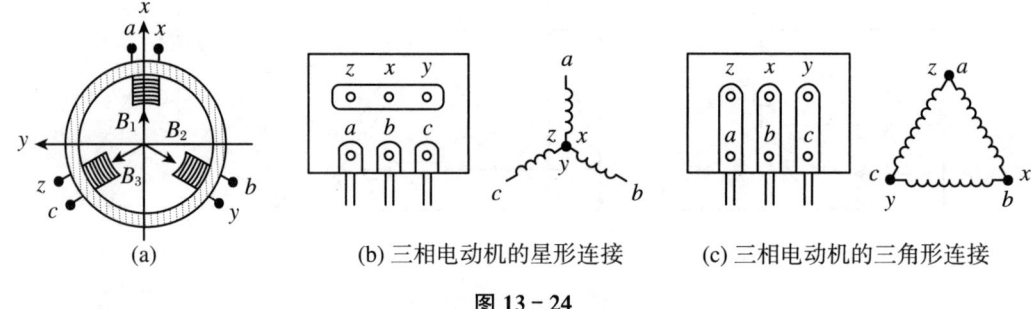

图 13-24

三相感应电动机的电磁驱动力靠转子与磁场间的转速差产生，故又称为异步电动机.

三相电动机有两种接法，分别如图 13-24(b)，(c)所示. 很多电动机铭牌标明"电压 220 V/380 V，接法△/Y"，意为如果三相电源线电压为 220 V，应采用△连接；如果线电压为 380 V，应采用 Y 连接. 两种情况定子每个绕组的电压均为 220 V. 若需电动机旋转方向反过来，只需把三条火线中任意两条位置交换一下即可.

例 13-6 图 13-25 所示是 Y 接法和△接法的两个对称的三相负载电路，每相电阻分别为 R 和 r. 若所加的三相交流电线电压相同，并且这两种连接方式的相电流也相同，试求：

(1) R/r；

(2) 消耗的电功率之比.

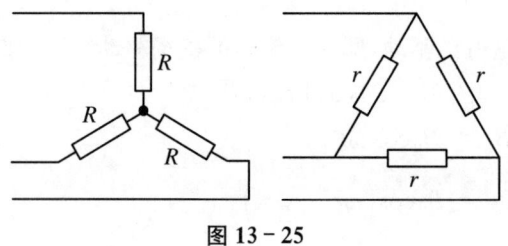

图 13-25

解 (1) 设线电压为 U，相电流为 I，则

$$R = \frac{U/\sqrt{3}}{I}, \quad r = \frac{U}{I}$$

则
$$\frac{R}{r} = \frac{1}{\sqrt{3}}$$

(2) 由题意得
$$P(R) = 3 \times I^2 R, \quad P(r) = 3 \times I^2 r$$
故
$$\frac{P(R)}{P(r)} = \frac{R}{r} = \frac{1}{\sqrt{3}}$$

练习 13-6 如图 13-26 所示,三相交流电的相电压为 220 V,负载是不对称的纯电阻,$R_A = R_B = 22\ \Omega$,$R_C = 27.5\ \Omega$,按星形连接.

(1) 试求中线电流;
(2) 试求各线电压;
(3) 若中线断开,试求各线电流.

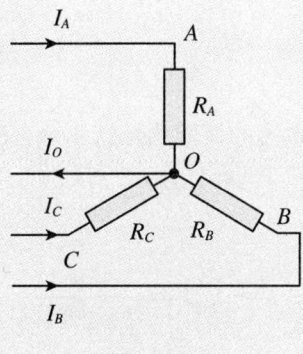

图 13-26

13.3 电磁振荡

13.3.1 无阻尼自由振荡

如图 13-27(a)所示,电感器 L、电容器 C 串联,不计导线电阻和自感时,若初始有电流和(电容器)电荷量,则

$$L\ddot{q} + \frac{q}{C} = 0$$

解得
$$q = Q_0 \cos(\omega t + \varphi)$$
$$i = \dot{q} = -\omega Q_0 \sin(\omega t + \varphi) = I_0 \cos\left(\omega t + \varphi + \frac{\pi}{2}\right), \quad \omega = \sqrt{\frac{1}{LC}}$$

其中 ω 与初始条件无关,称为固有圆频率;Q_0 为电容器上电荷量的最大值,称为电荷振幅;$I_0 = \omega Q_0$ 为电流最大值,称为电流振幅. Q_0, I_0, φ 由初始条件决定.

上式当 $\varphi = 0$ 时, q(或 U_C), i 与时间的关系分别如图 13-27(b), (c)所示,表示初始电容器电荷量最大,上极板带电为 $+Q_0$,电流最小为零,然后开始有逆时针电流;电流为零时,电荷量取极值;电流最大时,电荷量为零.

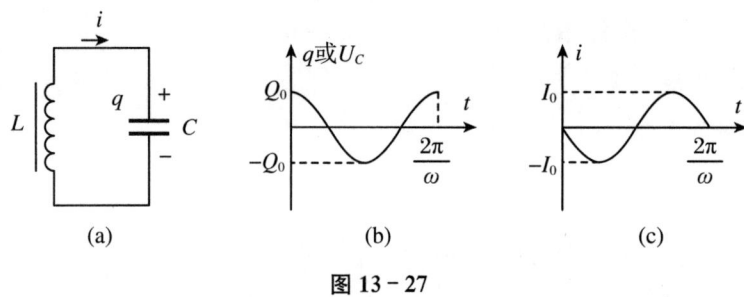

图 13-27

这是无阻尼自由振荡,电荷、电流的振幅均保持不变,又称为等幅振荡. 周期
$$T = 2\pi \sqrt{LC}$$
称为固有周期;频率
$$f = 1/T = \frac{1}{2\pi \sqrt{LC}}$$
称为固有频率.

电容器电场能量为
$$W_e = \frac{1}{2} \frac{q^2}{C} = \frac{Q_0^2}{2C} \cos^2(\omega t + \varphi)$$

自感线圈磁场能量为
$$W_m = \frac{1}{2} L i^2 = \frac{1}{2} L I_0^2 \sin^2(\omega t + \varphi)$$

又由于
$$\omega = \sqrt{\frac{1}{LC}}, \quad I_0 = \omega Q_0$$

故
$$\frac{1}{2} L I_0^2 = \frac{1}{2} L \omega^2 Q_0^2 = \frac{Q_0^2}{2C}$$

总能量为

$$W = W_e + W_m = \frac{1}{2}LI_0^2 = \frac{Q_0^2}{2C}$$

电磁振荡与弹簧振子的简谐运动相似,类比对应关系为

$$q \to x, \quad i \to v, \quad \frac{1}{C} \to k, \quad L \to m, \quad \frac{1}{2}\frac{q^2}{C} \to \frac{1}{2}kx^2, \quad \frac{1}{2}Li^2 \to \frac{1}{2}mv^2$$

若电路中再接入直流电源 $\mathscr{E}$,则为平衡位置偏移的简谐振荡.

例13-7 图 13-28 所示的电路,电阻可忽略,各电容器的电容、线圈的电感值如图中所示. 初始电容器 C_1 带电 Q_0. 忽略回路的自感.

(1) 若在 $t=0$ 时刻将电键 K 合向 1,试求线圈 L_1 中电流的最大值.

(2) 若在 $t=0$ 时刻将电键 K 合向 2,试求线圈 L_2 中电流的最大值及第一次电流达最大的时刻 t_1,此时电容器 C_1, C_3 的电压各为多大?

(3) 接上一问,试求电容器 C_3 上电压绝对值第一次达到最大值的时刻 t_2,此时电容器 C_1, C_3 上带电量为多大?

(4) 接上一问,设初始 C_1 上极板带正电,请再写出左网孔回路电流随时间变化的关系,电容器 C_1, C_3 的电压随时间变化的关系.

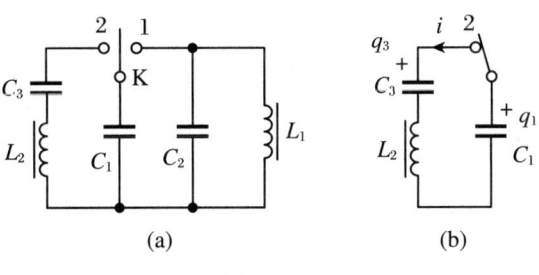

图 13-28

解 (1) K 合向 1 瞬间,L_1 无电流,C_1, C_2 达相同电压(这个过程有能量损失,能量不守恒);之后 C_1, C_2, L_1 无阻尼自由振荡,能量守恒;C_1, C_2 并联电容

$$C = C_1 + C_2$$

由能量守恒得

$$\frac{1}{2}\frac{Q_0^2}{C} = \frac{1}{2}L_1 I_{\max}^2$$

故

$$I_{\max} = \frac{Q_0}{\sqrt{L_1(C_1+C_2)}}$$

(2) 左网孔回路无阻尼自由振荡,周期为

$$T = 2\pi\sqrt{L_2 C}, \quad \frac{1}{C} = \frac{1}{C_1} + \frac{1}{C_3}$$

解得

$$T = 2\pi\sqrt{\frac{L_2 C_1 C_3}{C_1 + C_3}}$$

当 $t=0$ 时电流为零,故线圈电流第一次最大时

$$t_1 = \frac{T}{4} = \frac{\pi}{2}\sqrt{\frac{L_2 C_1 C_3}{C_1 + C_3}}$$

线圈电流最大时 $U_L = 0$,故回路

$$U_1 = U_3 = \frac{Q_1}{C_1} = \frac{Q_3}{C_3}$$

又

$$Q_1 + Q_3 = Q_0$$

联立解得 C_1, C_3 的电压大小均为

$$U = U_1 = U_3 = \frac{Q_0}{C_1 + C_3}$$

初始到电流最大,由能量守恒得

$$\frac{1}{2}\frac{Q_0^2}{C_1} = \frac{1}{2}C_1 U^2 + \frac{1}{2}C_3 U^2 + \frac{1}{2}L_2 I_{\max}^2$$

故

$$I_{\max} = Q_0 \sqrt{\frac{C_3}{L_2 C_1 (C_1 + C_3)}}$$

(3) 当 $t=0$ 时电流为零,电容器 C_3 上带电量为零,被充电,故 C_3 上电压绝对值最大即电荷量最大时为

$$t_2 = \frac{1}{2}T = \pi\sqrt{\frac{L_2 C_1 C_3}{C_1 + C_3}}$$

电流最大时为电荷量或电容器电压的平衡位置,故 C_3 上电压绝对值最大时

$$Q_3' - C_3 U = C_3 U - 0, \quad Q_0 - C_1 U = C_1 U - Q_1' \quad (\text{或 } Q_3' = Q_0 - Q_1')$$

解得

$$Q_3' = \frac{2C_3 Q_0}{C_1 + C_3}, \quad Q_1' = \frac{C_1 - C_3}{C_1 + C_3} Q_0$$

其中,若 $C_1 > C_3$,则 C_1 两板电性不变,带电量为 $Q_1' = \frac{C_1 - C_3}{C_1 + C_3} Q_0$;若 $C_1 < C_3$,则 C_1 两板电性与初始相反,带电量为 $Q_1' = \frac{C_3 - C_1}{C_1 + C_3} Q_0$.

(4) 取逆时针为电流正方向,则电流为

$$i = I_{\max} \sin \omega t = Q_0 \sqrt{\frac{C_3}{L_2 C_1 (C_1 + C_3)}} \sin \sqrt{\frac{C_1 + C_3}{L_2 C_1 C_3}} t$$

当 $t=0$ 时电流为零,为电容器电荷量、电压的极值;当 $t = T/4$ 时电流最大,为电容器电荷量、电压的平衡位置. C_1 上、下极板间电压满足

$$u_1 - U = \left(\frac{Q_0}{C_1} - U\right)\cos\omega t$$

则

$$u_1 = Q_0\left(\frac{1}{C_1} - \frac{1}{C_1 + C_3}\right)\cos\sqrt{\frac{C_1 + C_3}{L_2 C_1 C_3}}t + \frac{Q_0}{C_1 + C_3}$$

C_2 上、下极板间电压满足

$$u_2 - U = (0 - U)\cos\omega t$$

则

$$u_2 = \frac{Q_0}{C_1 + C_3}\left(1 - \cos\sqrt{\frac{C_1 + C_3}{L_2 C_1 C_3}}t\right)$$

注 对(2)(3)(4)问,也可通过解微分方程解出细节:设初始 C_1 上板带正电,电流、电容器带电量和极板电性如图 13-28(b)所示,有

$$q_1 + q_3 = Q_0, \quad i = \dot{q}_3 = -\dot{q}_1, \quad \frac{q_3}{C_3} + L_2\dot{i} - \frac{q_1}{C_1} = 0$$

联立得

$$\frac{q_3}{C_3} + L_2\ddot{q}_3 - \frac{Q_0 - q_3}{C_1} = 0$$

即

$$\ddot{q}_3 + \frac{C_1 + C_3}{L_2 C_1 C_3}q_3 - \frac{Q_0}{L_2 C_1} = 0$$

故简谐振荡,周期为

$$T = 2\pi\sqrt{\frac{L_2 C_1 C_3}{C_1 + C_3}}$$

之后解答请读者自行尝试.

练习 13-7 图 13-29 所示的电路中,电池、二极管、电感线圈都是理想的,电池电动势为 $\mathscr{E} = \mathscr{E}_1 = \mathscr{E}_2 = 1.5 \text{ V}$,电容器充电至电压为 U.在开关闭合及电流停止后发现,电容器两极板极性改变,电压变为 $U_1 = 1 \text{ V}$.试求电容器原电压 U 的值.

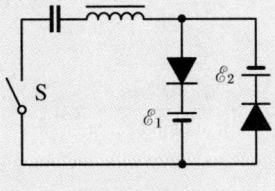

图 13-29

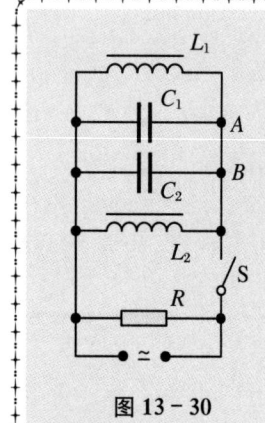

图 13 - 30

练习 13 - 8 在如图 13 - 30 所示的电路中，$L_1 = 10$ mH，$L_2 = 20$ mH，$C_1 = 10$ μF，$C_2 = 5$ μF，$R = 100$ kΩ，电源的正弦交流成分振幅保持不变，开关 S 长时间闭合．现打开开关，t_0 时间后，通过 L_1 和 L_2 的电流均向右，分别为 $i_{01} = 0.1$ A，$i_{02} = 0.2$ A，电压均为 $U_0 = 40$ V．

(1) 试计算电路的固有振荡频率；
(2) 确定导线 AB 上的电流；
(3) 确定线圈 L_1 中电流的振幅．

例 13-8 一个真空平行板电容器和线圈构成 LC 振荡回路，因线圈电阻小，可忽略不计．回路中振荡能量为 W_0．现将电容器两极板缓慢拉开，使振荡频率增大为原来的 η 倍．试问在此过程中外力做了多少功？

解 设对于初、末电容器

$$C_0 = \frac{\varepsilon_0 S}{d_0}, \quad C = \frac{\varepsilon_0 S}{d}$$

频率增大为原来的 η 倍，故

$$\frac{1}{2\pi\sqrt{LC}} = \frac{1}{2\pi\sqrt{LC_0}}\eta$$

则

$$C = \frac{C_0}{\eta^2}, \quad d = \eta^2 d_0$$

设以 $v \to 0$ 匀速缓慢拉开，在一个周期内可设

$$q \approx q_0 \cos \omega t$$

则一个周期内做的功为

$$\Delta W = \int_0^T qEv\,\mathrm{d}t = \Delta\left(\frac{q_0^2}{2C}\right)$$

即

$$\int_0^T q_0\cos\omega t \cdot \frac{q_0\cos\omega t}{2\varepsilon_0 S} \cdot v\,\mathrm{d}t = \Delta\left(\frac{q_0^2 d}{2\varepsilon_0 S}\right)$$

其中

$$左边 = \frac{q_0^2 v}{2\varepsilon_0 S}\int_0^T \cos^2\omega t\,\mathrm{d}t = \frac{q_0^2 vT}{4\varepsilon_0 S} = \frac{q_0^2}{4\varepsilon_0 S}\Delta d$$

$$右边 = \frac{1}{2\varepsilon_0 S}(2q_0 d\Delta q_0 + q_0^2 \Delta d)$$

故有
$$\frac{q_0^2}{4\varepsilon_0 S}\Delta d = \frac{1}{2\varepsilon_0 S}(2q_0 d\Delta q_0 + q_0^2 \Delta d)$$
整理得
$$\frac{4\Delta q_0}{q_0} + \frac{\Delta d}{d} = 0$$
则
$$\Delta \ln(q_0^4 d) = 0$$
设回路初、末振荡能量
$$W_0 = \frac{Q_0^2}{2C_0}, \quad W = \frac{Q^2}{2C}$$
则
$$Q_0^4 d_0 = Q^4 d$$
故
$$W = \frac{Q^2}{2C} = \sqrt{\frac{d_0}{d}}Q_0^2 \Big/ \frac{2C_0}{\eta^2} = \frac{Q_0^2}{\eta}\frac{\eta^2}{2C_0} = \frac{Q_0^2}{2C_0}\eta = \eta W_0$$
则全过程外力做的功为
$$A = W - W_0 = (\eta - 1)W_0$$

13.3.2　阻尼振荡　受迫振荡　谐振电路

1. 阻尼振荡

当振荡电路中有电阻时,如图 13-31 所示,发生的振荡称为阻尼振荡,有
$$L\ddot{q} + R\dot{q} + \frac{q}{C} = 0$$
与阻尼振动类似.

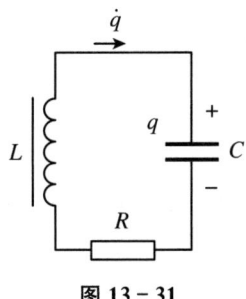

图 13-31

> **练习 13-9** 在电阻 R、电感线圈 L 和电容 C 串联成的振荡回路中发生阻尼振荡. 在一段时间内回路中电流振幅从 I_1 降到 I_2. 试求：
> (1) 在这段时间内电阻上释放的热；
> (2) 电流最大时线圈中磁场能与电容器中电场能的比值.

2. 受迫振荡

在外加周期性电动势持续作用下产生的等幅振荡称为受迫振荡. 如图 13-32 所示，外加电动势

$$\mathscr{E} = \mathscr{E}_0 \cos \omega t$$

则有

$$L\ddot{q} + R\dot{q} + \frac{q}{C} = \mathscr{E}_0 \cos \omega t$$

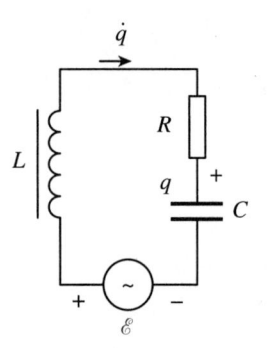

图 13-32

同受迫振动类似；经过一段时间后振荡达稳定状态，稳定状态的频率与外加周期性电动势频率相同.

当外加周期性电动势频率与回路固有频率相等，即

$$\omega = \omega_0 = \frac{1}{\sqrt{LC}}$$

时，稳态电流振幅达到最大，称为电共振，频率称为共振频率：

$$f_0 = \frac{1}{2\pi \sqrt{LC}}$$

3. 谐振电路

对于包含电容、电感、电阻元件和交流电源的电路，其总阻抗可能呈现容性、感性或电阻性. 当总阻抗呈电阻性，即总阻抗的电压与电流同相位时，这样的电路称为谐振电路. 谐振电路在无线电技术中有广泛的应用，例如收音机调谐旋钮用来调节谐振电路中的可变电容器，从而改变电路的谐振频率，选出相应频率的电台信号.

(1) 串联谐振电路

图 13-33 所示的电路，复阻抗

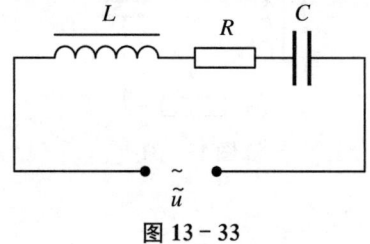

图 13-33

$$\tilde{Z} = R + i\left(\omega L - \frac{1}{\omega C}\right)$$

阻抗、相位差分别为

$$Z = \sqrt{R^2 + \left(\omega L - \frac{1}{\omega C}\right)^2}, \quad \varphi = \arctan\frac{\omega L - \frac{1}{\omega C}}{R}$$

当电源角频率、电容、电感满足

$$\omega L - \frac{1}{\omega C} = 0$$

即

$$\omega = \frac{1}{\sqrt{LC}}$$

时,$\varphi = 0$,电抗 $X = 0$,发生谐振现象,此时阻抗最小,有

$$Z_{\min} = R, \quad I_{\max} = \frac{U}{R}$$

这时有可能在电路两端只加上较小的电压,电容或电感元件上就有很大的电压;谐振角频率 ω_0、频率 f_0 分别为

$$\omega_0 = \frac{1}{\sqrt{LC}}, \quad f_0 = \frac{1}{2\pi\sqrt{LC}}$$

当 $\omega > \omega_0$ 时,$\varphi > 0$,电路呈电感性;当 $\omega = \omega_0$ 时,$\varphi = 0$,电路呈电阻性;当 $\omega < \omega_0$ 时,$\varphi < 0$,电路呈电容性.

(2) 并联谐振电路

并联谐振电路比串联谐振电路复杂些. 图 13-34 所示的电路,阻抗、相位差分别为

$$Z = \sqrt{\frac{R^2 + (\omega L)^2}{(1 - \omega^2 LC)^2 + (\omega CR)^2}}, \quad \varphi = \arctan\frac{\omega L - \omega C[R^2 + (\omega L)^2]}{R}$$

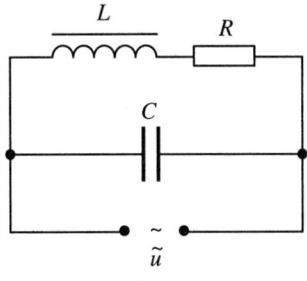

图 13-34

谐振条件为

$$\varphi = 0$$

即

$$\omega_0 = \sqrt{\frac{1}{LC} - \left(\frac{R}{L}\right)^2}$$

注意，此时阻抗不是极大，电流也不是极小．

当 $\omega > \omega_0$ 时，$\varphi < 0$，电路呈电容性；当 $\omega = \omega_0$ 时，$\varphi = 0$，电路呈电阻性；当 $\omega < \omega_0$ 时，$\varphi > 0$，电路呈电感性．当 R 可以忽略时（R 往往主要来自电感元件中的磁芯损耗），谐振角频率 ω_0 与串联谐振角频率公式相同．

例13-9 交变电压为 $u = U_0 \cos \omega t$ 的电源与电容为 $C = 1 \times 10^{-6}$ F 的电容器和自感系数为 $L = 1$ H 的线圈串联．接在电源上的伏特表示数为 $U_1 = 1$ V．若伏特表接到线圈上，其示数为 $U_2 = 100$ V．试问：

(1) 电源的频率 ω 可能是多少？电路元件可以认为是理想的．

(2) 如果线圈是用具有电阻的导线绕制而成的，那么当导线的电阻多大时，上述情况才有可能？

解 (1) 由题意得

$$Z = \left|\omega L - \frac{1}{\omega C}\right|, \quad U_1 = IZ, \quad U_2 = I\omega L$$

则

$$\frac{U_2}{U_1} = \frac{\omega L}{Z}$$

即

$$100 = \frac{\omega L}{\left|\omega L - \frac{1}{\omega C}\right|}$$

解得

$$\omega = 1005 \text{ s}^{-1} \quad 或 \quad \omega = 995 \text{ s}^{-1}$$

(2) 电源电压为

$$U_1 = 1(\text{V})$$

线圈电压为

$$U_2 = \frac{U_1}{\sqrt{R^2 + \left(\omega L - \frac{1}{\omega C}\right)^2}} \sqrt{R^2 + (\omega L)^2} = \sqrt{\frac{R^2 + \omega^2}{R^2 + \left(\omega - \frac{10^6}{\omega}\right)^2}} = 100(\text{V})$$

即

$$R^2 + \omega^2 = 10^4 R^2 + 10^4 \left(\omega - \frac{10^6}{\omega}\right)^2$$

则

$$(10^4 - 1)R^2 = \omega^2 - 10^4 \left(\omega - \frac{10^6}{\omega}\right)^2 \approx 10^4 R^2$$

故

$$R^2 = 10^{-4}\omega^2 - \left(\omega - \frac{10^6}{\omega}\right)^2 = 2\times 10^6 - \left[(1-10^{-4})\omega^2 + \frac{10^{12}}{\omega^2}\right]$$
$$\leqslant 2\times 10^6 - 2\sqrt{(1-10^{-4})10^{12}} = 2\times 10^6(1-\sqrt{1-10^{-4}})$$
$$\approx 2\times 10^6\left[1-\left(1-\frac{1}{2}\times 10^{-4}\right)\right] = 100$$

所以需导线电阻
$$R \leqslant 10(\Omega)$$

13.4 电 磁 波

对电磁感应,麦克斯韦从场的观点出发,认为变化的磁场产生电场,与闭合电路是否存在无关;电荷运动时,空间电场变化,产生了磁场.麦克斯韦利用场的观点假设变化的电场就像运动的电荷,也会在空间产生磁场,即变化的电场产生磁场.例如电容器充、放电时,不仅导体中的电流产生磁场,而且在电容器两极板间变化的电场也会产生磁场.

根据麦克斯韦电磁场理论,若在空间某区域有周期性变化的电场(或磁场),在邻近区域将产生变化磁场(或电场),其又在较远区域产生新的变化电场(或磁场)……不断交替产生,由近及远以有限的速度在空间传播,形成电磁波.麦克斯韦从理论上预言了电磁波的存在,20 年后,赫兹用实验证实了这个预言.

电磁波在真空中也能传播,因为其传播靠的是电、磁之间的相互"感应",而不是靠介质的机械传递.

电磁波的波速为 $u = 1/\sqrt{\varepsilon\mu}$,真空中为 $c = 1/\sqrt{\varepsilon_0\mu_0}$,由此麦克斯韦预言光是电磁波.

1. 麦克斯韦方程组的积分形式

(1) 电场的高斯定理
$$\oint_S \boldsymbol{D}\cdot\mathrm{d}\boldsymbol{S} = \iiint_V \rho\mathrm{d}V = q_0$$

$\boldsymbol{D}$ 为电荷和变化磁场共同激发的电位移矢量,由于感生电场的电场线是闭合曲线,对封闭曲面的电位移通量贡献为零,总电位移矢量只与自由电荷有关.

(2) 推广后的环路定理
$$\oint_L \boldsymbol{E}\cdot\mathrm{d}\boldsymbol{L} = -\iint_S \frac{\partial\boldsymbol{B}}{\partial t}\cdot\mathrm{d}\boldsymbol{S}$$

$\boldsymbol{E}$ 为静电场和感生电场的总电场,由于静电场的保守性,其场强环路积分为零,因此总电场环路积分只与变化磁场有关.

(3) 磁场的高斯定理

$$\oint_S \boldsymbol{B} \cdot \mathrm{d}\boldsymbol{S} = 0$$

(4) 全电路的安培环路定理

$$\oint_L \boldsymbol{H} \cdot \mathrm{d}\boldsymbol{l} = I_\mathrm{c} + \iint_S \frac{\partial \boldsymbol{D}}{\partial t} \cdot \mathrm{d}\boldsymbol{S}$$

I_c 为传导电流,即电荷定向移动形成的电流. $I_\mathrm{d} = \iint_S \frac{\partial \boldsymbol{D}}{\partial t} \cdot \mathrm{d}\boldsymbol{S}$ 为位移电流,本质上是电场的变化率.以平行板电容器充放电为例,

$$I_\mathrm{d} = \frac{\mathrm{d}(DS)}{\mathrm{d}t} = \frac{\mathrm{d}q_0}{\mathrm{d}t}$$

对各向同性均匀电(磁)介质有

$$\boldsymbol{D} = \varepsilon_\mathrm{r}\varepsilon_0 \boldsymbol{E}, \quad \boldsymbol{B} = \mu_\mathrm{r}\mu_0 \boldsymbol{H}$$

2. 麦克斯韦方程组的微分形式

$$\nabla \cdot \boldsymbol{D} = \rho_{e0}, \quad \nabla \times \boldsymbol{E} = -\frac{\partial \boldsymbol{B}}{\partial t}, \quad \nabla \cdot \boldsymbol{B} = 0, \quad \nabla \times \boldsymbol{H} = \boldsymbol{j}_0 + \frac{\partial \boldsymbol{D}}{\partial t}$$

对其的理解需要用到矢量分析中的散度和旋度,请读者自行查阅相关资料.

第 13 章习题

13-1 习图 13-1 所示为一测量子弹速度的装置的示意图,已知电源 $\mathscr{E} = 100$ V,电阻 $R = 6$ kΩ,电容 $C = 0.1$ μF,距离 $l = 3$ m.设电路已达稳态,测子弹速度时,子弹先将开关 S 打开,经 l 长距离飞至 S_1-S_2 连锁开关,使 S_1 打开的同时 S_2 闭合,若冲击电流计 G 测出电荷 $Q = 3.45$ μC,试求子弹的速度.

13-2 习图 13-2 所示的电路中,简谐交流电源的频率 $f = 50$ Hz,三个交流电表的示数相同,两个电阻器的阻值都是 100 Ω.试求线圈的自感 L 和电容器的电容 C.

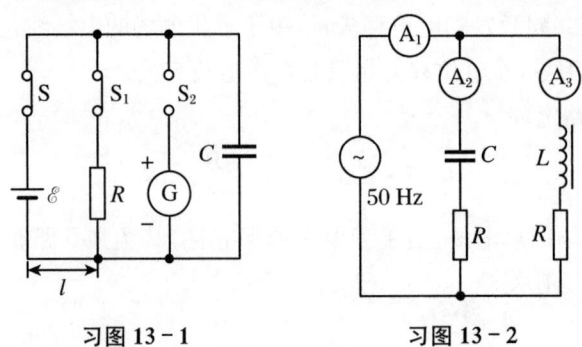

习图 13-1   习图 13-2

13-3 两个自感系数同为 L 的相同线圈,两个电容同为 C 的相同电容器和内阻很小的交流安培表,组成习图 13-3 所示的电路,接到交流电源上.电源电压的最大值为 U_0,其频率可以在很宽的范围内变化.当频率为多少时,通过安培表的电流最小?这电流的幅值是多少?电路元件可认为是理想的.

13-4 水平桌面上放置一段振幅为 d 的正弦曲线形状的刚性绝缘长导线,且在两端点 A 与 A' 焊接一段长为 $\overline{AA'}$ 的直导线,构成一个闭合回路,回路总电阻为 R,电感为 L,以垂直于桌面的平面 O_1O_2 为界,左侧存在垂直于桌面方向向下的匀强磁场,磁感应强度为 B,右侧无磁场.从某一时刻开始,导线回路在桌面上,沿着垂直于 O_1O_2 平面且沿直导线方向以不变的速度 v 向磁场区运动,如习图 13-4 所示.若 A 点到达磁场区域的时刻记为 $t=0$,每经一个时间间隔 t_0,导体正弦曲线进入磁场一个周期.试计算回路进入磁场的运动过程中,回路产生的平均热功率以及功率因数.

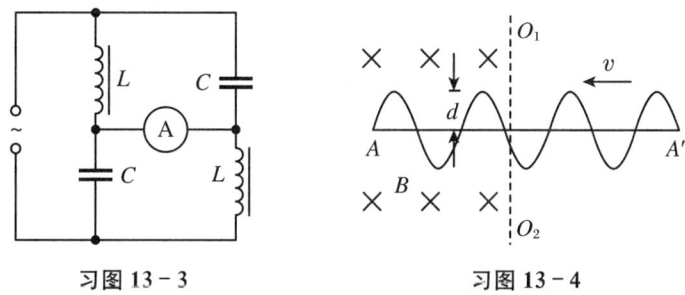

习图 13-3　　　　习图 13-4

13-5 如习图 13-5 所示,一个半无限梯形网络由电容 C 和电感 L 组成.网络从左边 A,B 端开始,向右无限延伸.

(1) 试求 A,B 两端的复阻抗.

(2) 一个交变电压 $U_0\cos\omega t$ 加于 A,B 两端点,使网络通过电流.试求一个周期中供给此网络的平均功率.设 ω_C 为此网络的临界频率,分别对 $\omega>\omega_C$,$\omega<\omega_C$ 两种情形给出解答.

(3) 当 $\omega>\omega_C$ 时,交变信号无衰减地通过图示网络,但有相位逐节落后,每节 LC 网络的长度为 Δr,试求信号沿网络的传播速度 v.

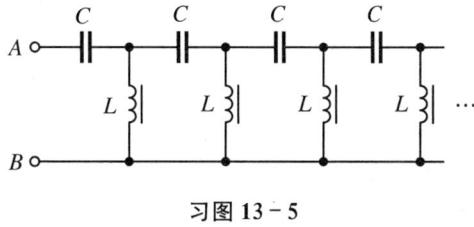

习图 13-5

13-6 如习图 13-6 所示,A,B,C 是三相交流电的三根端线,它们的线电压是 380 V.R_1,R_2,R_3 是三个阻值相同的电阻.

(1) S 闭合时,R_2 的发热功率为 100 W,试求 R_2 的阻值;

(2) S 断开时,试求 R_2 上的电压和发热功率.

13-7　习图 13-7 所示电路由下列元件组成:电容为 C 的电容器(开始未充电),电感为 L、电阻不计的线圈,电动势为 $\mathscr{E}$、内阻不计的电池,氖灯 N,电键 K. 氖灯 N 在其端点电压小于燃点电压 U_z 时保持绝缘体特性(不导通);超过燃点电压 U_z 时点燃(即导通),并引起电容器迅速放电,直至成为熄灭电压的电压值 U_g,以后电流又停止(氖灯熄灭). 假定电容器通过氖灯放电的时间极短,可以认为放电过程流过线圈的电流没有变化. 试证明:在 $\mathscr{E}=34$ V,$U_z=64$ V,$U_g=22$ V 时,合上电键 K,氖灯只亮一次. 之后电容器上的电压在什么区间变化?

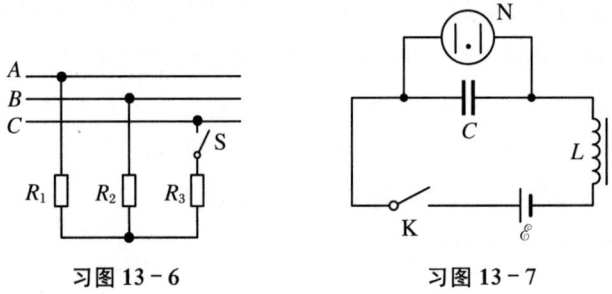

习图 13-6　　　　习图 13-7

13-8　如习图 13-8 所示,相距较远的两个相同的 LC 回路 L_1C_1 和 L_2C_2,有 $C_1=C_2=C$,$L_1=L_2=L$,开关 S 断开. 使第一个回路中激发振荡,电容器 C_1 上的最大电压为 U_0. 不计回路的自感.

(1) 当电容器 C_1 上电压为最大值 U_0 时,接通开关 S. 试描述随后电路中发生的物理过程,计算两电容器的电压随时间变化的关系.

(2) 当电容器上电压为零时(设此时 L_1 电流向下),接通开关 S. 试计算两电容器电荷量、电感器电流、开关处电流随时间变化的关系.

13-9　习图 13-9 所示的振荡器电路中,简谐交流驱动电动势为 $v=V_0\cos\omega t$,两线圈的自感系数分别为 L_1,L_2,互感系数为 M,且 $L_1=L_2=M=L$. 振荡器初级回路中电阻器电阻为 R,次级回路中电容器电容为 C. i_1,i_2 分别为两回路中的电流.

(1) 试求振荡器中瞬时电流 $i_1(t)$,写成频率 ω 的函数.

(2) 振荡器输入的平均功率是多少? 写成频率 ω 的函数.

(3) 试求振荡器频率 ω 等于次级回路响应频率(即次级回路 LC 固有频率)时的电流 $i_1(t)$.

(4) 当振荡器频率趋近于次级回路的响应频率时,输入电流与驱动电动势的相位差是多少?

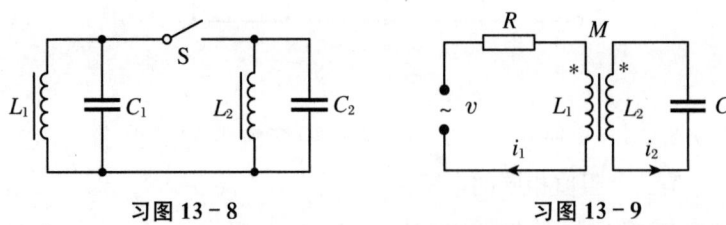

习图 13-8　　　　　　习图 13-9

第 13 章练习详解及习题答案

练习 13-1 设某时刻 L_1 中的电流为 i_1，L_2 中的电流为 i_2，则干路中的电流为 $i_1 + i_2$；L_1, L_2 回路

$$L_1 \frac{di_1}{dt} = L_2 \frac{di_2}{dt}$$

故

$$L_1 di_1 = L_2 di_2$$

开关 S_2 闭合到稳定，积分

$$L_1 \int_{I_0}^{I_1} di_1 = L_2 \int_0^{I_2} di_2$$

则

$$L_1(I_1 - I_0) = L_2 I_2$$

稳定时对左网孔

$$I_1 + I_2 = \frac{\mathscr{E}}{r}$$

联立解得

$$I_1 = \frac{L_2 \mathscr{E} + L_1 I_0 r}{r(L_1 + L_2)}, \quad I_2 = \frac{L_1 \mathscr{E} - L_1 I_0 r}{r(L_1 + L_2)}$$

练习 13-2 （1）由题意得

$$Z = \sqrt{R^2 + \left(\omega L - \frac{1}{\omega C}\right)^2}$$

当

$$\omega L = \frac{1}{\omega C}$$

即

$$(2\pi f_0)^2 = \frac{1}{LC}$$

亦即

$$f_0 = \frac{1}{2\pi \sqrt{LC}}$$

时 Z 最小。

（2）代入数据得

$$f_0 = 10^5 (\text{Hz}), \quad Z = R = 10(\Omega)$$

则
$$I = \frac{U}{Z} = 5(\text{mA})$$

故
$$U_L = I2\pi f_0 L \approx 314(\text{V})$$

可知
$$U_L \gg U$$

练习 13 - 3 解法 1:矢量图解法. 如答图 13 - 1 所示,有
$$I_C^2 + I_R^2 = I_2^2 = 0.04, \quad I_C^2 + (2I_R)^2 = I_1^2 = 0.09$$

联立解得
$$I_R = \sqrt{\frac{1}{60}}(\text{A}), \quad I_C = \sqrt{\frac{7}{300}}(\text{A})$$

又
$$U = I_R R = I_C \frac{1}{2\pi f C}$$

解得
$$R = 72\sqrt{15}(\Omega) \approx 279(\Omega), \quad C \approx 13.5(\mu\text{F})$$

答图 13 - 1

解法 2:复数法. R_2 与 C 并联后
$$\frac{1}{\widetilde{Z}_2} = \frac{1}{R} + \text{i}2\pi f C$$

故
$$\frac{1}{Z_2} = \sqrt{\frac{1}{R^2} + (2\pi f C)^2}$$

又
$$I_1 = \frac{U}{Z_2} = U\sqrt{\frac{1}{R^2} + (2\pi f C)^2}$$

即
$$0.2 = 36\sqrt{\frac{1}{R^2} + (100\pi C)^2}$$

三者并联后
$$\frac{1}{\widetilde{Z}_3} = \frac{2}{R} + \text{i}2\pi f C$$

故
$$\frac{1}{Z_3} = \sqrt{\frac{4}{R^2} + (2\pi f C)^2}$$

又

$$I_1 = \frac{U}{Z_3} = U\sqrt{\frac{4}{R^2} + (2\pi fC)^2}$$

即

$$0.3 = 36\sqrt{\frac{4}{R^2} + (100\pi C)^2}$$

联立解得 R, C(略).

练习 13-4 由题意得

$$\mathscr{E}_1 = \mathscr{E}_0 \sin^2\omega t = \frac{1}{2}\mathscr{E}_0 - \frac{1}{2}\mathscr{E}_0 \cos 2\omega t$$

故原题可看作三个电源 $\frac{1}{2}\mathscr{E}_0$, $-\frac{1}{2}\mathscr{E}_0\cos 2\omega t$, $\mathscr{E}_0\cos\omega t$ 的叠加.

① 当 $\frac{1}{2}\mathscr{E}_0$ 单独存在时,通过 R_1 的电流

$$i_{11} = \frac{\mathscr{E}_0}{2R}$$

② 解法 1:当 $-\frac{1}{2}\mathscr{E}_0\cos 2\omega t$ 单独存在时,采用矢量图解法. 如答图 13-2 所示,有

$$Z_L = 2\omega L = R, \quad Z_C = \frac{1}{2\omega C} = R$$

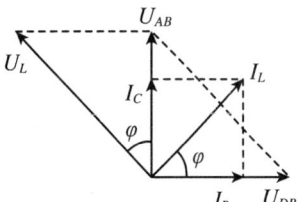

答图 13-2

则

$$I_C = I_R = \frac{U_{DB}}{R}, \quad \tan\varphi = \frac{I_C}{I_R} = 1, \quad \varphi = 45°$$

$$I_L = \sqrt{I_C^2 + I_R^2} = \frac{\sqrt{2}U_{DB}}{R}, \quad U_L = I_L Z_L = \sqrt{2}U_{DB}$$

由几何关系知峰值

$$U_{DB} = U_{AB} = -\frac{1}{2}\mathscr{E}_0$$

U_{DB} 比 U_{AB} 相位滞后 $\pi/2$,故流经 R_1 的电流峰值为

$$I_R = \frac{U_{DB}}{R} = -\frac{\mathscr{E}_0}{2R}$$

瞬时值为

$$i_{12} = I_R\cos\left(2\omega t - \frac{\pi}{2}\right) = -\frac{\mathscr{E}_0}{2R}\sin 2\omega t$$

解法 2:当 $-\frac{1}{2}\mathscr{E}_0\cos 2\omega t$ 单独存在时,采用复数法.

$$\tilde{\mathscr{E}}_{12} = -\frac{1}{2}\mathscr{E}_0 e^{i2\omega t}, \quad \tilde{Z}_C = \frac{1}{i2\omega C} = -iR, \quad \tilde{Z}_L = i2\omega L = iR$$

$$\tilde{\mathscr{E}}_{12} = \tilde{U}_{DB} + \left(\frac{\tilde{U}_{DB}}{\tilde{Z}_C} + \frac{\tilde{U}_{DB}}{R}\right)\tilde{Z}_L = \tilde{U}_{DB} + \left(\frac{\tilde{U}_{DB}}{-iR} + \frac{\tilde{U}_{DB}}{R}\right)iR = i\tilde{U}_{DB} = \tilde{U}_{DB}e^{i\frac{\pi}{2}}$$

则
$$\widetilde{U}_{DB} = -\frac{1}{2}\mathscr{E}_0 \mathrm{e}^{\mathrm{i}2\omega t} \mathrm{e}^{-\mathrm{i}\frac{\pi}{2}} = -\frac{1}{2}\mathscr{E}_0 \mathrm{e}^{\mathrm{i}\left(2\omega t - \frac{\pi}{2}\right)}$$

流经电流为
$$\widetilde{I}_{12} = \frac{\widetilde{U}_{DB}}{R} = -\frac{\mathscr{E}_0}{2R}\mathrm{e}^{\mathrm{i}\left(2\omega t - \frac{\pi}{2}\right)}$$

即
$$i_{12} = -\frac{\mathscr{E}_0}{2R}\cos\left(2\omega t - \frac{\pi}{2}\right) = -\frac{\mathscr{E}_0}{2R}\sin 2\omega t$$

③ 当 $\mathscr{E}_0 \cos \omega t$ 单独存在时，$\mathscr{E}_1$ 处短路，故
$$i_{13} = 0$$

综上，通过 R_1 的电流为
$$i_1(t) = i_{11} + i_{12} + i_{13} = \frac{\mathscr{E}_0}{2R}(1 - \sin 2\omega t)$$

练习 13 - 5 （1）如答图 13 - 3(a) 所示，A', B' 间右侧部分复阻抗也为 $\widetilde{Z}_0$，故
$$\widetilde{Z}_0 = \widetilde{Z}_L + \frac{\widetilde{Z}_C \widetilde{Z}_0}{\widetilde{Z}_C + \widetilde{Z}_0}$$

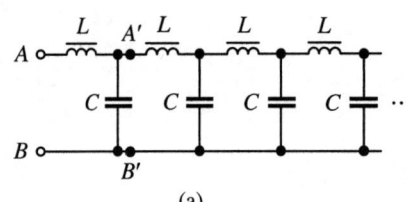
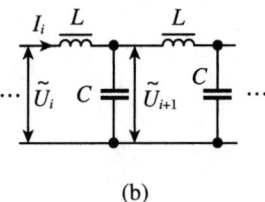

(a)   (b)

答图 13 - 3

即
$$\widetilde{Z}_0^2 - \widetilde{Z}_L \widetilde{Z}_0 - \widetilde{Z}_L \widetilde{Z}_C = 0$$

解得
$$\widetilde{Z}_0 = \frac{1}{2}\left(\widetilde{Z}_L \pm \sqrt{\widetilde{Z}_L^2 + 4\widetilde{Z}_L \widetilde{Z}_C}\right)$$
$$= \frac{1}{2}\left(\mathrm{i}\omega L \pm \sqrt{-\omega^2 L^2 + 4\mathrm{i}\omega L \frac{1}{\mathrm{i}\omega C}}\right)$$
$$= \mathrm{i}\frac{\omega L}{2} \pm \sqrt{-\frac{\omega^2 L^2}{4} + \frac{L}{C}}$$

练习 13 - 5

应只有一个合理的解，由于 $\mathrm{i}\frac{\omega L}{2}$ 为纯虚数，故根号中为实数时，根号前必须取正，所以应取
$$\widetilde{Z}_0 = \mathrm{i}\frac{\omega L}{2} + \sqrt{-\frac{\omega^2 L^2}{4} + \frac{L}{C}}$$

(2) 如答图 13-3(b)所示,有

$$\frac{\widetilde{U}_{i+1}}{\widetilde{U}_i} = \frac{\widetilde{I}_i(\widetilde{Z}_0 - \widetilde{Z}_L)}{\widetilde{I}_i \widetilde{Z}_0} = \frac{\widetilde{Z}_0 - \widetilde{Z}_L}{\widetilde{Z}_0} = \frac{\sqrt{\frac{L}{C} - \frac{\omega^2 L^2}{4}} - \mathrm{i}\frac{\omega L}{2}}{\sqrt{\frac{L}{C} - \frac{\omega^2 L^2}{4}} + \mathrm{i}\frac{\omega L}{2}}$$

当 $\frac{L}{C} > \frac{\omega^2 L^2}{4}$,即 $\omega < \frac{2}{\sqrt{LC}}$ 时,$U_{i+1} = U_i$,电磁信号只改变相位,不改变幅值,可以无衰减通过网络;

当 $\omega > \frac{2}{\sqrt{LC}}$ 时,$U_{i+1} < U_i$,电磁信号不断衰减,不能通过网络.

故截止频率为

$$\omega_C = \frac{2}{\sqrt{LC}}$$

此网络只能通过低频信号,是一个低通滤波器.

(3) 当 $\omega < \omega_C$ 时,

$$\frac{\widetilde{U}_{i+1}}{\widetilde{U}_i} = \frac{U_{i+1}\mathrm{e}^{-\mathrm{i}\varphi}}{U_i \mathrm{e}^{\mathrm{i}\varphi}} = \mathrm{e}^{-\mathrm{i}2\varphi}$$

其中

$$\tan\varphi = \frac{\omega L/2}{\sqrt{\frac{L}{C} - \frac{\omega^2 L^2}{4}}}$$

当 $\omega \ll \omega_C$ 时,即

$$\frac{L}{C} \gg \frac{\omega^2 L^2}{4}, \quad \sqrt{\frac{L}{C}} \gg \frac{\omega L}{2}$$

故

$$\tan\varphi \approx \varphi \approx \frac{\omega L/2}{\sqrt{L/C}} = \frac{\omega}{2}\sqrt{LC}$$

即同一时刻 $i+1$ 节信号相位滞后 i 节 2φ,或 $i+1$ 节信号时间滞后 i 节,为

$$\Delta t = \frac{2\varphi}{\omega} = \sqrt{LC}$$

即交流信号经 Δt 传递到下一节,而传播距离为 Δr,故传播速度为

$$v = \frac{\Delta r}{\Delta t} = \frac{\Delta r}{\sqrt{LC}}$$

练习 13-6 (1) 由题意得

$$I_A = I_B = \frac{U}{R_A} = 10(\mathrm{A}), \quad I_C = \frac{U}{R_C} = 8(\mathrm{A}), \quad \widetilde{I}_O = \widetilde{I}_A + \widetilde{I}_B + \widetilde{I}_C$$

I_A, I_B, I_C 依次滞后 $2\pi/3$,作矢量图如答图 13-4 所示,则中线电流大小为

$$I_O = 10\,\mathrm{A} - 8\,\mathrm{A} = 2(\mathrm{A})$$

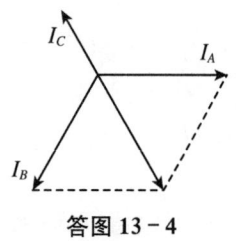

答图 13-4

中线电流相位比 I_A 落后 $\pi/3$.

(2) 各线电压均为
$$U_{AB} = U_{BC} = U_{CA} = 220\sqrt{3} \approx 380(\text{V})$$
依次落后 $\pi/3$.

(3) 中线断开,各线电压不变,三相电流之和为零;取
$$\tilde{U}_{AB} = 380\sqrt{2}\ \text{V}$$
$$\tilde{U}_{BC} = 380\sqrt{2}e^{-i\frac{2}{3}\pi} = 380\sqrt{2}\left(-\frac{1}{2} - i\frac{\sqrt{3}}{2}\right)(\text{V})$$
$$\tilde{U}_{CA} = 380\sqrt{2}e^{i\frac{2}{3}\pi} = 380\sqrt{2}\left(-\frac{1}{2} + i\frac{\sqrt{3}}{2}\right)(\text{V})$$

有
$$\tilde{U}_{AB} = \tilde{I}_A R_A - \tilde{I}_B R_B, \quad \tilde{U}_{BC} = \tilde{I}_B R_B - \tilde{I}_C R_C, \quad \tilde{I}_A + \tilde{I}_B + \tilde{I}_C = 0$$

解得
$$\tilde{I}_A = \left(\frac{95\sqrt{2}}{11} + i\frac{190\sqrt{6}}{77}\right)(\text{A}), \quad \tilde{I}_B = \left(-\frac{95\sqrt{2}}{11} - i\frac{190\sqrt{6}}{77}\right)(\text{A}), \quad \tilde{I}_C = i\frac{380\sqrt{6}}{77}(\text{A})$$

即
$$i_A \approx 13.67\cos(\omega t + 0.46)(\text{A})$$
$$i_B \approx 13.67\cos(\omega t + 3.60)(\text{A})$$
$$i_C \approx 12.09\cos\left(\omega t - \frac{\pi}{2}\right)(\text{A})$$

有效值分别为
$$I_A = 9.67\ \text{A}, \quad I_B = 9.67\ \text{A}, \quad I_C = 8.55\ \text{A}$$

另可计算各电阻电压,分别为 213 V,213 V,235 V.

练习 13-7 解法 1:不妨设初始右极板带正电.设某时刻右极板带电 $+q$(q 可小于零),顺时针电流时
$$i = -\dot{q}, \quad L\dot{i} + \mathscr{E} - \frac{q}{C} = 0$$

即
$$L\ddot{q} + \frac{1}{C}(q - C\mathscr{E}) = 0$$

平衡位置为
$$q_0 = C\mathscr{E}, \quad U_0 = \mathscr{E} = 1.5(\text{V})$$

逆时针电流时
$$i = \dot{q}, \quad \mathscr{E} + L\dot{i} + \frac{q}{C} = 0$$

即

$$L\ddot{q} + \frac{1}{C}(q + C\mathscr{E}) = 0$$

平衡位置为

$$q_0' = -C\mathscr{E}, \quad U_0' = -\mathscr{E} = -1.5(\text{V})$$

(与有摩擦的简谐振子类似),每完成一次完整的振荡,如答图 13-5 所示,有

$$U_i - \mathscr{E} = \mathscr{E} - U_i', \quad -\mathscr{E} - U_i' = U_{i+1} - (-\mathscr{E})$$

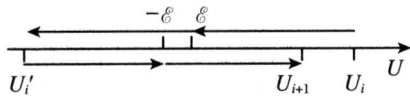

答图 13-5

故每完成一次完整振荡,电压变化

$$\Delta U = U_{i+1} - U_i = -4\mathscr{E} = -6(\text{V})$$

由于取初始右极板带正电,故最终电压为 $-U_1 = -1(\text{V})$;若结束于顺时针电流时,即半个振荡,则最终电压为

$$U_i' = -U_1 = -1(\text{V})$$

最后半个振荡之初,即最后一个完整振荡之末的电压 U_i 满足

$$U_i - \mathscr{E} = \mathscr{E} - U_i'$$

则

$$U_i = 2\mathscr{E} - U_i' = 4(\text{V})$$

故所求电容器原电压 U 满足

$$N\Delta U = U_i - U$$

则

$$U = (4 + 6N)(\text{V}) \quad (N = 0, 1, 2, \cdots)$$

若结束于逆时针电流时,即最后一次为完整振荡,则最终电压为

$$U_{i+1} = -U_1 = -1(\text{V})$$

故所求电容器原电压 U 满足

$$N\Delta U = U_{i+1} - U$$

则

$$U = (-1 + 6N)(\text{V}) \quad (N = 1, 2, \cdots)$$

解法 2:仍取初始右极板带正电,取左极板电势为零.每完成一次完整振荡,顺时针电流部分设右极板电势由 U_i 到 U_i',有

$$\frac{1}{2}CU_i^2 - \frac{1}{2}CU_i'^2 = C(U_i - U_i')\mathscr{E}$$

故

$$U_i + U_i' = 2\mathscr{E}$$

逆时针电流部分设右极板电势由 U_i' 到 U_{i+1},有

$$\frac{1}{2}CU_i'^2 - \frac{1}{2}CU_{i+1}^2 = C(U_{i+1} - U_i')\mathscr{E}$$

故

$$U_{i+1} + U_i' = -2\mathscr{E}$$

则一个完整振荡

$$\Delta U = U_{i+1} - U_i = -4\mathscr{E} = -6(\text{V})$$

之后同解法 1.

练习 13-8 取电容器、线圈电流向右为正方向.

(1) 解法 1:发生振荡时

$$\tilde{I}_{L1} = \frac{\tilde{U}}{i\omega L_1}, \quad \tilde{I}_{L2} = \frac{\tilde{U}}{i\omega L_2}, \quad \tilde{I}_{C1} = \tilde{U}i\omega C_1, \quad \tilde{I}_{C2} = \tilde{U}i\omega C_2$$

有

$$\tilde{I}_{L1} + \tilde{I}_{L2} + \tilde{I}_{C1} + \tilde{I}_{C2} = 0$$

即

$$(C_1 + C_2)\omega^2 = \frac{1}{L_1} + \frac{1}{L_2}$$

则

$$\omega = \sqrt{\frac{L_1 + L_2}{L_1 L_2 (C_1 + C_2)}} = \sqrt{10} \times 10^3 (\text{s}^{-1})$$

故固有振荡频率为

$$f = \frac{\omega}{2\pi} \approx 503(\text{Hz})$$

解法 2:总电感、总电容分别为

$$L = \frac{L_1 L_2}{L_1 + L_2}, \quad C = C_1 + C_2$$

故

$$f = \frac{1}{2\pi\sqrt{LC}} = \frac{1}{2\pi}\sqrt{\frac{L_1 + L_2}{L_1 L_2 (C_1 + C_2)}} \approx 503(\text{Hz})$$

解法 3:由 $L_1 C_1 = L_2 C_2$ 知 $L_1 C_1, L_2 C_2$ 两回路各自振荡,故

$$f = \frac{1}{2\pi\sqrt{L_1 C_1}} \approx 503(\text{Hz})$$

(2) 交流成分

$$\frac{\tilde{I}_{L1}}{\tilde{I}_{L2}} = \frac{L_2}{L_1} = \frac{2}{1} \neq \frac{i_{01}}{i_{02}}$$

故还有直流成分,直流成分在 L_1, L_2 及导线上环绕,通过 AB 设为顺时针的 I;交流成分满足

$$\widetilde{I}_{L1} + \widetilde{I}_{C1} = 0, \quad \widetilde{I}_{L2} + \widetilde{I}_{C2} = 0$$

故交流成分不通过 AB，L_1C_1，L_2C_2 两回路各自振荡，且 L_1，L_2 上电流同相；t_0 时刻

$$\frac{\widetilde{I}_{L01}}{\widetilde{I}_{L02}} = \frac{\mathrm{Re}(\widetilde{I}_{L01})}{\mathrm{Re}(\widetilde{I}_{L02})} = \frac{2}{1}, \quad i_{01} = \mathrm{Re}(\widetilde{I}_{L01}) + I, \quad i_{02} = \mathrm{Re}(\widetilde{I}_{L02}) - I$$

其中 $\mathrm{Re}(\widetilde{I})$ 表示复电流的实部，即交流成分的瞬时值，联立解得

$$I = -0.1(\mathrm{A}), \quad \mathrm{Re}(\widetilde{I}_{L01}) = 0.2(\mathrm{A}), \quad \mathrm{Re}(\widetilde{I}_{L02}) = 0.1(\mathrm{A})$$

故流过 AB 的电流向上，大小恒为 0.1 A．

(3) 振幅不必考虑直流成分，L_1C_1，L_2C_2 两回路各自振荡，故只需考虑 L_1C_1 回路

$$\frac{1}{2}L_1[\mathrm{Re}(\widetilde{I}_{L01})]^2 + \frac{1}{2}CU_0^2 = \frac{1}{2}L_1 I_{Lm1}^2$$

解得 L_1 中电流振幅为

$$I_{Lm1} \approx 1.28(\mathrm{A})$$

练习 13-9 (1) 电流最大时

$$U_L = 0$$

故

$$U_C = IR$$

电路中能量

$$W = \frac{1}{2}LI^2 + \frac{1}{2}CU_C^2 = \frac{1}{2}I^2(L + CR^2)$$

故电阻生热

$$Q = W_1 - W_2 = \frac{1}{2}(I_1^2 - I_2^2)(L + CR^2)$$

(2) 电流最大时

$$W_L = \frac{1}{2}LI^2, \quad W_C = \frac{1}{2}CU_C^2 = \frac{1}{2}CI^2R^2$$

故磁场能与电场能的比值为

$$\frac{W_L}{W_C} = \frac{L}{CR^2}$$

13-1 $v = 4.7 \times 10^3$ m/s．

13-2 $L \approx 0.55$ H，$C \approx 18.4$ μF．

13-3 $f = \dfrac{1}{2\pi\sqrt{LC}}$，幅值为 $I_A = U_0\sqrt{\dfrac{C}{L}}$．

13-4 $P = \dfrac{B^2 v^2 d^2 R}{2\left[R^2 + \left(\dfrac{2\pi}{t_0}L\right)^2\right]}$，$\cos\varphi = \dfrac{R}{\sqrt{R^2 + \left(\dfrac{2\pi}{t_0}L\right)^2}}$．

13-5 (1) $\tilde{Z} = -\mathrm{i}\dfrac{1}{2\omega C} + \sqrt{\dfrac{L}{C} - \dfrac{1}{4\omega^2 C^2}}.$

(2) $\omega_C = \dfrac{1}{2\sqrt{LC}}$;当 $\omega < \omega_C$ 时,$P = 0$;当 $\omega > \omega_C$ 时,$P = \dfrac{U_0}{2}\sqrt{\dfrac{C}{L} - \dfrac{1}{4\omega^2 L^2}}.$

(3) $v = \dfrac{\omega \Delta r}{2\pi - 2\arctan\dfrac{1}{\sqrt{4\omega^2 LC - 1}}}.$

13-6 (1) $R_2 = 484\ \Omega$;

(2) $U_2 = 190\ \mathrm{V}, P_2 = 74.6\ \mathrm{W}.$

13-7 证明略.之后电容器上的电压变化范围为 14~54 V.

13-8 (1) C_1, C_2 电荷迅速再分配,之后各自振荡;$u_1 = u_2 = \dfrac{1}{2}U_0\cos\dfrac{1}{\sqrt{LC}}t.$

(2) 电容器电荷量、电感器电流分别为(Q 为上极板电荷量,电感器电流以向下为正方向)

$$Q_1 = Q_2 = -\dfrac{1}{2}CU_0\sin\omega t$$

$$i_1 = \dfrac{U_0}{2}\sqrt{\dfrac{C}{L}}(1 + \cos\omega t), \quad i_2 = \dfrac{U_0}{2}\sqrt{\dfrac{C}{L}}(\cos\omega t - 1)$$

开关流过恒定电流 $i = \dfrac{U_0}{2}\sqrt{\dfrac{C}{L}}$,方向向左.

13-9 (1) $i_1(t) = \dfrac{V_0}{\sqrt{R^2 + \left(\dfrac{\omega L}{1 - \omega^2 LC}\right)^2}}\cos(\omega t - \varphi), \varphi = \arctan\dfrac{\omega L}{R(1 - \omega^2 LC)}$;

(2) $P = \dfrac{V_0^2 R}{2\left[R^2 + \left(\dfrac{\omega L}{1 - \omega^2 LC}\right)^2\right]}$;

(3) $i_1(t) = 0$;

(4) $\pm\dfrac{\pi}{2}.$

第 14 章 近代物理学

14.1 狭义相对论

14.1.1 爱因斯坦假设与洛伦兹变换

狭义相对论以前的力学称为经典力学,研究宏观物体低速运动.狭义相对论以前的时空观称为绝对时空观,认为时间的流逝与空间的量度同物体的存在和运动没有任何关系,时间总是均匀地流逝着,空间总是独立地延伸着,时空是相互独立的,它体现在伽利略变换中.

伽利略变换:如图 14-1 所示,参考系 S' 与参考系 S 坐标轴平行,S' 相对 S 沿 x 轴正方向以 v 匀速运动,取 O' 与 O 重合为计时起点($t' = t = 0$),设同一个事件在 S,S' 参考系中的坐标分别为 (x,y,z,t),(x',y',z',t'),则伽利略变换为

$$x' = x - vt, \quad y' = y, \quad z' = z, \quad t' = t$$

或

$$x = x' + vt, \quad y = y', \quad z = z', \quad t = t'$$

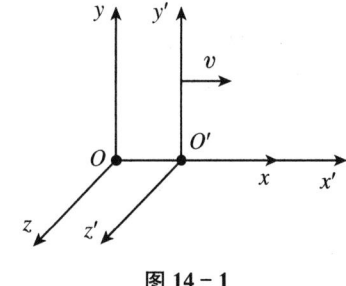

图 14-1

相应速度变换为

$$u'_x = u_x - v, \quad u'_y = u_y, \quad u'_z = u_z$$

加速度变换为

$$a'_x = a_x, \quad a'_y = a_y, \quad a'_z = a_z$$

伽利略指出,静止或匀速运动大船中发生的任何一种力学现象,都无法判断船究竟是在运动还是停着不动.爱因斯坦称之为伽利略相对性原理:在一个惯性系内部所做的任何力学实验都不能确定这一惯性系本身是静止还是在匀速运动;或一切惯性系对于描写运动的力学定律是等价的;或一切惯性系中力学规律都取相同的形式.在经典力学中,牛顿定律、伽利

略变换、伽利略相对性原理是自洽的,彼此之间没有矛盾.

电磁场理论建立后,根据麦克斯韦电磁场理论计算得到真空中的电磁波波速(无论波源是否在运动,在任意惯性系中)为一个常数

$$c = \frac{1}{\sqrt{\varepsilon_0 \mu_0}} \approx 3 \times 10^8 \text{ m/s}$$

这不符合伽利略相对性原理或伽利略变换,麦克斯韦理论与伽利略相对性原理中应有一个是错误而需要修正的.一系列的实验或天文观测说明麦克斯韦方程组是正确的,例如迈克耳孙-莫雷实验,试图测出地球相对于绝对参考系(即以太系)的速度,但失败了.

1. 爱因斯坦假设

爱因斯坦坚信麦克斯韦电磁理论是正确的,相对性原理是适用于力学和电磁学的普遍原理,而伽利略变换必须抛弃.他领悟到伽利略变换中牛顿时空观原来是头脑中的抽象猜测,并没有实验事实的支持,为了得到能与相对性原理和麦克斯韦理论和谐一致的新的时空变换,他提出了两条基本假设:

(1) 狭义相对性原理:物理定律在一切惯性系中都取相同形式.(不仅是力学规律.)

(2) 光速不变原理:光在真空中的传播速度 c 是一个普适恒量,与光源速度无关.

爱因斯坦根据这两条狭义相对论基本原理,导出了新的时空变换,这就是洛伦兹变换.

下面给出几个例证来说明光速不遵从伽利略速度合成律而显示出光速 c 的普适性.

例证 1:迈克耳孙-莫雷实验.如图 14-2(a)所示,设地球相对以太系的速度为 v,方向向右,设 $\overline{G_1 M_1} = \overline{G_1 M_2} = l$;假设光速遵从伽利略变换,光在以太中的速度为 c,光在地面系的速度由伽利略变换得出.光在 $G_1 M_1$ 的来回,速度变换(光对地球等于光对以太加以太对地球)如图 14-2(b)所示,时间为

$$t_1 = \frac{2l}{\sqrt{c^2 - v^2}} = \frac{2l}{c} \frac{1}{\sqrt{1 - \frac{v^2}{c^2}}}$$

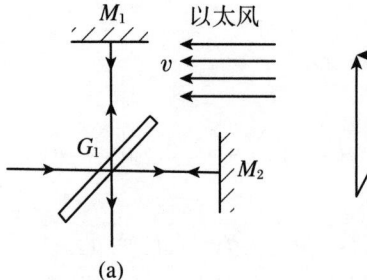

图 14-2

光在 $G_1 M_2$ 来回的时间为

$$t_2 = \frac{l}{c-v} + \frac{l}{c+v} = \frac{2l}{c} \frac{1}{1-\frac{v^2}{c^2}}$$

两束光的光程差为

$$\Delta = c(t_2 - t_1)$$

将干涉仪绕竖直轴转过 90°,两支路地位互换,光程差将改变符号,将引起干涉条纹移动.

但实验中没有观察到与预期计算相符的移动.实际以太不存在,绝对惯性系不存在,真空中光速为一恒量,应有

$$t_1 = t_2 = \frac{2l}{c}$$

例证 2:我国北宋至和元年观察到一颗超新星爆发,可见时间不到两年.根据现代观测资料,此超新星(蟹状星云)距地球 $L = 6300$ 光年,爆发速度 $v = 1500$ km/s.若伽利略变换是正确的,朝向地球爆发的光到达地球用时

$$t_1 = \frac{L}{c+v}$$

背离地球爆发的光到达地球用时

$$t_2 = \frac{L}{c-v}$$

代入 $c = 1$ 光年/年,$v = 1500$ km/s $= 5 \times 10^{-2}$ 光年/年,计算可观测时间为

$$\Delta t = t_2 - t_1 = 63 \text{ 年}$$

与记载中的不到两年不符.

例证 3:一个以 $0.99975c$ 运动的 π^0 介子发生衰变,向前、向后各辐射一个光子,精确实验测得向前、向后运动的光子的速度都为 c.

爱因斯坦根据他提出的两条基本假设,即两条狭义相对论基本原理,导出了新的时空变换,这就是洛伦兹变换.

2. 洛伦兹变换

洛伦兹变换是由洛伦兹首先得到的,但洛伦兹不是相对论者,他是在绝对静止惯性系的前提下,考虑物体因运动而发生收缩的物质过程,引入"地方时"概念而得到的.爱因斯坦从两条狭义相对论基本原理导出洛伦兹变换,使它成为狭义相对论中具有基础地位的关系式.

设一个事件在两个惯性系 S 和 S' 中时空坐标分别为 (x,y,z,t) 和 (x',y',z',t'),S 系与 S' 系之间时空坐标的变换必定是线性的,因为 S 系和 S' 系是完全等价的,从 S 系到 S' 系的变换与从 S' 系到 S 系的变换应是相同性质的变换,所以变换必定是线性变换,只有线性变换的逆变换仍然是线性变换,即

$$x' = \alpha_{11}x + \alpha_{12}y + \alpha_{13}z + \alpha_{14}t$$
$$y' = \alpha_{21}x + \alpha_{22}y + \alpha_{23}z + \alpha_{24}t$$
$$z' = \alpha_{31}x + \alpha_{32}y + \alpha_{33}z + \alpha_{34}t$$

$$t' = \alpha_{41}x + \alpha_{42}y + \alpha_{43}z + \alpha_{44}t$$

考虑一种简单情形，如图 14-3 所示，参考系 S' 与参考系 S 坐标轴平行，S' 相对 S 沿 x 轴正方向以 v 匀速运动，取 O' 与 O 重合为计时起点（$t' = t = 0$），则线性变换简化为

$$x' = \alpha_{11}x + \alpha_{14}t, \quad y' = y, \quad z' = z, \quad t' = \alpha_{41}x + \alpha_{44}t \qquad ☆$$

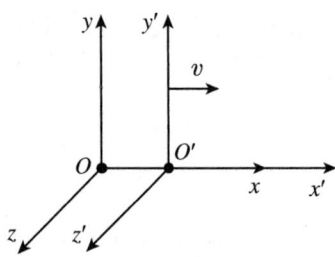

图 14-3

洛伦兹变换

对于为何 $y' = y$，可以假设 $y' > y$，我们可以保持 y,y' 正方向不变，将 x,x',z,z' 正方向取为原来的反向，S' 仍相对 S 向右运动，必然仍应有 $y' > y$，但此时 S' 沿 x 轴负方向以 v 匀速运动，故 S' 相对 S 沿 x 正、负方向运动时，均有 $y' > y$；回到原坐标系，S, S' 地位没有什么不同，故在 S' 看来 S 以 v 沿 $-x'$ 方向运动，应有 $y > y'$，出现了矛盾，故不成立；同理 $y' < y$ 也不成立，只能是 $y' = y$；$z' = z$ 同理. 也可采用这种方式判断简化后的式子为什么有些系数变成了零.

考虑 $t' = t = 0$ 时刻从坐标原点发出一光波，S 系中其波前为

$$x^2 + y^2 + z^2 - c^2 t^2 = 0 \qquad △$$

S' 系中其波前为

$$x'^2 + y'^2 + z'^2 - c^2 t'^2 = 0 \qquad ○$$

☆式代入○式，整理为

$$(\alpha_{11}^2 + \alpha_{41}^2)x^2 + y^2 + z^2 - (c^2\alpha_{44}^2 - \alpha_{14}^2)t^2 + 2(\alpha_{11}\alpha_{14} - c^2\alpha_{41}\alpha_{44})xt = 0 \qquad ▲$$

对比△，▲两式，考虑对任意 x, y, z, t 都成立，故

$$\alpha_{11}^2 + \alpha_{41}^2 = 1, \quad c^2\alpha_{44}^2 - \alpha_{14}^2 = c^2, \quad \alpha_{11}\alpha_{14} - c^2\alpha_{41}\alpha_{44} = 0$$

又对 O' 点有

$$x' = \alpha_{11}x + \alpha_{14}t \equiv 0$$

则

$$v = \frac{\mathrm{d}x}{\mathrm{d}t} = -\frac{\alpha_{14}}{\alpha_{11}}$$

联立解得

$$\alpha_{11} = \frac{1}{\sqrt{1 - \frac{v^2}{c^2}}}, \quad \alpha_{14} = \frac{-v}{\sqrt{1 - \frac{v^2}{c^2}}}, \quad \alpha_{41} = \frac{-\dfrac{v}{c^2}}{\sqrt{1 - \frac{v^2}{c^2}}}, \quad \alpha_{44} = \frac{1}{\sqrt{1 - \frac{v^2}{c^2}}}$$

为使洛伦兹变换书写方便,令

$$\beta = \frac{v}{c} < 1, \quad \gamma = \frac{1}{\sqrt{1-\beta^2}} = \frac{1}{\sqrt{1-\frac{v^2}{c^2}}} > 1$$

则 S' 系相对 S 系沿 x 轴正方向以 v 运动时,洛伦兹变换为

$$x' = \gamma(x - vt), \quad y' = y, \quad z' = z, \quad t' = \gamma\left(t - \frac{v}{c^2}x\right)$$

其逆变换为

$$x = \gamma(x' + vt'), \quad y = y', \quad z = z', \quad t = \gamma\left(t' + \frac{v}{c^2}x'\right)$$

在狭义相对论中从一开始空间与时间的变换就是紧密联系在一起的,而且 v 不可能大于 c,说明速度 c 是速度极限.当 $v \ll c$,且测量范围不是非常大时,洛伦兹变换化为伽利略变换.

14.1.2 相对论时空观

1. 同时性的相对性

设事件 1 在 S 和 S' 中时空坐标分别为 (x_1, t_1) 和 (x_1', t_1'),事件 2 在 S 和 S' 中时空坐标分别为 (x_2, t_2) 和 (x_2', t_2'),由洛伦兹变换得

$$t_2' - t_1' = \gamma\left[(t_2 - t_1) - \frac{v}{c^2}(x_2 - x_1)\right], \quad x_2' - x_1' = \gamma[(x_2 - x_1) - v(t_2 - t_1)]$$

可以看出,对于 S 系同时同地的事件

$$t_2 = t_1, \quad x_2 = x_1$$

在 S' 系中也是同时同地的,

$$t_2' = t_1', \quad x_2' = x_1'$$

对于 S 系中同时异地的事件

$$t_2 = t_1, \quad x_2 \neq x_1$$

在 S' 系中不是同时的(也是异地的),

$$t_2' \neq t_1' \quad (x_2' \neq x_1')$$

且当 $x_2 > x_1$ 时,$t_2' < t_1'$,即在 S' 中事件 2 早于事件 1.

不仅如此,在不同惯性系中,事件的时间顺序还可以颠倒过来,如

$$t_2 - t_1 > 0$$

但 $(t_2 - t_1) - \frac{v}{c^2}(x_2 - x_1) < 0$ 时,

$$t_2' - t_1' < 0$$

可解得时间顺序颠倒的事件满足的条件为

$$v\frac{x_2-x_1}{t_2-t_1} > c^2$$

有些事件是有因果联系的,不容颠倒,例如出生和死亡,颠倒时序显然是荒谬的.同时性的相对性并不会破坏因果律,有因果联系的事件必然存在实际信号传递信息,而事件间信号的最大传递速度是 c,故

$$\frac{x_2-x_1}{t_2-t_1} < c$$

又由于

$$v < c$$

因此必有

$$v\frac{x_2-x_1}{t_2-t_1} < c^2$$

故有因果联系的事件不会发生时序的颠倒.

例14-1 飞船高速靠近地面,如图 14-4 所示.

(1) 地面系中 P,Q 两处同时发生两个事件,则飞船上的人认为哪处事件先发生?

(2) 飞船系中 P',Q' 两处同时发生两个事件,则地面的人认为哪处事件先发生?

(3) 地面的人观测到飞船上 P',Q' 两处同时发生两个事件,则飞船上的人看来哪处事件先发生?

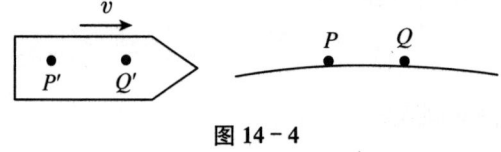

图 14-4

解 解法1:利用洛伦兹变换.取地面系为 S 系,飞船系为 S' 系,向右为 x,x' 正方向.

(1) P,Q 两处事件在 S 系中的时空坐标分别为 $(x_P,t),(x_Q,t)$,在 S' 系中的时空坐标分别为 $(x_P',t_P'),(x_Q',t_Q')$,由

$$t' = \gamma\left(t - \frac{v}{c^2}x\right), \quad t = t_P = t_Q, \quad x_P < x_Q$$

得

$$t_P' > t_Q'$$

即飞船上的人认为 Q 处事件先发生.

(2) P',Q' 两处事件在 S 系中的时空坐标分别为 $(x_{P'},t_{P'}),(x_{Q'},t_{Q'})$,在 S' 系中的时空坐标分别为 $(x_{P'}',t'),(x_{Q'}',t')$,由

$$t = \gamma\left(t' + \frac{v}{c^2}x'\right), \quad t' = t_{P'}' = t_{Q'}', \quad x_{P'}' < x_{Q'}'$$

得

$$t_{P'} < t_{Q'}$$

即地面的人认为 P' 处事件先发生；或看作地球靠近飞船，由(1)可知在地面的人看来 P' 处事件先发生．

(3) P', Q' 两处事件在 S 系中的时空坐标分别为 $(x_{P'}, t)$，$(x_{Q'}, t)$，在 S' 系中的时空坐标分别为 $(x'_{P'}, t'_{P'})$，$(x'_{Q'}, t'_{Q'})$，由

$$t = \gamma\left(t' + \frac{v}{c^2}x'\right), \quad t = t_{P'} = t_{Q'}, \quad x'_{P'} < x'_{Q'}$$

得

$$t'_{P'} > t'_{Q'}$$

即在飞船上的人看来 Q' 处事件先发生．

解法 2：利用光速不变．

(1) 设 P, Q 处事件为相向发出的光，则光运动一段时间后于中点相遇．在飞船上的人看来光仍同时相遇于两者中点，但 P, Q 均以 v 向左运动了一段，如图 14-5 所示，故 Q 发出的光走过的距离长；而光速不变，由

$$\Delta t = \frac{\Delta x}{c}, \quad \Delta x_Q > \Delta x_P$$

得

$$\Delta t_Q > \Delta t_P$$

则 Q 处先发光，即飞船上的人认为 Q 处事件先发生．

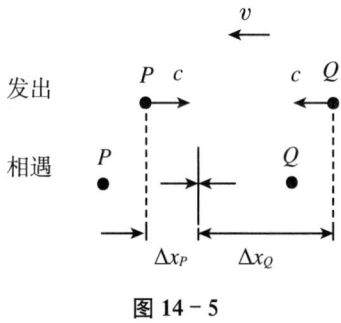

图 14-5

(2)(3)问同理，请读者自行尝试．

2. 长度的相对性——尺缩效应

静止长度为 l_0 的杆沿长度方向以 v 运动，在杆上建立 S' 系，S' 系中杆的长度为（无须同时测量两端）

$$l_0 = x'_2 - x'_1$$

在 S 系中测量杆长时，是用静止的尺测运动的长度，应该同时用尺测量杆的两个端点，否则测量无意义；设 S 系中同时测杆两端的时空坐标为 (x_1, t)，(x_2, t)，有

$$l_0 = x'_2 - x'_1 = \gamma[(x_2 - vt) - (x_1 - vt)] = \gamma(x_2 - x_1) = \gamma l$$

从而推导出尺缩效应的表达式：

$$l = \frac{l_0}{\gamma} = l_0\sqrt{1-\beta^2} < l_0$$

即运动的杆长度比静止的杆短；尺缩只在运动方向上发生.

与一个物体（包括时钟）固定在一起的参考系称为本征参考系，在本征参考系中的测量称为本征测量或原测量.

相对杆静止参考系中测得的杆的长度称为杆的本征长度或原长度、静长度、固有长度. 杆尺的固有长度最长.

洛伦兹为了解释迈克耳孙-莫雷实验的结果，曾提出运动长度收缩，从而得到洛伦兹变换. 但他认为存在绝对静止的惯性系，是运动物体的收缩使实验中观察不到干涉条纹移动，即认为收缩是物体运动的一种属性，是一种物质的动力学过程. 洛伦兹理论虽能"解释"此实验，但因其不能解释其他实验事实而被放弃. 狭义相对论中，尺缩效应是空间的属性，是空间的收缩. 在 S 系测量，S' 系空间在 x 方向收缩为原来的 $1/\gamma$；在 S' 系测量，S 系空间在 x 方向收缩为原来的 $1/\gamma$.

> **练习 14-1** "隧道佯谬". 一列火车与隧道一样长，火车以接近光速的高速 v 驶过隧道. 隧道看守人认为火车由于尺缩效应而比隧道短，可在火车中点到达隧道中点时，同时关闭隧道两端的门将火车关在隧道内. 火车司机认为隧道由于尺缩效应而比火车短，可在火车中点到达隧道中点时，同时点燃火车首尾两端的两个火箭，它们将同时在隧道外腾空而起. 试辨析.
>
> **练习 14-2** 地面参考系中有一条通有恒定电流的静止细长直金属导线，其单位长度内自由电子个数为 λ，电子定向移动的速率为 v，每个电子带电量为 $-e$. 距导线 r 处有一静止的点电荷 q，在地面参考系中点电荷不受力而静止. 试求在电子定向移动 v 参考系中，点电荷处的电场强度、磁感应强度以及点电荷受力. 如果不考虑尺缩效应，会得到什么结论？

我们似乎得到这样一个印象：一个高速运动的人观察到的世界是一个缩扁的世界. 在过去的相对论书籍和通俗读物中是这样写的，但其实不是这样的. 观察与测量有一点很不同，测量时要求同时测量物体两端，而观察是同时接收到达眼睛的光，因而观察时接收的光是不同时刻发射出来的. 图 14-6(a)所示为一个边长为 l_0 的立方体，观察者在很远处垂直于 $BCGF$ 面观察时，立方体速度 v 平行 BC 边向右运动，若 $v=0$，则如图 14-6(b)所示，观察者能看到 $BCGF$ 面，各边长均为 l_0，其余面的光线均不能进入人的眼睛；若 $v\neq 0$，如图 14-6(c)所示，$BAEF$ 面的光能进入人眼，由于光同时到达人眼，从 AE 发出的光比从 BF 发出的光早出发 $t=l_0/c$，立方体前进了 $l_1 = vt = \beta l_0$，BC 由于尺缩看起来长度为 $l_2 = l_0\sqrt{1-\beta^2}$（$FB$ 长度不变），观察者可看到两个面，看到转过一个角度的立方体. 若没有从很远处观看,则如图 14-6(d),(e),(f)所示,转过一个角度,并且有所畸变.总之尺缩并非使我们看到的东西扁了,而是转过了一个角度,对观察者而言,球看起来还是一个球.

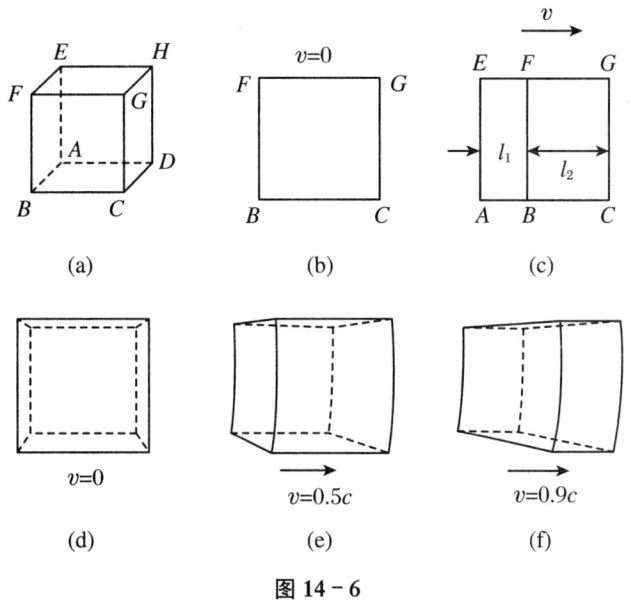

图 14-6

例 14-2 细长杆以恒定速度沿自身轴向运动,一位观察者在远离轴处,当观察者与杆连线与杆运动的方向成 α 角时,可见杆长恰等于杆在静止状态的长度.试求杆的运动速度.

解 如图 14-7 所示,设杆本征长度为 l_0,则动长为

$$l = l_0 \sqrt{1 - \frac{v^2}{c^2}}$$

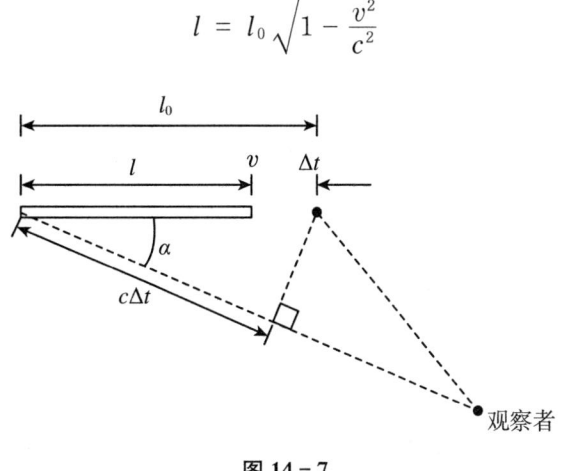

图 14-7

可见杆长为同时到达人眼的杆两端的光之间的距离,有

$$l + v\Delta t = l_0, \quad \cos \alpha = \frac{c\Delta t}{l_0}$$

联立解得

$$v = \frac{2\cos\alpha}{1+\cos^2\alpha}c$$

3. 时间的相对性——钟慢效应

一只钟以 v 运动,在钟上建立 S' 系,即本征参考系,x' 方向与 v 同向,钟上两次报时看作两个事件,在 S' 系中的时空坐标分别为 (x',t_1'),(x',t_2'),在 S' 系中的时间为

$$\Delta t_0 = t_2' - t_1'$$

两事件在 S 系中的时空坐标分别为 (x_1,t_1),(x_2,t_2),有

$$t_1 = \gamma\left(t_1' + \frac{v}{c^2}x'\right), \quad t_2 = \gamma\left(t_2' + \frac{v}{c^2}x'\right)$$

在 S 系中的时间为

$$\Delta t = t_2 - t_1 = \gamma(t_2' - t_1') = \gamma\Delta t_0$$

尺缩与钟慢效应

这就是钟慢效应的表达式:

$$\Delta t = \gamma\Delta t_0 = \frac{\Delta t_0}{\sqrt{1-\beta^2}} > \Delta t_0$$

例如动钟的指针转过了 $\Delta t_0 = 5$ s 对应的角度,但 S 系测得已过了 $\Delta t = 10$ s 的时间,即动钟的指针看起来变得缓慢了.

在一个惯性系中同一地点先后发生的两个事件之间的时间称为固有时间或本征时间.固有时间最短.

狭义相对论钟慢效应是时间的属性,也叫作时间膨胀、时间延缓,不是某一时钟的性质,不仅动钟变慢,而是一切涉及时间的过程都因运动而变慢延缓,例如粒子衰变寿命、生命过程等.运动是相对的,钟慢也是相对的,例如甲、乙相对高速运动,在甲看来,乙"钟慢",乙的各种过程都像"慢动作";在乙看来,甲"钟慢",甲的各种过程都像"慢动作".

钟慢效应与同时的相对性是联系在一起的.

例14-3 S 系中有两个静止且校准同步的钟 A,B,钟 A' 以高速 v 沿 AB 方向运动,在 A' 与 A 相遇时调节 A' 使 A' 与 A 示数相同,如图 14-8(a)所示.试问当 A' 与 B 相遇时,A' 与 B 示数哪个大?

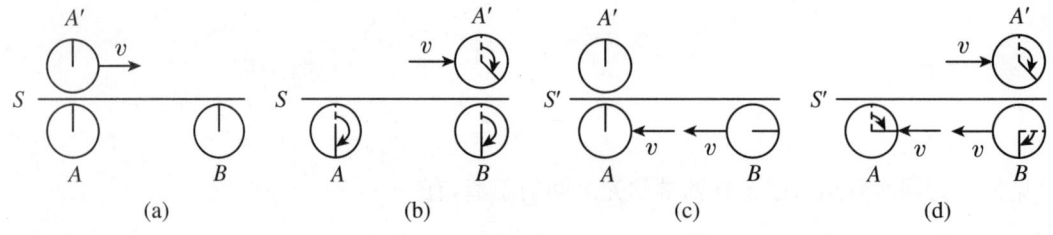

图 14-8

解 解法 1:利用钟慢效应求解. S 系中, B 看到 A,A' 相遇时 A,A' 示数相同, A,B 示数一直相同,故 A',B 示数相同; B 认为 A' 钟慢,故 A',B 相遇时 B 示数比 A' 大,如图 14-8(b)所示.

解法 2:利用洛伦兹变换求解. 取 A,A' 相遇时
$$t_1 = t'_1 = 0$$
取 S 系中 A,B 距离为 l, A',B 相遇时, B 钟示数为
$$t_2 = \frac{l}{v}$$
A' 钟示数为
$$t'_2 = \gamma\left(t_2 - \frac{v}{c^2}l\right) = \frac{l}{v}\left(1 - \frac{v^2}{c^2}\right)^{\frac{1}{2}} < t_2$$
故 B 示数比 A' 大.

错解:取 A' 为 S' 系,在 S' 系中 A' 静止, A,B 以 v 沿 BA 运动. A' 与 A 相遇时 A',A,B 示数相同(×), A' 认为 B 钟慢,故 A',B 相遇时, A' 示数比 B 大.

错解认为在 S' 系中 A' 与 A 相遇时, A',B 示数相同,这是错误的. 设同解法 2, A,A' 相遇时 A' 示数 $t' = 0$,则 S 系中 l 处的时刻为 B 的示数 t_B,有
$$t' = \gamma\left(t_B - \frac{v}{c^2}l\right) = 0$$
故 $t_B > 0$,即 A' 认为初始 B 钟示数比 A' 大. 即在 S 系看来不在同一点的 A,B 两钟同步,在 S' 系看来不是同步的. 在 S' 系看来的情形如图 14-8(c),(d)所示,读者可自行计算.

练习 14-3 宇航员从地球起飞时,打算用他生命的 0.43 年到达半人马星,根据地球上的测量,该星到地球的距离为 4.3 光年,试问宇航员应以多大速度航行? 速度请以光速 c 为单位. 请分别用钟慢、尺缩、洛伦兹变换公式计算.

练习 14-4 一艘宇宙飞船以 $0.8c$ 的速度于中午飞经地球,此时飞船上和地球上的观察者都把自己的时钟拨到 12 点.

(1) 按飞船上的时钟于午后 12:30 飞经一星际宇航站,该站相对于地球固定,其时钟指示的是地球时间. 试问按宇航站的时钟飞船何时到达该站?

(2) 试问按地球上的坐标测量,宇航站离地球多远?

(3) 于飞船时间午后 12:30 从飞船向地球发送无线电信号,试问地球上的观察者何时(按地球时间)接到信号?

(4) 若地球上的观察者在接收到信号后立即发出回答信号,试问飞船何时(按飞船时间)接收到回答信号?

请分别用钟慢尺缩公式、洛伦兹变换公式计算.

14.1.3 相对论速度变换

洛伦兹变换取微分得

$$dx' = \gamma(dx - vdt), \quad dy' = dy, \quad dz' = dz, \quad dt' = \gamma\left(dt - \frac{v}{c^2}dx\right)$$

又

$$u'_x = \frac{dx'}{dt'}, \quad u'_y = \frac{dy'}{dt'}, \quad u'_z = \frac{dz'}{dt'}$$

$$u_x = \frac{dx}{dt}, \quad u_y = \frac{dy}{dt}, \quad u_z = \frac{dz}{dt}$$

联立整理得相对论速度变换

$$u'_x = \frac{u_x - v}{1 - \frac{v}{c^2}u_x}, \quad u'_y = \frac{u_y\sqrt{1-\beta^2}}{1 - \frac{v}{c^2}u_x}, \quad u'_z = \frac{u_z\sqrt{1-\beta^2}}{1 - \frac{v}{c^2}u_x}$$

其逆变换为

$$u_x = \frac{u'_x + v}{1 + \frac{v}{c^2}u'_x}, \quad u_y = \frac{u'_y\sqrt{1-\beta^2}}{1 + \frac{v}{c^2}u'_x}, \quad u_z = \frac{u'_z\sqrt{1-\beta^2}}{1 + \frac{v}{c^2}u'_x}$$

当 $v \ll c$ 时,相对论速度变换化为经典速度变换.

可知当

$$u'^2_x + u'^2_y + u'^2_z = c^2$$

时,有

$$u_x^2 + u_y^2 + u_z^2 = \frac{(u'_x + v)^2 + u'^2_y(1-\beta^2) + u'^2_z(1-\beta^2)}{\left(1 + \frac{v}{c^2}u'_x\right)^2} = c^2$$

即 S' 系中光速 c 变换到 S 系中仍是 c,与光速不变原理一致.

例 14-4 一原子核以 $0.5c$ 的速度离开一观察者,在它运动的方向上发射一电子,该电子相对核有 $0.8c$ 的速度,观察者测得电子速度是多大?若此原子核又向后发射一光子,光子速度是多大?

解 电子速度为

$$u' = \frac{0.5c + 0.8c}{1 + \frac{0.5c \cdot 0.8c}{c^2}} = \frac{13}{14}c$$

光子速度大小为 c,或

$$u_光 = \frac{0.5c - c}{1 - 0.5} = -c$$

练习 14-5 如图 14-9 所示,在恒星参考系 S 中,飞船 A 和飞船 B 以相同速率 βc(c 为真空光速)做匀速直线运动.飞船 A 的运动方向与 $+x$ 方向一致,而飞船 B 的运动方向与 $-x$ 方向一致,两飞船轨迹之间的垂直距离为 d.当 A 和 B 靠得最近时,从 A 向 B 发出一细束无线电联络信号.试问:

(1) 为使 B 能接收到信号,A 中的宇航员认为发射信号的方向应与自己的运动方向成什么角?

(2) 飞船 B 接收信号时,B 中的宇航员认为自己与飞船 A 相距多少?

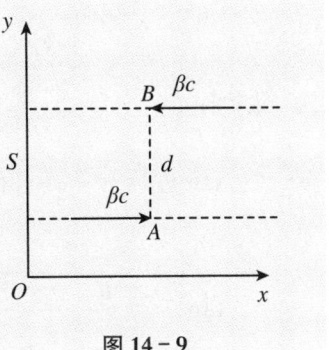

图 14-9

例 14-5 如图 14-10(a)所示,平面反射镜 M 固定在 S' 系的原点 O' 处,其法线方向与 x' 轴一致,S' 系和反射镜一起相对 S 系以速度 v 沿法线做平移运动.试求光在反射镜上反射时,S 系中入射角与反射角所遵从的关系.

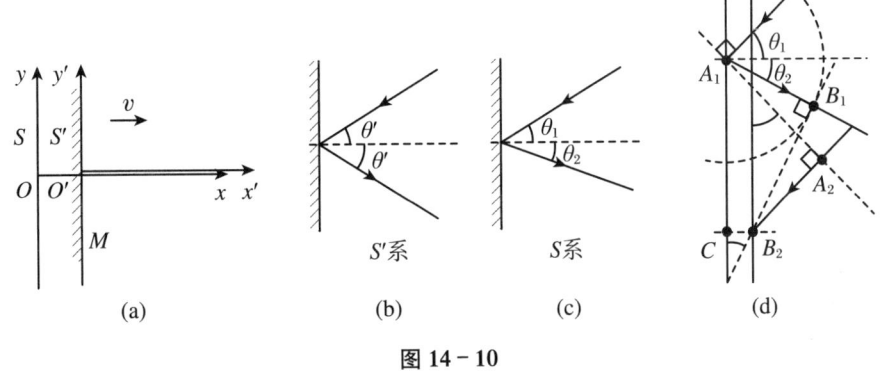

图 14-10

解 解法 1:相对论速度变换.在 S' 系中反射遵从反射定律,光速沿 x、y 方向分量大小不变,如图 14-10(b)所示,设入、反射角均为 θ';设 S 系中入、反射角分别为 θ_1,θ_2,如图 14-10(c)所示;用 u 表示光的分速度大小;对入射光

$$\tan\theta_1 = \frac{u_{1y}}{u_{1x}}, \quad \tan\theta' = \frac{u'_y}{u'_x}$$

$$u'_x = \frac{u_{1x} + v}{1 + \frac{u_{1x}v}{c^2}}, \quad u'_y = \frac{u_{1y}\sqrt{1-\beta^2}}{1 + \frac{u_{1x}v}{c^2}}, \quad \beta = \frac{v}{c}$$

联立得

$$\tan\theta' = \frac{u_{1y}\sqrt{1-\beta^2}}{u_{1x}+v} = \frac{\sqrt{1-\beta^2}}{\dfrac{u_{1x}}{u_{1y}}+\dfrac{v}{u_{1y}}} = \frac{\sqrt{1-\beta^2}}{\dfrac{1}{\tan\theta_1}+\dfrac{v}{c\sin\theta_1}}$$

同理，对反射光

$$\tan\theta_2 = \frac{u_{2y}}{u_{2x}}, \quad \tan\theta' = \frac{u'_y}{u'_x}, \quad u'_x = \frac{u_{2x}-v}{1-\dfrac{u_{2x}v}{c^2}}, \quad u'_y = \frac{u_{2y}\sqrt{1-\beta^2}}{1-\dfrac{u_{2x}v}{c^2}}$$

$$\tan\theta' = \frac{u_{2y}\sqrt{1-\beta^2}}{u_{2x}-v} = \frac{\sqrt{1-\beta^2}}{\dfrac{u_{2x}}{u_{2y}}-\dfrac{v}{u_{2y}}} = \frac{\sqrt{1-\beta^2}}{\dfrac{1}{\tan\theta_2}-\dfrac{v}{c\sin\theta_2}}$$

故运动镜子光反射遵从关系为

$$\frac{1}{\tan\theta_1}+\frac{v}{c\sin\theta_1} = \frac{1}{\tan\theta_2}-\frac{v}{c\sin\theta_2} \quad \text{或} \quad \frac{\cos\theta_1+\beta}{\sin\theta_1} = \frac{\cos\theta_2-\beta}{\sin\theta_2}$$

也可用 $\cos\theta'$ 来计算，结果为

$$\frac{\cos\theta_1+\beta}{1+\beta\cos\theta_1} = \frac{\cos\theta_2-\beta}{1-\beta\cos\theta_2}$$

也可用 $\sin\theta'$ 来计算，结果为

$$\frac{\sin\theta_1}{1+\beta\cos\theta_1} = \frac{\sin\theta_2}{1-\beta\cos\theta_2}$$

这三个答案是一致的．

解法 2：惠更斯原理．如图 14-10(d) 所示，A_1，A_2 在同一波面上，B_1，B_2 在同一波面上，零时刻光线在 A_1 点入射在镜子上，t 时刻光线在 B_2 点入射在镜子上；时间 t 内，镜子前进距离、光传播距离分别为

$$\overline{CB_2} = vt, \quad \overline{A_1B_1} = \overline{A_2B_2} = ct$$

有

$$\overline{A_1C} = \frac{\overline{A_2B_2}}{\sin\theta_1}+\frac{\overline{CB_2}}{\tan\theta_1} = \frac{c+v\cos\theta_1}{\sin\theta_1}t$$

$$\overline{A_1C} = \frac{\overline{A_1B_1}}{\sin\theta_2}-\frac{\overline{CB_2}}{\tan\theta_2} = \frac{c-v\cos\theta_2}{\sin\theta_2}t$$

故所求关系为

$$\frac{c+v\cos\theta_1}{\sin\theta_1}t = \frac{c-v\cos\theta_2}{\sin\theta_2}t$$

即

$$\frac{1+\beta\cos\theta_1}{\sin\theta_1} = \frac{1-\beta\cos\theta_2}{\sin\theta_2}, \quad \beta = \frac{v}{c}$$

练习 14-6 如图 14-11 所示，惯性系 S' 相对 S 沿 x 轴正方向以 v 运动，一个每边长为 L 的正方形框架 $ABCD$ 静止在 S' 系中，S' 系测得 BC 边与 x' 轴夹角为 $\varphi(45°>\varphi>0)$. $t'=0$ 时刻开始，质点 P 从顶点 A 出发，沿着 AB 边和 BC 边运动到顶点 C，过程中相对框架的速度大小为常量 u.

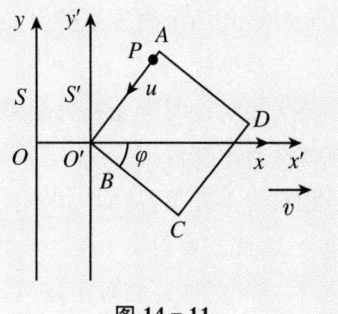

图 14-11

(1) 试求 S 系测得的四边形 $ABCD$ 各边长 $\overline{AB}$, $\overline{BC}, \overline{CD}, \overline{DA}$，以及 $\angle ABC$；

(2) 再求 S 系测得质点 P 从 A 到 B 经过的时间间隔 Δt_{AB}、质点 P 从 B 到 C 经过的时间间隔 Δt_{BC}、质点经 $ABCD$ 回到出发点的时间 ΔT；

(3) 取 $v=4c/5, \varphi=30°, u=v$，计算 $\angle ABC$（保留至 $0.1°$），$\Delta t_{AB}, \Delta t_{BC}$（保留至 $0.01L/c$）.

14.1.4 狭义相对论中的质量、能量和动量

前面讲时空变换，属于狭义相对论运动学；接下来研究狭义相对论动力学.

经典动力学，即宏观低速情形下，牛顿根据大量事实得出了动力学方程，即牛顿定律 $F=ma$，定律中 m 是参考系不变量，a 是惯性系不变量，从而 F 是惯性系不变量. 在高速情形下其是否继续成立？应该从哪些角度去思考呢？

a 是运动学量，显然最容易判断其是否是惯性系不变量. 高速情形下，由洛伦兹变换和狭义相对论速度变换可以得到加速度变换，由于其不在考纲范围内，因此我们略去推导，给出结论：除非加速度为零，否则 a 不是惯性系不变量.

既然如此，显然不能不加论证地判定在狭义相对论中 m,F 仍是惯性系不变量，而是需要一般地考察两者各自的惯性系变换关系；另外，也不能不加论证地认为 $F=ma$ 仍然满足狭义相对性原理的要求.

动力学中的一系列物理量，如能量、动量、角动量、质量等状态量，以及与状态量变化量相联系的力、功等量，在相对论中都面临重新定义的问题. 定义的原则是什么呢？一方面应与相对论相吻合，另一方面应在低速情形下与经典力学相吻合. 因此我们不应完全抛弃经典力学，而应在经典力学基础上修正，这样一套理论的建立是有一定的选择余地的，不过选择得好可以带来一定的方便，例如可以使重要的定律如守恒定律得以保持. 当然，理论逻辑上既要自洽，又要能够接受实验的验证.

完成上述工作可有多种途径，我们首先考虑如何得到 F, m 的定义及变换（力的相对论变换不在考纲范围内，我们不在本书中给出其推导），读者可以就此做出一定的思考，例如是

否可以通过相对论的动力学关系(即牛顿第二定律的修正)得到符合狭义相对论的 F,m 的定义和变换呢?

同时得到两个物理量的定义及变换显然很不方便,并且可能要根据尚未得出的相对论动力学关系推导,更是不太可能,因此我们应该考虑逐个得出而不受其他影响. 例如,爱因斯坦以狭义相对论时空变换为基础,从理论上证明了麦克斯韦方程组满足狭义相对性原理,即具有惯性系不变性,并导出了狭义相对论的电磁场变换;而在静电场的学习中我们指出电荷量是相对论不变量,从而可以用带电质点在电磁场中的受力 $F = q(E + v \times B)$ 来导出力的变换公式,此式中没有 m,带来了方便;然后根据前述原则,根据合理的猜想修正动力学关系等公式,定义各所需物理量,进行理论推导及实验验证,详见《力学》(舒幼生编著,北京大学出版社).

根据考纲,本书选择另一条常用的路径:守恒与对称是重要的物理思想,我们假定高速情形下,孤立系统动量守恒、能量守恒、质量守恒仍然成立,修正动量的定义,通过两个全同质点的弹性或完全非弹性碰撞得到 m 与 v 的关系,修正力、功的定义,沿用牛顿力学的理论框架,修正动力学关系表达式、功能关系表达式,得出质能关系、动量能量关系,并经过实验验证(略去),来得到一套逻辑自洽、符合实验的理论.

1. 质速关系

狭义相对论中仍定义动量为

$$p = mv$$

狭义相对论中孤立系统动量仍是守恒的,质量仍是守恒的.

可以由例 14-6 推导出质速关系为

$$m = \gamma m_0, \quad \gamma = \frac{1}{\sqrt{1-\beta^2}}, \quad \beta = \frac{v}{c}$$

其中 m_0 为粒子静止时的质量,m 为粒子速度为 v 时的质量;低速情形,即当 $\beta = v/c \to 0$ 时 $m \to m_0$.

例 14-6 如图 14-12 所示,两个惯性系 S, S' 的 x, x' 轴同向,S' 系相对 S 系以速度 v 沿 x 正方向运动. 设 S' 系中有一对全同粒子 A, B 沿 x' 轴相向运动,速度大小均为 v,正碰后成为一个复合粒子,且静止不动. 试由上述模型推导出质量与速度的关系.

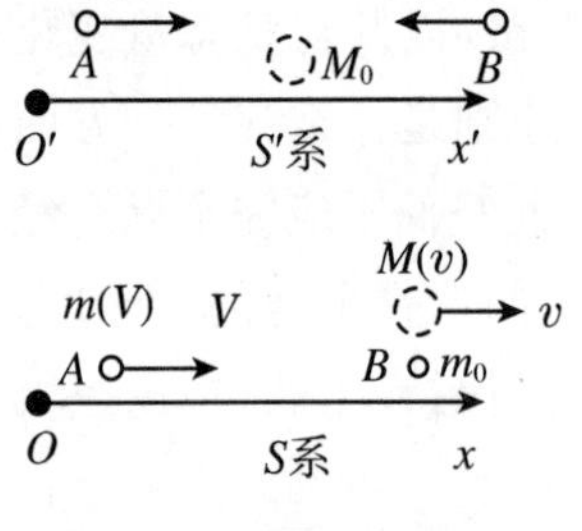

解 S' 系为零动量参考系,A, B 撞后成为的复合粒子 M_0 静止不动;S 系中,撞前 A 有

$$V = \frac{2v}{1 + \dfrac{v^2}{c^2}} \qquad \text{☆}$$

在 S 系中求解 $m(V)$,撞前 B 静止;撞后 A, B 成为复合

图 14-12

粒子 $M(v)$ 以 v 运动，由质量守恒得

$$m(V) + m_0 = M(v) \qquad \triangle$$

由动量守恒得

$$m(V)V = M(v)v \qquad \bigcirc$$

$\triangle$，$\bigcirc$ 两式约去 $M(v)$ 得

$$m(V) = \frac{m_0 v}{V - v} = m_0 \cdot \frac{1}{\dfrac{V}{v} - 1} \qquad \square$$

☆式整理为

$$V + v^2 \frac{V}{c^2} - 2v = 0$$

即

$$\left(\frac{V}{v}\right)^2 + \left(\frac{V}{c}\right)^2 - 2\left(\frac{V}{v}\right) = 0$$

亦即

$$\left(\frac{V}{v} - 1\right)^2 = 1 - \left(\frac{V}{c}\right)^2 \qquad \bigstar$$

★式代入□式得

$$m(V) = \frac{m_0}{\sqrt{1 - \dfrac{V^2}{c^2}}}$$

此即为质速关系．

2. 质能关系

狭义相对论中定义力为（或修正牛顿第二定律为）

$$\boldsymbol{F} = \frac{\mathrm{d}\boldsymbol{p}}{\mathrm{d}t} = \frac{\mathrm{d}(m\boldsymbol{v})}{\mathrm{d}t} = m\frac{\mathrm{d}\boldsymbol{v}}{\mathrm{d}t} + \frac{\mathrm{d}m}{\mathrm{d}t}\boldsymbol{v} = m\boldsymbol{a} + \frac{\mathrm{d}m}{\mathrm{d}t}\boldsymbol{v} \qquad \☆$$

低速情形，即当 $\beta = v/c \to 0$ 时，

$$m \to m_0, \quad \boldsymbol{F} \to m_0 \frac{\mathrm{d}\boldsymbol{v}}{\mathrm{d}t} = m_0 \boldsymbol{a}$$

狭义相对论中牛顿第一定律仍然成立，牛顿第二定律修正为原始形式（即☆式），牛顿第三定律不再成立（但动量守恒定律仍然成立）．

狭义相对论中，定义功仍为

$$\mathrm{d}W = \boldsymbol{F} \cdot \mathrm{d}\boldsymbol{l}$$

仍有动能等于外力使它由静止状态到运动状态的功，即

$$E_k = \int_l \boldsymbol{F} \cdot \mathrm{d}\boldsymbol{l} = \int_t \frac{\mathrm{d}}{\mathrm{d}t}\left(\frac{m_0 \boldsymbol{v}}{\sqrt{1 - \dfrac{v^2}{c^2}}}\right) \cdot \boldsymbol{v}\mathrm{d}t = \int_0^v \boldsymbol{v} \cdot \mathrm{d}\left(\frac{m_0 \boldsymbol{v}}{\sqrt{1 - \dfrac{v^2}{c^2}}}\right)$$

$$= v \cdot \left(\frac{m_0 v}{\sqrt{1-\frac{v^2}{c^2}}}\right)\bigg|_0^v - \int_0^v \frac{m_0 v}{\sqrt{1-\frac{v^2}{c^2}}} \cdot dv$$

$$= \frac{m_0 v^2}{\sqrt{1-\frac{v^2}{c^2}}} + m_0 c^2 \sqrt{1-\frac{v^2}{c^2}} - m_0 c^2 = \frac{m_0}{\sqrt{1-\frac{v^2}{c^2}}} c^2 - m_0 c^2$$

即狭义相对论中动能不能再写作 $mv^2/2$ 或 $m_0 v^2/2$，相对论动能为

$$E_k = mc^2 - m_0 c^2 \qquad \triangle$$

低速情形，即当 $\beta = v/c \to 0$ 时，

$$E_k \approx m_0 c^2 \left(1 + \frac{1}{2}\frac{v^2}{c^2}\right) - m_0 c^2 = \frac{1}{2} m_0 v^2$$

△式右侧相减的两项分别代表了末状态、初状态的能量，其中静能（或静质能）为

$$E_0 = m_0 c^2$$

运动中质点的总能量为

$$E = mc^2$$

这就是著名的爱因斯坦质能关系，原来相互独立的质量与能量因此统一起来，质量守恒和能量守恒也统一起来，成为质能守恒定律。

注意，孤立系中总质量守恒，而静质量是可以变化的。高中核反应中的"质量亏损"对应静质量的变化，总质量并无变化。

任何物质其能量增加或减少，其对应的质量就会增加或减少。例如对光滑刚体做正功，其速度增大，质量增大，但其静质量不变；激发态的原子能量比基态的原子能量大，则激发态的原子质量也比基态的原子质量大；压缩或拉伸的弹簧静质量比原长时大；非弹性碰撞时内能增加，物体的静质量增加。例 14-6 由解中的式子可计算出

$$M(v) = \frac{2m_0}{1-\frac{v^2}{c^2}}$$

而在 S' 系中由质量守恒可得其静质量为

$$M_0 = \frac{2m}{\sqrt{1-\frac{v^2}{c^2}}} \neq 2m_0$$

恰与质速关系相吻合：

$$M(v) = \frac{M_0}{\sqrt{1-\frac{v^2}{c^2}}}$$

经典力学中，质量相等的两个质点发生一维弹性碰撞将交换速度，在相对论中仍将交换速度。

速度为 c 的微观粒子，如光子、中微子，在与其他微观粒子相互作用时，参与动量、能量

的交换,表明它们是有能量和动量的,故也是有动质量的：

$$m = \frac{E}{c^2}, \quad p = mc = \frac{E}{c} \quad 或 \quad E = pc$$

由质速关系可知,当 $v \to c$ 时

$$m_0 = m\sqrt{1 - \frac{v^2}{c^2}} \to 0$$

故光子静质量为零,即

$$m_0 = 0$$

这样的粒子在任一惯性系中速度只能是 c,否则便湮灭消失;这种粒子静质量为零,静能量为零,粒子能量等于粒子的动能.

3. 动量能量关系

质速关系取平方得

$$m^2 = \frac{m_0^2}{1 - \frac{v^2}{c^2}}$$

同乘以 $c^2(c^2 - v^2)$ 得

$$m^2 c^4 - m^2 v^2 c^2 = m_0^2 c^4$$

即

$$E^2 = p^2 c^2 + m_0^2 c^4$$

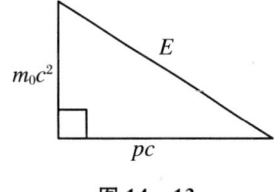

图 14-13

这就是相对论动量能量关系,可用图 14-13 所示的动量能量三角形表示.

> **练习 14-7** 质点 A, B 静质量同为 m_0,在惯性系 S 中 B 静止,A 以 $3c/5$ 的速度对准 B 运动.若 A, B 碰撞过程中无任何形式能量释放,且碰后粘连在一起,试求：
> (1) 碰后相对 S 系的速度大小 v；
> (2) 碰后整体的静质量；
> (3) 过程中系统动能损失量 $E_{k损}$.

例 14-7 静质量为 m_0 的质点静止于 $x = 0$ 点,$t = 0$ 开始在一个沿 x 轴正方向的恒力 F 作用下运动.试求：

(1) 质点速度 u 和加速度 a 随所到位置 x 的变化关系；
(2) 质点速度 u 和加速度 a 及位置 x 随时间 t 的变化关系.

解 (1) 由功能关系得

$$Fx = mc^2 - m_0 c^2$$

则
$$m = m_0 + \frac{F}{c^2}x \quad \bigcirc$$

质速关系
$$m = \frac{m_0}{\sqrt{1 - \frac{u^2}{c^2}}}$$

联立并引入
$$k = \frac{F}{m_0 c^2}$$

整理得
$$u^2 = c^2\left[1 - \frac{1}{(1+kx)^2}\right] \quad \star$$

则
$$u = c\sqrt{1 - \frac{1}{(1+kx)^2}} = \frac{c\sqrt{kx(2+kx)}}{1+kx}$$

☆式两边对 t 求导得
$$2u\frac{du}{dt} = \frac{2c^2 k}{(1+kx)^3}\frac{dx}{dt} = \frac{2c^2 k}{(1+kx)^3}u$$

则
$$a = \frac{du}{dt} = \frac{kc^2}{(1+kx)^3}$$

(2) 由动量定理得
$$Ft = \frac{m_0}{\sqrt{1 - \frac{u^2}{c^2}}}u$$

解得
$$u^2 = \frac{k^2 c^4 t^2}{1 + k^2 c^2 t^2} \quad \triangle$$

故
$$u = \frac{kc^2 t}{\sqrt{1 + k^2 c^2 t^2}}$$

△式两边对 t 求导得
$$a = \frac{kc^2}{(1 + k^2 c^2 t^2)^{\frac{3}{2}}}$$

由○式和动量定理得
$$Ft = mu = \left(m_0 + \frac{F}{c^2}x\right)u$$

即

$$kc^2 t = (1 + kx)\frac{kc^2 t}{\sqrt{1 + k^2 c^2 t^2}}$$

解得

$$x = \frac{1}{k}(\sqrt{1 + k^2 c^2 t^2} - 1)$$

> **练习 14-8** 太空火箭(包括燃料)的初始质量为 M_0,从静止起飞,向后喷出的气体相对火箭的速度 u 为常量.任意时刻火箭相对地球速度为 v 时火箭的瞬时静止质量记为 m_0.忽略地球引力影响,试求比值 m_0/M_0 与速度 v 之间的关系.

14.1.5 光的多普勒效应

光传播不需要介质,与机械波传播方式不同.由光速不变原理,无论光源向接收者运动,还是接收者向光源运动,结果都一样.

设光源以 v 运动,接收到的光在发射时光源速度方向与光源、接收者连线夹角为 θ,如图 14-14 所示,波长压缩为

$$\lambda = (c - v\cos\theta)T$$

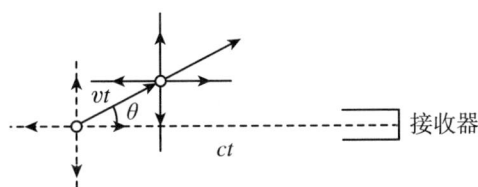

图 14-14

接收频率为

$$\nu = \frac{c}{\lambda} = \frac{c}{(c - v\cos\theta)T}$$

光源参考系发光的频率为

$$\nu_0 = \frac{c}{T_0}$$

由钟慢效应,接收者测得其发光周期为

$$T = \frac{T_0}{\sqrt{1 - \beta^2}}, \quad \beta = \frac{v}{c}$$

故接收频率为

$$\nu = \frac{c\sqrt{1 - \beta^2}}{(c - v\cos\theta)T_0} = \frac{\sqrt{1 - \beta^2}}{1 - \beta\cos\theta}\nu_0$$

这就是光的多普勒效应公式,其中

当 $\theta = 0$ 时, $\nu = \sqrt{\dfrac{1+\beta}{1-\beta}}\nu_0$

当 $\theta = \pi$ 时, $\nu = \sqrt{\dfrac{1-\beta}{1+\beta}}\nu_0$

光的多普勒效应

为一级多普勒效应;

当 $\theta = \dfrac{\pi}{2}$ 时, $\nu = \sqrt{1-\beta^2}\,\nu_0$

为横向多普勒效应,是二级多普勒效应,它完全是时间膨胀的结果,是相对论效应.声波不会出现横向多普勒效应.

光的多普勒效应为宇宙膨胀学说提供了依据,天文观测发现星系的吸收谱线移向红端(即 ν 变小),表明它们正在远离我们.

例 14-8 如图 14-15(a)所示,光源 S 向全反射体 S' 发射一束平行光,发光功率为 P_0.设 S' 匀速沿其法线方向朝 S 运动,试求 S 接收到的反射光功率 P.

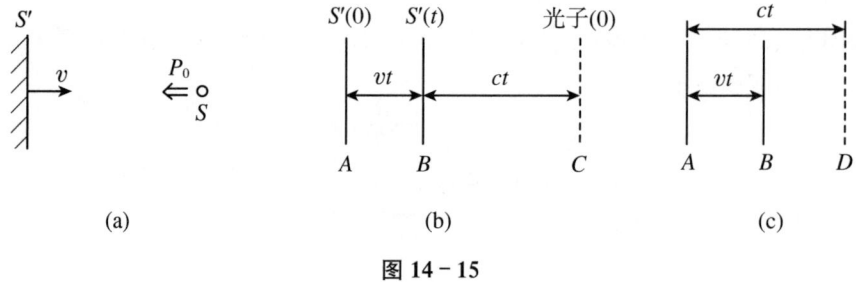

图 14-15

解 设 S 单位时间内发出的光中第 i 种光子频率、光子数分别为 ν_{0i}, n_{0i},有

$$P_0 = \sum n_{0i} h \nu_{0i}$$

① 计算 S 接收反射光的频率. S' 接收和反射频率为

$$\nu_i = \sqrt{\dfrac{1+\beta}{1-\beta}}\,\nu_{0i}, \quad \beta = \dfrac{v}{c}$$

S 接收反射光的频率为

$$\nu_i' = \sqrt{\dfrac{1+\beta}{1-\beta}}\,\nu_i = \dfrac{1+\beta}{1-\beta}\,\nu_{0i}$$

② 如图 14-15(b)所示,S 系中设 S' 零时刻位于 A,t 时刻位于 B,t 时刻能到达 B 的光子零时刻位于 C,则 S' 在 $0\sim t$ 能反射的光子零时刻位于 A,C 之间;故 $0\sim t$ 有 S' 反射光子数目为

$$N_i = \dfrac{vt + ct}{c}\,n_{0i}$$

如图 14-15(c)所示,S' 零时刻反射的光子 t 时刻到达 D,t 时刻反射的光子位于 B,故 $0\sim t$

反射的光子在 t 时刻分布于 B,D 间,它们从到达 S 到完全被 S 接收用时

$$t' = \frac{ct - vt}{c}$$

故单位时间 S 接收反射光子数为

$$n'_i = \frac{N_i}{t'} = \frac{c+v}{c-v} n_{0i}$$

③ 故 S 接收反射光功率为

$$P = \sum n'_i h\nu'_i = \frac{c+v}{c-v} \frac{1+\beta}{1-\beta} \sum n_{0i} h\nu_{0i} = \left(\frac{c+v}{c-v}\right)^2 P_0$$

广义相对论浅涉

1. 等效原理:物体在非惯性系中的运动等效于引力场作用下的运动,或者说非惯性系与引力场等效. 爱因斯坦用被称为"爱因斯坦升降机"的假想实验来说明这一点:在升降机中释放物体,如果物体做自由落体运动,无法判断升降机是静止在地面上(即为惯性系),物体受引力作用,还是升降机在远离其他天体的外太空以 $-g$ 运动(即为非惯性系),物体受惯性力作用.

2. 广义相对性原理:非惯性系与引力场等效,则非惯性系与惯性系就没有原则性的区别,没有哪一个比另一个更优越. 由此爱因斯坦把狭义相对性原理推广为一切参考系都是等价的,这称为广义相对性原理.

广义相对论是在等效原理和广义相对性原理的基础上发展起来的.

3. 爱因斯坦圆盘:惯性系 S 中有一个匀速旋转的圆盘,取圆盘系为非惯性系 S'. 在圆盘边缘每一点取与之共动的瞬时静止惯性系 S'',在 S 系中测量,圆盘边缘弧长发生尺缩,在 S'(或 S'')系测得的圆盘边缘的圆周长设为 l',则在 S 系测得周长为

$$l = l'\sqrt{1-\beta^2} = \frac{l'}{\gamma} < l'$$

而圆的半径与运动方向垂直,不发生尺缩,故

$$r = r'$$

在 S 系测得

$$l = 2\pi r$$

联立可得,在 S' 系测得

$$l' = \frac{l}{\sqrt{1-\beta^2}} = \gamma l = 2\pi \gamma r'$$

即

$$l' > 2\pi r'$$

故非惯性系中的空间为非欧空间;根据等效原理,非惯性系与引力场等效,可知在没有引力的地方测量,静止于引力强的地方的尺缩短,且引力越强,尺缩效应越显著.

对于时间,S' 系中静止的钟在 S 系中看来是动钟,由钟慢可知

$$\Delta t = \gamma \Delta t'$$

根据等效原理,可知在没有引力的地方测量,静止于引力强的地方的钟变慢,且引力越强,钟慢效应越显著;还可得到引力场中光速减小.

14.2 光的本性

1. 光的波粒二象性　光子的能量与动量

光的干涉、衍射、偏振说明光有波动性,光电效应、康普顿效应、光压说明光有粒子性,人们意识到光有"波粒二象性".任何经典的概念都不能完全概括光的本性,能统一描述光的波动性和粒子性的理论是量子电动力学.人们对光的认识过程经历了牛顿时代光的微粒说、惠更斯和托马斯·杨光的波动说、麦克斯韦光的电磁理论、爱因斯坦光子理论、量子电动力学.

普朗克为解释黑体辐射实验规律,提出了普朗克能量子假设:组成黑体的振动着的带电微粒的能量只能是某一最小能量值 ε 的整数倍.他把这个不可再分的最小能量值 ε 称为能量子,其表达式为

$$\varepsilon = h\nu$$

其中 ν 是带电微粒的振动频率,也即带电微粒吸收或辐射电磁波的频率;h 为普朗克常量,$h = 6.63 \times 10^{-13}$ J·s.

爱因斯坦为解释光电效应,从普朗克量子假设中得到了启发,提出了光子理论,认为光是以光速 c 运动的粒子流,这些粒子称为光量子,现称为光子,每一光子的能量为

$$\varepsilon = h\nu = h\frac{c}{\lambda}$$

由相对论质能方程可知光子能量满足

$$\varepsilon = mc^2$$

故

$$m = \frac{h\nu}{c^2}$$

光子动量为

$$p = mc = h\frac{\nu}{c} = \frac{h}{\lambda}$$

光子能量、动量间有关系

$$\varepsilon = pc$$

2. 光电效应

这里略去光电效应的具体内容.

3. 康普顿效应

康普顿研究石墨对 X 射线的散射时,发现散射光谱中除有与入射线波长相同的射线外,还有波长大于入射波长的成分存在,康普顿认为散射过程是光子与电子碰撞的结果. 内层电子与原子核束缚紧密,原子核质量很大,光子与内层电子碰撞后光子几乎不失去能量,保持原波长;外层电子可看作自由电子,光子与其碰撞时,自由电子吸收一个入射光子后发射一个波长较长的光子,且光子与电子一般沿不同方向运动,由于动量、能量都守恒,故这种碰撞可看作入射光子与自由电子的弹性碰撞.

例 14-9 康普顿散射中,已知电子静质量为 m_0,入射线波长为 λ,对波长发生变化的散射线,试求:

(1) 光子散射角为 θ 处,光子波长变化量 $\Delta\lambda = \lambda' - \lambda$;

(2) 光子散射角 θ 与电子散射角 φ 之间的关系.

解 (1) 撞后电子

$$m = \frac{m_0}{\sqrt{1 - \dfrac{v^2}{c^2}}}$$

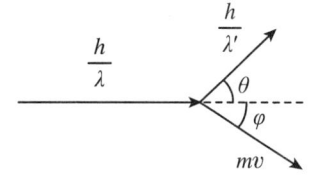

图 14-16

则

$$m^2 c^2 - m^2 v^2 = m_0^2 c^2$$

碰撞过程动量守恒,如图 14-16 所示,有

$$(mv)^2 = \left(\frac{h}{\lambda}\right)^2 + \left(\frac{h}{\lambda'}\right)^2 - \frac{2h^2}{\lambda\lambda'}\cos\theta$$

联立得

$$(m^2 - m_0^2)c^2 = h^2 \left(\frac{1}{\lambda^2} + \frac{1}{\lambda'^2} - \frac{2}{\lambda\lambda'}\cos\theta\right) \qquad ☆$$

碰撞过程能量守恒

$$h\frac{c}{\lambda} + m_0 c^2 = h\frac{c}{\lambda'} + mc^2$$

则

$$m = \frac{h}{c}\left(\frac{1}{\lambda} - \frac{1}{\lambda'}\right) + m_0$$

代入☆式得

$$h^2 \left(\frac{1}{\lambda} - \frac{1}{\lambda'}\right)^2 + 2hcm_0\left(\frac{1}{\lambda} - \frac{1}{\lambda'}\right) = h^2 \left(\frac{1}{\lambda^2} + \frac{1}{\lambda'^2} - \frac{2}{\lambda\lambda'}\cos\theta\right)$$

解得

$$\Delta\lambda = \lambda' - \lambda = \lambda_c (1 - \cos\theta)$$

其中

$$\lambda_c = \frac{h}{m_0 c}$$

λ_c 称为康普顿波长.

(2) 在入射方向和垂直入射方向分别列动量守恒表达式

$$\frac{h}{\lambda} = \frac{h}{\lambda'}\cos\theta + mv\cos\varphi, \quad 0 = \frac{h}{\lambda'}\sin\theta - mv\sin\varphi$$

故

$$\tan\varphi = \frac{\sin\theta}{\frac{\lambda'}{\lambda} - \cos\theta} = \frac{\sin\theta}{\frac{\lambda + \Delta\lambda}{\lambda} - \cos\theta} = \frac{\sin\theta}{\left(1 + \frac{\lambda_c}{\lambda}\right)(1 - \cos\theta)}$$

代入

$$\sin\theta = 2\sin\frac{\theta}{2}\cos\frac{\theta}{2}, \quad 1 - \cos\theta = 2\sin^2\frac{\theta}{2}$$

得

$$\tan\varphi = \frac{\cot\frac{\theta}{2}}{1 + \frac{\lambda_c}{\lambda}}$$

其中

$$\lambda_c = \frac{h}{m_0 c}$$

例 14-9

练习 14-9 在康普顿散射实验中,已知反冲电子的运动方向与入射光方向的夹角为 φ,入射光的频率为 ν.试求反冲电子的动能及其可取得的最大值.已知电子静质量为 m_0.

4. 光压

这里略去光压的具体内容.

练习 14-10 频率为 ν 的光,射到一平面镜上,设单位时间内到达镜面单位面积上的入射光光子数目为 n,平面镜的反射率为 r,光对平面镜的入射角为 θ.试求:

(1) 光对平面镜的压强,即光压;

(2) 光作用在平面镜单位面积上的切向力.

练习 14-11 太空实验室中有一个用理想黑色物质制作的均匀小球体,半径 $r = 0.1$ mm,开始时球处于静止状态.让整个球体受一束强的激光束照射,激光为波

长为 $\lambda = 10~\mu\mathrm{m}$ 的单色圆偏振光,其中每一个光子具有相同的角动量矢量,其方向与动量方向或一致同向或一致反向,大小为 $\hbar = h/(2\pi)$. 在激光束作用下,球体上每一点都将做空间螺旋运动,试求每旋转一周的进动距离.

14.3 原子结构

本节只介绍玻尔原子模型,即玻尔理论,并略去高中已学知识. 玻尔为解释氢光谱,提出了玻尔理论,玻尔理论的三个基本假设是:

1. 定态假设

原子系统只能处于一系列不连续的能量状态,在这些状态中电子绕核运动是稳定的,不辐射或吸收电磁波,这些状态称为定态,用 $n(n=1,2,\cdots,\infty)$ 表示,电子离原子核越远,n 越大;相应的能量称为能级,用 E_n 表示 ($E_1 < E_2 < \cdots < E_\infty$).

2. 频率条件

当原子从一个能量为 E_n 的定态跃迁到另一能量为 E_m 的定态时,就要发射或吸收一个频率为 ν 的光子,光子频率满足

$$h\nu = |E_m - E_n|$$

3. 量子化条件

电子绕核圆周运动中,其稳定状态必须满足系统的角动量 L 等于 $\hbar = h/(2\pi)$ 的整数倍的条件,即

$$L = \frac{nh}{2\pi} = n\hbar \quad (n = 1, 2, \cdots)$$

其中 $\hbar$ 称为约化普朗克常量.

有了德布罗意波的概念之后,玻尔量子化条件获得了较直观的物理意义,即德布罗意波沿圆周形成驻波的条件

$$2\pi r = n\lambda = \frac{nh}{mv}$$

则

$$L = rmv = \frac{nh}{2\pi}$$

玻尔理论能够成功地解释氢原子和类氢离子(核外只有一个带负电粒子的离子)的光谱,但解释不了核外有多个电子的原子或离子的光谱.

玻尔理论中的角动量为系统的角动量,应在质心系中计算.对核外只有一个电子的类氢离子,由于电子质量远小于核质量,可近似取原子核为质心;对核外只有一个带电与电子相同,但质量与核有可比性的粒子,其与核组成的类氢离子,应在质心系计算其角动量;对正、负电子组成的"电子偶素"系统,也应在质心系计算.

例 14-10 已知氢原子基态半径为 $r_{H1} = 0.53$ Å(1 Å $= 10^{-10}$ m),基态能量为 $E_{H1} = -13.6$ eV,试计算以下原子或离子在定态为 n 时的轨道半径 r_n 和能量 E_n.

(1) 核电荷数为 Z,核外只有一个电子的类氢离子;

(2) 正、负电子系统,即"电子偶素",其中轨道半径指正(或负)电子到质心的距离;

(3) 氦核与 μ^- 子组成的类氢离子,已知 μ^- 子带电量与电子相同,质量为电子质量的 207 倍,氦核质量为电子质量的 4×1836 倍,轨道半径指 μ^- 子与氦核间的距离.

解 设电子质量为 m,带电量为 $-e$.

(1) 由量子化条件,电子绕核圆周运动模型分别得

$$r_n m v_n = \frac{nh}{2\pi}, \quad \frac{1}{4\pi\varepsilon_0}\frac{Ze^2}{r_n^2} = m\frac{v_n^2}{r_n}$$

联立解得

$$r_n = \frac{n^2}{Z}\frac{\varepsilon_0 h^2}{\pi m e^2}, \quad v_n = \frac{Z}{n}\frac{e^2}{2\varepsilon_0 h} \quad (n = 1, 2, \cdots)$$

能级

$$E_n = \frac{1}{2}mv_n^2 - \frac{1}{4\pi\varepsilon_0}\frac{Ze^2}{r_n} = -\frac{1}{4\pi\varepsilon_0}\frac{Ze^2}{2r_n} = -\frac{Z^2}{n^2}\frac{me^4}{8\varepsilon_0^2 h^2} \quad (n = 1, 2, \cdots)$$

可知

$$r_n = n^2 r_1, \quad E_n = \frac{E_1}{n^2}$$

氢原子基态 $n = 1, Z = 1$,故

$$r_{H1} = \frac{\varepsilon_0 h^2}{\pi m e^2} = 0.53(\text{Å}), \quad E_{H1} = -\frac{me^4}{8\varepsilon_0^2 h^2} = -13.6(\text{eV}) \qquad ☆$$

则所求类氢离子

$$r_n = \frac{n^2}{Z}r_{H1} = \frac{n^2}{Z} \cdot 0.53(\text{Å}), \quad E_n = \frac{Z^2}{n^2}E_{H1} = -\frac{Z^2}{n^2} \cdot 13.6(\text{eV})$$

(2) 由量子化条件,系统绕质心圆周运动分别得

$$2r_n m v_n = \frac{nh}{2\pi}, \quad \frac{1}{4\pi\varepsilon_0}\frac{e^2}{(2r_n)^2} = m\frac{v_n^2}{r_n}$$

联立解得

$$r_n = n^2 \cdot \frac{\varepsilon_0 h^2}{\pi m e^2}, \quad v_n = \frac{e^2}{4n\varepsilon_0 h} \quad (n = 1, 2, \cdots)$$

能级

$$E_n = \frac{1}{2}mv_n^2 \cdot 2 - \frac{1}{4\pi\varepsilon_0}\frac{e^2}{2r_n} = -\frac{me^4}{16n^2\varepsilon_0^2 h^2} \quad (n = 1,2,\cdots)$$

与☆式联立得

$$r_n = 0.53 n^2 (\text{Å}), \quad E_n = -\frac{6.8}{n^2}(\text{eV})$$

(3) 应在质心系计算. 系统约化质量为

$$\mu = \frac{m_1 m_2}{m_1 + m_2} = \frac{207 \times 4 \times 1836}{207 + 4 \times 1836}m \approx 201.3 m$$

质心系中只需将(1)中的 m 替换为 μ,代入 $Z=2$ 即可,故

$$r_n = \frac{n^2}{Z}\frac{\varepsilon_0 h^2}{\pi\mu e^2} = \frac{n^2}{2 \times 201.3}\frac{\varepsilon_0 h^2}{\pi m e^2}$$

$$E_n = -\frac{Z^2}{n^2}\frac{\mu e^4}{8\varepsilon_0^2 h^2} = -\frac{4 \times 201.3}{n^2}\frac{me^4}{8\varepsilon_0^2 h^2} \quad (n = 1,2,\cdots)$$

与☆式联立得

$$r_n = \frac{n^2}{2 \times 201.3} r_{\text{H1}} \approx 1.32 \times 10^{-3} n^2 (\text{Å})$$

$$E_n = -\frac{4 \times 201.3}{n^2} E_{\text{H1}} \approx \frac{-1.1 \times 10^4}{n^2}(\text{eV})$$

> **练习 14-12** 某星体发射出来的光谱很像氢原子的巴尔末线系,经仔细分析,确定为锂离子(Li^{2+})产生的. 试求锂离子的这个线系的第一条谱线和极限谱线的波长.

例 14-11 氢原子从第一激发态跃迁回基态时:

(1) 如考虑该原子的反冲,试计算氢原子的反冲速度;

(2) 考虑原子反冲时发出的光子波长设为 λ,不考虑反冲时氢原子发出的光子波长设为 λ_0,试计算 $(\lambda - \lambda_0)/\lambda_0$ 的值.

已知氢原子基态能级为 $E_1 = -13.6$ eV,氢原子质量为 $m = 1.674 \times 10^{-27}$ kg,普朗克常量为 $h = 6.626 \times 10^{-34}$ J·s.

解 (1) 考虑反冲时,假设 $v \ll c$,由能量守恒、动量守恒分别得

$$h\frac{c}{\lambda} + \frac{1}{2}mv^2 = E_1\left(\frac{1}{2^2} - 1\right) = 1.632 \times 10^{-18}(\text{J}), \quad \frac{h}{\lambda} = mv$$

消去 λ 得

$$mv\left(c + \frac{1}{2}v\right) \approx mvc = 1.632 \times 10^{-18}(\text{J})$$

例 14-11

故
$$v = \frac{1.632 \times 10^{-18}}{1.674 \times 10^{-27} \times 3 \times 10^8} \approx 3.25 (\text{m/s}) \ll c$$

(2) 不考虑反冲时
$$h\frac{c}{\lambda_0} = E_1\left(\frac{1}{2^2} - 1\right) = 1.632 \times 10^{-18} (\text{J}) \qquad ☆$$

考虑反冲时
$$h\frac{c}{\lambda} + \frac{1}{2}mv^2 \approx h\frac{c}{\lambda} + 8.84 \times 10^{-27} (\text{J}) = 1.632 \times 10^{-18} (\text{J}) \qquad \triangle$$

可知 $\lambda - \lambda_0 \ll \lambda_0$，☆式减去△式得
$$hc\left(\frac{1}{\lambda_0} - \frac{1}{\lambda}\right) = hc\frac{\lambda - \lambda_0}{\lambda\lambda_0} \approx hc\frac{\lambda - \lambda_0}{\lambda_0^2} = 8.84 \times 10^{-27} (\text{J}) \qquad ○$$

○式除以☆式得
$$\frac{\lambda - \lambda_0}{\lambda_0} = \frac{8.84 \times 10^{-27} \text{ J}}{1.632 \times 10^{-18} \text{ J}} \approx 5.42 \times 10^{-9}$$

14.4 原 子 核

例 14-12 原子衰变中的原子个数 N 随时间 t 指数减少，规律为 $N(t) = N_0 e^{-\lambda t}$，其中 λ 为衰变常数．原子个数减少为 $N_0/2$ 的时间称为半衰期，记为 T．

(1) 试求 T 与 λ 的关系式．

自然界中存在下述核衰变
$$\rightarrow {}^{228}_{90}\text{Th} \xrightarrow{T_1 = 1.91 \text{年}} {}^{224}_{88}\text{Ra} \xrightarrow{T_2 = 3.66 \text{天}} {}^{220}_{86}\text{Rn} \rightarrow$$

矿物中这三种原子的数目若已不随时间变化，则称这三种元素已处于平衡态．从这样的矿物中提取出全部 ${}^{228}_{90}\text{Th}$ 和 ${}^{224}_{88}\text{Ra}$，构成质量为 $m = 1$ kg 的混合物，试求：

(2) 开始时（$t = 0$），混合物中 ${}^{228}_{90}\text{Th}$ 的原子个数 N_1 和 ${}^{224}_{88}\text{Ra}$ 的原子个数 N_2；

(3) $t > 0$ 时刻，混合物中 ${}^{224}_{88}\text{Ra}$ 的原子个数 $N_2(t)$；

(4) 当 ${}^{228}_{90}\text{Th}$ 原子数目减为初始值一半时，${}^{224}_{88}\text{Ra}$ 的原子个数 N_2^*．

已知微分方程 $\frac{dy}{dx} + P(x)y = Q(x)$ 的通解为
$$y(x) = e^{-\int P(x)dx}\left(\int Q(x)e^{\int P(x)dx}dx + C\right)$$

解 (1) 由题意得
$$\frac{N_0}{2} = N_0 e^{-\lambda T}$$

解得
$$T = \frac{\ln 2}{\lambda}$$

(2) 衰变中的某种矿物已知
$$N(t) = N_0 e^{-\lambda t}$$
故
$$dN(t) = -\lambda N_0 e^{-\lambda t} dt = -\lambda N(t) dt$$

取出前的矿物已达平衡态，故 $^{228}_{90}$Th 的数目 $N_{10}(t)$ 保持不变，dt 内衰变为 $^{224}_{88}$Ra 的数目为
$$-dN_{10}(t) = \lambda_1 N_{10}(t) dt$$

$^{224}_{88}$Ra 的数目 $N_{20}(t)$ 保持不变，dt 内衰变的 $^{224}_{88}$Ra 的数目为
$$dN_{20}(t) = -\lambda_2 N_{20}(t) dt$$

$^{224}_{88}$Ra 的数目 $N_2(t)$ 不变，即
$$-dN_{10}(t) + dN_{20}(t) = 0$$

解得
$$\frac{N_{10}(t)}{N_{20}(t)} = \frac{\lambda_2}{\lambda_1} = \frac{T_1}{T_2} = \frac{1.91 \times 365}{3.66} \approx 190.5$$

提取出的这两种矿物开始时 ($t = 0$) 的原子个数比值与之相等，即
$$\frac{N_1}{N_2} = \frac{N_{10}(t)}{N_{20}(t)} = 190.5$$

初始质量
$$m = \frac{N_1}{N_A} M_1 + \frac{N_2}{N_A} M_2$$

即
$$1 \times 10^3 = \frac{1}{N_A}(228 N_1 + 224 N_2)$$

联立解得
$$N_1 = 2.63 \times 10^{21}, \quad N_2 = 1.38 \times 10^{19}$$

(3) 取出后 $^{228}_{90}$Th 不再得到补充，不再是平衡态；t 时刻 $^{228}_{90}$Th 原子
$$N_1(t) = N_1 e^{-\lambda_1 t}$$

$^{224}_{88}$Ra 原子
$$dN_2(t) = \lambda_1 N_1(t) dt - \lambda_2 N_2(t) dt = \lambda_1 N_1 e^{-\lambda_1 t} dt - \lambda_2 N_2(t) dt$$

即
$$\frac{dN_2(t)}{dt} + \lambda_2 N_2(t) = \lambda_1 N_1 e^{-\lambda_1 t}$$

由所给微分方程通解公式得
$$N_2(t) = e^{-\int \lambda_2 dt} \left(\int \lambda_1 N_1 e^{-\lambda_1 t} e^{\int \lambda_2 dt} dt + C \right) = e^{-\lambda_2 t} \left(\lambda_1 N_1 \int e^{(\lambda_2 - \lambda_1) t} dt + C \right)$$

$$= \frac{N_1}{\lambda_2 - \lambda_1} \lambda_1 e^{-\lambda_1 t} + C e^{-\lambda_2 t}$$

代入初始条件 $N_2(0) = N_2$, 得

$$N_2 = \frac{N_1 \lambda_1}{\lambda_2 - \lambda_1} + C$$

则

$$C = N_2 - \frac{\lambda_1}{\lambda_2 - \lambda_1} N_1$$

将

$$\lambda_1 = \frac{\ln 2}{T_1}, \quad \lambda_2 = \frac{\ln 2}{T_2}$$

代入,得

$$N_2(t) = \frac{T_2}{T_1 - T_2} N_1 (e^{-\frac{\ln 2}{T_1} t} - e^{-\frac{\ln 2}{T_2} t}) + N_2 e^{-\frac{\ln 2}{T_2} t}$$

$$= \frac{T_2}{T_1 - T_2} N_1 \left[\left(\frac{1}{2}\right)^{\frac{t}{T_1}} - \left(\frac{1}{2}\right)^{\frac{t}{T_2}} \right] + N_2 \left(\frac{1}{2}\right)^{\frac{t}{T_2}} \quad ☆$$

(4) 可知 $t = T_1 = 1.91$ 年,代入 ☆ 式得

$$N_2^* = 6.94 \times 10^{18}$$

练习 14-13 如图 14-17 所示,在一次粒子碰撞实验中,观察到一个低速 K^- 介子与一个静止质子 p 发生相互作用,生成一个 π^+ 介子和一个未知的 x 粒子,它们在匀强磁场中垂直于磁场运动,径迹已画出. 已知磁感应强度大小为 $B = 1.70 \text{ Wb/m}^2$,测得 π^+ 介子径迹的曲率半径为 $R_1 = 34.0$ cm, π^+ 介子静质量为 139.6 MeV, 电荷量为 $+e$, K^- 介子静质量为 493.8 MeV, 电荷量为 $-e$, 质子静质量为 938.3 MeV, 电荷量为 $+e$.

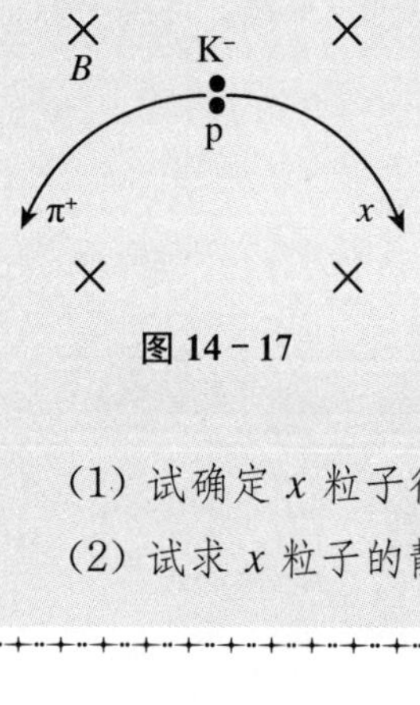

图 14-17

(1) 试确定 x 粒子径迹的曲率半径 R_2;
(2) 试求 x 粒子的静质量.

14.5 粒 子

14.5.1 物质波 德布罗意关系

德布罗意在光的波粒二象性的启发下,提出实物粒子也具有波粒二象性的假设. 他认

为,描述粒子特征的物理量(E,p)与描述波动特征的物理量(ν,λ)之间也和光一样遵从下述公式:

$$E = mc^2 = h\nu, \quad p = mv = \frac{h}{\lambda}$$

则静质量为m_0,以v运动的实物粒子,其波长为

$$\lambda = \frac{h}{\gamma m_0 v} = \frac{h}{m_0 v}\sqrt{1-\frac{v^2}{c^2}}$$

称为德布罗意关系,如果$v \ll c$,则

$$\lambda \approx \frac{h}{m_0 v}$$

这种显示物质波动性的波称为德布罗意波或物质波.

例 14-13 试计算以下物体的德布罗意波长:

(1) 质量为 0.05 kg、速率为 300 m/s 的子弹;

(2) 经 $U = 150$ V 加速后的电子,已知电子质量为 $m_e = 9.11 \times 10^{-31}$ kg;

(3) 热中子(室温下 $T = 300$ K 与周围处于热平衡状态的中子),已知中子质量 $m_n = 1.67 \times 10^{-27}$ kg.

解 (1) 由题意得

$$\lambda = \frac{h}{mv} = 4.4 \times 10^{-35} (\text{m})$$

可见对一般宏观物体,其物质波波长非常非常小,很难显示波动性.

(2) 忽略相对论效应,有

$$eU = \frac{1}{2} m_e v^2$$

则

$$v = 7.26 \times 10^6 (\text{m/s})$$

$v^2 \ll c^2$,可忽略相对论效应,有

$$\lambda = \frac{h}{m_e v} = 0.1 (\text{nm})$$

与 X 射线的波长相接近.

(3) 由题意得

$$\frac{3}{2}kT = \frac{1}{2} m_n v^2$$

则

$$v = 2700 (\text{m/s}), \quad \lambda = \frac{h}{m_n v} = 0.15 (\text{nm})$$

与 X 射线波长同数量级,与晶体晶面距离同数量级.

德布罗意提出物质波概念后,很快在实验上得到证实.戴维孙和革末进行了电子衍射实

验,利用衍射计算的波长与用德布罗意公式计算的结果符合得很好,证实了电子的波动性.后来人们进一步观测到了电子的干涉现象,还陆续证实了中子、质子、原子、分子的波动性.

微观粒子具有波粒二象性,在某些条件下表现出粒子性,在另一些条件下表现出波动性,却不能同时表现出来,让人很难理解.直到玻恩提出物质波波函数的统计诠释,才得到了较为满意的答复.微观粒子不同于经典意义上的粒子,也不同于经典意义上的波.

14.5.2 不确定性原理

不确定性原理又称不确定关系,由海森伯提出,反映了微观粒子的运动特征,是物理学中又一重要原理.

经典力学中,运动物体在任何时刻都有完全确定的位置、动量、能量、角动量;与此不同,微观粒子的行为是统计的,是一种概率,具有可以量化的不确定性.

粒子的位置是不确定的,但基本出现在某区域,例如出现在 $x \to x + \Delta x$(一维情形),或 $x \to x + \Delta x, y \to y + \Delta y, z \to z + \Delta z$(三维情形),称 $\Delta x, \Delta y, \Delta z$ 为粒子位置坐标的不确定量.粒子动量也是不确定的,一般物质波都不是单色波,而是由包括一定波长 $\Delta \lambda$ 的许多单色波组成,使粒子的动量变得不确定了,由 $p = h/\lambda$ 可算出动量的可能范围 Δp,称 Δp 为动量的不确定量.坐标与动量不确定量之间的关系为

$$\Delta x \Delta p_x \geqslant \frac{\hbar}{2}, \quad \Delta y \Delta p_y \geqslant \frac{\hbar}{2}, \quad \Delta z \Delta p_z \geqslant \frac{\hbar}{2}$$

称为海森伯坐标和动量的不确定关系.在用作数量级估算时,有时也写成

$$\Delta x \Delta p_x \geqslant \hbar, \quad \cdots$$

不确定关系只规定了下限,未给出上限,但对大多数问题的基态来说可以取下限

$$\Delta x \Delta p_x \approx \frac{\hbar}{2}, \quad \cdots$$

这一规律来源于微观粒子的波粒二象性,可借助电子衍射实验做一粗略估算.如图 14-18 所示,电子通过狭缝时,x 方向上的不确定量为 $\Delta x = d$;由于衍射,电子速度方向改变,若只考虑电子出现在中央明纹,则

$$0 \leqslant p_x \leqslant p\sin\theta$$

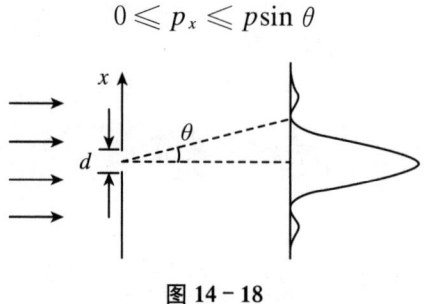

图 14-18

x 方向动量的不确定量为

$$\Delta p_x = p\sin\theta = \frac{h}{\lambda}\frac{\lambda}{d} = \frac{h}{d}$$

于是

$$\Delta p_x \Delta x = h$$

考虑到次级条纹,则

$$\Delta p_x \Delta x \geqslant h$$

这仅为估算,严格推导出的应为前边给出的公式.

如果微观粒子处于某一状态的时间为 Δt,则其能量必有一个不确定量 ΔE,关系为

$$\Delta E \Delta t \geqslant \frac{\hbar}{2}$$

称为能量和时间的不确定关系.

例 14-14 (1) 子弹质量为 0.05 kg,枪口直径为 0.5 cm,试求子弹射出枪口时横向速度的不确定度;

(2) 试求原子中电子速度的不确定量,取原子线度为 10^{-10} m;

(3) 某些基本粒子的静止质量对应的能量具有不确定性约为 200 MeV,试求这些粒子的寿命.

解 (1) 由题意得

$$\Delta v_x = \frac{\hbar}{2m\Delta x} = \frac{1.05 \times 10^{-34}}{2 \times 0.05 \times 0.5 \times 10^{-2}} = 2.1 \times 10^{-31}(\text{m/s})$$

相比子弹速度可忽略,故子弹运动速度是确定的.

(2) 电子位置不确定量为

$$\Delta r \approx 10^{-10}(\text{m})$$

则速度不确定量为

$$\Delta v = \frac{\hbar}{2m\Delta r} = 5.8 \times 10^5(\text{m/s})$$

玻尔理论中氢原子电子速度约为 10^6 m/s,数量级基本相同,因此原子中电子在任一时刻没有完全确定的位置和速度,没有确定的轨道,波动性显著,电子运动应该用电子在各处的概率密度来描述.

(3) 由题意得

$$\Delta E \Delta t = \frac{\hbar}{2}$$

则

$$\Delta t = 1.65 \times 10^{-24}(\text{s})$$

第 14 章习题

14-1 一宇宙飞船相对地面以 $u=0.8c$ 的速度飞行,飞船上的观察者测得飞船的长度为 100 m.设有一光脉冲从船尾传到船头,试求在地面上观测,光脉冲从船尾发出和到达船头这两个事件的距离和时间间隔.

14-2 μ 子静止时的寿命为 $\Delta t=2.2\times10^{-6}$ s.据报道,在一次高能加速器实验中,μ 子的运动速度为 $v=0.9966c$,则它从产生到湮灭的一生所通过的路程是多少?

14-3 一艘飞船和一颗彗星相对于地面分别以 $0.6c$ 和 $0.8c$ 的速度相向运动,在地面上观察,再有 5 s 两者相碰.试问从飞船上看再有多长时间相撞?

14-4 瞬时静止惯性参考系.惯性系 S,S' 间的相对关系如习图 14-1 所示,其中相对速度大小为 $v=c/2$,坐标原点 O,O' 重合时,$t=t'=0$.以下飞船速度均未达光速.

(1) 设飞船 1 从 $t'=0$ 于 O' 点由静止开始以恒定加速度 a_1 沿 x' 轴运动,试求飞船 1 在 S 系中的运动方程 $x_1\text{-}t$;

(2) 设飞船 2 从 $t=0$ 于 O 点由静止开始沿 x 轴正方向离开 O 点,并在飞船 2 的瞬时静止参考系(每一时刻相对飞船 2 静止的惯性系)中,始终具有相同的加速度值 a_2,试求飞船 2 在 S 系中的运动方程 $x_2\text{-}t$;

(3) 设 $a_2=100a_1$,试问在 S 系中飞船 2 何时追上飞船 1?

14-5 如习图 14-2 所示,有一均匀带电的正方形绝缘线框 $ABCD$,每边边长为 L,线框上串有许多带电小球(看作质点),每个小球的带电量为 q.令各小球相对线框以速率 u 沿绝缘线做匀速运动,在线框参考系中测得相邻两小球的间距为 $a(a\ll L)$,每边的总带电量为零(即线框的带电量和各小球的带电量之和为零),线框又沿 AB 边以速率 v 在自身平面内相对 S 系做匀速运动.在讨论范围内存在一匀强电场 E,其方向与线框平面的倾角为锐角 θ(电场线在线框平面的投影线与 BC 边平行).考虑相对论效应,试在 S 系中计算以下各量:

(1) 线框各边上相邻两小球的间距 $a_{AB},a_{BC},a_{CD},a_{DA}$;

(2) 线框各边的静电量 $Q_{AB},Q_{BC},Q_{CD},Q_{DA}$;

(3) 线框和小球构成的系统所受的电场力力矩大小;

(4) 线框和小球构成的系统在该电场中的电势能.

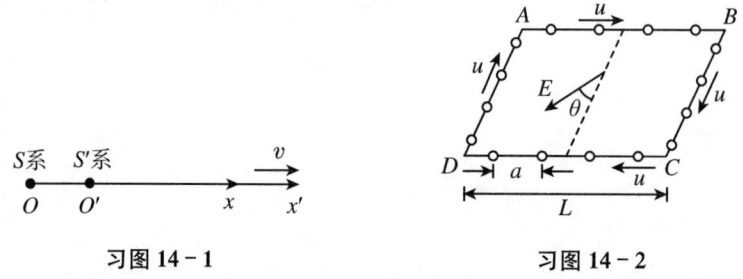

习图 14-1　　习图 14-2

14-6 试求光子从太阳飞到地球时,它的频率相对变化量$(\nu'-\nu)/\nu$.已知地球半径$R_E=6.4\times 10^6$ m,质量$M_E=6\times 10^{24}$ kg,太阳半径$R_S=7\times 10^8$ m,质量$M_S=2\times 10^{30}$ kg.

14-7 光子火箭是一种设想的航天器.它利用"燃料"物质向后或向前辐射光束,使火箭从静止加速或在运动中向前加速或减速.设光子火箭从地球起飞时静止质量(包括燃料)为M_0,朝着与地球相距$R=1.8\times 10^6$ ly(光年)的仙女座星云飞行.要求火箭在25 y(年)火箭时间后软着陆到达目的地.不计所有引力影响,略去火箭加速和减速所经时间,试求:

(1) 火箭相对地球匀速段的飞行速度v;

(2) 火箭出发时的静止质量M_0和到达目的地时的静止质量M'_0之间的比值.

14-8 一理想的凸透镜容许入射光完全透过,它的直径$D=10$ cm,焦距$f=15$ cm,水平放置,四束激光沿竖直方向对称地入射到透镜靠边缘处.已知四束激光总功率为$P=1.2$ W,试求激光对透镜的作用力.

14-9 在环绕地球做圆周运动的空间实验站的实验室做下述理想实验:一束功率$P=100$ mW的激光束垂直射到一个相对于实验室静止的物体的表面,物体质量$m=0.10$ kg,热容$C=630$ J/K,物体由理想的黑色材料做成,在光的照射下平动.不计物体的热散失,试求激光束在连续照射1 h的过程中,物体移动的距离和升高的温度.

14-10 Pb原子核内有82个质子,核半径为7.1 fm(1 fm=10^{-15} m).Pb原子核与81个电子及一个μ^-子构成的原子称为Pb的μ介子原子.假设所有电子均在原子核外,μ^-子的基态轨道在原子核之内,第一激发态轨道在所有电子轨道之内,但在原子核外,实验测得μ^-子从第一激发态跃迁到基态所发出的光子能量为6.0 MeV.试估算基态的轨道半径.已知μ^-子带电量为$-e$,质量为电子质量的207倍;Pb为铅元素,原子量为207.2.

14-11 (第22届国际物理奥林匹克竞赛)为了能高精度地研究孤立原子的性质,必须使它们几乎静止下来并能在一个小的空间区域内停留一段时间.为此,近年来已发展成一种称为"激光致冷"的方法,其原理叙述如下:在一真空室内,一束非常准直的^{23}N原子射束(通过样品在10^3 K高温蒸发而获得)受一束高强度激光的正面照射,如习图14-3(a)所示.选定激光频率,使速度为v_0的钠原子可对激光光子发生共振吸收.原子吸收了光子后跃迁到能量为E、能级宽度为Γ的第一激发态,如习图14-3(b)所示,同时它的速度有如下的改变:$\Delta v_1=v_1-v_0$;而后该原子又发射光子,并再回到基态,此过程中原子的速度改变量为$\Delta v'=v'_1-v_1$,运动方向的偏转角为φ,如习图14-3(c)所示.这一先吸收后发射的事件可

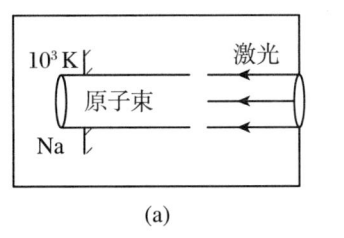
(a)

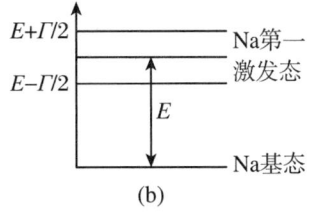
(b)

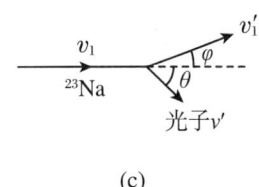
(c)

习图 14-3

进行多次,如果不考虑偏转,把吸收和发射当作始终沿直线进行,则原子的速度的总改变量达到某量 Δv 后,便不能再对频率为 ν 的激光发生共振吸收.接着需要改变激光频率,使原子在新的速度下进行共振吸收,继续减慢其速度,直到速度几乎降为零.

作为过程的第一步近似,可以忽略原子的所有其他相互作用过程,而只考虑光的吸收与再发射.进一步可以假设激光很强,所以原子在基态停留时间实际上可以不计.数据:

$$E = 3.36 \times 10^{-19} \text{ J}, \quad \Gamma = 7.0 \times 10^{-27} \text{ J}, \quad c = 3 \times 10^8 \text{ m/s}$$

$$m_p = 1.67 \times 10^{-27} \text{ kg}, \quad h = 6.62 \times 10^{-34} \text{ J·s}, \quad k = 1.38 \times 10^{-22} \text{ J/K}$$

其中 c 为真空光速,h 为普朗克常量,k 为玻尔兹曼常量,m_p 为质子质量.

(1) 对于动能等于准直发射管后面区域内原子平均动能的那些原子,为了保证激光能被它们共振吸收,试问激光的频率 ν 须为多大?经第一次吸收过程后,试问这些原子的速度改变量 Δv_1 为多大?

(2) 试问在多大速度间隔 Δv_0 内的原子均可吸收(1)问中所算出频率的光子?

(3) 经过一次光子发射后,试问原子相对发射前运动方向的最大偏转角 $\varphi_{\max}$ 为多大?

(4) 若保持频率 ν 不变,试问原子速度减少量 Δv 至多能达到多大?

(5) 为了使初速为 v_0 沿直线运动的原子按第(1)问所述方式降速,最后速度降到几乎为零,试问需要经历吸收事件的次数 N 为多少?

(6) 如果一次吸收后有一次发射,但不考虑发射引起的速度变化,试问第(5)问所要求的减速过程共需多少时间?在该时间内原子走过的路程 Δs 为多长?

14-12 核反应产生的低能中子,可用来检验重力引起的物质波的干涉.实验装置如习图 14-4 所示,从同一块单晶片上切下的三块单晶片 C、BE 和 D 平行地放置在平面 S 中,平面 S 与水平面 S_0 的夹角为 φ,$|\varphi| \leqslant 90°$,从 S_0 到 S 逆时针旋转时 φ 取正,顺时针旋转时 φ 取负.低能中子束从 A 射到 B,一束反射,经 BCE 路径射向 F;另一束透射,经 BDE 路径射向 F.其中 BC、CE、BD 和 DE 段长度均为 l,BE 与 BC 之间的夹角为 θ,因此 BE 与 BD 之间的夹角也为 θ.实验装置可绕 BD 转动,使 φ 值可调.当 $\varphi \neq 0$ 时,两束中子所受重力的影响不对称,在 E 点相遇后会发生中子波的干涉,这种干涉可被 F 处的中子计数器测出.实验中 l 取得较短,使中子重力势能的变化远小于中子的动能.

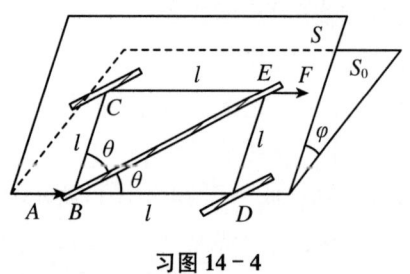

习图 14-4

(1) 试证两束中子波在 E 点的相位差 δ 可表述为 $\delta = q\sin\varphi$,其中 $q = k\lambda l^2 \sin 2\theta$,其中 λ 为入射中子的波长,k 为常量.证明过程中应确定常量 k 与哪些因素有关.

(2) 设入射中子的动能为 3.9×10^{-2} eV,实验装置中的 $l = 4$ cm,$\theta = 22.5°$.试问在 φ 从 $-90°$ 转到 $90°$ 的全过程中,在 F 处的中子计数器的读数出现多少次极大?

已知中子静质量 $m = 939$ MeV/c^2,$\hbar c = 1.97 \times 10^{-11}$ MeV·cm.

第 14 章练习详解及习题答案

练习 14-1 隧道看守人和火车司机从各自惯性系得出的结论都是正确的,问题的症结在于同时的相对性.取地面为 S 系,火车为 S' 系,火车运动方向为 x 或 x' 正方向,火车头时空坐标为 (x_1,t_1),(x_1',t_1'),火车尾时空坐标为 (x_2,t_2),(x_2',t_2').

隧道看守人关门时
$$t_1 = t_2, \quad x_1 > x_2$$

在火车司机看来
$$t' = \gamma\left(t - \frac{v}{c^2}x\right)$$

故
$$t_1' < t_2'$$

即火车司机认为隧道看守人先关闭了前门,后关闭了后门.(还可进一步计算得出火车司机认为火车前端未驶出时关闭前门,火车后端已驶入时关闭后门.)

火车司机发射火箭时
$$t_1' = t_2', \quad x_1' > x_2'$$

在隧道看守人看来
$$t = \gamma\left(t' + \frac{v}{c^2}x'\right)$$

故
$$t_1 > t_2$$

即在隧道看守人看来,火车司机先发射了车尾的火箭,后发射了车头的火箭.(还可进一步计算出隧道看守人认为火车未全进入时发射了车尾火箭,火车头已驶出时发射了车头火箭.)

练习 14-2 地面参考系中设相邻自由电子(或正电荷)平均距离为 l,如答图 14-1(a)所示.电子定向移动参考系如答图 14-1(b)所示,电子静止,正电荷和点电荷均以 $-v$ 运动,正电荷、电子的平均距离分别为
$$l_+ = \frac{l}{\gamma}, \quad l_- = \gamma l$$

故
$$\lambda_+ = \frac{e}{l_+} = \gamma \frac{e}{l} = \gamma\lambda, \quad \lambda_- = \frac{e}{l_-} = \frac{1}{\gamma}\frac{e}{l} = \frac{1}{\gamma}\lambda$$

则导线不再是电中性,而会激发电场,点电荷处电场
$$E' 2\pi r h = \frac{h(\lambda_+ - \lambda_-)e}{\varepsilon_0}$$

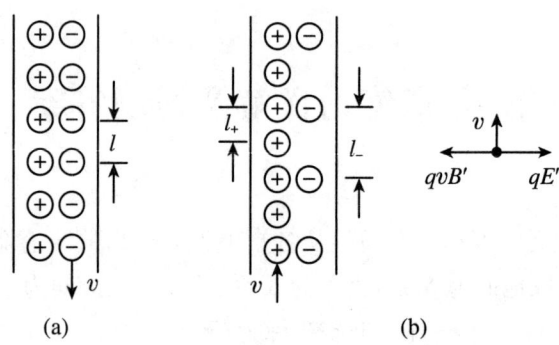

答图 14 - 1

则
$$E' = \left(\gamma - \frac{1}{\gamma}\right)\frac{\lambda e}{2\pi\varepsilon_0 r}$$

导线中电流
$$I' = \lambda_+ ev = \gamma\lambda ev$$

故点电荷处磁场
$$B' = \frac{\mu_0}{2\pi}\frac{I'}{r} = \frac{\gamma\mu_0\lambda ev}{2\pi r}$$

点电荷受力
$$F' = qE' - qvB' = \frac{\gamma q\lambda e}{2\pi r}\left[\left(1 - \frac{1}{\gamma^2}\right)\frac{1}{\varepsilon_0} - \mu_0 v^2\right] = \frac{\gamma q\lambda e}{2\pi r}\left(\frac{v^2}{c^2\varepsilon_0} - \mu_0 v^2\right)$$

又由于
$$c = \frac{1}{\sqrt{\varepsilon_0\mu_0}}$$

即
$$\mu_0 = \frac{1}{c^2\varepsilon_0}$$

因此受力
$$F' = 0$$

如果不考虑尺缩效应，则点电荷处有磁场，没有电场，点电荷将受洛伦兹力而靠近通电导线，与在地面参考系下观察结果相矛盾，不符合事实，故必须考虑尺缩效应．

练习 14 - 3 解法 1：用钟慢计算．在地球系看来，宇航员用时
$$\Delta t' = \frac{\Delta t}{\sqrt{1 - \frac{v^2}{c^2}}}$$

则
$$l = v\Delta t' = \frac{v\Delta t}{\sqrt{1 - \frac{v^2}{c^2}}}$$

即
$$4.3c = \frac{v \times 0.43}{\sqrt{1 - \frac{v^2}{c^2}}}$$

解得
$$v = \sqrt{\frac{100}{101}}c \approx 0.995c$$

解法 2：用尺缩计算．在宇航员参考系看来，星球与地球距离为
$$l' = l\sqrt{1 - \frac{v^2}{c^2}}$$

宇航员认为星球和地球以待求速度运动，故
$$l' = v\Delta t$$

联立消去 l'，代入数据
$$4.3c\sqrt{1 - \frac{v^2}{c^2}} = v \cdot 0.43$$

解得
$$v = \sqrt{\frac{100}{101}}c \approx 0.995c$$

解法 3：用洛伦兹变换计算．取地球为 S 系，宇航员为 S' 系，宇航员运动方向为 x 或 x' 正方向，在 S' 系中宇航员静止；设宇航员出发的时空坐标为 (x_1, t_1)，(x'_1, t'_1)，宇航员到达半人马星的时空坐标为 (x_2, t_2)，(x', t'_2)；已知
$$\Delta t' = t'_2 - t'_1 = 0.43(\text{年}), \quad \Delta x = x_2 - x_1 = 4.3(\text{光年}), \quad \Delta x' = 0$$

由洛伦兹变换得
$$\Delta t = \frac{\Delta t' + \frac{v}{c^2}\Delta x'}{\sqrt{1 - \frac{v^2}{c^2}}} = \frac{0.43}{\sqrt{1 - \frac{v^2}{c^2}}}(\text{年})$$

故速度为
$$v = \frac{\Delta x}{\Delta t} = \frac{4.3c}{0.43}\sqrt{1 - \frac{v^2}{c^2}}$$

解得
$$v = \sqrt{\frac{100}{101}}c \approx 0.995c$$

练习 14-4 解法 1：利用钟慢尺缩．

（1）宇航站时钟与地球时钟指示时间一致．由钟慢效应得
$$\Delta t_1 = \frac{\Delta t}{\sqrt{1 - \frac{v^2}{c^2}}} = 50(\text{min})$$

故飞船到达该站时宇航站时钟显示时间为
$$t_1 = t_0 + \Delta t_1 = 12:00 + 0:50 = 12:50$$

(2)
$$S = v\Delta t_1 = 7.2 \times 10^{11}(\text{m})$$

(3) 信号传播时间
$$\Delta t_2 = \frac{S}{c} = 40(\text{min})$$

故地球接收到信号时间为
$$t_2 = t_1 + \Delta t_2 = 12:50 + 0:40 = 13:30$$

(4) 飞船认为地球在以 v 向后运动,飞船认为宇航站与地球相距
$$S' = v\Delta t \quad \left(\text{或 } S' = S\sqrt{1 - \frac{v^2}{c^2}}\right)$$

在飞船看来飞船发出信号到地球接收信号
$$(c - v)\Delta t_3' = S'$$

则
$$\Delta t_3' = \frac{v\Delta t}{c - v} = \frac{0.8c \times 30}{c - 0.8c} = 120(\text{min})$$

用同样时间接收到返回信号,故飞船接收信号时间飞船认为是
$$t_3' = t_1' + 2\Delta t_3' = 12:30 + 2 \times 120 \text{ min} = 16:30$$

另解:在地球系看来飞船发出信号到飞船接收信号
$$c\Delta t_4 - v\Delta t_4 = 2S = 2v\Delta t_1$$

则
$$\Delta t_4 = \frac{2 \times 0.8c \times 50}{c - 0.8c} = 400(\text{min})$$

飞船发射、飞船接收信号在飞船看来是同地,故可用钟慢效应,在飞船看来用时为
$$\Delta t_4' = \Delta t_4 \sqrt{1 - \frac{v^2}{c^2}} = 240(\text{min})$$

故飞船接收时间为
$$t_3' = t_1' + \Delta t_4' = 12:30 + 240 \text{ min} = 16:30$$

(另外在地球看来飞船接收到信号时间为 12:50 + 400 min = 19:30).

解法 2:利用洛伦兹变换. 取地球为 S 系,飞船为 S' 系,飞船运动方向为 x, x' 正方向. S' 系中飞船静止.

(1) 由洛伦兹变换得
$$\Delta t_1 = \frac{\Delta t' + \frac{v}{c^2}\Delta x'}{\sqrt{1 - \frac{v^2}{c^2}}}$$

即
$$t_1 - 12{:}00 = \frac{30+0}{\sqrt{1-0.8^2}} = 50(\min)$$
则
$$t_1 = 12{:}50$$

(2)(3)同解法 1.

(4) 在 S 系中,地球接收信号为 t_2,设飞船接收信号为 t_3,信号从地球到飞船走的距离等于飞船从初始到 t_3 走的距离,即
$$c(t_3 - t_2) = v(t_3 - t_0)$$
故
$$t_3 - t_0 = 450(\min)$$

由洛伦兹变换,从初始到接收信号
$$t'_3 - t'_0 = \frac{(t_3-t_0) - \dfrac{v}{c^2} \cdot v(t_3-t_0)}{\sqrt{1 - \dfrac{v^2}{c^2}}} = \frac{450 - 0.8^2 \times 450}{0.6} = 270(\min)$$

故
$$t'_3 = t'_0 + 270 \text{ min} = 12{:}00 + 270 \text{ min} = 16{:}30$$

练习 14-5 A,B 相对速率为
$$v = \frac{2\beta}{1+\beta^2}c$$

可以判断在 A 或 B 参考系中信号发射时也是相距最近时.

(1) 在 A 参考系中,如答图 14-2(a)所示,有
$$\sin\theta = \frac{vt}{ct} = \frac{2\beta}{1+\beta^2}$$
故应与 A 运动方向成角
$$\theta + \frac{\pi}{2} = \arcsin\frac{2\beta}{1+\beta^2} + \frac{\pi}{2}$$

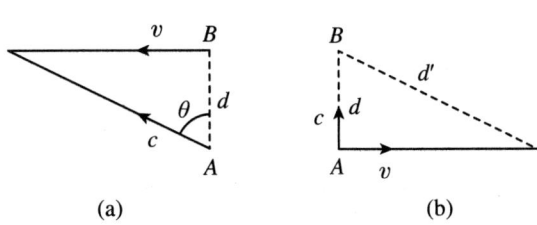

答图 14-2

(2) 在 B 参考系中,如答图 14-2(b)所示,A 沿垂直运动方向发射,从 A 发射到 B 接收

$$t = \frac{d}{c}$$

A 前进

$$x = vt = \frac{2\beta}{1+\beta^2}d$$

故 B 认为 A, B 相距

$$d' = \sqrt{d^2 + x^2} = \frac{\sqrt{(1+\beta)^2 + 4\beta^2}}{1+\beta^2}d$$

练习 14-6 (1) 各边在 x 方向尺缩,但 y 方向长度不变,取 $\beta = v/c$,有

$$\overline{AB} = \overline{CD} = \sqrt{(L\cos\varphi)^2 + (L\sin\varphi\sqrt{1-\beta^2})^2} = L\sqrt{1-\beta^2\sin^2\varphi}$$

$$\overline{BC} = \overline{DA} = \sqrt{(L\sin\varphi)^2 + (L\cos\varphi\sqrt{1-\beta^2})^2} = L\sqrt{1-\beta^2\cos^2\varphi}$$

设 $\overline{AB}, \overline{BC}$ 与 x 轴夹角分别为 α, θ,有

$$\tan\alpha = \frac{L\cos\varphi}{L\sin\varphi\sqrt{1-\beta^2}} = \frac{\cot\varphi}{\sqrt{1-\beta^2}}, \quad \tan\theta = \frac{L\sin\varphi}{L\cos\varphi\sqrt{1-\beta^2}} = \frac{\tan\varphi}{\sqrt{1-\beta^2}}$$

故

$$\angle ABC = \alpha + \theta = \arctan\frac{\cot\varphi}{\sqrt{1-\beta^2}} + \arctan\frac{\tan\varphi}{\sqrt{1-\beta^2}}$$

(2) 可用速度变换计算 y 方向分运动. $A \to B$,设 S 系中质点速度沿 y 方向分量大小为

$$u_{y1} = \frac{u\cos\varphi\sqrt{1-\beta^2}}{1 - \frac{u\sin\varphi \cdot v}{c^2}}, \quad \Delta t_{AB} = \frac{L\cos\varphi}{u_{y1}} = \frac{L\left(1 - \frac{uv\sin\varphi}{c^2}\right)}{u\sqrt{1-\beta^2}}$$

$B \to C$

$$u_{y2} = \frac{u\sin\varphi\sqrt{1-\beta^2}}{1 + \frac{u\cos\varphi \cdot v}{c^2}}, \quad \Delta t_{BC} = \frac{L\sin\varphi}{u_{y2}} = \frac{L\left(1 + \frac{uv\cos\varphi}{c^2}\right)}{u\sqrt{1-\beta^2}}$$

从 A 点出发回到出发点可利用钟慢效应,在 S' 系中

$$\Delta T' = \frac{4L}{u}$$

故在 S 系中

$$\Delta T = \frac{\Delta T'}{\sqrt{1-\beta^2}} = \frac{4L}{u\sqrt{1-\beta^2}}$$

还可用洛伦兹变换计算,或对 x 方向分运动利用速度变换、尺缩、追及计算,请读者自行尝试.

(3) 代入数据计算得

$$\angle ABC = 114.8°, \quad \Delta t_{AB} = 1.42L/c, \quad \Delta t_{BC} = 3.23L/c$$

练习 14-7 (1) 初始

$$\gamma_A = \frac{1}{\sqrt{1-\left(\frac{3}{5}\right)^2}} = \frac{5}{4}$$

动量守恒

$$\gamma_A m_0 \frac{3}{5} c = Mv$$

质量守恒

$$\gamma_A m_0 + m_0 = M$$

联立解得

$$v = \frac{1}{3}c, \quad M = \frac{9}{4}m_0$$

(2) 碰后由质速关系得

$$M = \frac{M_0}{\sqrt{1-\dfrac{v^2}{c^2}}}$$

解得

$$M_0 = \frac{3\sqrt{2}}{2}m_0 \approx 2.12 m_0$$

(3) 动能损失为

$$E_{k损} = (\gamma_A m_0 - m_0)c^2 - (M - M_0)c^2 = \frac{3\sqrt{2}-4}{2}m_0 c^2 \approx 0.12 m_0 c^2$$

练习 14-8 地球参考系中,喷出气体速度为

$$V = \frac{v-u}{1-\dfrac{vu}{c^2}}$$

火箭质量

$$m = \frac{m_0}{\sqrt{1-\dfrac{v^2}{c^2}}}$$

喷气元过程由动量守恒得

$$mv = (m+\mathrm{d}m)(v+\mathrm{d}v) + (-\mathrm{d}m)V$$

略去二阶小量得

$$\frac{m_0}{\sqrt{1-\dfrac{v^2}{c^2}}}\mathrm{d}v + \left(v - \frac{v-u}{1-\dfrac{vu}{c^2}}\right)\mathrm{d}\left(\frac{m_0}{\sqrt{1-\dfrac{v^2}{c^2}}}\right) = 0$$

即

$$\frac{m_0}{\sqrt{1-\dfrac{v^2}{c^2}}}\mathrm{d}v + \frac{u\left(1-\dfrac{v^2}{c^2}\right)}{1-\dfrac{u}{c^2}v}\left[\frac{\mathrm{d}m_0}{\sqrt{1-\dfrac{v^2}{c^2}}} + \frac{m_0 \dfrac{v}{c^2}\mathrm{d}v}{\left(1-\dfrac{v^2}{c^2}\right)^{\frac{3}{2}}}\right] = 0$$

整理得
$$m_0 \mathrm{d}v = u\left(\frac{v^2}{c^2} - 1\right)\mathrm{d}m_0$$

分离变量积分
$$\int_{M_0}^{m_0} \frac{\mathrm{d}m_0}{m_0} = \int_0^v \frac{c^2 \mathrm{d}v}{u(v^2 - c^2)} = \frac{c}{2u}\int_0^v \left(\frac{1}{v-c} - \frac{1}{v+c}\right)\mathrm{d}v$$

解得
$$\ln\frac{m_0}{M_0} = \frac{c}{2u}\left(\ln\frac{c-v}{c} - \ln\frac{c+v}{c}\right) = \frac{c}{2u}\ln\frac{c-v}{c+v} = \ln\left(\frac{c-v}{c+v}\right)^{\frac{c}{2u}}$$

即
$$\frac{m_0}{M_0} = \left(\frac{c-v}{c+v}\right)^{\frac{c}{2u}}$$

练习 14-9 碰撞过程能量守恒，碰撞前后
$$h\nu + m_0 c^2 = h\nu' + m_0 c^2 + E_k$$

即
$$h\nu = h\nu' + E_k \qquad ☆$$

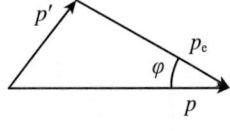

答图 14-3

碰撞过程动量守恒，如答图 14-3 所示，有
$$\left(\frac{h\nu'}{c}\right)^2 = \left(\frac{h\nu}{c}\right)^2 + p_e^2 - 2\frac{h\nu}{c}p_e\cos\varphi \qquad ○$$

电子撞后动量、能量关系为
$$\varepsilon^2 = \varepsilon_0^2 + (p_e c)^2$$

即
$$(m_0 c^2 + E_k)^2 = (m_0 c^2)^2 + (p_e c)^2$$

解得
$$p_e^2 = 2m_0 E_k + \frac{E_k^2}{c^2} \qquad □$$

☆式解出 $h\nu'$，与□式一起代入○式得

$$\frac{h^2\nu^2 - 2h\nu E_k + E_k^2}{c^2} = \frac{h^2\nu^2}{c^2} + 2m_0 E_k + \frac{E_k^2}{c^2} - \frac{2h\nu\sqrt{2m_0 E_k + \frac{E_k^2}{c^2}}\cos\varphi}{c}$$

解得
$$E_k = \frac{2m_0 c^2 h^2 \nu^2 \cos^2\varphi}{m_0^2 c^4 + 2m_0 c^2 h\nu + h^2\nu^2(1-\cos\varphi)}$$

应有 $0 \leqslant \varphi \leqslant \frac{\pi}{2}$，故当 $\varphi = 0$ 时，反冲电子动能取最大值
$$E_{k\max} = \frac{2m_0 c^2 h^2 \nu^2}{m_0^2 c^4 + 2m_0 c^2 h\nu}$$

练习 14-10 (1) 垂直于平面镜，单位面积、单位时间内由动量定理得

$$pSt = \frac{nh\nu}{c}\cos\theta + \frac{rnh\nu}{c}\cos\theta, \quad S = 1 \text{ m}^2, \quad t = 1 \text{ s}$$

解得光压为

$$p = \frac{(1+r)nh\nu\cos\theta}{c}$$

(2) 平面镜切向,单位面积、单位时间内同理有

$$F_t t = \frac{nh\nu}{c}\sin\theta - \frac{rnh\nu}{c}\sin\theta, \quad t = 1 \text{ s}$$

故

$$F_t = \frac{(1-r)nh\nu\sin\theta}{c}$$

练习 14-11 理想黑色物质,到达小球体的光全部被小球体吸收;小球体质量增加可忽略.设单位时间内到达小球的光子数为 n,由动量定理得

$$n\frac{h}{\lambda}\mathrm{d}t = m\mathrm{d}v$$

则

$$a = \frac{\mathrm{d}v}{\mathrm{d}t} = \frac{nh}{m\lambda}$$

由角动量守恒得

$$n\frac{h}{2\pi}\mathrm{d}t = I\mathrm{d}\omega, \quad I = \frac{2}{5}mr^2$$

则

$$\beta = \frac{\mathrm{d}\omega}{\mathrm{d}t} = \frac{5nh}{4\pi mr^2}$$

从初始开始旋转 N 圈过程

$$N2\pi = \frac{1}{2}\beta t^2$$

进动(即前进)

$$x = \frac{1}{2}at^2 = N \cdot \frac{8\pi^2 r^2}{5\lambda}$$

故每旋转一圈进动

$$X = \frac{x}{N} = \frac{8\pi^2 r^2}{5\lambda} = 15.8(\text{mm})$$

练习 14-12 氢原子巴尔末线系是从 $n > 2$ 向 $n = 2$ 跃迁发出的;能级推导同例 14-10(1),氢原子

$$E_1 = -\frac{me^4}{8\varepsilon_0^2 h^2}, \quad E_n = \frac{E_1}{n^2}$$

巴尔末线系

$$h\frac{c}{\lambda_n} = E_n - E_2 = E_1\left(\frac{1}{n^2} - \frac{1}{2^2}\right) \quad (n = 3,4,5,\cdots) \qquad ☆$$

锂离子

$$E_1' = -\frac{m 9 e^4}{8\varepsilon_0^2 h^2} = 9E_1, \quad E_n' = \frac{E_1'}{n^2}$$

其光谱

$$h\frac{c}{\lambda'} = E_{n'}' - E_{m'}' = E_1'\left(\frac{1}{n'^2} - \frac{1}{m'^2}\right) = 9E_1\left(\frac{1}{n'^2} - \frac{1}{m'^2}\right) = E_1\left[\frac{1}{\left(\frac{n'}{3}\right)^2} - \frac{1}{\left(\frac{m'}{3}\right)^2}\right] \quad ★$$

比较☆,★两式,当

$$\frac{m'}{3} = 2, \quad \frac{n'}{3} = 3,4,5,\cdots$$

时,锂离子谱线与氢光谱巴尔末线系相同,故锂离子的这个线系

$$m' = 6$$

它的第一条谱线 $n' = 7$,故波长满足

$$h\frac{c}{\lambda_1'} = 9E_1\left(\frac{1}{7^2} - \frac{1}{6^2}\right)$$

即

$$6.63 \times 10^{-34} \cdot \frac{3 \times 10^8}{\lambda_1'} = 9 \times (-13.6 \times 1.6 \times 10^{-19})\left(\frac{1}{7^2} - \frac{1}{6^2}\right)$$

解得

$$\lambda_1' = 1.378 \times 10^{-6}(\mathrm{m}) = 1378(\mathrm{nm})$$

它的极限谱线 $n' \to \infty$,故波长满足

$$h\frac{c}{\lambda_{\min}'} = 9E_1\left(0 - \frac{1}{6^2}\right)$$

则

$$\lambda_{\min}' = 367(\mathrm{nm})$$

练习 14-13 (1) 由电荷守恒定律可知 x 粒子带电 $-e$;由动量守恒得

$$0 = m_1 v_1 - m_2 v_2$$

又 π^+ 介子、x 粒子在磁场中的圆周运动均有

$$R = \frac{mv}{eB}$$

可知

$$R_2 = R_1 = 34.0(\mathrm{cm})$$

(2) 对于 π^+ 介子

$$R_1 = \frac{m_{10}}{\sqrt{1 - \frac{v_1^2}{c^2}}} \frac{v_1}{eB}$$

则

$$v_1 = 2.38 \times 10^8(\mathrm{m/s})$$

故其总能量(动质量)为
$$m_1 c^2 = \frac{m_{10}c^2}{\sqrt{1-\frac{v_1^2}{c^2}}} = 223(\text{MeV})$$

系统能量(质量)守恒
$$(m_{K^-0} + m_{p0})c^2 = m_1 c^2 + m_2 c^2$$

则
$$m_2 c^2 = 1209.1(\text{MeV})$$

故 x 粒子速度为
$$v_2 = \frac{m_1 v_1}{m_2} = \frac{m_1 c^2}{m_2 c^2} v_1 = 4.3 \times 10^7 (\text{m/s})$$

其静质量(静能)为
$$m_{20} c^2 = m_2 c^2 \sqrt{1-\frac{v_2^2}{c^2}} = 1196(\text{MeV})$$

14-1 300 m, 1×10^{-6} s.

14-2 7.98×10^3 m.

14-3 4 s.

14-4 (1) $x_1 = 2c(t+t_0) - \sqrt{2}c\sqrt{(3t+2t_0)t_0}$,其中 $t_0 = \frac{\sqrt{3}c}{a_1}$;

(2) $x_2 = \frac{c^2}{a_2}\left(\sqrt{1+\frac{a_2^2}{c^2}t^2} - 1\right)$;

(3) $t = 0.0078\sqrt{3}c/a_1$.

14-5 (1) $a_{AB} = a \cdot \frac{\sqrt{1-\frac{v^2}{c^2}}}{1+\frac{uv}{c^2}}, a_{CD} = a \cdot \frac{\sqrt{1-\frac{v^2}{c^2}}}{1-\frac{uv}{c^2}}, a_{BC} = a_{DA} = a$;

(2) $Q_{AB} = \frac{Luv}{ac^2}q, Q_{CD} = -\frac{Luv}{ac^2}q, Q_{BC} = Q_{DA} = 0$;

(3) $M = \frac{L^2 uv}{ac^2}qE\sin\theta$;

(4) $W = \frac{Luv}{ac^2}qEL\cos\theta$.

14-6 -2.12×10^{-6}.

14-7 (1) $(1-0.96 \times 10^{-10})c$;

(2) 2.08×10^{10}.

14-8 2.05×10^{-10} N.

14-9 2.16×10^{-2} m, 0.57 ℃.

14-10 6.56 fm.

14-11 (1) $\nu \approx 5.08 \times 10^{14}$ Hz, $\Delta v_1 \approx -2.92 \times 10^{-2}$ m/s；

(2) $\Delta v_0 = \dfrac{c\Gamma}{h\nu} \approx 6.24 \text{(m/s)}$；

(3) $\varphi_{\max} \approx 2.8 \times 10^{-5}$ rad；

(4) $\Delta v = \dfrac{1}{2}\Delta v_0 = 3.12 \text{(m/s)}$；

(5) $N = \dfrac{v_0 mc}{E} = 3.56 \times 10^4$ 次；

(6) $\Delta t = \dfrac{Nh}{4\pi\Gamma} = 2.68 \times 10^{-4}$ (s), $\Delta s = 0.139$ m.

14-12 (1) 证明略. $k = \dfrac{m^2 g}{2\pi \hbar^2}$；

(2) 21 次.

附 录

全国中学生物理竞赛内容提要

(2015年4月修订,2016年开始实行)

标☆仅为决赛内容,※为复赛和决赛内容,如不说明,一般要求考查定量分析能力.

热　学

1. 分子动理论

原子和分子大小的数量级；

分子的热运动和碰撞,布朗运动；

※压强的统计解释；

☆麦克斯韦速率分布的定量计算；

※分子热运动自由度,※能均分定理；

温度的微观意义；

分子热运动的动能；

※气体分子的平均平动动能；

分子力,分子间的势能；

物体的内能.

2. 气体的性质

温标,热力学温标；

气体实验定律,理想气体状态方程；

道尔顿分压定律；

混合理想气体状态方程；

理想气体状态方程的微观解释(定性).

3. 热力学第一定律

热力学第一定律；

理想气体的内能；

热力学第一定律在理想气体等容、等压、等温和绝热过程中的应用；

※多方过程及应用；

※定容热容和定压热容；

※绝热过程方程；

※等温、绝热过程中的功；

※热机及其效率,※卡诺定理.

4. 热力学第二定律

※热力学第二定律的开尔文表述和克劳修斯表述；

※可逆过程与不可逆过程；

※宏观热力学过程的不可逆性；

※理想气体的自由膨胀；

※热力学第二定律的统计意义；

☆热力学第二定律的数学表达式；

☆熵,熵增.

5. 液体的性质
液体分子运动的特点；
表面张力系数；
※球形液面两边的压强差；
浸润现象和毛细现象(定性).

6. 固体的性质
晶体和非晶体，空间点阵；
固体分子运动的特点.

7. 物态变化
熔化和凝固，熔点，熔化热；
蒸发和凝结，饱和气压，沸腾和沸点；
汽化热，临界温度；
固体的升华；
空气的湿度和湿度计，露点.

8. 热传递的方式
传导，※导热系数；
对流；
辐射，※黑体辐射的概念，※斯特藩定律；
※维恩位移定律.

9. 热膨胀
热膨胀和膨胀系数.

电 磁 学

1. 静电场
电荷守恒定律；
库仑定律；
电场强度，电场线；
点电荷的场强，场强叠加原理；
匀强电场；
均匀带电球壳内、外的场强公式(不要求导出)；
※高斯定理及其在对称带电体系中的应用；
电势和电势差，等势面；
点电荷电场的电势；
电势叠加原理；
均匀带电球壳内、外的电势公式；
电场中的导体，静电屏蔽；
※静电镜像法；
电容，平行板电容器的电容公式；
※球形、圆柱形电容器的电容；
电容器的连接；
※电荷体系的静电能，※电场的能量密度；
电容器充电后的电能；
☆电偶极矩；
☆电偶极子的电场和电势；
电介质的概念；
☆电介质的极化与极化电荷；
☆电位移矢量.

2. 稳恒电流
欧姆定律，电阻率和温度的关系；
电功和电功率；
电阻的串、并联；
电动势，闭合电路的欧姆定律；
一段含源电路的欧姆定律，※基尔霍夫定律；
电流表，电压表，欧姆表；
惠斯通电桥；

补偿电路.

3. 物质的导电性

金属中的电流,欧姆定律的微观解释;

※液体中的电流,※法拉第电解定律;

※气体中的电流,※被激放电和自激放电(定性);

真空中的电流,示波器;

半导体的导电特性,p型半导体和n型半导体,※P-N结;

晶体二极管的单向导电性及其※微观解释(定性);

三极管的放大作用(不要求掌握机理);

超导现象,☆超导体的基本性质.

4. 磁场

电流的磁场,※毕奥-萨伐尔定律;

磁场叠加原理;

磁感应强度,磁感线;

匀强磁场;

长直导线、圆线圈、螺线管中的电流的磁场分布(定性);

※安培环路定理及在对称电流体系中的应用;

※圆线圈中的电流在轴线上和环面上的磁场;

☆磁矩;

安培力,洛伦兹力,带电粒子荷质比的测定;

质谱仪,回旋加速器,霍尔效应.

5. 电磁感应

法拉第电磁感应定律;

楞次定律;

※感应电场(涡旋电场);

自感和互感,自感系数;

※通电线圈的自感磁能(不要求推导).

6. 交流电

交流发电机原理,交流电的最大值和有效值;

☆交流电的矢量和复数表述;

纯电阻、纯电感、纯电容电路,感抗和容抗;

※电流和电压的相位差;

整流,滤波和稳压;

☆谐振电路,☆交流电的功率;

☆三相交流电及其连接法;

☆感应电动机原理;

理想变压器;

远距离输电.

7. 电磁振荡和电磁波

电磁振荡,振荡电路及振荡频率,赫兹实验;

电磁场和电磁波;

☆电磁场能量密度,能流密度;

电磁波的波速,电磁波谱;

电磁波的发射和调制,电磁波的接收,调谐,检波.

近代物理学

1. 光的本性

光电效应,※康普顿散射；

光的波粒二象性,光子的能量与动量.

2. 原子结构

卢瑟福实验,原子的核式结构；

玻尔模型；

用玻尔模型解释氢光谱；

※用玻尔模型解释类氢光谱；

原子的受激辐射,激光的产生(定性)和特性.

3. 原子核

原子核的尺度数量级；

天然放射性现象,原子核的衰变,半衰期；

放射线的探测；

质子的发现,中子的发现,原子核的组成；

核反应方程；

质能关系式,裂变和聚变,质量亏损.

4. 粒子

"基本粒子",轻子与夸克(简单知识)；

四种基本相互作用；

实物粒子具有波粒二象性；

※物质波；

※德布罗意关系；

※不确定关系 $\Delta p \Delta x \geqslant \dfrac{h}{4\pi}$.

5. ※狭义相对论

爱因斯坦假设；

洛伦兹变换；

时间和长度的相对论效应,多普勒效应；

☆速度变换；

相对论动量,相对论能量,相对论动能；

相对论动量和能量关系.

6. ※太阳系、银河系、宇宙和黑洞的初步知识

参考文献

[1] 程稼夫.中学奥林匹克竞赛物理教程:力学篇[M].2版.合肥:中国科学技术大学出版社,2013.
[2] 程稼夫.中学奥林匹克竞赛物理教程:电磁学篇[M].2版.合肥:中国科学技术大学出版社,2014.
[3] 沈晨.更高更妙的物理:冲刺全国高中物理竞赛[M].4版.杭州:浙江大学出版社,2012.
[4] 舒幼生.奥赛物理题选[M].3版.北京:北京大学出版社,2017.
[5] 舒幼生.力学(物理类)[M].北京:北京大学出版社,2005.
[6] 赵凯华,罗蔚茵.新概念物理教程[M].北京:高等教育出版社,1999.
[7] 程守洙,江之永.普通物理学[M].7版.北京:高等教育出版社,2016.
[8] 江四喜.高中物理竞赛辅导教程:新大纲版[M].杭州:浙江大学出版社,2017.
[9] 江四喜.物理竞赛专题精编[M].合肥:中国科学技术大学出版社,2013.
[10] 舒幼生,钟小平.新编高中物理竞赛培训教材[M].杭州:浙江大学出版社,2010.
[11] 郑永令.高中物理奥林匹克竞赛标准教材[M].北京:北京教育出版社,2004.
[12] 陈信义.大学物理教程[M].3版.北京:清华大学出版社,2005.
[13] 舒幼生,胡望雨,陈秉乾.物理学难题集萃:上册[M].合肥:中国科学技术大学出版社,2014.
[14] 舒幼生,胡望雨,陈秉乾.物理学难题集萃:下册[M].合肥:中国科学技术大学出版社,2014.
[15] 范小辉.新编高中物理奥赛指导[M].南京:南京师范大学出版社,2012.
[16] 沈克琦.高中物理学[M].合肥:中国科学技术大学出版社,2015.

中国科学技术大学出版社中学物理用书

初中物理培优讲义(一阶、二阶)/郭军
初中物理导练拓/刘坤
新编初中物理竞赛辅导/刘坤
聋校初中物理同步导读(八年级、九年级)/魏贤福
高中物理学(1—4)/沈克琦
高中物理学习题详解/黄鹏志　李弘　蔡子星
抽丝剥茧学物理竞赛(上、下册)/王震　王会会
加拿大物理奥林匹克(第2版)/黄晶　俞超　邱为钢
美国物理奥林匹克/黄晶　孙佳琪　矫健
俄罗斯物理奥林匹克/黄晶　俞超　申强
中学奥林匹克竞赛物理教程·力学篇(第2版)/程稼夫
中学奥林匹克竞赛物理教程力学篇习题详解/于强　朱华勇　张鹏飞　程稼夫
中学奥林匹克竞赛物理教程·电磁学篇(第2版)/程稼夫
中学奥林匹克竞赛物理讲座(第2版)/程稼夫
中学奥林匹克竞赛物理进阶选讲/程稼夫
奥林匹克物理/舒幼生
奥赛物理辅导教程·力学篇/舒幼生
高中物理奥林匹克竞赛标准教材(第2版)/郑永令
中学物理奥赛辅导:热学·光学·近代物理学(第2版)/崔宏滨
物理竞赛教练笔记/江四喜
物理竞赛专题精编/江四喜
物理竞赛解题方法漫谈/江四喜
奥林匹克物理一题一议/江四喜
中学奥林匹克竞赛物理实验讲座/江兴方　郭小建
国际物理奥林匹克竞赛理论试题与解析(第31—47届)/陈怡　杨军伟
亚洲物理奥林匹克竞赛理论试题与解析(第1—19届)/陈怡　杨军伟
全国中学生物理竞赛预赛试题分类精编/张元元
全国中学生物理竞赛复赛试题分类精编/张元元

全国中学生物理竞赛决赛试题分类精编/张元元
物理学难题集萃.上、下册/舒幼生　胡望雨　陈秉乾
大学物理先修课教材:力学/鲁志祥　黄诗登
大学物理先修课教材:电磁学/黄诗登　鲁志祥
大学物理先修课教材:热学、光学和近代物理学/钟小平
强基计划校考物理模拟试题精选/方景贤　陈志坚
强基计划校考物理培训讲义/江四喜
高校强基计划物理教程:力学/邓靖武　肖址敏
高校强基计划物理教程:电磁学/邓靖武　肖址敏
强基计划物理一本通:给高中物理加点难度/郑琦
高中物理母题与衍生・力学篇(第2版)/董马云
高中物理母题与衍生・电磁学篇(第2版)/董马云
物理高考题典:压轴题(第2版)/尹雄杰　张晓顺
物理高考题典:选择题/尹雄杰　张晓顺
物理高考题典:计算题/尹雄杰　张晓顺
物理高考题典:实验题/尹雄杰　张晓顺
物理高考题典:填空题/尹雄杰　张晓顺
高中物理解题方法与技巧(第2版)/尹雄杰　王文涛
高中物理必修1学习指导:概念・规律・方法/王溢然
高中物理必修2学习指导:概念・规律・方法/王溢然
高中物理必修3学习指导:概念・规律・方法/王溢然
物理高考题精编:选择题专辑/王溢然
物理高考题精编:计算题专辑/王溢然
物理高考题精编:实验题专辑/王溢然
中学物理数学方法讲座/王溢然
高中物理经典名题精解精析/江四喜
高三物理总复习核心72讲/莫原
高中物理一点一题型(第2版)/温应春
高中物理一诀一实验/温应春　闫寒　肖国勇
玩转高中物理模型/陈卫国
高中物理创新实验设计与课堂实践:电学篇/王竑
力学问题讨论/缪钟英　罗启蕙
电磁学问题讨论/缪钟英
中学生物理思维方法丛书(13册)/王溢然　束炳如